JN173669

東アジアの社会大変動

人口センサスが語る世界

末廣 昭 Akira Suehiro 大泉啓一郎 Keiichiro Oizumi【編著】

Drastic Demographic and Social Change in East Asia:
Analysis of the Population Censuses

名古屋大学出版会

東アジアの社会大変動

目　次

序　章

なぜ，人口センサスなのか？

末 廣　昭

1 「社会大変動の時代」を迎えた東アジア

東アジア（北東アジアと東南アジア）[1]は日本も含めて，現在，社会大変動の時代を迎えている。都市化のさらなる進展，少子化と高齢化の同時進行，家族構造の変容，大学を中心とする高等教育の大衆化，外国人労働者の受け入れ（労働力輸入）と海外就労者の送り出し（労働力輸出）の急増，貧困人口の減少と経済的不平等の拡大などがそれである。「大変動」と表現するのは，社会変化の規模もそのスピードも，先進国がかつて経験したものをはるかに超えているからである(大泉 2007；末廣 2014)。

東アジアの社会大変動の実態を把握するためには，人口センサスを活用することが有効であろう。なぜならば，人口センサスは人口総数の把握だけでなく，人々の生活に関する最も基本的な統計調査であり，しかも，国民全員（国によっては外国籍人口を含む）を対象とする全数調査だからだ。さらに，人口センサスを実施する国や地域は，国連が定期的に公表するガイドラインを採択するか参照している。そのため，国や地域の間の比較にも適している。

アジア地域，とくに日本や中国を含む北東アジアは，もともと世界の中では，都市人口比率（都市化率）が最も低い地域のひとつであった。1950 年の数字を見

1) 本書では，世界銀行の分類にならって，北東アジア（日本政府や国連は「東アジア」と呼ぶ）と東南アジアを合わせた地域を「東アジア（East Asia)」と呼ぶことにする。

ると，北東アジアの都市人口比率は 15.5％と，世界平均の 28.8％の数字を大きく下回っていた。これは北東アジアの農業人口比率が先進国はもとより，発展途上国と比べても高かったことによる。ところが，1970 年代後半に入ると，農村から都市への人口移動が本格化し，1990 年代になるとその動きが加速化する。2010 年に北東アジアの都市人口比率は 50.2％に達し，ついに世界の平均値（50.5％）に追いついた（United Nations 2014）。

都市化の動きをもう少しみておこう。国連人口課の『世界都市化推計　2014 年版』によると，世界の都市人口は 1990 年の 22 億 8500 万人から，2014 年には 38 億 8000 万人へと，1.7 倍の増加を示した。その結果，都市人口比率は 43.0％から 53.6％へと上昇し，都市人口と農村人口の比率がこの期間に逆転した。一方，アジアに目を転じると，都市人口は同じ期間に 9 億 4500 万人から 18 億 8900 万人へと，ほぼ 2 倍に増加し，都市人口比率も 30.8％から 46.2％に大幅に上昇している。地域別にみると，2014 年現在，とくに北東アジアの都市人口比率（58.9％）が抜きん出て高く，以下，東南アジア（47.0％），南アジア・中央アジア（34.6％）の順となっている（ibid.：21–22）。北東アジアに限れば，都市人口比率はすでに世界平均を 5 ポイント近く上回っていた。対照的に，インドを含む南アジア・中央アジアは，農業人口が全体の 3 分の 2 を占める。

こうした都市人口の増加は，北東アジアや東南アジアに都市中間層（urban middle-class）を生み出した。首都圏の郊外に一戸建ての住宅を購入し，携帯電話やスマートフォンを使用し，マクドナルドやスターバックスに出入りする人々がそうであった[2]。『通商白書 2008』が「アジア大市場の創造」と呼んだ一大マーケットが出現し[3]，大泉啓一郎が「消費するアジア」と名づけた，新しい顔のアジアが登場したのである（大泉 2011）。

同時に，都市化の進展は，首都や従来の大都市の周りに，人口密度の高い住宅

2）早くからアジアの都市中間層の生成と政治経済構造の変化に注目したロビソンとグッドマンは，『アジアの新富裕層』と題する本の中で，都市中間層のライフスタイルを，携帯電話とマクドナルドの愛用で代表させている（Robison and Goodman eds. 1996）。

3）『通商白書 2008』は，その第 2 章を「世界経済の新たな発展を先導する「アジア大市場」の創造」と題して，180 頁にも及ぶ大特集を組んだ。さらに 2 年後の『通商白書 2010』でも，その第 2 章「アジア「内需」とともに成長する我が国，持続的成長に向けたアジア・太平洋の枠組み」の中で，「アジア消費市場の拡大」を，アジアにおける富裕層人口の推計とともに，大きく取り上げている。

地・商業集積地をつくり出した。「メガリージョン」と呼ばれる巨大な経済圏が，北京，上海，広州，ソウル，ハノイ，ホーチミン，バンコク，ジャカルタ，マニラの周りに，次々と誕生したのである（同前：第3章）[4]。第5章（タイ）で紹介する「バンコク・メガリージョン」や，ジャカルタを中核とする「ジャボデタベック（JABODETABEK）」は，その代表的な事例であろう[5]。

一方，東アジアの多くの国・地域では，人口規模や一人当たり所得水準の違いに関係なく，合計特殊出生率（TFR）の急速な低下と高齢人口の増加が並行して進んでいった。ジェンダーの観点から東アジアの家族制度の国際比較を行っている落合恵美子たちは，世界に例を見ない同地域の出生率の急激な低下を「圧縮された近代化」と呼んでいる（落合編 2013）。同様に，高齢化社会の早い到来については，ヘイトレイたちが「アジアの老化（The Greying of Asia）」と名づけ（Hateley and Tan 2003），リーたちは「老いてゆくアジア（Ageing Asia）」と呼んだ（Lee ed. 2008）。世界銀行の最新の報告も「東アジア・太平洋における高齢化の到来（Aging in East Asia and Pacific）」という表現を使っている（World Bank Group 2016）[6]。

少子化と高齢化の同時進行は，日本だけの現象では決してない。いまや東アジアに共通して見られる動きであるからだ（後出図表序-3も参照）。しかも，そのスピードは欧米諸国や他の発展途上諸国と比べても，一段と速い点に注意する必要があるだろう。例えば，65歳以上の高齢人口が総人口の7％以上を占める社会を「高齢化社会」と呼び，この比率が倍の14％以上に達した社会を「高齢社会」と定義する。高齢化社会から高齢社会への移行にかかる期間が「倍加年数」である。

ヨーロッパ諸国では，この移行にフランスが115年，スウェーデンが85年もかかり，最も短かったドイツでも40年の年数を要した。ところが，1970年に高

---

4)「メガリージョン」の概念を提唱したのは，トロント大学のフロリダとメリーランド大学のギルデンの二人である（フロリダ 2009）。一方，ジョーンズとダグラス（Jones and Douglass eds. 2008）は，「Mega-urban Region」という概念を使って，アジア太平洋地域の巨大都市の分析を行っている。

5) インドネシアの「ジャボデタベック」とは，ジャカルタ，ボゴール，デポック，タンゲラン，ブカシの頭文字をとったものである。ジャボデタベックの実態については，倉沢編（2013）を参照。

6) 東南アジア諸国（香港を含む）の「高齢化社会」に関する最新の研究動向は，ハーパーが編集した全2巻の「リーディングス」（Harper ed. 2017）に示されている。

齢化社会に突入した日本は，25 年後の 1995 年には高齢社会に移行し，世界中の人口学者の注目を集めた。それどころか，国連の予測では，この「倍加年数」が韓国では 18 年，ベトナムに至っては 17 年にまで縮まるという。高齢化のスピードも，東アジアでは圧縮されているのである（第 1 章の図表 1-6 も参照）[7]。

現在東アジアで進展している「都市化・少子化・高齢化」の 3 つの動きを，工業化に付随する社会変化と捉えるのは適切ではない。冒頭でも述べたように，その規模もスピードも想定の範囲をはるかに超えているからだ。東アジアはいままさに，「社会大変動の時代」を迎えている。その時代を的確に把握する議論と手法が要請されているのである。

2　人口センサスから判明すること，そして，乏しい研究

それでは，東アジアが直面する社会大変動の実態をどのように捉えればよいのか。とくに共通の社会指標を用いて，国・地域の間で国際比較するにはどうすればよいのか。その回答は「人口センサス」の活用にある，と私たちは考える。

人口センサスは言うまでもなく，国家が実施する人口動態に関する最も基本的な調査である。国連が公表するガイドラインに沿って行われるため，調査票の設計や調査項目の設定は世界各国ともかなり共通している。例えば，「2010 年ラウンド人口・住宅センサス」（2010 年ラウンドとは，国連が推奨する 2005 年から 2014 年の期間内の調査を意味する）に関する国連の『原則と勧告』は，最終版が 2008 年に公表されている（United Nations 2008）。この国連の勧告は「2010 年ラウンド」の場合，その内容が 2005 年から 2007 年にかけて継続的に発表され，この勧告を全面的に採択しないまでも，多くの国はこの勧告から逸脱することはない[8]。その分だけ国際比較に適した社会調査だということができる。

また，国連は 10 年のタイムスパンの中で最低 1 回，定期的に調査を実施する

7）ただし，東アジアの中でもフィリピンのみは，少子化と高齢化が進んでいない。その実態と背景については，本書の第 8 章を参照。

8）2010 年ラウンド人口センサスに向けた国連の勧告文の説明と主要部分の邦訳は，高見（2007）に掲載されている。ちなみに，高見朗は総務省統計局の調査官であった。

ことを推奨している。とはいえ，末尾がゼロの年に人口センサスの調査を実施している国が圧倒的に多い。例えば，1990 年，2000 年，2010 年などがそれである。ただし，香港やブルネイは末尾が 1 の年（1991 年，2001 年，2011 年）に実施し，ベトナムは共産党の大会があるため，ひとつ前の末尾が 9 の年（1999 年，2009 年など）に実施する（本書第 9 章）。軍政の期間が長かったミャンマーでは，2014 年にじつに 31 年ぶりに人口センサスが実施された（コラム 11 を参照）。

したがって，ミャンマーを除けば，人口センサスは異なる国・地域の間で，ほぼ同一時期における人口・社会構造の「横の比較」ができる，利用価値のきわめて高いデータというメリットを有する。また，特定の国・地域に着目すれば，10 年という一定の期間ごとに変化する人口・社会構造の「縦の比較」（時系列分析）を行うこともできる。

人口センサスの結果を使って判明することは，狭い意味での人口動態に関係する基本データ，つまり，男女別人口数，都市・農村別人口数，県別や州別の人口数，人口密度，年人口増加率，出生率と死亡率，年齢階層別の人口構成（人口ピラミッド）などに限らない。図表序-1 に示したように，人の移動，家族の構造，労働市場と就業構造，教育制度の普及，住居・生活環境の実態なども，人口センサス（サンプル調査を含む）を使って知ることができるからだ。その意味で，人口センサスは東アジアの社会大変動の実態を検討するための「データの宝庫」ということができる[9]。

「データの宝庫」であるにもかかわらず，当該国・地域の人口学的分析を別にすれば，人口センサスそのものを直接対象とする研究はきわめて乏しかった。とくに，対象を東アジアに限定すると，学術研究は皆無といってよいほど存在しない。

例えば，安元稔（2007）の研究は，人口センサス（社会統計）をめぐる数少ない国際比較研究である。しかし，取り上げている国は，イギリス，ドイツ，スウェーデン，日本，日本統治下の台湾であり，他のアジア諸国は射程に入ってい

9) とはいえ，今日の人口センサスは，二極化の方向に向かっているといえそうである。というのも，日本や韓国のように行政データや社会調査が充実している国では，調査項目は簡略化の方向に向かい，東ティモール，フィリピン，ベトナムなど他の社会調査が限定されている国では，依然として総合的社会調査の性格を併せ持つからである。

図表序-1　人口・住宅センサスからわかる項目（全数調査とサンプル調査）

調査項目	人口・住宅センサスからわかること
1. 人口動態	①男女別人口，②居住地別人口（都市部・農村部），③年齢階層別人口の構成，④人口増加率，⑤出生率，⑥死亡率と幼児死亡率
2. 人の移動	①出生地と現在地，②過去5年間の国内での移動，③海外への就労（出稼ぎ労働者），④教育を受けた場所，⑤就業場所
3. 家族構造	①世帯主の属性，②世帯員の数，③家族形態（単独世帯かどうか），④婚姻の状況
4. 教育制度	①識字率，②本人と家族の教育歴（世代間の社会階層間移動），③最終学歴と分野，④教育を受けた場所，⑤学歴と就業上の地位など
5. 労働・就業構造	①過去1か月の就業状況（もしくは失業中），②従事する業種，③就業上の地位，④就いている職業・職種，⑤通勤状況
6. 住居・生活環境	①持家・借家の区分，②住宅の特徴（建築材料，面積，部屋数，築年数），③照明（電気かどうか），④飲み水（水道水かどうか），⑤トイレの整備
7. 国籍と民族（人種）	国籍や民族は各国で特徴のある調査項目となっている。マレーシアとベトナムは民族を細分化。外国籍人口には移民労働者を含む。
8. 宗教	日本以外は，仏教，キリスト教，イスラーム教などのほか，儒教や土俗的宗教を含める場合もある
9. 独自の項目	戸籍制度（中国，香港），家庭での使用言語（タイ，インドネシア），IT普及率（韓国，タイ），海外出稼ぎ（フィリピン）

出所）各国・地域の人口センサスより筆者作成。

ない。同様に，法政大学日本統計研究所（2007）が組んだ「特集　人口センサスの現状と新展開」も，対象は日本，アメリカ，フランス，ラテンアメリカであり，東アジアを含んでいない。

それでは，人口センサスの調査結果に関する紹介はどうであろうか。例えば，「2000年人口センサス」についていえば，アジア人口学の泰斗である大友篤の一連の紹介記事がある（大友 2001a；2001b；2001c）。ただし，いずれも研究内容は人口構造に特化しており，人口センサスが示す社会変動の豊富なデータについてはふれていない。

人口センサスがもつ固有のメリット，つまり，社会変動の指標としての利点に注目した文献は，「2000年人口センサス」に関する特集記事（アジア経済研究所 2004）が最初であろう。この特集記事では，人口動態に焦点をあてつつ，世界の18か国・地域（うちアジアは中国，韓国，北朝鮮，マレーシア，タイ，インドネシア，ベトナム，インドの8か国をカバー）の人口センサスの調査結果を紹介している。

次いで，「2010 年人口センサス」については，本書の執筆者全員が，「人口センサスの実施体制」にもふれながら，ユニークな報告を行った（末廣ほか 2015）。どちらも，日本貿易振興機構アジア経済研究所の広報誌『アジ研ワールド・トレンド』に収録されている。

学術研究のほうは成果に乏しいものの，実務家レベルでは，アジア太平洋地域をベースに活発な国際交流がみられた。アメリカや日本が中心となって 1971 年から開始している「人口センサス会議」や，日本が中心となって組織している「東アジア統計局長会議」がそれである。前者の場合，2014 年 11 月開催の第 27 回会議では，計 18 か国・地域と 4 つの機関の代表が参加した（総務省統計局 2014）。

「東アジア統計局長会議」を見ると，2012 年 11 月に開催された第 13 回目の会議には，東アジア・オセアニア 16 か国・地域と，国連アジア太平洋統計研修所（UNSIAP），日本大学／国際公的統計協会（IAOS）が参加している[10]。2008 年に開催された第 12 回目と，2012 年の第 13 回目では，各国の「2010 年ラウンド人口センサス」の準備状況や，2010 年ラウンド以降の課題が議論された（Statistics Bureau, Japan 2008；2012）。そこに提出されたペーパーをみると，各国・地域で国家統計局が実施する人口センサスが直面する具体的な問題が何であるかが，主として実務家レベルの視点から指摘されている[11]。

3　本書のねらいと各章で明らかにしたこと

さて，本書の執筆者たちは，過去に次のようなテーマについて，東アジア諸国・地域の共同比較研究を行ってきた。①企業福祉と国家の社会保障制度，②年

10）16 か国・地域は，日本，中国，香港，韓国，モンゴル，ASEAN 9 か国（ブルネイを除く），オーストラリア，ニュージーランドを指す。

11）例えば，2008 年 11 月の「第 12 回東アジア統計局長会議」に出席したタイの国家統計局（NSO）副局長のジラワンは，「2000 年人口センサス」が直面した大きな問題として 2 つを指摘した。ひとつは，急増するミャンマーなど近隣諸国からの移民労働者の把握の難しさであり，もうひとつが，バンコク市内や郊外に林立する高層コンドミニアムの住民との面談の難しさ（セキュリティの厳しさと帰宅時間の不規則性）であった。そして，この障害の克服が「2010 年人口センサス」では重要課題となった（Jirawan 2008）。

金・退職金制度，③雇用保障と新しい社会リスクへの対応がそれである。対象としたのは，中国，台湾，韓国，タイ，マレーシア，シンガポール，インドネシアの7か国・地域で，これとは別に参考として日本を加えた。日本・中国・韓国の3か国の間の社会保障制度の比較研究は盛んであるが，東南アジア諸国を加えた比較研究は，これまでほとんどなかった。企業福祉や雇用保障の実態を明らかにしようとした私たちの共同研究は，それなりの意義があったように思う（末廣編著 2010；末廣編 2014）。

2014年度から始まった東アジアの人口センサスの共同研究は，それまでの3回にわたる社会保障制度や福祉システムに関する共同研究の延長線上にある。というよりも，東アジアに福祉システムの導入を要請した人口構造や社会構造の変化そのものに，私たちの関心が向かうことになった。ただし，調査対象の国・地域とメンバーの構成には変更を行った。

今回は調査対象から台湾とシンガポールを外し[12]，代わりに香港，ベトナム，フィリピンを加えた。その結果，地域研究者を中心とする実態調査の対象は，中国，香港，韓国，タイ，マレーシア，インドネシア，ベトナム，フィリピン，東ティモール，ブルネイの10か国・地域となった。これに本書の編集過程で組み込んだ日本を加えると，カバーする国・地域は全部で11に達する。さらに「コラム」では，北朝鮮，台湾，シンガポール，カンボジア，ミャンマーの人口センサスを取り上げた。これだけ広範な国・地域をカバーした研究書は，他に例がないだろう。

私たちの共同研究では，人口センサス（正確には人口・住宅センサス）を使って，次の7つの項目を共通の検討課題に設定した。

①人口センサスの調査項目の変遷と2010年（2009年，2011年）の実施体制の特徴
②人口構造の基本的特徴
③少子化と高齢化の実態とその動向
④家族構造の変化（拡大家族と核家族，若者や高齢者における単独世帯の増加）

12）台湾とシンガポールは，人口センサスの実施後には，人口動態，経済活動，家族制度などについて，詳細な「分析レポート」を公表している。

⑤人の移動（国内での移動，外国人労働者や海外就労者の動向）
⑥首都圏や首位都市の範囲を超えるメガリージョンの形成
⑦民族・宗教・使用言語の分布

そのうえで，各章とも次の 3 つの部分から構成することにした。

第 1 節では，各国・地域の人口センサスの経緯もしくは略史，人口センサスで採択された調査項目の内容とその変遷，2010 年を中心とする人口センサス調査の実施体制（組織，調査員の人数と訓練，予算規模，調査票に使用した言語など。後出の図表序-4 を参照）の紹介を行う。この部分は，執筆者が当該国・地域の統計局で実施した丹念な聞き取り調査の結果にもとづいており，他に類書のない本書の大きな特徴になっている。

第 2 節では，人口センサスからわかる基本的な人口動態の変化（年人口増加率，合計特殊出生率，平均寿命，世帯当たり平均人数など）をまず概観する。そのうえで，各国・地域が置かれた現状と課題の重要性にもとづき，上記の③から⑦の項目の中から，とくに取り上げるべきテーマを 2 つ選び，それらについて詳述する。

例えば，中国と香港の章では，③の「高齢者問題」と⑤の「人の移動」に焦点をあて，韓国は，③の「高齢者問題」と④「家族構造の変化」に注目する。タイの章では，④の「家族構造の変化」と⑥の「メガリージョンの形成」を取り上げる。インドネシアの章では，③の「高齢化の進展」と⑤の「国内の人の移動」を，フィリピンの章では，③の「(進まない）少子化」と⑤の「海外就労者の動向」を，ベトナムの章では，⑤の「国内の人の移動」と⑥の「メガリージョンの形成」を，それぞれ取り上げる。マレーシアとブルネイは，⑦のうち「民族問題」を大きく取り上げる。

第 3 節は，人口センサスで問題の所在は示されるが，人口センサスからは結局のところ具体的な分析ができない分野の指摘である。ほとんどの国・地域の章で等しく，グローバル化が進むなかで急増する外国籍家事ヘルパー（もしくは家事労働者）や外国人移民労働者の存在（香港，タイ，マレーシア）か，海外に出稼ぎに出ていく労働者の存在（インドネシア，フィリピン）を取り上げた。

人口センサスの略史，調査項目の変遷，2010 年人口センサスの実施体制の 3 つについて，本書の各章でどのようにカバーしているのかは，図表序-2（項目 1

から項目3）に示したとおりである。同様に，上記の②から⑦について（図表序-2の項目4から項目9），各章がどの問題を重点的に取り上げたのかも図表に整理したので，参照していただきたい。

次に，図表序-3は，人口センサスの調査結果を主たる情報源にしながら，①年人口増加率，②合計特殊出生率，③年齢階層別人口構成（年少人口，生産年齢人口，高齢人口），④初婚年齢（男女合計か男女別），⑤都市人口比率，⑥世帯当たり平均人数，⑦単独世帯の比率の計9項目について，1990年（もしくは1991年），2000年（もしくは1999年，2001年），2010年（もしくは2009年，2011年）の3時点の数字を比較したものである。これを見れば，通例考えられている以上に，東アジアにおいて過去20年間に，少子化や高齢化が急速に進み，都市化が進展し，家族構造が変容してきたことが，理解していただけるだろう。

それと同時に，同じ東アジアの中でも，高齢人口の比率や家族構造の変化が，「急速に進む国・地域」と「緩やかに進む国・地域」の2グループに分かれていることが，図表序-3から判明する。高齢人口の比率が2桁台に達し，初婚年齢が4歳近く伸び，世帯当たり平均人数も大きく低下したのは，中国，台湾，韓国，タイであった。対照的に，高齢人口がまだ8％未満で，初婚年齢もそれほど遅くならず，世帯当たり平均人数も概ね4名前後（子供が約2人）を維持しているのは，マレーシア，インドネシア，フィリピン，ベトナム，ミャンマー，東ティモール，ブルネイである。もっとも，ベトナムとブルネイは，後出の図表1-6（第1章）によると，「高齢化社会」を迎えたあとは，日本以上に速いスピードで「高齢社会」に移行することが予測されている。

さて，各国の人口センサスは，もともと国家が自国の「国民」の正確な姿を把握することを念頭に実施してきた。その目的は，戦争への国民の動員であったり，公的扶助や社会保障の給付者の確定であったりと異なるが，「国民」を対象としていた点は変わらない。ところが，グローバル化の進展により人の国際移動が激しくなり，人口センサスの対象が，自国の国民だけではなく，3か月以上（日本，香港，韓国，タイ），6か月以上（インドネシア），当該国・地域に滞在した「外国籍人口」にも広がった。そして，それに伴い人口センサスの実施体制と調査項目も，変更を余儀なくされた。

図表序-4は，この点を念頭におきながら，人口センサスの調査対象の範囲，

図表序-2　各章の構成と内容

Code	項　目	第1章	第2章	第3章	第4章	第5章	第6章
		東アジア	中　国	香　港	韓　国	タ　イ	マレーシア
	第1節						
1	人口センサスの略史	国　連	○	◎	○	◎	○
2	調査項目の変遷	国　連	◎	◎	◎	◎	○
3	人口センサスの実施体制		◎	◎	◎	◎	○
	第2節						
4	人口構造の基本的特徴	○	○	○	○	○	○
5	少子化と高齢化	○	◎	◎	◎		
6	家族構造の変化	○		○	◎	◎	
7	人の移動（国内と海外）	○	◎	◎			○
8	メガリージョンの形成	○				◎	
9	民族・宗教・使用言語			常用語		使用言語	◎民族
	第3節						
10	人口センサスでは捉えきれない問題		外国人把握の困難	常住人口と移動人口	登録方式への転換	労働統計の罠	開発計画との関係

Code	項　目	第7章	第8章	第9章	第10章	第10章	終　章
		インドネシア	フィリピン	ベトナム	東ティモール	ブルネイ	日　本
	第1節						
1	人口センサスの略史	○	◎	○	○	◎	○
2	調査項目の変遷	◎	◎	◎	◎	◎	◎
3	人口センサスの実施体制	◎	◎	◎	◎	◎	◎
	第2節						
4	人口構造の基本的特徴	○	○	○	◎	◎	○
5	少子化と高齢化	◎					◎
6	家族構造の変化		○				
7	人の移動（国内と海外）	◎	◎	◎			
8	メガリージョンの形成			◎			◎
9	民族・宗教・使用言語	使用言語	使用言語		母　語	◎民族	
	第3節						
10	人口センサスでは捉えきれない問題	海外就労者の問題	越境する労働者	常住戸籍制度	識字能力	無国籍問題	言及なし

注）◎：重点的記述，○：一般記述。
出所）各章の記述にもとづき筆者作成。

図表序-3　人口センサスからみた東アジアの

項目／国・地域	年　次	日　本	中　国	香　港	台　湾	韓　国
本書の章別	人口センサス	終　章	第2章	第3章	コラム4	第4章
年人口増加率（%）	1990	0.50	1.48	1.05	1.33	1.60
	2000	0.30	1.07	1.69	0.88	0.60
	2010	0.10	0.57	0.53	0.39	0.44
合計特殊出生率（人）	1990	1.54	*	1.28	*1.81*	1.57
	2000	1.36	1.22	0.93	*1.68*	1.47
	2010	1.39	1.18	1.20	*0.90*	1.23
年少人口（0～14歳）（対総人口，%）	1990	18.2	*	20.8	26.9	25.7
	2000	14.6	22.9	16.4	21.2	21.0
	2010	13.2	16.6	11.6	15.8	16.2
生産年齢人口（15～64歳）（対総人口，%）	1990	69.7	*	70.5	67.0	66.7
	2000	68.1	66.6	72.4	70.2	67.8
	2010	63.8	70.1	75.1	73.5	67.9
高齢人口（65歳以上）（対総人口，%）	1990	12.1	*	8.7	6.1	7.7
	2000	17.4	10.5	11.2	8.6	11.2
	2010	23.0	13.3	13.3	10.7	15.9
初婚年齢（歳）（男性／女性）	1990	27.2	*	29.1/26.2	*29.8/26.5*	27.8/24.8
	2000	27.9	*	30.2/27.5	*32.1/27.0*	29.3/26.5
	2010	29.7	23.6	31.2/28.9	*33.9/30.5*	31.8/28.9
都市人口比率（%）	1990	64.7	26.2	99.5	*	74.4
	2000	65.2	36.9	100.0	55.8	79.7
	2010	67.3	50.3	100.0	59.3	82.0
世帯当たり平均人数（人）	1990	2.99	4.00	3.4	4.0	3.8
	2000	2.67	3.46	3.1	3.3	3.2
	2010	2.42	3.05	2.9	3.0	2.8
単独世帯比率（%）	1990	20.6	*	14.3	13.4	9.0
	2000	27.6	8.3	15.7	22.0	15.5
	2010	32.4	14.5	17.1	21.6	23.9

注1）マレーシアの人口センサスの実施年は1991年，2000年，2010年。ベトナムは1989年，1999
2）中国，韓国，タイ，インドネシアの「高齢人口」は60歳以上を示す。
3）フィリピンの初婚年齢は女性のみ。台湾は初婚と再婚を合体した数字（内政部統計処『内政統
4）香港，マレーシア，フィリピン，ブルネイの「都市人口の比率」は，国連『世界都市化推計
5）ミャンマーの年人口増加率は1983年から2014年の平均値。その他の国・地域は過去10年間の
出所）本書の各章の記述，コラムのデータ，ならびに国連人口課の『世界人口推計　2015年版』，同
イタリックの数字は人口センサス以外のデータであることを示す。

人口構造と家族構造の変化：1990～2010 年

タ　イ	マレーシア	インドネシア	フィリピン	ベトナム	ミャンマー	ブルネイ
第 5 章	第 6 章	第 7 章	第 8 章	第 9 章	コラム 11	第 10 章
1.96	2.69	1.98	2.35	2.10		3.00
1.10	2.64	1.40	2.34	1.70	1.26	2.50
0.80	1.98	1.49	1.90	1.20		1.70
2.36	*3.52*	3.33	4.50	3.80	[83]4.73	3.10
1.88	*2.83*	2.34	3.90	2.33		2.15
1.52	*2.00*	2.41	3.30	2.03	[14]2.26	1.90
46.1	36.5	36.5	39.5	39.2	[83]38.6	34.5
36.8	33.3	30.7	37.0	33.1		30.3
28.3	27.6	28.9	33.4	25.0	[14]28.6	25.3
46.5	59.8	57.2	57.1	56.1	[83]57.5	62.8
53.7	62.8	62.1	59.2	61.1		66.9
58.8	67.3	63.5	62.3	68.4	[14]65.6	71.2
7.4	3.7	6.3	3.4	4.7	[83]3.9	2.7
9.5	3.9	7.2	3.8	5.8		2.8
12.9	5.1	7.6	4.3	6.6	[14]5.8	3.5
24.7	28.2/24.7	21.6	20.8	24.4	*	*
25.6	28.6/25.1	22.5	21.3	25.4		*
28.4	28.0/25.7	22.3	21.7	26.2	*	*
29.4	*49.8*	30.9	*48.6*	19.4	[83]24.8	65.8
31.1	*62.0*	42.1	*48.0*	23.7		71.7
44.2	*70.9*	49.8	*45.3*	29.6	[14]29.6	*75.5*
4.4	4.8	4.5	5.3	4.8	[83]5.19	5.8
3.8	4.6	3.9	5.0	4.6		6.0
3.1	4.2	3.9	4.6	3.8	[14]4.41	*
5.1	8.0	*	2.9	5.0	[83]0.8	*
9.4	7.1	*	4.0	4.2		5.8
18.4	8.3	*	6.1	7.3	[14]4.6	*

年，2009 年。香港とブルネイは 1991 年，2001 年，2011 年。ミャンマーは 1983 年と 2014 年。

計査訊網』)。香港，台湾，韓国，マレーシアは左が男性，右が女性の値。
2014 年版』より作成した。
平均値。
『世界都市化推計　2014 年版』などを参照しながら末廣・大泉が作成。＊は該当数字なしか不明，

図表序-4　各国・地域の人口

項　目	日　本	中　国	香　港	韓　国
人口総数（千人）	128,100	1,332,810	7,072	47,991
実施年月日	2010 年	2010 年	2011 年	2010 年
調査対象	調査時に，国内に常住している者（当該住居に 3 か月以上住んでいるか，または住むことになっている者。外国人を含む）が対象。	国内にいる者，国外にいるが定住していない中国公民。ただし中国国内に短期滞在中の外国人は含まない。	調査時に香港域内に滞在している者。ただし永住者は①常住居民（3 か月以上滞在）と②流動居民（1 か月以上 3 か月未満滞在）に区別。	調査時に，韓国内に居住するすべての国民と外国人。ただし，海外での就業・就学者，外交官とその家族，国内駐屯の外国軍人・軍務員とその家族は対象外。
実施方法	戸別訪問。郵送，ネットによる回答も導入。	戸別訪問	90 %：郵送とネットの併用。 10 %：個別訪問。	戸別訪問，留め置き，ネット調査を併用
調査員の資格と人数	資格はなし。国勢調査指導員は 10 万人，調査員は 70 万人。総務大臣が任命。	資格は中卒以上で，ボランティアも奨励する。調査小区ごとに最低 1 名の調査員，各調査区ごとに 1 名の指導員を配置。	資格はなし。公募ののち，選抜・研修を行う。調査員は 1 万 7000 人。	満 18 歳以上で，高卒以上の学歴。調査員 11 万 8000 人と公務員 6,000 人。
実施予算（総額，一人当たり円）	600 億円。一人当たり 468 円。	不明	5 億 2000 万香港ドル（53 億 9240 万円）。一人当たり 763 円。	1808 億ウォン（137 億円）。一人当たり 286 円。
調査票の使用言語	28 言語で実施（日本語，中国語，韓国語，ポルトガル語，スペイン語，英語，フィリピノ語，タイ語，ベトナム語，フランス語，ベンガル語，マレー語，ヒンディー語，シンハラ語，ロシア語，他）	5 言語で実施。中国語（標準語）とウイグル語，ハザク語，チベット語，モンゴル語。 外国人用は中国語・英語の併用のほか，ロシア語など 7 か国語を用意。	13 言語で実施（中国語，英語，ベンガル語，ヒンディー語，インドネシア語，日本語，韓国語，ネパール語，パンジャブ語，シンハラ語，タイ語，ウルドゥー語，タガログ語）	9 言語で実施（韓国語，英語，中国語，日本語，ベトナム語，ロシア語，タイ語，インドネシア語，モンゴル語）
国籍の調査	有り。日本以外の場合は国名記入。	有り。外国人および香港・マカオ・台湾籍は専用の調査票を用いる。	有り。区分：中国（永住地が香港／それ以外），インドネシア，フィリピン，イギリス，インド，パキスタン，アメリカ，オーストラリア，ネパール，タイ，日本，その他。	有り（2 か所：現在の国籍，出生時の国籍）。韓国／外国（国籍は直接記入式［韓国語版］と番号記入式［外国語版，14 か国＋その他の区分］）。
民族・人種の調査	設問なし	有り。民族名を記入。	有り。区分：華人，イントネシア人，フィリピン人，白人，インド人，パキスタン人，日本人，タイ人，その他アジア人，その他。	設問なし。韓国系中国人（朝鮮族）は中国に区分。
家庭で使用する言語の調査	設問なし	設問なし	広東語，北京官話，その他中国の方言，英語，その他	設問なし

出所）各国・地域の統計局での聞き取り調査の結果を，末廣昭と福本由美子が整理して作成。

センサスの実施体制の比較

タ　イ	インドネシア	フィリピン	ベトナム
65,980	237,641	92,300	85,789
2010 年	2010 年	2010 年	2009 年
調査時に過去 3 か月以上，タイに滞在していたすべての国籍の住民	海外に滞在する者を除くすべてのインドネシア人，およびインドネシアに 6 か月以上滞在する，もしくは短期滞在者でもインドネシアに居住する意思のある外国人（大使館員を除く）	①海外就労者で 5 年以内に帰国予定の者。②一時的に外国に滞在中で，出国日から 1 年以内に帰国予定の者。③民間外国人で 1 年以上滞在（もしくは滞在予定）の者。	ベトナム国籍保有者のみ対象。政府の許可により海外に在住している者を含む。
戸別訪問	戸別訪問	戸別訪問	戸別訪問
調査員（6 万 3000 人）は普通高校卒もしくは職業高校卒（Po. Wo. Cho.）以上。地方監督官（9,000 人）は大卒以上の学歴。	資格は中卒以上の学歴。村落では村長の推薦が必要。調査員は全国で 53 万 3603 人，監督指導者 16 万 1462 人を採用。	資格は公立小学校の先生。足りない場合には，大卒者を臨時に雇用する。調査員は 6 万 7570 人。	資格は 25 歳から 50 歳で，10 年生卒以上（高校 1 年に相当）。山岳地帯・遠隔地は 7 年生卒以上（中学 2 年に相当）。調査員は 6 万人。
約 9 億バーツ（24 億 9000 万円）。一人当たり 38 円。	約 4 兆 4680 億ルピア（433 億円）。一人当たり 182 円。	18 億 3000 万ペソ（35 億 6000 万円）。一人当たり 39 円。	5020 億ドン（27 億 5000 万円）。一人当たり 32 円。
7 言語で実施（タイ語，英語，日本語，中国語，ミャンマー語，カンボジア語，フランス語）	5 言語で実施（インドネシア語，英語，日本語，韓国語，中国語）	英語のみ。ただし，調査員が次の地方言語に随時通訳する。①タガログ，②ビコラノ，③セブアノ，④ヒリガイノン，⑤イロカノ，⑥カパンパンガン，⑦ワライ。	ベトナム語のみ
有り。個人の国籍を記入の上，コード番号（3 桁）を後で追加。全員に質問。	有り。外国籍保有者にのみ国籍を質問。3 桁の国名コードを記入。	有り（Citizenship）。①フィリピン，②二重国籍（フィリピン＋1），③外国（国名記入）。	ベトナム国籍の者のみを対象
設問なし	有り。インドネシア国籍保有者のみ民族（Suku Bangsa ＝エスニシティ）を質問。5 桁の民族コードで記入。	有り。民族名を記入。	有り。民族を 54 に区分する。華人は「少数民族」扱い。
家庭で通常話している言語（①タイ語のみ，②タイ語とその他言語，③タイ語以外の言語のみ。タイ語以外はその言語を記入）。	有り。日常的に使用している言語を記載したうえで，5 桁の言語コードも記入。	有り（ただしサンプル調査）。言語名を記入。	設問なし

その実施方法（戸別訪問，郵送調査，ネット回答），調査員の資格と人数，実施の予算（総額と一人当たり予算），調査票に使用されている言語の種類，国籍・民族および人種・使用言語に関する質問の有無について，8 か国・地域の状況を比較したものである。

例えば，調査票に使う言語の複数化は，グローバル化に伴う外国人の増加への対応を示している。日本では，日本語も含めてじつに 28 か国語の調査票を準備する。これに次ぐのが香港の 13 か国語で，以下，韓国が 9 か国語，タイが 7 か国語，インドネシアと中国が 5 か国語であった。単独の言語を使用しているのは，ベトナム（ベトナム語）とフィリピン（英語）の 2 か国のみである。

一方，タイでは，外国籍人口のうち 67 % の 180 万人が，カンボジア，ラオス，ミャンマー（CLM）からの移民労働者であり，マレーシアも，インドネシア，バングラデシュ，ネパールなどから大量の移民労働者を受け入れている（金子 2017)。対照的に，フィリピンでは本書の第 8 章で詳述するように，約 150 万人が海外に出稼ぎに出ている。経済活動と同様に，人口自体もすでに国境が意味を失いつつあるのである。

逆にそうであるからこそ，統治者が求める「国民国家」の姿と，人口センサスが示す「グローバル化時代の人口構造」の間のギャップを，きちんと理解することが必要であろう。人口センサスは，「社会大変動の時代」の現実を映し，「グローバル化の時代」の人口の実態を映し出す鏡だからである。

参考文献

【日本語】

アジア経済研究所 2004「特集　人口センサスから見えるもの――社会の変化と今」『アジ研ワールド・トレンド』第 10 巻第 12 号，12 月：2–37 頁。

大泉啓一郎 2007『老いてゆくアジア―― 繁栄の構図が変わるとき』中公新書。

―――― 2011『消費するアジア――新興国市場の可能性と不安』中公新書。

大友篤 2001a「2000 年センサスによるシンガポールの人口（1）（続き）」『世界と人口』323 号，2 月：40–47 頁；『世界と人口』324 号，3 月：32–40 頁。

―――― 2001b「2000 年センサスによるタイの人口（1）（続き）」『世界と人口』325 号，4 月：40–48 頁；『世界と人口』326 号，5 月：30–37 頁。

―――― 2001c「1999 年センサスによるベトナムの人口（1）（2）」『世界と人口』327 号，6 月：36–43 頁；『世界と人口』328 号，7 月：38–45 頁。

落合恵美子編 2013『親密圏と公共圏の再編成——アジア近代からの問い』京都大学学術出版会。
金子奈央 2017「マレーシアの外国人——新たな共生への挑戦」『アジ研ワールド・トレンド』第 23 巻第 1 号，1 月：43–46 頁。
倉沢愛子編 2013『消費するインドネシア』慶應義塾大学出版会。
経済産業省 2008『通商白書 2008』。
末廣昭 2014『新興アジア経済論——キャッチアップを超えて』岩波書店。
————編著 2010『東アジア福祉システムの展望——7 カ国・地域の企業福祉と社会保障制度』ミネルヴァ書房。
————編 2014『東アジアの雇用・生活保障と新たな社会リスクへの対応』東京大学社会科学研究所研究シリーズ No. 56。
————ほか 2015「特集　人口センサスからみる東アジアの社会大変動」『アジ研ワールド・トレンド』第 21 巻第 8 号，8 月：2–43 頁。
総務省統計局 2012「新展開を迎える東アジア各国の統計——東アジア統計局長会議について」『統計 Today』No. 56［http://www.stat.go.jp/info/today/056html］（2016 年 9 月 23 日アクセス）。
———— 2014「第 27 回人口センサス会議レポート（2010 年ラウンドセンサスとの評価と次回ラウンドセンサスに向けた計画）」『統計 Today』No. 88［http://www.stat.go.jp/info/today/088html］（2016 年 7 月 20 日アクセス）。
高見朗 2007「2010 年ラウンド人口・住宅センサスに関する国連勧告の取りまとめ状況」法政大学日本統計研究所『研究所報』No. 36，4 月：1–21 頁。
フロリダ，リチャード（井口典夫訳）2009『クリエイティブ都市論——創造性は居心地のよい場所を求める』ダイヤモンド社。
法政大学日本統計研究所 2007「特集　人口センサスの現状と新展開」『研究所報』No. 36，4 月：1–100 頁（日本，アメリカ，フランス，ラテンアメリカ）。
村井友子 2015「アジ研図書館の宝「開発途上国人口センサス・コレクション」紹介」『アジ研ワールド・トレンド』第 21 巻第 8 号，8 月：44–46 頁。
安元稔 2007『近代統計制度の国際比較——ヨーロッパとアジアにおける社会統計の成立と展開』日本経済評論社。

【英　語】

Harper, Sarah (ed.). 2017. *Critical Readings on Ageing in Southeast Asia*, 2 vols. Leiden : Brill.
Hateley, Louise and Gerald Tan. 2003. *The Greying of Asia : Causes and Consequences of Rapid Ageing in Asia*, Singapore : Eastern Universities Press.
Jirawan Boonperm. 2008. “The 2010 Population and Housing Census of Thailand”. A paper submitted to the 12th Heads of NSOs of East Asian Countries (East Asian Statistical Conference), 13–15 November, Tokyo.
Jones, Gavin W. and Mike Douglass (eds.). 2008. *Mega-urban Regions in Pacific Asia : Urban Dynamics in a Global Era*, Singapore : NUS Press.
Lee, Hock Guan (ed.). 2008. *Ageing in Southeast and East Asia : Family, Social Protection, Policy Challenges*, Singapore : Institute of Southeast Asian Studies.
Park, Donghyun, Sang-Hyop Lee and Andrew Mason (eds.). 2012. *Aging, Economic Growth, and Old-*

age Security in Asia, London : Edward Elgar.

Robison, Richard and David S. Goodman (eds.). 1996. *The New Rich in Asia : Mobile Phones, McDonald's and Middle-class Revolution*, London : Routledge.

Statistics Bureau, Japan. 2008. "The Twentieth Meeting of the East Asian Statistical Conference", 13-15 November, Tokyo [http://www.stat.go.jp/english/info/meetings/astasia/asia12.htm] (2016年9月23日アクセス).

——— 2012. "The 13th East Asian Statistical Conference", 5-7 November, Tokyo [http://www.stat.go.jp/english/info/meetings/eastasia/asia13.htm] (2016年9月23日アクセス).

United Nations. 2008. *Principles and Recommendations for Population and Housing Censuses, Revision 2*, New York : United Nations.

——— 2009. *The World Urbanization Prospects : The 2009 Revision*, New York : United Nations.

——— 2014. *The World Urbanization Prospects : The 2014 Revision, Highlight*, New York : United Nations.

Williams, Lindy and Michael Philip Guest (eds.). 2012. *Demographic Change in Southeast Asia : Recent Histories and Future Directions*, Ithaca : Cornell University Press.

World Bank Group. 2016. *Living Long and Prosper, Aging in East Asia and Pacific*, Washington D.C. : The World Bank.

コラム1　人口構造・家族構造に関する基本用語の解説

人口動態（dynamics of population）　一定期間内の人口の変動を指し，出生，死亡，移動の3つの側面から捉える見方。基本人口を把握する人口センサス調査（国勢調査）とは別に，定期的に人口動態調査（日本は厚生労働省が担当）が実施される。

人口転換論（the theory of demographic transition）　ある国・社会の人口動態を，第1段階の多産多死，第2段階の多産中死，第3段階の中産少死，第4段階の少産少死の変遷から捉える見方。第1段階から第2段階への移行は，医療技術の発達と衛生教育の普及による死亡率の低下，第2段階から第3段階への移行は，それに伴う出生率の低下に影響を受ける。第3段階から第4段階への移行は，子供への教育投資への関心強化や女性の社会的進出が影響するとみなす。日本のように超高齢社会に突入し，人口減少に転じた国では，「少産多死」という第5段階に移行したという議論もある。

人口推計（population prospects）　将来の人口予測は，男女年齢別に，①基本人口（人口センサス調査で確定），②将来の出生率の仮定，③将来の生残率の仮定，④将来の国際人口移動率（数）の仮定の4つをもとに行う。通常は，推計の根拠の違いによって，中位推計，高位推計，低位推計の3つが行われる。世界の人口推計は国際連合の社会経済局人口課（United Nations, Department of Economic and Social Affairs, Population Division）が実施しており，ウェブ上で推計結果を公開している。

人口ピラミッド（demographic pyramid）　人口を年齢階層別（1歳刻み，5歳刻みなど）に下から積み上げ，右に女性，左に男性の人口数を配した図を指す。一人当たり所得水準が低い段階では概ね「ピラミッド型」だが，所得水準が上昇すると年少人口が減少するため，当初は「釣鐘型」，さらには「つぼ型」（年少人口がよりいっそう減少）に変化するというのが，教科書的解説である。しかし，超高齢社会を迎えた日本や，大量の若年人口が農村から都市へと移動する中国やタイの農村部の人口ピラミッドは，教科書が示す図とはまったく異なるパターンを提示している。教科書が示す人口ピラミッドに近い状況は，東アジアの中ではフィリピンくらいしかない。本書の図表1-6を参照。

合計特殊出生率（TFR : total fertility rate）　15歳から49歳の年齢層の女性が生涯に産む子供の平均人数を指す。分子は生まれた子供の数であるが，分母の女性は当該年齢の女性人口すべてをカバーするため，一人の女性の生涯の出産だけでなく，晩婚・未婚という社会動向も反映する点に注意する必要がある。東アジアでは，結婚したカップルが少子化を選んだ場合と，女性の社会進出のもとで晩婚・未婚が進んだ場合の2つが，同時に進行した。人口規模を維持する合計特殊出生率が「人口置き換え水準」（約2.10人）で，これを下回ると人口減少社会に移行する。

生産年齢人口（the working-age population）　15歳から64歳までの人口を指す。経済活動人口（economically-active population）は，15歳以上の人口を指し，65歳以降も経済活動が可能であればカバーしているので，概念が異なる。高等教育の普及と平均寿命の伸長により「生産年齢人口」の見直しも始まっており，国連人口課は，2015年から，生産年齢人口の開始年齢を，①15歳，②20歳，③25歳の3種類，終わりの年齢を，④64歳，⑤69歳の2種類・6パターンに拡大する新しい基準を示した。生産年齢人口の定義を変えれば，今後の経済成長などの見通しも大きく異なってくる。

高齢者（elder person, older person, aged person） 何歳から高齢者と呼ぶかは難しい問題である。世界保健機関（WHO）が，高齢者を65歳以上と明確に定義しているのに対し，国連人口課は明確な定義を避けている。高齢者の定義は国・地域によって違い，中国やタイでは60歳以上，日本では年金受給開始年齢の65歳以上としている。詳しくは「コラム2」を参照。

人口ボーナスの期間（the period of demographic bonus, demographic dividend） 明確な定義はないが，生産年齢人口が総人口に占める比率の年増加率が，マイナスからプラスに転じる年を開始年とし，プラスからマイナスに転じる年の前の年を最終年とする期間とすることが多い。ただし，生産年齢人口の定義が変われば，人口ボーナスの期間も変わることに注意したい。

人口オーナス（demographic onus） 生産年齢人口比率の年増加率がマイナスに転じた以降の国民経済に対する負担の増加を指す。実際は，高齢人口が国民経済に与える正負の影響と密接に関係しており，年齢を基準に機械的に定義することはできない。GDPの創出に貢献する経済活動を続けているのか，年金などの社会支出にもっぱら依存しているのかで，その評価は異なるからである。本書の終章を参照。

家族制度（family structure） 一般的に，1990年人口センサス調査までは，世帯を「単独世帯（single family）」，「核家族（nuclear family）」，「拡大家族（extended family）」に分類し，タイなどでは拡大家族をさらに，単位世帯，合同世帯，複合世帯などに再分類する方針を採ってきた。しかし，2000年以降は，もっぱら世帯の構成人数（1名，2名，3名，4名……）のみで世帯の特徴を判別する方法が採られている。同時に，未婚の（もしくは結婚しない）若者の単独世帯，ケアする家族がいない孤独な高齢者の単独世帯の増加が，日本を含め東アジア諸国では大きな政策課題となっている。

国連人口基金（UNFPA：United Nations Population Fund） 1967年，第21回国連総会決議にもとづき，人口問題や家族計画の活動を強化するために設立された信託基金。1969年に国連人口活動基金（UNFPA：United Nations Fund for Population Activities）に改称。1988年から現在の国連人口基金に名称を変えたが，略称はUNFPAをそのまま使用している。1978年から『世界人口白書（The State of World Population）』を毎年刊行し，国連開発計画（UNDP）の『人間開発報告』や世界銀行の『世界開発報告』とは異なる視点から，人口問題と開発に関する特集を組んでいる。北朝鮮，カンボジア，ベトナムなどの人口センサスの実施を資金面で支援した。

（末廣昭）

第1章

東アジアの人口動態と人口センサス

大泉啓一郎・末廣昭

はじめに

本章の主な目的は，そもそも人口センサスとは何かについて解説し，その集計結果である国連の人口・都市・移民推計を用いて，東アジアにおける人口動態を概観することにある。

序章でもふれたように，各国の人口センサスは，第二次世界大戦後，国連の主導下で実施されてきた。そのガイドラインとして国連は『人口センサスの原則と勧告（Principles and Recommendations for National Population Censuses：以下，『原則と勧告』)』を作成し，必要に応じて改訂してきた。本章の前半では，この『原則と勧告』を中心に人口センサスについて解説する。

そして国連は，各国の人口センサスをもとに『世界人口推計（World Population Prospects)』，『世界都市化推計（World Urbanization Prospects)』，『国際人口移動統計(International Migrant Stock)』を作成し，公表してきた。本章の後半では，これらを用いて東アジアの人口動態の特徴を考察する。

1　人口センサスとは

1）人口センサスはどのようにして導入されたか

世界で最も古い人口センサスは，1790 年にアメリカで実施された人口調査であったといわれている。その後，1801 年にイギリスとフランスでも人口調査が実施されるようになり，19 世紀に入って多くの国で行われることになった[1]。もっとも国レベルだけでなく，地域レベルで行われることが多かった。ちなみに，日本における初めての人口センサス（国勢調査）は，欧米諸国に比べてずっと遅く，図表 1-1 の第 7 次（1920 年ラウンド）に該当する 1920 年（大正 9 年）のことであった[2]。

人口センサスが世界的に実施されたのは 19 世紀後半以降のことである。

1872 年に，国際統計機構（International Statistical Institute）が，人口センサスの方法に関する基準を採択しており，次いで，1897 年に同基準に沿って，1900 年に人口センサスを世界で同時に行うことを呼びかけた。ただし，実際に人口センサスを実施した国・地域は，1900 年を含む「1900 年ラウンド」（1895 年から 1904 年の期間に実施）では 44 か国にとどまり，10 年前の「1890 年ラウンド」（1885 年から 1894 年）のときと変わりがなかった。

多くの国・地域が人口センサスを実施するようになったのは，第二次世界大戦が終わってからのことであった。これは国連の指導力に負うところが大きい。1946 年に，国連内部に「経済社会委員会」が設立されたのを契機に，人口センサス実施の機運が高まった。当時の人口センサス実施の必要性について，国連は以下のように記している。

> 世界人口および国・地域についての適切な情報の欠如は，国連および関連機関が配慮すべき問題のひとつである。それは政府機関，研究組織，個人研

1）人口センサス（国勢調査）の歴史については，Holt (1929) を参照。

2）実際には，1905 年（明治 38 年）に実施される予定であったが，日露戦争のための財政悪化から延期された（佐藤朋彦 2013）。なお，日本における国勢調査は，台湾でまずその制度・組織や方法が試され，その後，日本に逆輸入されて実施された点に，大きな特徴がある。この点については佐藤正広（2006）を参照。

図表 1-1　人口センサスを実施した国の数（1860 年ラウンド～1950 年ラウンド）

ラウンド	期　間	総　計	アフリカ	北アメリカ	南アメリカ	アジア・オセアニア	ヨーロッパ
1860 Round	1855～64	24	0	4	2	1	17
1870 Round	1865～74	29	0	2	5	3	19
1880 Round	1875～84	37	1	5	4	6	21
1890 Round	1885～94	44	2	7	5	7	23
1900 Round	1895～1904	44	2	7	5	7	23
1910 Round	1905～14	42	2	7	4	6	23
1920 Round	1915～24	49	2	9	4	11	23
1930 Round	1925～34	44	2	8	2	10	22
1940 Round	1935～44	44	3	9	6	9	17
1950 Round	1945～54	65	2	12	8	15	28

出所）UN (1955：2).

究者も同様であろう。そのような情報の整備は，食糧の生産と流通，資源の保全，社会政策の立案，生活水準の向上など国際問題を研究するうえで必須の課題である。　(UN 1949：1)

つまり，世界的問題を解決するための基礎資料として，人口センサスの実施による情報収集が期待されたのであった。

国連は，1949 年に人口センサス実施のための初めてのマニュアルとなる『人口センサスの方法（Population Census Method)』を発行している（ibid.)。この目次をみると，①はじめに，②総人口，③性別と年齢，④配偶関係，⑤出生データ，⑥出生地，⑦法的国籍，⑧言語，⑨教育水準，⑩経済活動人口，⑪産業・職種・従業上の地位，⑫雇用・失業，⑬経済活動・非活動人口における人口変化，⑭農業およびその他の経済活動における人口負担，⑮人口センサスおよび農業センサスの結果の照合作業，⑯都市・農村人口，⑰世帯，⑱心身障碍者というように，現在の人口センサスとほぼ同様の調査項目について，その定義や調査の方法などを詳細に記述している。これを受けて「1950 年ラウンド」(1945 年から 1954 年）には，65 か国で人口センサスが実施された。

次いで，1958 年に国連は，『人口センサスの原則と勧告』を発行した（UN 1958)。

図表 1-2　人口センサスを実施した国の数（1960 年ラウンド～2010 年ラウンド）

ラウンド	期　間	総　計	アフリカ	北アメリカ	南アメリカ	アジア・オセアニア	ヨーロッパ
1960 Round	1955～64	183	39	34	12	54	44
1970 Round	1965～74	194	39	36	11	64	44
1980 Round	1975～84	206	52	33	13	66	42
1990 Round	1985～94	200	46	32	13	67	42
2000 Round	1995～2004	208	53	33	13	67	42
2010 Round	2005～14	214	49	34	14	67	50

出所）日本人口学会編（2002）および United Nations, *2020 World Population and Housing Census Program* ホームページ（2016 年 8 月 16 日アクセス）より大泉作成。

内容は，①計画・組織化・行政，②収集すべきデータ事項，③各事項の定義と区分，④集計計画，⑤サンプリング方法であり，同時に実施にあたっての詳細なガイドラインが示された。これに基づいて「1960 年ラウンド」(1955 年から 1964 年）に人口センサスを実施した国・地域は，一気に 183 か国・地域に増えた。

「1980 年ラウンド」で人口センサスと住宅センサスを統合したことを受けて，『原則と勧告』は『人口・住宅センサスに関する原則と勧告』に改名された。また，それ以降の状況の変化に合わせて変更を加えた『人口・住宅センサスに関する原則と勧告（第 1 版)』が 1998 年に発表された。その状況変化とは，①新しいテクノロジーの変化への対応，②各国のセンサス実施能力の向上と電子フォーマットによるデータの活用，③社会経済状況の変化（世帯の住宅・経済状況や国際人口移動のパターンの変化など)，④センサス結果の活用に配慮した調査事項に対する優先づけの必要性などである（UN 1998)。

2008 年に発行された『人口・住宅センサスに関する原則と勧告（第 2 版)』では，調査項目について主要項目（core）とそれ以外に区分し，参考的な追加調査項目を若干増やした（UN 2008)。そして，「2010 年ラウンド」(2005 年から 2014 年）には，じつに世界 214 か国・地域で人口センサスが行われるようになっている（図表 1-2)。

さらに 2015 年には，「2020 年ラウンド」の人口センサスに向けた『人口・住宅センサスに関する原則と勧告（第 3 版)』が刊行されている（UN 2015a)。

2）人口センサスの特徴

人口センサスとは，国連の定義によれば「一国または一国内の明確に区切られた地域のすべての人に関する，人口学的，経済的，社会的データを収集し，編集，評価，分析して，公表または他の方法でデータを提供する，一連の過程を指す」(UN 2008：7)。

国連『人口・住宅センサスの原則と勧告（第2版)』(2008年）によれば，人口センサスの特徴は以下の4点に要約できる。

第1は「個人に対する調査（individual enumeration)」であること。人口センサスは，個人あるいは世帯という単位での調査である。その詳細さゆえに，さまざまな分析に活用されている。

第2は「〔国境などで〕区切られた領域内におけるカバリッジの全体性（universality within a defined territory)」をもっていること。人口センサスは全国または特定の地域に居住するすべての人を対象としており，国と地域の基本データとなる。

第3は「同時性（simultaneity)」をもっていること。調査は一定の期間で実施される（例えば10月1日など)。これによって国内の地域間の比較が可能になる。

第4は「一定期間をおいて繰り返し実施する周期性（defined periodicity)」をもっていること。国連は少なくとも10年ごとの人口センサスの実施を推奨している。国際比較を可能にするため，末尾が0となる年に行うことを推奨しているが，実際はまちまちである。例えば，1で終わる年に実施する国は少なくない。インド，イギリス，オーストラリアなどがそうである。また，ベトナムのように9で終わる年に実施する国もある（本書の第9章)。そのため，国連の人口センサスの原則と勧告でも，「1990年ラウンド」(1985年から1994年）と表現される（図表1-1と図表1-2はこれに倣っている)。

さて，2015年に改訂された『人口・住宅センサスの原則と勧告（第3版)』には，第5の特徴として「小規模地域統計の作成能力（capacity to produce small-area statistics)」をもつことが加えられた。これは，最も小さな地理的単位での（at the smallest geographic level pertaining）調査とその整理を奨励したものである。国全体の動きを分析するだけでは実態を把握できない状況を踏まえ，具体的な地域を分析するニーズが高まったことを反映しているものと思われる。実際に，国連はコンピュータグラフィックを駆使したマッピングで，さまざまな現象を把握しようと努めている。

3）人口センサスの調査項目

国連は『原則と勧告』のなかで，人口センサスの調査項目のリスト（ひな形）を公表してきた。この調査項目の採択は強制的なものではなく，各国は諸環境を考慮して取捨選択してよいことになっている。国連自身も，図表1-3で示すように，各国の事情を考慮して，①主要項目（図表中の◎），②派生主要項目（図表中の○），③追加項目（図表中の△）の3つのカテゴリーに区分している。

ただし，仮に主要事項の質問であっても，各国にその実施を強制しているわけではない。序章（図表序-3）や各章の記述にみるように，人口センサスの実施には膨大な人員の確保や巨額の予算が必要であり，各国がすべての条件を満たすことはできないからである。

図表の右側に示した数字（単位：%）は，国連が調査項目について79か国の実施状況を別途調査をした結果である[3]。例えば，性別や年齢についてはすべての国が調査を実施しているが（つまり100 %），主要項目に含まれる常住地については43 %，現住地については34 %の国しか調査していない。これらは当該国の財源や人員，その能力・方法などの制約によるものと考えられる。追加項目については，質問した国の割合はさらに低下する。もっとも，財源や人員などが豊富であっても，センシティブな質問を避ける場合や，既存の行政データや別の社会調査によって結果が明らかな場合には調査項目としていない。韓国や日本の調査項目が少ないことは後者を理由とする。

国連が要請する調査項目は，基本的には，1949年の『人口センサスの方法』以来大きな変化はないが，詳細にみれば，時代の要請に応えた変更を見出すことができる。例えば，『人口・住宅センサスの原則と勧告（第1版）』では，障碍者の詳細な調査項目が新たに加えられた。これは国連開発計画（UNDP）が推進する「ミレニアム・ゴール」の達成を意識したものといえる。また，『人口・住宅

3）United Nations, Recommended core topics (“Principles and Recommendations for Population and Housing Censuses”) and their implementation in the 2010 census round [http://unstats.un.org/unsd/demographic/sources/census/wphc/Census_Clock/CountriesPerTopic.pdf]（2016年10月3日アクセス）.

図表 1-3　人口センサスの調査項目

項目		
1　地理的属性および国内人口移動に関する事項		
常住地	◎	43
現在地	◎	34
出生地	◎	78
居住期間	◎	37
前住地	◎	29
過去の特定時点における常住地	◎	65
人口総数	○	-
地区区分	○	-
都市部・農村部の区分	○	-
2　国際人口移動の属性		
出生地	◎	76
国　籍	◎	72
入国の年または期間	◎	41
3　世帯および家族に関する事項		
世帯主または基準となる世帯員との属性	◎	85
世帯および家族構成	○	-
世帯および家系	△	3
4　人口学的および社会的属性		
性　別	◎	100
年　齢	◎	100
配偶関係	◎	95
宗　教	△	52
言　語	△	47
国籍または人種グループ	△	57
先住民	△	14

項目		
4　出産および死亡に関する事項		
これまでに産んだ子供の数	◎	71
生存している子供の数	◎	54
最後に出生した子の出生年月日	◎	29
過去12か月の出生	○	-
過去12か月に生まれた子供の死亡	○	-
初婚年齢，初婚の年月日または期間	△	19
最初の子を産んだときの母親の年齢	△	11
過去12か月の死亡	◎	37
父親または母親のいない孤児	△	25
5　教育に関する事項		
読み書きの能力	◎	53
就学状況	◎	91
学　歴	◎	90
学習分野および資格	△	53
6　経済的属性		
就業状態	◎	95
職　業	◎	92
産　業	◎	90
従業上の地位	◎	84
就業時間	△	35
収　入	△	41
就業先の制度部門	△	32
インフォーマル産業での雇用	△	3
非正規雇用	△	1
従業地	△	61
8　障碍に関する事項	◎	66
9　農業に関する事項	△	23

注）◎：主要項目，○：主要項目（派生），△：追加項目。数字は実施国の比率。
出所）UN（2008）および United Nations, Recommended core topics and their implementation in the 2010 census round（2016年10月3日アクセス）より大泉作成。

センサスの原則と勧告（第2版）』では，出生に関する調査項目が増えた。これは世界的な出生率の低下の原因把握が重要視された結果と考えることができるだろう。

加えて，経済状況の調査も詳細なものになっている。人口センサスを通じて各国の詳細な情報を集めたいという国連の意図を反映したものと推測できる。また，経済活動については追加項目が増えたことに応じて，その活用のマニュアルとして『ハンドブック：人口センサスにおける経済活動の測り方（Measuring the Economically Active in Population Census : A Handbook)』が作成されている（UN 2010)。もっとも，高所得国においては，これら経済活動に関する調査は，特定目的の調査（例えば労働力調査や家計調査）によっても収集されること，また，人口センサスでは個人情報収集にかかる規制が厳しいことなどから，逆に省かれる傾向にある。一方，『人口・住宅センサスの原則と勧告（第3版)』では，移民についての調査項目を細分化している。難民を含めた国際的な人口移動が激しくなったことへの対応である。

『原則と勧告』は，集計表（tabulation）のひな形を掲載してきた。これを集計・加工したものが『世界人口推計（World Population Prospects)』である。現在，世界人口推計は2年ごとに改定されており，最新版は2015年版（the 2015 revision）である。戦後，集計・整理されたデータは『人口年次報告（Demographic Yearbook)』として公表されてきたが，近年は，コンピュータとインターネットの普及により，ホームページでデータが公開されるようになっている（https://esa.un.org/unpd/wpp/)。

2　東アジアの社会変動と人口動態——人口爆発から人口減少へ

1）圧縮された人口転換モデル

各国の人口センサスの結果は，前節で述べたように国連により集計されて公表される。以下，国連の人口推計を中心に，東アジアの人口動態の特徴を概観する。まずは人口規模についてである。

かつて，東アジアは人口増加率が最も高い地域のひとつであった。1965～70年の東アジアの人口増加率は年平均2.6％と，世界平均の2.1％はもちろんのこと，途上国平均の 2.5％ さえも上回っていた。細かくみると，1950～60 年にアジア NIEs において人口増加率が 3.0％ を超え，1960～70 年になると，ASEAN 諸国の人口増加率も 3.0％ を超えた。

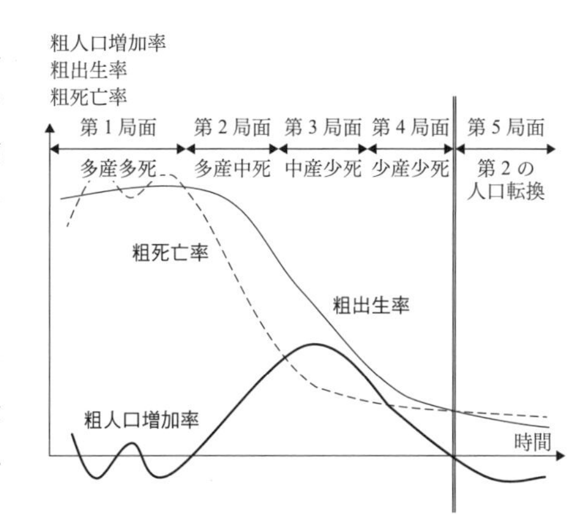

図表 1-4　人口転換論

出所）大泉作成。

このような東アジアの人口動態の背景を把握するためには，「人口転換論（the theory of demographic transition）」が有効である（河野 2007）。

人口転換論とは，18 世紀の産業革命から 20 世紀初期までの欧米における人口変化を，出生率と死亡率の推移のタイムラグに焦点をあてて分析した理論である。その過程は，「多産多死」，「多産中死」，「中産少死」，「少産少死」という 4 つの局面に区分される（図表 1-4）。

国連の人口推計（前出の『人口年次報告』）は，1950 年以降のデータしか公表していないので，東アジアの多産多死の状況を見出すことは難しい。ただし，1950 年時点での死亡率が高かったことを勘案すると，戦前は，これに呼応して出生率も高かったと想像できる[4]。これが人口転換の第 1 局面，つまり多産多死の段階である。

戦後すぐに東アジアでは，海外からの支援による防疫・医療技術（殺虫剤や抗生物質，ワクチン）の普及，栄養状況の改善などを通じて，コレラ，赤痢，マラリアなどの感染症による死亡が大きく減少した。例えば，韓国の粗死亡率（1,000 人当たり死亡者数：単位‰）は 1950～55 年の 16.4 ‰から 1970～75 年に 7.8 ‰，中国では 23.1 ‰から 9.3 ‰，タイでは 15.5 ‰から 9.2 ‰へと，それぞれ劇的に低下した。

先進国の死亡率の低下は，自らの努力による技術開発がもっぱらもたらした

4）世界銀行は，1900 年から 1950 年までの途上国の人口動態をモデル化し，出生率は 1,000 人当たり 40 人，死亡率は 30 人から 35 人と推計している（梶原ほか 2000：25-26）。

「内生的」なものであり，時間をかけて実現したのに対し，途上国のそれは外国からの技術導入という「後発性の利益」を享受した「外生的」なものであった(渡辺 1986)。これが東アジアにおいて人口を急増させる原因となった。なぜなら，価値観や生活慣習，文化，制度に影響を受ける出生率は，死亡率ほどは急速に低下しないからである。そのため，死亡率と出生率が大きく乖離し，人口を急増させたのである。これが人口転換論の第 2 局面，「多産中死」である。

東アジアでは，国によって程度の違いはあるものの，多くの国で家族計画を含む人口抑制策を実施した。1961 年に韓国，1962 年に中国，1965 年にシンガポール，1966 年にマレーシア，1968 年にインドネシア，1970 年にフィリピン，タイ，1973 年に香港，そして，1977 年にベトナムが，それぞれ人口抑制策に踏み切った（大淵／森岡 1981)。人口抑制策では，中国の一人っ子政策がつとに有名であるが[5]，韓国やタイでも政府が中心となって，家族計画や強制的な産児制限政策を実施した。

人口抑制策を介して出生率の急速な低下を実現した国は，人口抑制策以前に出生した，ベビーブーム世代と呼ばれる「大きな人口塊 (population bulge)」を抱えることになった。死亡率の急速な低下が「外生的」であったことに加え，出生率の急速な低下も「人工的」であったからだ。このように，東アジアの人口転換は，欧米先進諸国のそれに比べると，「外生的な」死亡率の急速な低下と「人工的な」出生率の急速な低下という，圧縮されたプロセスを特徴とする。

その結果，東アジアの国・地域の人口ピラミッドは大きく変化した。人口ピラミッドとは，男女別に年齢ごとの人口を下から順に積み上げたものである（図表 1-5)。当時は，年齢が若いほど人口が多いことが想定されていたため，三角形の形をなす「ピラミッド」と名づけられたのだろう。東アジアの国・地域の人口ピラミッドは，1970 年の若年層が多い「富士山型」から，1990 年にはその形状を維持する国・地域か，中間の年齢階層に膨らみをもつ「つぼ型」の 2 つに分極化している。この時期までは，人口学が想定していた動きとそれほど乖離はないといえるだろう。

ところが，直近の 2015 年の人口ピラミッドをみると，東アジアの国・地域に

---

5) 中国の一人っ子政策と人口問題については，若林（1989 : III，IV）を参照。

図表1-5　東アジアの人口ピラミッド：1970年，1990年，2015年

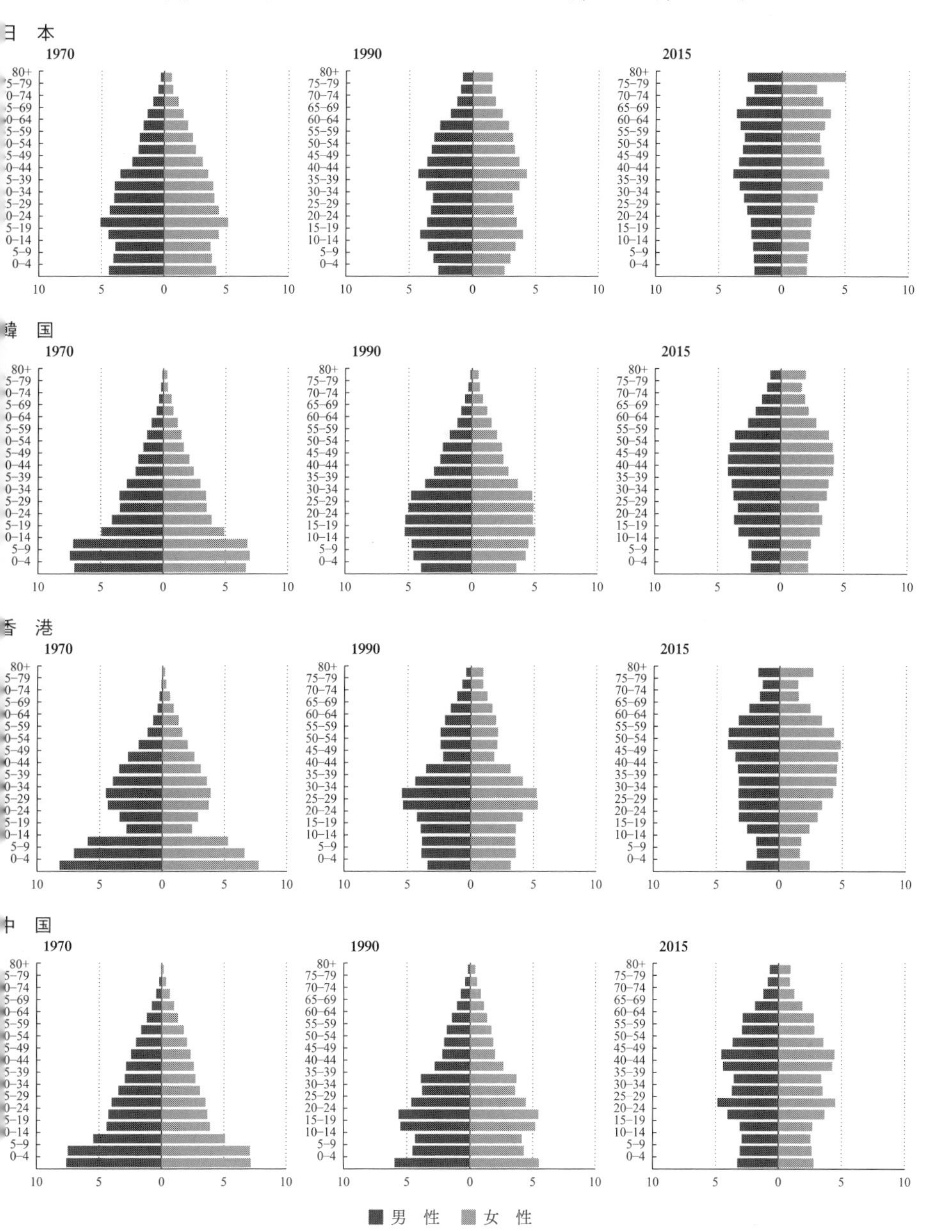

図表 1-5（続き）東アジアの人口ピラミッド：1970 年，1990 年，2015 年

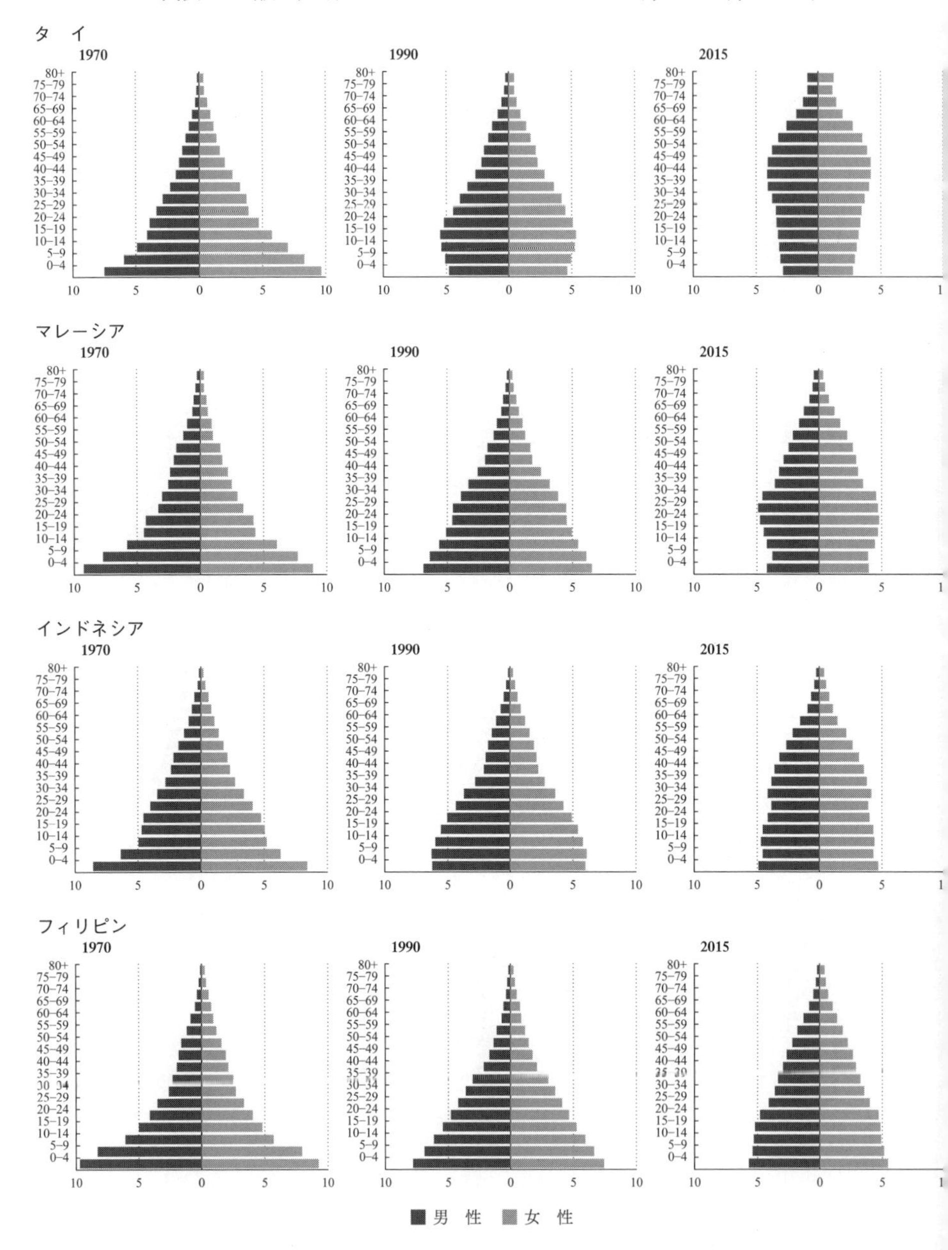

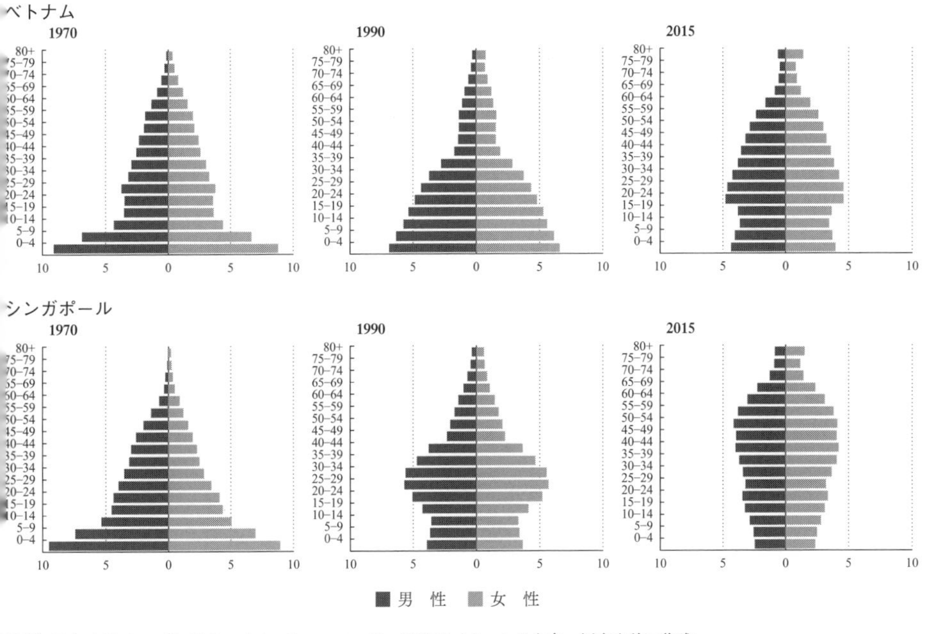

出所）United Nations, *World Population Prospects : The 2015 Revision* より大泉・福本由美子作成。

は共通の特徴がみられないだけでなく，人口学の人口ピラミッド理論が想定していた形状から大きく逸脱する国・地域が続出した。「つぼ型」を示しているのはタイ，マレーシア，シンガポールの3か国であるが，真ん中が膨らんでいるのがタイ，下の年少人口がやや膨らんでいるのがマレーシア，上の高齢人口が膨らんでいるのがシンガポールと，3か国の間でも違いが確認できる。フィリピンのように，40年以上にわたって，富士山の形状を維持している稀有な国も存在する。

一方，日本は80歳以上の女性人口が突出して多く，韓国はラグビーボールのような形を示している。香港は特異な形を示し，他に類例がない。中国は一人っ子政策の影響で30代未満が少ないが，それでも20代後半は人口が多い。また，ベトナムの場合には，20代未満の人口が急激に減少する，これまた特異な形を示している。東アジアの国・地域の2015年における人口ピラミッドの多様性は，人口学が提示する理論の有効性に明らかに疑義を提示している。東アジアの現実が，人口学の理論の限界を示すのか，それとも，東アジアで起こっている現象のほうが，政策要因（家族計画など）や自然災害などで，世界の動向に対して「外れ値」に該当するのかは，今後とも慎重に検討する必要があるだろう。

2）出生率の低下と平均寿命の伸長

出生率の低下の原因は人口抑制策だけでなく，さまざまな環境変化の影響も受けている。例えば，教育水準の上昇，女性の社会進出の本格化，都市化や工業化の進展などの影響が議論されている（早瀬 2004；河野 2007）。

人口転換論では，「少産少死」を第 4 局面，最終段階として捉え，その後人口は安定的に推移すると考えていた。しかし，人口が安定的に推移する水準，つまり「人口置き換え水準＝ 2.10 人」を下回っても，出生率の低下に歯止めがかからない国・地域が出てきた。

顕著な事例が東アジアである。具体的には，2015 年にこの置き換え水準を下回る国・地域は，日本，韓国，台湾，香港，シンガポール，中国，タイ，マレーシア，ブルネイ，ベトナムと，東アジア 15 か国・地域のうち 10 を数えた。このような人口を減少に向かわせる少子化の進展は，「第 2 の人口転換（the second demographic transition）」と呼ばれる（van de Kaa 2002）。人口減少社会の要因としては，晩婚化・非婚化の進展や，学歴社会の浸透による子育てのコスト増加・教育投資の増加などが考えられる。とはいえ，確定的な要因は，国連の人口推計からは特定できない。そこで人口センサスの出番となる。というのも，人口センサスの結果を活用すれば，女性の就学・就労状況，晩婚化・未婚化，核家族化についても分析することが可能になるからだ[6]。

東アジアは，出生率が低水準にとどまり続けるため，21 世紀半ばまでに人口減少地域に向かう。国連の『世界人口推計　2015 年版』（中位推計）によれば，東アジアの人口は 2015 年の 22 億 1600 万人から 2038 年にピークの 23 億 5700 万人に達した後，減少に向かう。世界全体で人口が減少するのは 22 世紀初頭であることを考えると，東アジアは半世紀以上も先んじて「人口減少の時代」に突入

6）女性の社会進出や家族制度の変容に関する東アジアにおける研究は，京都大学の落合恵美子たちのチームが中心となって，国際的な共同研究の体制を組んでいる（落合編 2013）。ただし，彼らの研究関心は「生活時間調査」の国際比較に向かっており，各国・地域の人口センサスの一次データを活用した比較研究も，今後は必要であろう。

することになる。

他方，東アジアでは平均寿命も大幅に延びた。東アジア全体では1960年の55歳から2014年には75歳に伸長した。2014年の平均寿命では日本が83歳と高水準にあるが，香港，韓国，台湾，シンガポールの平均寿命も80歳を超えている。平均寿命の伸長は，当初はもっぱら乳幼児死亡率の低下の影響を受けていたが，現在は高齢者の平均余命の伸びによるところが大きい。実際，東アジアの60歳の平均余命は，1950～55年の14年から2010～15年には21年に大幅に伸びている。

図表1-6　東アジアの高齢化の倍加年数

	7％	14％	倍加年数（年）
東アジア	2001	2027	26
日　本	1970	1995	25
韓　国	1999	2017	18
台　湾	1994	2018	24
香　港	1984	2013	29
中　国	2002	2025	23
ASEAN	2021	2045	24
シンガポール	1999	2019	20
タイ	2002	2022	20
ベトナム	2017	2034	17
ブルネイ	2022	2035	13
マレーシア	2020	2045	25
インドネシア	2025	2050	25
カンボジア	2031	2054	23
ミャンマー	2023	2054	31
ラオス	2041	2060	19
フィリピン	2032	2071	39
世　界	2002	2040	38

出所）United Nations, *World Population Prospects : The 2015 Revision* より大泉作成。

平均寿命の伸長と出生率の低下が結合することで，東アジアでは急速に高齢化が進展する。それは，序章でもふれた，高齢人口（65歳以上）が総人口に占める比率が7％を超える「高齢化社会」から，総人口の14％を超える「高齢社会」に至るのに要した年数（倍加年数）から確認することができる。

例えば，ヨーロッパ諸国の倍加年数は，フランスが115年，スウェーデンが85年，イギリスが47年，ドイツが40年であった。これに対して，日本のそれは25年でしかなかったため，人口学者の間で大きな話題となり，同時に，「日本は世界のなかでは例外的な速度で高齢化が進んだ国」と理解されてきた。ところが，国連の人口推計を用いて計算すると，ベトナムは17年，韓国は18年，タイとシンガポールは20年，台湾は24年と，軒並み日本よりも速いスピードで，「高齢化社会」から「高齢社会」に移行することが判明した（図表1-6）。

今後，東アジアの高齢者人口は，2015年の2億1300万人から2030年には3億7200万人に増加する。この間の年平均増加率は3.8％であり，東アジアは「高齢者の人口爆発」という新しい時代に突入するといっても過言ではない。そ

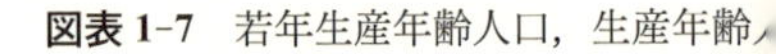

図表 1-7 若年生産年齢人口，生産年齢

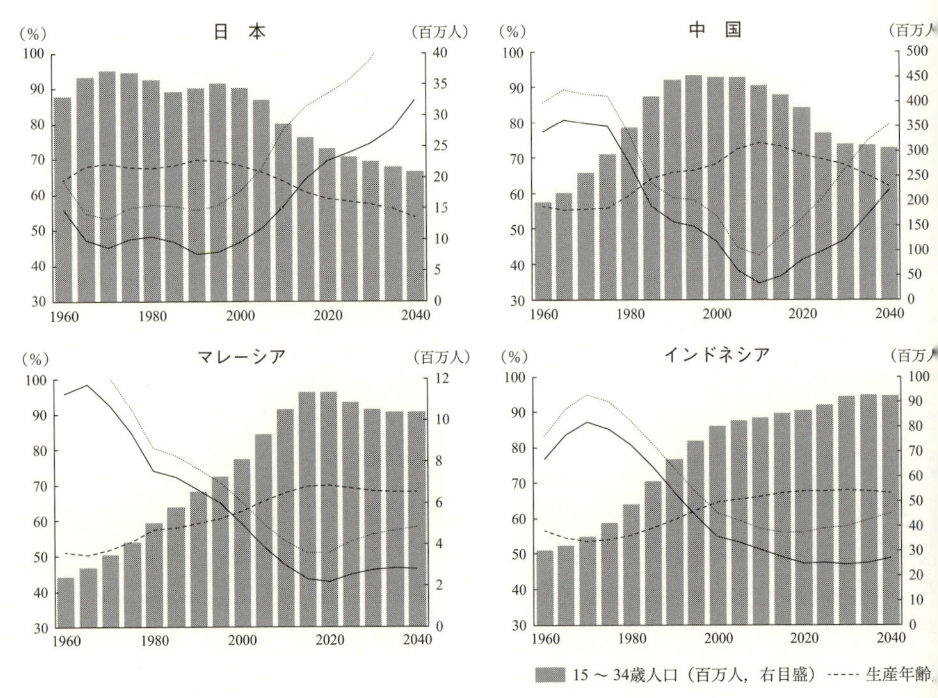

注）従属人口比率は，（15 歳未満人口＋ 65 歳以上人口）／生産年齢（15〜64 歳）人口。従属人口比率（参考）は，（15 歳
出所）United Nations, *World Population Prospects : The 2015 Revision* より大泉・福本由美子作成。

うだとすると，急速に増える高齢者を誰が支えるのかが，東アジアで共通の，そして，重要な政策課題となる。

図表 1-7 は，日本，中国，韓国，タイ，マレーシア，インドネシア，フィリピン，ベトナムについて，若年生産年齢人口，生産年齢人口比率，従属人口比率の変化をみたものである。このうち従属人口比率は，15 歳未満人口と 65 歳以上人口の合算を生産年齢人口（15〜64 歳）で除したものである。生産年齢人口が従属人口を支える負担の程度を示す。

まず，日本（1995 年が底）だけでなく，中国（2010 年），タイ（2010 年），韓国（2015 年），ベトナム（2015 年）でも，従属人口比率が上昇に転じていることがわかる。これらの国では，生産年齢人口が支えるべき従属人口が年々増えていることを示す。ちなみに，日本は 2015 年が 64.5 % であるから，100 人の生産年齢人

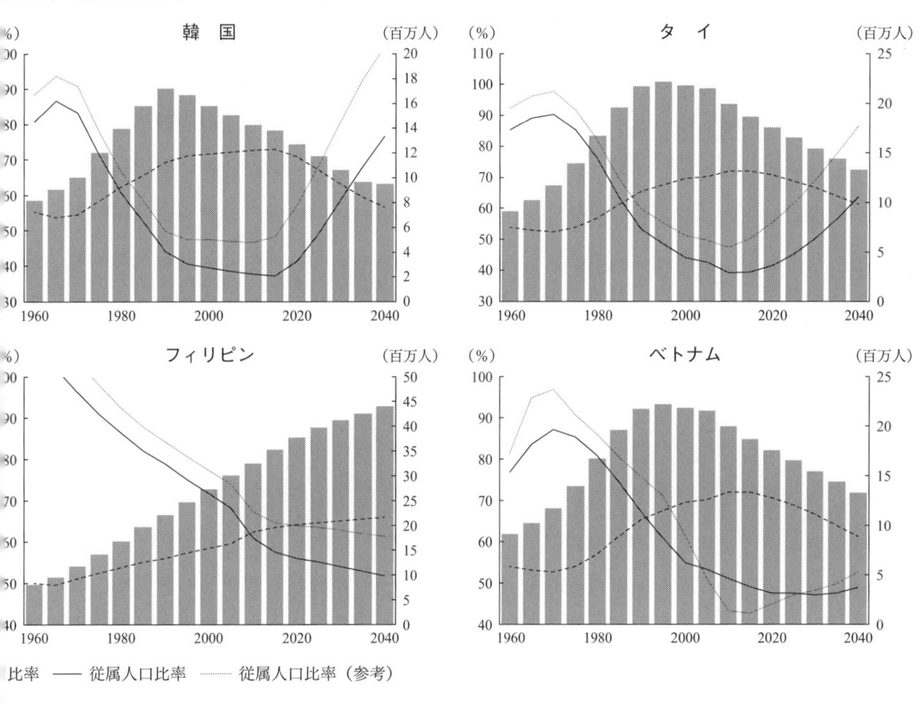

口が 64.5 人の従属人口を支えていることになる。これが 2040 年には 86.5 %，すなわち 86.5 人に増加する。一人の生産年齢人口がほぼ一人の従属人口を支えることになる。この負担は大きい。

この負担の大きさを理解するには，他の国の 1960 年代の従属人口比率をみるとよいだろう。多くの国は出生率が高いため 80 % を超えていた。このような人口構成では貯蓄がたまりにくく，それが当該国の投資を制限し，生産性を低水準にとどめるという「貧困の悪循環」に陥らせていた。つまり，高齢化が進むとともに，再び貧困の悪循環という課題に直面するリスクの存在を指摘することもできるだろう。日本，中国，韓国，タイ以外の国の従属人口比率は，まだ低下傾向にある。しかし，これは高齢者の定義を 65 歳以上とした結果であり，これを 60 歳以上に引き下げると，当然ながら結果は異なる（図表 1-7）。

3）人口ボーナス

出生率の低下は，すぐに高齢化の原因となるのではなく，当面は経済成長を促進するように作用する。これが「人口ボーナス（demographic dividend)」と呼ばれる効果である。人口ボーナスとは国連人口基金（UNFPA，コラム 1 参照）の定義によれば，「生産年齢人口（15～64 歳）の比率が非生産年齢人口（0～14 歳と 65 歳以上）の比率よりも多い，という人口構成の変化からもたらされる潜在経済成長力である」[7]。

1990 年代以降，人口ボーナスについては数多くの研究成果があり，とくに東アジアの高成長への人口動態の影響を測定したブルーム（D. E. Bloom）たちの研究が有名である[8]。実際に東アジアの成長をみると，その生産年齢人口比率の変化が雁行形態的経済発展やキャッチアップ型工業化に大きく貢献したことがわかる（図表 1-8）。

現在では，人口ボーナスのメカニズムについて，若年労働者の増加による効果（第 1 の人口ボーナス）と国内貯蓄率の上昇による効果（第 2 の人口ボーナス）があ

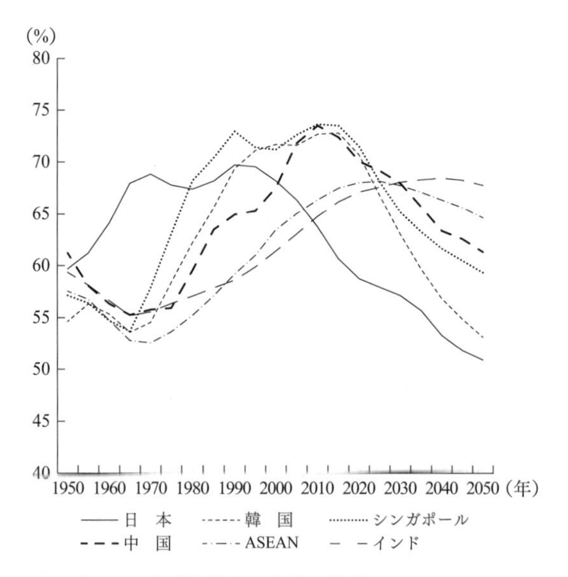

図表 1-8　生産年齢人口比率の推移：1950～2050 年

出所）United Nations, *World Population Propsects : The 2015 Revision* にもとづき大泉作成。

ること，人口ボーナスの発現には，人口動態に親和性の高い政策・制度が必要であることなどが知られるようになった。なお，ここでいう「人口動態に親和的な政策」というのは，1960年代半ば以降，韓国や台湾がとったような工業化政策，つまり，生産年齢人口が増加する局面において，衣類や電子部品など労働集約型産業を育成し，その製品を海外に輸出して高い経済成長の実現を図るような政策を指す[9]。こうした政策の前提として，人口ボーナスの潜在力とその成果を正確に把握するためには，人口センサスのような，就労状況や学歴動向などを示す統計が必要になることは言うまでもない。

図表1-9　生産年齢人口比率の最小年と最大年

	生産年齢人口比率		一人当たりGDP（ドル）2015年
	最小年	最大年	
東アジア	1966	2012	
日　本	1930-35	1992	32,486
韓　国	1965	2013	27,195
台　湾	1962	2014	22,288
香　港	1961	2009	42,390
中　国	1966	2011	7,990
ASEAN	1968	2019	
シンガポール	1963	2011	52,888
ブルネイ	1965	2018	28,237
マレーシア	1964	2019	9,557
タ　イ	1968	2012	5,742
インドネシア	1971	2021	3,362
フィリピン	1964	2054	2,858
ベトナム	1968	2013	2,088
ラオス	1983	2047	1,779
ミャンマー	1967	2026	1,292
カンボジア	1966	2044	1,168
世　界	1967	2010	

出所）United Nations, *World Population Prospects : The 2015 Revision* より大泉作成。

そして，人口ボーナスは高齢化の進展とともに剥落していく。前掲の図表1-7に示したように，若年生産年齢人口（15〜34歳）は，日本，韓国，中国，タイ，ベトナムで，すでに減少している。これらの国では，生産年齢人口比率自身もピークアウトしている。

人口ボーナスを享受できる期間の終焉について定まった見方はないが，仮に生産年齢人口比率が最大に達した年の翌年とすると，日本は1993年，香港が2010年，中国とシンガポールが2012年，タイが2013年，韓国が2014年，台湾が

7) http://www.unfpa.org/demographic-dividend（2016年9月30日アクセス）
8)「東アジアの奇跡」の人口学的研究はBloom and Williamson (1998)，経済成長と人口ボーナスの関係については，Bloom, Canning and Sevilla eds. (2003)，大泉（2007）を参照。
9)「人口動態に親和的な政策（demographic change friendly policy)」は，世界銀行のいう「市場に親和的な政策（market friendly policy)」にならったものである。東アジアにおける「人口動態に親和的な政策」の展開については，大泉（2012）の中で詳しく論じておいた。

2015 年に，それぞれ人口ボーナスが終わったことが判明する（図表 1-9）。

もっとも生産年齢人口比率がピークアウトした時点を，人口ボーナス期間の終点とするのは早計かもしれない。生産年齢人口比率が最も高い時点は，国内貯蓄率が最も高くなる時点でもあり，その資金を効果的に活用すれば，その後も成長は可能だからだ。しかし，その効果が徐々に薄れていくことに変わりはない。

4）国内外の人口移動

序章でもふれたように，アジアでは都市化が加速している。かつてアジアは世界の中でも都市化が遅れた地域のひとつであった。しかし，国連の『世界都市化推計　2014 年版』によれば，アジアの都市化率（都市人口比率）は 1950 年の 17.5 % から 2014 年には 47.5 % にまで上昇している。この都市化率の上昇は，①都市区域内の人口増加（自然増加），②都市以外の地域からの移動人口の増加（社会増加），③行政区分の変更による都市区域の拡大という 3 つの要因から影響を受ける。いずれの要因が強いかは，地域や国によって異なる。例えば，ラテンアメリカなどの大都市の形成には都市区域内の高い出生率が強く影響を及ぼした一方，アジアでは人口移動の影響が強かった（河野 2000：166–168，早瀬 2004：191–199）。

アジアの都市化の特徴は，前述の都市化率が急上昇したことに加え，100 万人以上の人口を有する都市が急増したことである。図表 1–10 は，アジアと東アジアにおける人口 100 万人以上の都市の数の推移をみたものである。1950 年当時，東アジアの 100 万人以上の都市は 19 都市を数えるにすぎなかった。それが 1980 年には 44 都市，2000 年には 97 都市，2010 年には 134 都市にまで増加した。そのなかで，500 万人以上の大都市は，同じ期間に 7 都市，14 都市，23 都市へと増えた。なかでも中国の都市の増加は目覚しい。100 万人以上の都市は 1980 年の 14 都市から 2010 年には 51 都市に増加している。

これらメガ都市の繁栄は，周辺の地域を巻き込んで新しい地域単位を形成している。これを本書では「メガリージョン」と呼ぶ。

メガリージョンという概念は，リチャード・フロリダらが，夜の人工衛星写真に写った光源から繁栄の地域とその所得を割り出したもので，国境や行政区間を超えた経済領域を指す（Florida, Gulden and Mellander 2008）。本書ではメガリージョ

図表 1-10　アジアと東アジアの 100 万人以上の大都市：1980～2020 年

都市人口規模	1980	1990	2000	2010	2015	2020
アジア						
1000 万人以上	1	5	9	13	17	21
500 万～999 万人	11	12	17	25	24	25
100 万～499 万人	61	96	142	188	235	269
100 万人以上の都市計	73	113	168	226	276	315
東アジア						
1000 万人以上	1	3	4	7	10	12
500 万～999 万人	6	6	10	16	14	16
100 万～499 万人	37	54	83	111	136	167
100 万人以上の都市計	44	63	97	134	160	195

注 1）アジアは北東アジア，東南アジア，南アジア，西アジアの合計。
　2）東アジアは北東アジアと東南アジアの合計。
　3）2020 年は推計。
出所）United Nations, *World Urbanization Prospects : The 2014 Revision* より末廣作成。

ンを，メガ都市を中心に広がる経済圏として捉えた。ただし，メガリージョンの考え方は新しいものではない。日本では古くから東京圏は，東京都に神奈川県，千葉県，埼玉県の 3 県を加えたものとして分析されている（終章参照）。

そして，このメガリージョンはさまざまな点において，他の地域と異なる構造をもっている。例えば，人口減少社会に移行した日本においても，東京圏（東京を中心とするメガリージョン）の人口は増加を維持している。メガリージョンの経済は世界経済とつながり，多国籍企業の本社および支社がある。産業構造は，中心部ではグローバル化したサービス産業が展開し，郊外には工業地帯が存在する。これらメガリージョンは，当該国経済の牽引役だけでなく，世界経済の牽引役になっている。アジアの新興国・途上国では，他の地域とは異なった景観をもち，その格差は大きい。

本書では，タイのバンコクを中心とするバンコク・メガリージョン（第 5 章を参照），ベトナムのホーチミン都市圏（第 9 章を参照）が紹介されている。

このメガリージョンめがけて，地方・農村から若年人口が移動する傾向は年々加速している。その結果，地方・農村では若年人口が流出したため，国レベルよ

図表 1-11　在留外国人（人）

	世　界	東アジア合計	東アジア	
			北東アジア	東南アジア
1990	152,563,212	6,835,961	3,959,345	2,876,616
1995	160,801,752	8,358,532	4,658,475	3,700,057
2000	172,703,309	10,319,914	5,393,081	4,926,833
2005	191,269,100	12,751,867	6,229,524	6,522,343
2010	221,714,243	15,723,667	7,061,814	8,661,853
2015	243,700,236	17,464,415	7,596,693	9,867,722

出所）United Nations, *International Migrant Stock : The 2015 Revision* より大泉作成。

りも早く人口ボーナスが失われている。この状況が続けば，地方・農村にとどまる中高年者が加齢するのに伴い，当然ながら高齢化率も急上昇するだろう。中国では所得水準が低い状況のまま高齢化を迎えることを「未富先老」と呼ぶが，すでに農村では現実化しているのである（大泉 2014)。これらの問題は ASEAN 諸国でも今後広く起こる可能性が高い。

最後に，国際間の人口移動についてふれておきたい。経済のグローバル化の進展とともに国際間の人口移動は活発化しており，国連もその把握を重視している。実際，2020 年ラウンドの人口センサスには，国際人口移動が把握できる調査項目を盛り込むことを推奨している。

また，国連はこれまでの人口センサスを基礎に，国際間人口移動のデータベースの構築を強化しつつある。最新の『国際人口移動統計　2015 年版』では，各国に居住する男女別の外国人人口に加え，在留国別にみた国籍別在留外国人の統計を整理している。

これによれば，世界における在留外国人の規模は，1990 年の 1 億 5256 万人から 2015 年には 2 億 4370 万人に増加した。東アジアでは 683 万人から 1746 万人に増加した（図表 1-11)。東アジアの規模は決して大きいとはいえないが，世界の在留外国人に占める割合は 4.5 % から 7.2 % へと上昇傾向にある。内訳をみると，北東アジアが 396 万人から 760 万人に，東南アジアでは 288 万人から 987 万人に増加した。とくに東南アジアで人の国際間移動は活発である。在留外国人が多いのがタイで 391 万人，次いで香港の 272 万人，マレーシアの 241 万人，シンガポールの216万人，日本の213万人の順になっている。

さて，今回新しく発表された国別在留外国人の整理表は多くの情報を与えてくれる。これによれば，たとえば，在留外国人としての中国人が1990年の422万人から2015年には955万人に倍増していることがわかる。さらに香港の231万人が多く，次いでアメリカが210万人，韓国が75万人，カナダが71万人の順になっていた[10]。

ここまでみてきたように，人口センサスの結果を整理した国連統計を使えば，アジアの人口動態についてさまざまな視点が提示できる。同様に，社会変動についても人口センサスの結果を分析することによって，あるいは，他の統計と組み合わせて分析することによって，新しい視点が提示できる。これが本書における最大の関心事でもある。

参考文献

【日本語】

大泉啓一郎 2007『老いてゆくアジア――繁栄の構図が変わるとき』中公新書。
――――― 2011『消費するアジア――新興国市場の可能性と不安』中公新書。
――――― 2012「東アジアの経済発展と人口ボーナス論」学位請求論文，京都大学大学院アジア・アフリカ地域研究研究科。
――――― 2014「2010年の人口センサスにおける中国の人口動態の特徴」植村仁一編『アジア長期経済成長のモデル分析（IV）』日本貿易振興機構アジア経済研究所，56–78頁。
大渕寛／森岡仁 1981『経済人口学』新評論。
落合恵美子編 2013『親密圏と公共圏の再編成――アジア近代からの問い』京都大学学術出版会。
梶原弘和／武田晋一／孟建軍 2000『経済発展と人口動態』（東アジア長期経済統計2），勁草書房。
河野稠果 2000『世界の人口』東京大学出版会。
――――― 2007『人口学への招待――少子・高齢化はどこまで解明されたか』中公新書。
小峰隆夫編 2007『老いるアジア』日本経済新聞社。
佐藤朋彦 2013『数字を追うな　統計を読め』日本経済新聞社。
佐藤正広 2006「調査統計の系譜――植民地における統計調査」末廣昭編著『地域研究としてのアジア』岩波講座「帝国」日本の学知第6巻，岩波書店。
末廣昭 2014『新興アジア経済論――キャッチアップを超えて』岩波書店。
―――――ほか 2015「特集　人口センサスからみる東アジアの社会大変動」『アジ研ワールド・

10）さらに，2016年に国連は国際間人口移動のフロー統計を暫定的に45か国のデータを公開している。

トレンド』第21巻第8号，8月：2-43頁。
日本人口学会編 2002『人口大辞典』培風館。
早瀬保子 2004『アジアの人口――グローバル化の波の中で』日本貿易振興機構アジア経済研究所。
裵海善 2015『韓国の少子化と女性雇用』明石書店。
マディソン，アンガス（金森久雄監訳，［財］政治経済研究所訳）2004『経済統計で見る世界経済 2000 年史』柏書房（原典 Angus Madison. 2001. *The World Economy, A Millennial Perspective*, Paris : OECD）。
マルサス，ロバート（高野岩三郎訳）1997『人口の原理』岩波文庫。
メドウズ，ドネラ・H.（大来佐武郎監訳）1972『成長の限界――ローマ・クラブ「人類の危機」レポート』ダイヤモンド社。
若林敬子 1989『中国の人口問題』東京大学出版会。
渡辺利夫 1986『開発経済学　経済学と現代アジア』日本評論社。

【英　語】

Bloom, David E. and Jeffrey G. Williamson. 1998. “Demographic Transitions and Economic Miracles in Emerging Asia”, *World Bank Economic Review*, 12.
Bloom, David E., David Canning and Jaypee Sevilla (eds.). 2003. *The Demographic Dividend : A New Perspective on the Economic Consequences of Population Change*, Santa Monica, CA : Rand.
Donghyun, Park, Sang-Hyop Lee and Andrew Mason (eds.). 2012. *Aging, Economic Growth, and Old-Age Security in Asia*, Manila : ADB.
Florida, Richard, Tim Gulden and Charlotta Mellander. 2008. “The Rise of the Mega-Region”, *Cambridge Jornal of Regions, Economy and Society* 1 (3) : 459-476.
Holt, Stull. 1929. *The Bureau of the Census : Its History, Activities and Organizations*, Washington D.C. : The Brookings Institution.
United Nations (UN). 1949. *Population Census Method*, Population Studies. No. 4.
―――― 1955. *Demographic Yearbook 1955*, New York : United Nations.
―――― 1958. *Principles and Recommendations for National Population Censuses*, New York : United Nations.
―――― 1969. *Principles and Recommendations for the 1970 Population Censuses*, New York : United Nations.
―――― 1980. *Principles and Recommendations for Population and Housing Censuses*, New York : United Nations.
―――― 1998. *Principles and Recommendations for Population and Housing Censuses*, *Revision 1*, New York : United Nations.
―――― 2008. *Principles and Recommendations for Population and Housing Censuses*, *Revision 2*, New York : United Nations.
―――― 2010. *Measuing the Economically Active in Population Censuses : A Handbook*, New York : United Nations.
―――― 2015a. *Principles and Recommendations for Population and Housing Censuses, Revision 3*, New York : United Nations.
―――― 2015b. *International Migrant Stock : The 2015 Revision* [http://www.un.org/en/development/

desa/population/migration/data/estimates2/estmates/5.shtml/］（2016年12月1日アクセス）.

van de Kaa, Dirk J. 2002. "The Idea of a Second Demographic Transition in Industrialized Countries"［http://www.ipss.go.jp/webj-ad/webjournal.files/population/2003_4/ kaa.pdf］（2016年9月30日アクセス）.

World Bank. 2016. *Living Long and Prosper, Aging in East Asia and Pacific*, Washington D.C. : The World Bank.

コラム 2　高齢者とは誰を指すのか？

人口学では，人口を 3 つの年齢グループに分けて議論するのが一般的である。すなわち，①15 歳未満を年少人口（the young population），②15～64 歳を生産年齢人口（the working-age population），③65 歳以上を高齢人口（the elderly population, the older population）と呼ぶ。同様に，国連の『人口年次報告（Demographic Yearbook）』は，1974 年版以降その「World Summary」で，1970 年に遡って，世界の主要地域別・男女別に，3 つの年齢階層グループ別の人口数を示している。また，世界銀行の「World Development Indicators 2016」も，3 つの年齢階層別グループの比率を，1960 年から 2015 年に至るまで時系列的に示している。こうした方法は，国連開発計画（UNDP）の『人間開発報告』の統計でも，経済開発協力機構（OECD）の基本統計でも同じである。

では，この分類はいつ，誰が導入したのか。この問いへの回答は簡単そうで，じつは結構難しい。そもそも，国連の『世界人口推計（World Population Prospects)』は，上記の 3 分類を採用しているものの，65 歳以上を「高齢者」と定義しているわけではないからである。国連が『世界人口の高齢化，1950～2050 年』(United Nations 2001）の中で，公式に「高齢者（the older person)」と呼んだのは，じつは「60 歳以上の人口」であった。これは世界各国の統計を勘案した結果である。実際，発展途上国の場合には，高齢者を 60 歳以上の人々と捉えるのが一般的であり，中国の『高齢者事業白書』(2007 年）でも，タイやインドネシアの高齢者対策でも，その方針を採っていた。

これに対して，世界保健機関（WHO）は 65 歳以上を「高齢者」と定義している。WHO のサイトには「高齢者の定義」というコーナーがあり，そこには「古くは 1875 年に，イギリスでは，友愛組合法が 50 歳以降を高齢者とみなし，他方，年金制度は 60 歳か 65 歳の基準を採用していた（Roebuck 論文を見よ)。ただし，国連は決められた指標をもたず，大体において，60 歳以上を高齢者の基準として使っている」と記載されている（WHO 2016)。

そこで，ローバックの論文（Roebuck 1979）にあたってみると，「高齢者」の定義は老齢年金の支給開始年と密接に関わっていること，そして，イギリスの「1925 年老齢年金法」では，年金支給の開始を男女とも 65 歳に定めていたことが指摘されている。もっとも，男性に先立たれた寡婦は大半が 65 歳より若いため，1940 年の同法改正では女性の年齢を 60 歳に引き下げたこと，1950 年の労使関係研究協会の報告書には，「65 歳以上を高齢者とみなすのが妥当」という記述があった事実も，紹介されている（ibid.：416)。

以上をみる限り，1950 年頃には，ヨーロッパでは 65 歳以上を「高齢者」とみなす見解がすでに定着していたことがわかる。ちなみに，1950 年代前半のヨーロッパの平均寿命は 66.2 歳であった（河野 2002：38)。つまり，当時の平均寿命を超えて生き延びている人々が，「高齢者」だったのである。

一方，国連が世界人口の高齢化（the aging of populations）について，初めて分析のメスを加えたエポックメイキングな報告書が，『人口の高齢化とその経済社会的含意』である（United Nations 1956)。同報告書は，約 70 か国の人口構成を，①0～14 歳，②15～64

歳，③65歳以上の3つの階層に分類して整理したうえで，③のグループが全人口の4%未満であれば「若い国（young）」，4%以上7%未満であれば「成熟した国（mature）」と捉え，7%を超えた場合には，「高齢国（the "aged" countries）」と呼んだ（ibid.：7-9）。65歳以上の人口が全人口の7%を超えた国を「高齢化社会（an aging society）」と理解する分析は，この報告書が嚆矢となっている。

他方，生産年齢人口の開始年齢を15歳と捉えるのは，労働力調査における「経済活動人口（the economically active population）」の定義と関係している。こちらは，最低就学年数を14歳までと捉え，15歳以上を経済活動に従事できる年齢と定義した。そして，就学，家事，障碍，年齢などの理由で経済活動に従事しないか，従事できない人々を「非労働力人口」，従事している人々を「労働力人口」に区分する。したがって，経済活動人口の概念には，65歳をもって区切るという発想はない。経済活動からリタイアするかどうかは，本人の意思の問題だからである。

以上の検討からわかるように，生産年齢人口も高齢者の定義も固定的ではない。例えば，大学進学率が8割を超える韓国や台湾などでは，22歳までは大半が大学で就学中であった。また，『人間開発報告　2015年』の「想定される教育年数」によると，先進国は平均16.4年，発展途上国は平均11.7年であった。初等教育の開始年齢を6歳とすると，先進国の人々が労働市場に参入するのは22歳から，発展途上国でも18歳からであって，決して15歳からではない。

2017年1月には，日本老年学会と日本老年医学会が，生物学的機能と知的機能の向上を理由に，75歳以上を「高齢者」，65歳から74歳を「准高齢者」と定義する新たな見解を公表した（『朝日新聞』2017年1月6日）。65歳以上を高齢者と呼ぶのは，日本では学会の認識からすでに乖離しているのである。

こうした点を考慮して，国連は『世界人口推計　2015年版』で初めて，「年少人口」を①15歳未満，②20歳未満，③25歳未満の3種類に新たに分類し，「高齢人口」も④65歳以上と，⑤70歳以上の2種類に分け，多様なかたちで「生産年齢人口」や「高齢人口」を集計できる統計ソフトを提示した。仮に「生産年齢人口」を，従来のように15歳から64歳ではなく，25歳から69歳でとると，今後の人口動態の予測が変わっていくことに，注意する必要があるだろう。（末廣昭）

参考文献

河野稠果 2002「世界人口の現状」日本人口学会編『人口大事典』培風館。

Roebuck, Janet. 1979. "When Does Old Age Begin? : The Evolution of the English Definition", *Journal of Social History*, 12 (3) : 416-428.

United Nations. 1956. *The Aging of Populations and Its Economic and Social Implications*, New York : United Nations.

———— 1975. *Demographic Yearbook 1974*, New York : United Nations.

———— 2001. *World Population Ageing : 1950-2050*, New York : United Nations.

WHO. 2016. "Definition of An Older or Elderly Person" [http://www.who.int/ healthinfo/ survey/ageingdefnolder/en/] (2016年10月7日アクセス).

第2章

中　国

——人口大国の発展の軌跡と新たな課題

木 崎　翠

はじめに

中国ではその長い歴史を通して，巨大な人口が政治・経済のさまざまな側面に対して力としても桎梏としても作用し続けてきた。そのような中国において，現代に入って導入された人口センサスは行政側にとって非常に重要な情報収集手段として機能した。また，各時期における人間行動の足跡を確認し，その先を見通すうえでの貴重なデータ源でもあり続けてきた。

本章ではそのような人口センサスそのもの，ならびにそこから得られる情報の内容をそれぞれ考察対象とする。まず第1節では，中国の人口センサスのこれまでとその特徴をめぐって概観を行う。次いで第2節では，最新の人口センサスデータに基づき二つのトピックに絞って近年の中国経済と人口との関わりを考察する。第3節では，中国の人口センサスにおいて中国籍の人々とは別扱いで行われる外国人の人口調査についてとりあげる。

1　中国の人口センサス

中国での直近の人口センサス実施は2010年11月1日0時時点（第6回人口センサス）である[1]。そこでまず，第1回人口センサスから第6回人口センサスに至るまでの推移をみてみよう。なお，各回の調査項目を図表 2-1 に示した。

1）初期の人口センサス

第 1 回人口センサスが行われた 1953 年は，共産党政権成立から日がまだ浅く，朝鮮戦争期を挟んで国内統治体制も未確立の時期であった。このような状況下で，初の人民代表選挙に向けての選挙人把握や 5 か年計画策定を控えた人口把握の必要から，初のセンサス調査が行われることとなったのである。

調査は同年 7 月 1 日 0 時時点とされた。ただし，実際の調査には 1 年近くを要し，翌 1954 年 5 月にやっと終了を迎えた。なお，最後まで調査が及ばず既存資料によるデータ補充での対応となった地域が，人口規模でみると全体の 4 % あまり存在したという。

この時の質問項目は，住所，姓名，性別，年齢，民族，戸主との関係，の全 6 項目であった。なお，第 1 回，第 2 回人口センサスについては調査票にコード化手法は用いられず，一覧表に各項の回答を直接記入していく形式がとられている。

その後中国は，1950 年代末から 60 年代初めの「大災害」期を経験し，出生・死亡数の特異な動きや都市部・農村部間の大規模な人口移動が発生した。この時期は政治経済両面にわたる同国の激動期でもあったが，その収束と安定を待って爾後の人口状況把握のために行われたのが，1964 年の第 2 回人口センサスである。これはまた，その後に控えた第 3 次 5 か年計画や長期計画の策定を見据えた調査でもあった。同センサスの調査内容は，第 1 回時点の 6 項目に「本人成分（入党状況その他政治的立場）」，学歴，職業を加えた 9 項目となった。さらに，同年上半期の出生，死亡，転居も調査対象とされた。

2）近代的人口センサスの導入

中国はその後，国連加盟（1971 年）を経て，1970 年代末には市場経済化の幕開けとなる政治的転換を経験した。この時期はまた，中国が求職人口や出産年齢人口の爆発的増加期のとば口に立った時でもある。中国政府の「一人っ子政策」導入もまさにこの時期である。この時の中国にとり，人口規模ならびにその構成

1）2015 年 11 月 1 日には人口の 1 % を対象としたサンプル調査が行われた。

図表 2-1　中国の人口センサスの調査項目：1953～2010 年

調査年	2010		2000		1990	1982	1964	1953
調査時点（7 月 1 日か，11 月 1 日か）	11		11		7	7	7	7
調査対象（全数／10 % サンプルの別）	全数	10 %	全数	10 %	全数	全数	全数	全数
(1) 識　別								
A：住所，B：コード番号	B	B	B	B	B	A	A	A
家庭戸か集体戸か	○	○	○	○	○	○		
(2) 調査対象								
居住者数，不在者数（性別不問）	○	○			○	○		
センサス登録人数（男／女）			○	○				
(3) 個人基本情報								
姓名，戸主との関係，性別，民族	○	○	○	○	○	○	○	○
A：年齢，B：年齢と生年月，C：生年月	C	C	B	B	A	A	A	A
政治的立場							○	
(4) 移　動								
調査時点の居住地，戸口登記地	○	○						
戸口登記地を離れているか，半年以上か未満か，戸口登記地			○	○				
戸口登記地を離れてから何年たつか，戸口登記地を離れた理由	○	○						
出生地		○		○				
5 年前の常住地		○		○	○			
現住地への移動の理由					○			
現住地への転居の時期，どこから転出したか，転出地の類型，移動の理由				○				
1 年以上（A：戸口登記地を，B：調査対象戸に戸口登記されている者のうちで当該県市を）離れている者の数					B	A		
調査対象戸に戸口登記されている者のうちで現地を離れて半年未満／以上の人数（男／女）			○	○				
本郷鎮街道に暫定的に居住し戸口登録地を離れて半年未満の人数（男／女）			○	○				
この半年間の出生死亡転居							○	
(5) 戸口の属性								
戸口登記地の類型		○						
戸口の A：性質，B：登録状況，C：状況と性質	A	A	A	A	C	B		

調査年	2010		2000		1990	1982	1964	1953
調査時点（7月1日か，11月1日か）	11		11		7	7	7	7
調査対象（全数／10％サンプルの別）	全数	10％	全数	10％	全数	全数	全数	全数
(6) 教　育								
読み書きができるか	○	○	○	○				
学　歴	○	○	○		○	○	○	
学歴（成人教育か）				○				
学業修了状況		○		○				
(7) 就　労								
この7日間に収入を伴う仕事を1時間以上したかどうか		○		○				
労働時間				○				
業　種		○		○	○			
職　業		○		○	○	○	○	
A：無業の理由，B：非就業人口の状況		A		A	A	B		
3か月以内に仕事を探したことがあるか		○						
適切な仕事があれば2か月以内に仕事を始めることができるか		○						
(8) 収入源								
主な生活費収入源（無業者について）		○		○				
(9) 婚姻と出産								
婚姻状況		○		○	○	○		
初婚年月		○						
初婚年齢，年月				○				
出産数，現存数（男／女）		○		○	○	○		
この1年間の出産有無　時期，性別		○		○	○	○		
この1年間の出生数（男／女），この1年間の死亡数（男／女）	○	○			○	○		
この1年間の出生数（男／女），この3年間の死亡数（男／女）			○	○				
この半年間の出生死亡転居。＊(4)「移動」の項にも掲載							○	
(10) 高齢者								
60歳以上　健康状況		○						

出所）各人口センサス調査項目より筆者作成。

の把握はその後の国家体制設計の上で必要不可欠の作業のひとつだったのである。

そのような状況下で行われたのが第3回人口センサスである。同センサスは1979年に実施が決定され，翌年早々からの準備期間を経て1982年7月1日0時時点をもって実行された。国連人口基金（UNFPA）の資金と技術の援助を受けて行われたこの調査は，中国初の近代的人口センサスとして位置づけることができる。実行にあたっては，多方面にわたる制度整備，諸項目の分類とコード化作業，現場での調査員の訓練等々の膨大な準備作業が展開された。この回での調査項目や調査形式は，大枠としては直近の第6回に至るまで踏襲されている。

調査内容は，第3回より戸ごとの項目と個人ごとの項目とに類別され，調査項目数はそれぞれ6と13となった。その内容は第2回人口センサスのそれを（「本人成分」を除き）基本的に踏襲した上にいくつかを加えたものとなっている。新しい項目のうち代表的なものとしては，常住人口の「戸口（ここう）」登記（住民登録。後述）状況，非就業人口の状況，婚姻状況，出産数，戸口登記者のうち1年以上登記地を離れている者の数，などがある。婚姻，出産など人口センサスとして普遍性を有する視点からの設問が加えられたことが注目される[2]。

その後，第6回までの人口センサス調査はそれぞれ1990年，2000年，2010年に行われ（調査時点は第5回より11月1日0時に変更された[3]），10年ごとの定期化が定着している。2010年5月には「全国人口センサス条例」が公布され，「人口センサスは10年ごとの末尾が0となる年を調査年度，11月1日0時を標準時点とする」旨が明記された（第8条）。

なお，第4回人口センサスでは，前回の調査項目に人の移動に関わる2項目が付加され，全21項目となった。次いで，第5回人口センサスは大きな改訂の回となり，全数調査とならんで10％サンプル調査の導入，住宅調査項目の導入などが行われた。サンプル調査には戸口ごとの調査項目23，個人ごとの調査項目26と，多数の内容が盛り込まれた。第6回人口センサスでは前回の内容が基本的に踏襲されたが，人の移動に関わる分野の設問方法に改訂が加えられたほか，

2) ここまでの経過については主に李成瑞（1987）によった。
3) 11月への変更の理由は主に気候問題であり，7月は南方では豪雨や水害が多発し調査に不適であるため，そのようなリスクの小さい11月に変更されたとのことであった（中国国家統計局担当者による）。

非就業者を対象とした設問の増加や高齢者への設問の新設などが行われた。

なお，調査票の使用言語については，第6回人口センサスの場合，中国語版に加え，ウイグル語，ハザク語，チベット語，モンゴル語版が使用された。それぞれ現地（新疆，チベット，内モンゴル）統計局の提供によった[4]。

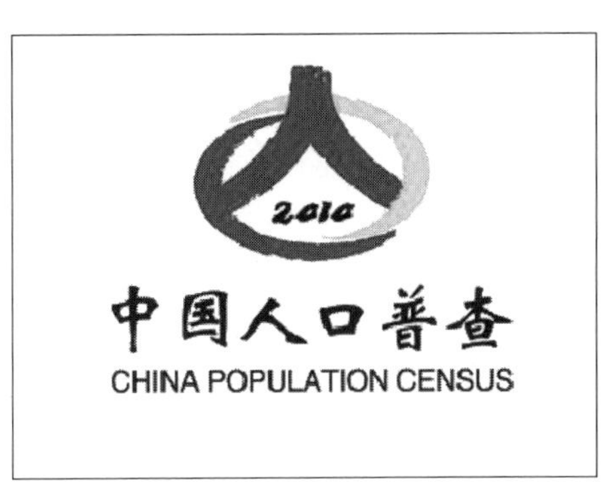

写真 2-1 2010年に行われた第6回人口センサスのシンボルマーク

さらに，第5回，第6回人口センサスでは，以上の内容に加え，調査基準日前日までの1年間の死亡について，別途調査票を用いて調査が行われた。調査内容は，所属戸，氏名，性別，出生年月，死亡年齢と死亡月，民族，最終学歴，婚姻状況である。また，第6回人口センサスでは，国内に居住する外国人（香港・マカオ・台湾籍を含む）を対象とする調査も導入された。この調査とその内容については本章第3節で扱う。

3）人の移動と戸口による住民把握

ところで，中国の人口センサスは現在どのような調査項目により構成されているのだろうか。図表2-1上で第6回人口センサスの項目内訳を確認してみよう。

それによれば，全数調査票の場合，世帯員各人向け調査項目12の内訳は，個人属性関連が5項目（姓名，戸主との関係，性別，生年月，民族），教育関連が2項目（読み書きができるか，学歴），戸口関連が5項目（調査時点の居住地，戸口登記地，戸口登記地を離れてから何年経つか，戸口登記地を離れた理由，戸口の性質［農業戸口か非農業戸口か[5]］）となっている。つまり，基本的な個人属性以外は大部分が戸口に関連する分野の調査であった。

一方，10％サンプル調査用の調査28項目は，個人属性関連が全数調査と同様の5項目，戸口関連は1項目増の6項目，人の移動関連が2項目，教育関連が1

4）中国国家統計局担当者による。
5）農村住民としての登記を農業戸口，それ以外を非農業戸口と称する。

項目増の3項目，就労・収入関連が7項目，婚姻出産関連が4項目，高齢者関連が1項目となっている。サンプル調査では，全数調査での戸口（＋人の移動）分野に，労働分野と婚姻出産関連分野が付加されたものが主な調査対象となっていることがわかる。他国のセンサスにも広くみられるような単なる「人の移動」ではなく，戸口という視角からの人口移動の把握を図っていることが中国の人口センサスの大きな特徴であろう。

ここであらためて中国の「戸口」について確認しておこう。中国の戸口とは，日本の場合の戸籍登録と住民登録の両方の意味合いをもつ住民把握システムである。後者の要素から，本来は本人の転居があればそれにともない登録地を移動する必要があるが，中国の戸口は本人の意思で自由に移動させられるものではなく，地元行政機関の受け入れ認可を必要とする。ところが，戸口登記者数の増加は地元行財政の負担増に直結することから，戸口の移動は転居先の地元行政機関からはしばしば歓迎されない。

ところで，1980年代以降の中国の急速な経済成長，とりわけそれを牽引した輸出指向工業化は億単位の大規模な人口移動をともなった。そのような移動の際，実際には個々人の戸口登録は往々にして移転されず，故郷に置かれたままとなった。そこでその実態の把握が中国の人口センサスの重要な目的のひとつとなったのである。

居住地を離れ移動するそのような人口の把握は，人口センサスに求められる重要な役割である一方，技術的な難しさを伴う点でもある。就労その他で居住地を移動する人口の規模は，2010年の段階で約2億2100万人であったと推計されている（国家人口和計劃生育委員会流動人口服務管理司編 2011）。彼らは，故郷を離れているだけでなく，移動先でも短期間で居所を移動するケースが少なくない。そのうえ，居住形態もさまざまである。そうした人口をどこでどのように把握するかは人口センサスにとり大きな課題となっている。

2000年に行われた第5回センサスの場合は，戸口登記地を離れて半年未満の者は現住地では人口センサスの調査対象から外し，戸口登記地にて「常住者」として調査対象とする方式がとられた。これに対し，2010年の第6回人口センサスでは，調査時点で対象戸に居住している人と，（居住の有無にかかわらず）対象戸に戸口登記がなされている人との両方を調査対象とする方式に改められた。

第5回人口センサスでとられた方式の場合，戸口登記地を離れて半年が経過しているかどうかは，本人の申告によった。そのため大量の調査漏れが起きた模様であり，第6回人口センサスではこの点の改善が図られたものと考えられる。ただし後者の場合，戸口登記地を離れた人口については，現住地と戸口登記地とで重複して計上されることとなるが，この点については，居住期間や登記地を離れている期間のデータを用いることで重複計算を排除するよう設計上配慮されている[6]。

4）戸口状況の調査

それでは，人口センサス調査は具体的には各人の戸口について何を把握しようとするのだろうか。

上記のとおり，2010年センサスでは対象戸の居住者全員に加え，対象戸に戸口登記を有するが居住していない者も調査対象としており，このことがそもそも中国のセンサスの注目すべき特徴であるといえる。ただし，この人口センサスでは各人の居住や戸口登記がその住所で行われているか否かを直接問うことはしていない。代わりに，「居住地・戸口登記地のそれぞれが調査戸所在地の末端行政（村民委員会，居民委員会）区域内かどうか」が問われる。そして，もし「そうではない」場合は，「その上の行政階層（郷，鎮，街道）内か」，これも「そうでない」場合はさらにその上（県，市，区）内かと問い，さらにそうでない場合については，他所のどの地に居住・登記しているのかを具体的に問う，という形式をとる。つまり，行政階層という「距離」で人口を把握しようとする設計である。そして，この質問の後に，戸口登記地を離れてからの年数や登記地を離れた理由が問われる。なお，この調査結果はもちろん人の移動状況を強く反映することになるが，その関心の対象は，あくまでも戸口登記地と居住地との不一致状況にあり，人の移動にともない戸口登記の移動をも完了している場合は移動として掌握されない点に注意が必要である。

それでは，実際にはこの調査の結果はどのようなものであろうか。

人口センサスでは，「戸口登記地を離れて半年以上」からが戸口登記地と居住

6）中国国家統計局担当者による。

地の不一致として把握され，半年未満は両者一致とみなされる。そして，調査結果によれば，その意味での「不一致」は人口の 19.6 %，2 億 6000 万人余に達しており，前述の流動人口の規模とほぼ一致する。総人口の 2 割が居住地に戸口登記を有しないということだ。

この値は，人口の移動先である都市部と流出元である農村部との間で様相が大きく異なる。中国の統計において，都市部と分類される地域は「城区」（都市部）と「鎮」（農村地域内の人口集積地）の 2 種類がある[7]。城区部について，戸口登記地と居住地が不一致である者の比率の全国平均は 42.2 % と高く，とりわけ北京市や上海市，また広東省の城区部ではいずれもその値が 50 % 台後半に達している[8]。ただし，この値は市内他地域からの移動も含むので，「市」を越えた移動のみの値をとると，全国平均で 30.2 %，上位では広東省 49.9 % を筆頭に，福建省，浙江省がいずれも 40 % 台でこれに続く。北京市，上海市はそれぞれ 30 % 台後半である[9]。

次いで「鎮」部では，この値の全国平均は 20.8 % に下がるが，上海市，北京市ではそれぞれ 58.3 %，51.5 % とやはり過半を占める。一方，農村部（「郷村」）ではこの値の全国平均は 5.3 % と一気に下がる。ただし，これについても上海市，北京市はそれぞれ 48.2 %，29.9 % と高い。

以上から，主に沿岸地域の人口流入の激しい地域では，戸口による住民把握システムはすでに限られた役割しか果たせなくなっている状況がみてとれる[10]。そうでなくとも，全人口の 2 割が居住地に戸口を持っていないという事実は，戸口制度が国全体としてすでにその機能を弱めつつあることを示しているといえよう。

7）国務院の「統計上の都市農村分類についての規定」（「統計上劃分城郷的規定」，2008 年）による。

8）直轄市（北京市，天津市，上海市，重慶市）は，「市」との名称であっても行政上は「省」と同格であって一般の市よりもはるかに面積が大きく，都市部とこれを取り囲む広大な農村地域をそれぞれ含んでいる。たとえば，北京市の面積（1.68 万 km^{2}余）は，東京・神奈川・埼玉・千葉・群馬の 5 都県を合わせた面積（1.80 万 km^2）に近い。

9）直轄市について，統計上は（「市」の一級下の）「区」が一般の「市」と同格に扱われるが，ここでは市全体の値を用いた。

10）流入人口についての登録制度は別途存在するが，戸口を補完するものとしては位置づけにくい。

5）人口センサス遂行上の新たな問題

なお，中国における人口センサスは，その執行の上でも以前にはなかった問題を徐々に抱えるようになってきているようだ。ひとつには調査員の確保問題がある。従来の人口センサスでは企業や行政機関から調査員として従業員の派遣を得ていたが，徐々に企業も行政機関もそのような協力を渋るようになってきた。そこで，第5回人口センサスからは調査員の公募に踏み切った。しかし，一定以上の資質を要求されるこの業務に適格な人手を必要数集めることは相当難しく，その結果，調査やその整理にかなりの支障を来すことになったようだ。また，調査対象側についても，昼間不在のケースや市民のプライバシー意識の高まりなどにより，調査そのものがしばしば行いにくくなっている（「新京報」2010年11月1日）。いずれも中国の社会経済の急速な変容を如実に反映した現象といえる。

これらはまた，市場経済化の結果，中国の人口センサスも他国のそれが抱える問題点を共有するに至ったということでもある。中国の人口センサスは，統治体制と経済社会変容の現状を反映したいくつもの問題に直面しつつ，新たな工夫と対応を求められていくことになろう。

2　経済成長を支えた人口動態

これまでに述べたとおり，中国において人口センサスはさまざまな問題点を抱えつつも住民把握のうえで毎回貴重なデータを獲得・提供してきた。それでは，それらのデータからは，現在の中国のどのような姿を読み取ることができるのだろうか。

1）中国の人口の現状

中国の総人口は2015年末の段階で13億7462万人と発表されている（中華人民共和国国家統計局 2016）。1980年代初めのいわゆる「一人っ子政策」発動以来，むしろ上昇を続けた中国の人口増加率は，1987年の値（年率1.7％）をピークとして，それ以降は一貫して低下していった。その後，この値は2004年に年率0.6％を割り込み，2010年に0.48％に至ったあとは，毎年0.5％前後で推移している。人口実数の年間増分で示すなら，2006年に700万人を割り込んで以降は，2014年（710万人）を除き毎年600万人台で推移している。以上から，中国の総人口規模は現在微増の趨勢で安定しているということができる（中華人民共和国国家統計局編 2015）。

それでは人口センサスのデータにより人口増加の状況を確認してみよう。第6回人口センサスは，前述のとおり2010年11月1日を基準時点に行われ，この時点での中国の人口総数は13億3281万人余との結果が得られた（国務院人口普査辦公室，国家統計局人口和就業統計局編 2012)。これは10年前の2000年同月に行われた第5回人口センサス時点と比べて9020万人（7.3％）の増加となっており，この値はその前の10年間の増加数である8260万人（7.1％）を上回っている（中国2000年全国人口普査資料編輯委員会編 2002)。

人口増加幅が拡大しているということは，出生数が増えているということだろうか。この点を確認してみよう。

第6回人口センサス時点での満0〜9歳の人口規模，つまり前回センサス以降に出生した人口は1億4641万人であった。一方，第5回人口センサス時のそれは1億5913万人であって，前者は後者を下回っている。すなわち，第5回と第6回の人口センサス間の10年間（2000年代）の人口増加幅が，その前の10年間（1990年代）のそれを上回ったのは，出生数増加ではなく，この期間の死亡（＋純流出）数が前の10年間のそれを大きく下回ったこと，つまり「出生数は減ったが死亡数はいっそう減った」ことによるものであることがわかる。

そのような中国の人口状況に関し，1990年，2000年，2010年の3度にわたる人口センサスのデータからとくに代表的なものを抽出して図表2-2に示した。これをもとに中国の人口動態の概要を確認してみよう。

まず3度の人口センサスの期間中，中国の人口増加率は順に1.48％，1.07％，0.57％と低下を続けていたことが確認される。そして，その背景をなす合計特殊出生率は，2000年人口センサスの段階ですでに1.22人という低水準に至っていた。その結果，年少人口比率は2010年人口センサス時点で16.6％に低下した。一方，その時点での高齢人口比率は2000年人口センサス時よりも上昇しているものの13.3％の水準にとどまっており，その結果，生産年齢人口が人口全体に占める比率は2010年時点で70％を超える水準に達している。生産年齢人口比

図表 2-2　人口センサスからみた中国社会の変容：1990～2010年

	項　目	1990	2000	2010
1	年人口増加率（%）	1.48	1.07	0.57
2	合計特殊出生率（人）	n.a.	1.22	1.18
3	初婚年齢（歳）	n.a.	n.a.	23.6
4	年少人口　0～14歳（%）	n.a.	22.9	16.6
5	生産年齢人口　15～59歳（%）	n.a.	66.6	70.1
6	高齢人口　60歳以上（%）	n.a.	10.5	13.3
7	都市人口比率（%）	26.2	36.9	50.3
8	5年以内に移動した比率（%）*	n.a.	26.6	4.6
9	世帯当たり平均人数（人）	4.0	3.46	3.05
10	単独世帯比率（%）	n.a.	8.3	14.5

注）＊の移動は省を越えた移動を指す。
出所）各年次人口センサスデータより筆者作成。

率のこのような高さが，この時期に至る中国の経済成長の原動力となったことは疑いがない。ただし，次項に述べるように生産年齢人口比率はまさにこの時期近傍をピークに低下へ向かう見通しであり，中国は次の段階，すなわち急速に訪れる高齢社会への備えを迫られる時期へと転じつつある（本書第1章の図表1-7，図表1-8も参照）。

一方，3回の人口センサス間の社会の大きな変容を示しているのが都市人口比率である。1990年人口センサスでは26％余であったこの値は，2010年人口センサス時点で50％を超えるに至り，人口の過半が都市に居住する社会へと中国が短期間に転換したことを裏づけた。ただしその一方で，5年以内に省外から移動してきた人口の比率は2000年時点では全体の26.6％という高さを示したのに対し，2010年にはその値は4.6％まで低下している。このことは中国の人口移動のうねりがすでにピークを過ぎたことを示唆している。また同時にそのことから，上述の都市人口比率の大幅な上昇もその一部は行政区分の変更（農村から都市への分類変更）によるものではないかと推測される（本節第3項にて再説）。

一方，上記のようなさまざまな変化を反映し，中国の世帯当たり平均人数は減少の趨勢にある。この値は1990年人口センサス時点の4.0人から2010年人口センサスでは 3.05 人へと大きく低下した。また，単独世帯比率も 2000 年人口センサス時点の 8.3 % から 2010 年時点では 14.5 % へと上昇した。

さて，以上のような状況にある中国の人口について，本節では以下の二つの視角から考察を行おう。第一に，中国の急速な経済成長を支えてきた力としての人口に着眼する。中国の人口の規模やその特徴は，同国の経済成長にどのような影響を与え，また逆に，経済成長は人口の構成や分布にどのような影響をもたらしたのだろうか。ここでは 2010 年に行われた第 6 回人口センサスのデータを中心に，2000 年の第 5 回人口センサス時点以来の変化に注目しつつ考察を行う。

次に第二として，現在の中国が直面しつつある高齢化を採り上げる。前節で述べたとおり，2010 年の第 6 回人口センサスでは，高齢者を対象とした調査項目が 10 % サンプル調査に初めて導入され，興味深いデータが収集・公表された。中国の高齢者は現在どのような状況にあり，今後についてはどのように見通せるのだろうか。ここではこれらの点について，上記項目のデータと一般調査項目のデータを用いつつ分析を行う。

2）年齢別人口構成

第 5 回人口センサスから第 6 回人口センサスまでの中国経済は，年平均 10.5 % という高い成長率を記録した。この間に中国の生産年齢人口（満 15 歳から 59 歳まで[11]）は実に 1 億 579 万人増加している。同人口が全人口に占める比率も，前述のとおり 2010 年には 70.1 % に至った。ここではこの点にさらに深く注目してみよう。

まず，2010 年人口センサスの結果により描かれる年齢別の人口分布をみてみよう（図表 2-3）。この図から，年齢別人口分布にはいくつかの顕著な山と谷があることがわかる。それらの山と谷は，ここに捉えられた人口の出生以降に中国がたどってきた歴史のうねりを直接反映しつつ形成されたものである。

この図を右から，すなわち生年の古い順からみていこう。2010 年の時点で 61 歳の代から最初の山の始まりがみられる。この層の生年は 1949 年，すなわち中国共産党が中華人民共和国建国を宣言した年であり，第二次大戦終了後も長く続

11）本章では高齢人口を満 60 歳以上として扱う。この点については本節第 7 項を参照されたい。

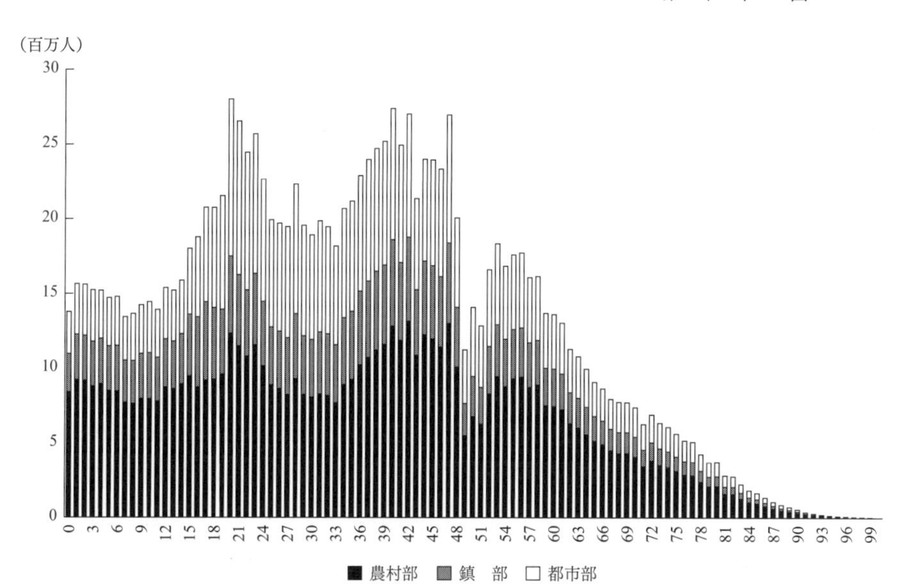

図表 2-3　中国の年齢別人口構成：居住地別，2010 年

出所）国務院人口普査辦公室，国家統計局人口和就業統計局編（2012）より筆者作成。

いた内戦がほぼ終わりを告げた年である。その 3 歳下の 58 歳の層から 52 歳の層まではいっそう高く顕著な山を形成している。この層の生年は 1952 年から 1958 年であり，経済が比較的安定的に推移した第 1 次 5 か年計画期と合致する。ここまでの山を，ここでは「第 1 次ベビーブーム」と呼ぶことにしよう。なお，この世代が生産年齢に到達し，大量の労働力が発生する 1960 年代後半から 70 年代後半までの期間，政権は都市部青年の農村部移住政策を打ち出すことで労働力過剰問題の緩和を図った。

次に，図中の 51 歳から 49 歳までの 3 年間は顕著な谷を形成する。この層の生年は 1959 年から 1961 年に相当し，これは，「大躍進」と呼ばれる特殊な経済政策の採用や当時の政治状況を反映し，中国全体が極端な経済停滞と食糧不足に見舞われ，人口の純減が起きた特異な時期とちょうど重なる。

その後，図中の 47 歳から 34 歳までの間は二つ目の大きな山を描く。これはまず大躍進期中の人口減の反動としての出生増，次いで，42 歳頃からのもうひとつのピークは，第 1 次ベビーブーム世代が出産期に至ったことによる出生増によってそれぞれ現れたものと考えられる。10 余年にわたるこの長期の山を，ここでは「第 2 次ベビーブーム」と呼ぶことにしよう。

この世代は，1970 年代終盤に生産年齢人口に参入することで，（同時期に農村部から都市部への帰還を許された第 1 次ベビーブーム世代とともに）深刻な労働力過剰問題を招くことになった。しかし，これらの層はそののち大量に流入した外資をはじめとする新規ビジネスにより徐々に吸収され，1980 年代から 90 年代にかけての中国の経済成長を支える巨大な力となった。また同時に，新しい都市型消費の担い手として巨大な需要を創出する主体ともなっていった。

次の山は，図中の 24 歳から 20 歳までの間に現れている。彼らの生年は 1986 年から 1990 年にあたり，第 2 次ベビーブーム世代たちの出産期に相当したことがわかる。ただし，図に注目すると，第 2 次ベビーブーム世代の山の高さがその親の世代である第 1 次ベビーブーマーの山を大きく上回ったのに対し，「第 3 次ベビーブーム」世代の山の高さは，その親の世代の山の高さをほとんど超えず，ブーム期間も短くなっている。これは，1970 年代終盤より強化された産児制限政策（「一人っ子政策」），ならびに進み始めた都市化を反映したものとみられる。なお，この世代は中国の WTO 加盟（2001 年）以降に労働市場に新規参入し，新たな成長を支える力となった。

「第 4 次ベビーブーム」の開始は，図表 2-3 の 6 歳ごろからの層として現れている。ただし，この部分はさほど顕著な山を描くに至ってはおらず，高さもその親の世代とは比ぶべくもない。2020 年代に入るとこの世代が労働市場に参入していくことになるが，さして大きな労働力の拡大にはならない。さらに 2010 年代後半には，彼らの祖父母世代であって 1980 年代・90 年代の経済成長を支えた第 2 次ベビーブーム世代が徐々に退職し，被扶養者・年金受給者となる時期を迎える。つまり，第 4 次ベビーブーム世代は，労働市場で彼らを代替するとともに，彼らを社会的に扶養する役割を負う。しかし，その人口規模は第 2 次ベビーブーム世代のそれをはるかに下回っているのである。

中国の労働市場については，「無尽蔵の低廉な労働力供給」から「労働力不足と賃金水準の急速な上昇」への構造転換が指摘されるようになって久しいが，その人口構成上の背景は上記のとおりである。その点とともに，中国の人口が今後急速に高齢化の度合いを強めていく様子も，この図からはっきりと読み取ることができる。

3）人口の移動

急速な経済成長のもとで新規労働力は新しいビジネスにより吸収された，という指摘を前項にて行った。そしてそれにともない大量の人口が戸口登記地を離れることになったことは，前節で述べたとおりである。それでは，人口はどこから出てどこへ移動していったのだろうか。この点について直近2回の人口センサスのデータからみてみよう。

前述のとおり，2010年センサスまでの10年間で，中国全体の人口は7.3％ほど増加した。地域別（省市自治区レベル）でみても，3省1直轄市（後述）を除くすべての地域でこの10年間に人口が増加している。

ただし，人口増加幅は地域により大きく異なる。増加数が最大であった地域は広東省であり，10年間で約1910万人増となった（以下，各地域の位置については図表2-4を参照）。この結果，同省の人口は1億432万人に達し，全国で唯一1億人を超える省となった。このほか，浙江省（＋850万人），上海市（＋661万人），北京市（＋604万人），山東省（＋582万人），江蘇省（＋562万人），河北省（＋517万人）などが大きな人口増を記録している。また，同期間の増加率では，北京市（44.5％），上海市（40.3％），天津市（31.4％），広東省（22.4％）の4都市・省が20％を超える値となった。これらの地域ではまさに人口急増による社会の激変が起きていたことがわかる。一方，人口が純減となったのは，湖北省（－227万人，－3.8％），四川省（－193万人，－2.3％），重慶市（－167万人，－5.5％），貴州省（－50万人，－1.4％）の4地域であった。内陸地域から沿岸地域への人口移動の様子が如実に読み取れる。

ところで，「中国における製造業をはじめとした産業の成長は，農村部から都市部に流入した大量の出稼ぎ労働力により支えられた」との指摘がしばしば行われている。それでは，人口センサスデータからはこの点はどのように捉えられるのだろうか。

中国の人口センサスでは，諸データが，①都市部，②鎮部，③農村部の3分類に基づき提供される。2010年人口センサス時点では，それぞれの居住人口は　4億376万人，2億6625万人，6億6281万人（全体に占める比はそれぞれ30.3％,

図表 2-4　中国の行政区分

出所）中国まるごと百科事典［http://www.allchinainfo.com/］

20.0 %，49.7 %）であった。一方，10 年間のそれぞれの増減は，都市部 1 億 1113 万人（38.0 %）増，鎮部 1 億 11 万人（60.3 %）増，農村部 1 億 2104 万人（15.4 %）減であった。

以上の数字から，農村部人口が大幅減となる一方，実は鎮部が都市部と遜色ない 1 億人台の人口増を経験していたことがわかる。さらに，増加率でみると，鎮部は都市部のそれをはるかに上回り，10 年間で実に 1.6 倍となっていた。この期間中の経済成長過程で，中国は確かに急速な都市化の進行を経験したが，最大の吸収幅を経験したのは，大都市部よりも鎮部だったのである。このことは，中国の都市化過程について特筆すべき点として指摘されるべきであろう。なお，鎮部にとくに大きい人口増があった地域には，河北省（＋1113 万人），河南省（＋1031 万人），湖南省（＋880 万人），山東省（＋701 万人）などがある。

ただし，ここまでの分析について留保すべき点がひとつある。中国の各地で近年，都市化を反映した行政区画再編が行われていることである。これにより，2000年人口センサスと2010年人口センサスとの間では，都市部・鎮部・農村部の区画割りに変更が起きている地域が少なくないものとみられる。この場合，各区分の人口増減は実際に発生した自然増（減）や社会増（減）以外の要因，つまり行政的要因を含むことになる。しかし，それにあたる部分の推計は難しい。

4）働き手の質の変化

これまでにみたように，中国では10年間に沿海部やその周辺の都市部，鎮部へと大量の人口移動が起きた。就労や就学がその主な理由であると推測される。

それでは，労働力としての中国の人口の資質はどのような水準にあり，10年の間にはどのような変化があったのだろうか。労働力の質を測る指標としてはさまざまなものが想定されるが，人口センサスで把握可能なものとしては教育水準がその代表的なものである。この点について，2010年人口センサスで得られるデータをみてみよう（図表2-5A, B）。

まず都市部については，20歳以上59歳以下の年代すべてにおいて，各学歴のうち中学校卒が最大の割合を占めていることがわかる。ただし，若年層には急速な高学歴化が起きており，短大卒以上の割合の上昇が顕著である。30歳代後半の層では短大卒以上の割合が全体の2割を超え，20歳代前半の層ではその割合が45％を超えている。2000年人口センサス時点での現役世代は，2010年人口センサス図の現役の範囲を10年上にずらした部分であったことを考えると，50歳代以下の高学歴化が着実に進んだことがわかる。

ただし，中学校までで教育を終える（高校へ進学しない）人口の割合の低下は緩慢であり，その一方で，高校進学者の短大・大学への進学率は高い。すなわち，高校卒での労働市場参入者の比率は停滞を続ける一方で，短大・大卒者の比率が一気に上昇した。このような状況が中国の現在の労働力需要状況と適合したものであるかどうかは，あらためて検証を行う必要があろう。

一方，農村部をみると様相が一変する。2010年人口センサスの時点で，50歳代の層では小学校卒が，それ以下の年齢層では20歳代前半に至るまで，中学校卒が主要な部分を占め続けている。20歳代前半の層であっても，高校卒以上の

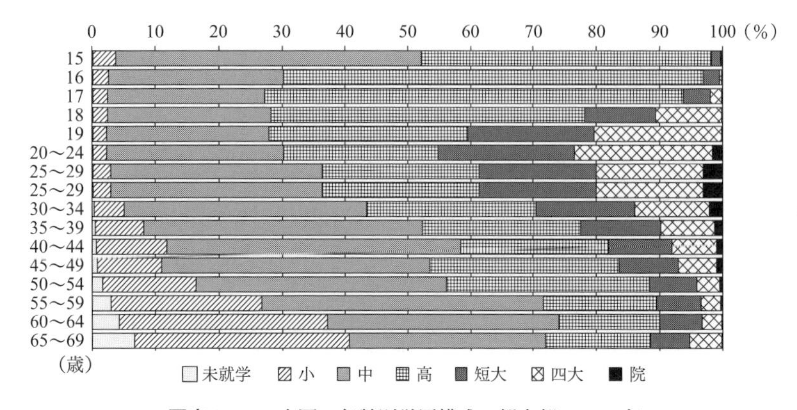

図表 2-5A　中国の年齢別学歴構成：都市部，2010 年

出所）国務院人口普査辦公室，国家統計局人口和就業統計局編（2012）より筆者作成。

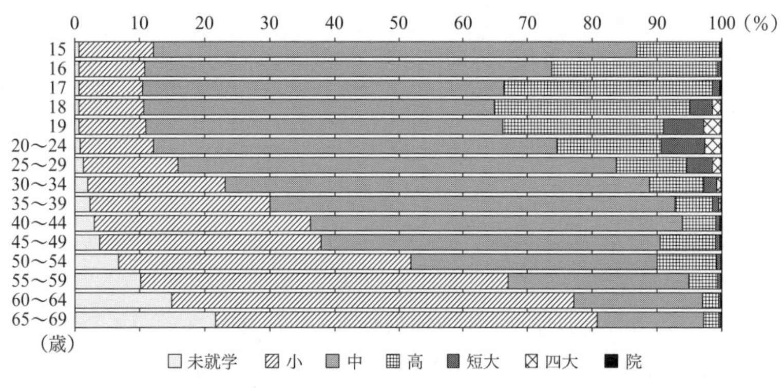

図表 2-5B　中国の年齢別学歴構成：農村部，2010 年

出所）国務院人口普査辦公室，国家統計局人口和就業統計局編（2012）より筆者作成。

割合は 25 % 台でしかない。今後の産業高度化への適応や従来型産業の生産性向上実現のために必要とされる質の高い労働力を追加供給する力は，現在の農村部には弱いことがわかる。

それでは，このような学歴構造の格差は，農村部の進学率の低さを示したものと考えてよいのだろうか。実際には必ずしもそうとはいえない。すなわち，農村部人口のうち比較的高い教育を受けた者の少なくない部分が，すでに就業機会を求めて都市部に移動しており，農村部人口としては捕捉されていない点が大きいと考えられるからである。

都市部と比較した農村部の進学率は，現時点ではどのような水準にあるのだろうか。図表2-5の高等学校就学年齢層について状況をみてみよう。それによると，都市部では7割以上が高校ないしそれ以上に就学しているのに対し，農村部では3割台にとどまっている。やはり農村部の値は低い。

ただし，この点についても，農村部には高校教育を受けられる場が不足し，高校教育を受ける年代になると鎮部ないし都市部に移動するため，農村部に残った層の学歴構成が相対的に低くなるという可能性が考えられる。この点の考察のため，前出図表2-3によってこの年齢層の人口の都市・鎮・農村間の分布状況を確認してみよう。すると，当該年齢層については確かに都市部への移動がある程度起きているらしいことが，その直前の年齢層との比較により推測される。しかし，都市・農村間の高校進学率推計値の差を大きく縮めうるほど多くの農村人口が，高校進学のために都市部に移動しているようにはみえない。

人口センサスで捕捉された農村部若年人口の規模は，2010年時点でも都市部のそれを上回っている。しかし，その層の就学レベルは都市部のそれを大きく下回っている模様だ。今後都市部に流入し新規労働力となる層についてのこのような状況は，今後の中国にとり必須である労働生産性向上のうえで無視できない桎梏となる可能性がある。

中国の抱える問題点のひとつとして，都市部と農村部との所得格差の大きさが指摘されて久しい。中国農村部の教育水準向上の遅れが農村部の低所得や農村行政の資金不足の結果としてもたらされたものであるとすれば，それは，単なる平等や公正の問題にとどまらず，中国経済全体に負の作用をもたらす問題に発展しうることを，人口センサスの結果は示唆している。

5）働き手の今後をどうみるか

中国が急速に少子高齢社会に向かいつつある事実は，人口センサスのデータによりあらためて明らかにされることとなった。そして，そのような認識を強く反映し，中国では出生率引き上げの必要性が広く指摘されるようになった。その結果，2015年秋，それまでの産児制限政策を変更して一組の夫婦に2人までの出産を認めることが中国共産党により正式に発表されるに至った[12]。

図表 2-6　中国の合計特殊出生率と「何人目の出産か」の推移（人，%）*

		都市部　2000		都市部　2010		農村部　2000		農村部　2010	
合計特殊出生率		全国平均	0.86	全国平均	0.88	全国平均	1.43	全国平均	1.44
	下位5地域	北　京	0.62	チベット	0.54	上　海	0.80	北　京	0.72
		上　海	0.66	吉　林	0.59	北　京	0.90	上　海	0.81
		天　津	0.68	遼　寧	0.61	吉　林	0.92	黒竜江	0.85
		吉　林	0.70	黒竜江	0.67	黒竜江	0.96	吉　林	0.90
		黒竜江	0.73	北　京	0.70	江　蘇	1.06	遼　寧	0.96
	上位5地域	海　南	1.07	海　南	1.09	海　南	1.84	安　徽	1.78
		雲　南	1.08	江　西	1.10	寧　夏	1.97	新　疆	1.81
		山　西	1.08	湖　南	1.14	雲　南	2.01	海　南	1.81
		江　西	1.10	広　西	1.15	チベット	2.12	貴　州	2.03
		貴　州	1.31	貴　州	1.20	貴　州	2.42	広　西	2.15
何人目の出産か	1人目	全国平均	85.0	全国平均	76.5	全国平均	61.5	全国平均	55.4
	2人目	全国平均	13.3	全国平均	21.1	全国平均	31.0	全国平均	35.7
	3人目およびそれ以上	全国平均	1.7	全国平均	2.4	全国平均	7.5	全国平均	8.9

注）＊：各回センサス基準日前日までの1年間の出産に関するデータ。
出所）中国2000年全国人口普查資料編輯委員会編（2002），および国務院人口普查辦公室，国家統計局人口和就業統計局編（2012）より筆者作成。

それでは，このような政策転換は実際の出生数をどの程度変動させることになるだろうか。実際にはそのことを推測することはきわめて難しい。ここでは，人口センサスのデータのうち，このトピックに関わりのあるものを整理のうえ紹介し，考察の一助としたい。

まず出生の動態についてみてみよう。公表された人口センサスデータには，サンプル調査データに基づき算出された合計特殊出生率が含まれている。図表2-6にこの点について中国の都市部と農村部の状況を示した。そこにみられる値は，2010年の場合，都市部平均は0.88人，農村部平均は1.44人であって，農村部の値が都市部に比して0.56人ほど高いものの，いずれも人口置き換え水準である2.10人を大きく割り込んでいる。なお，都市部・農村部ともこの値は2000年人

12）中国共産党第18期中央委員会第5回総会コミュニケによる。

口センサス時点からほとんど変動がない。

ただし，各省ごとの値は，都市部についても農村部についてもばらつきが大きい。2010年の都市部では0.60人前後という低い数字を示している地域がいくつも存在する。その一方で，2010年の農村部地域のうち，最高の値を示した広西チワン族自治区では人口置き換え水準を上回る2.15人に達している。いずれにせよ，全体として2010年の値は，都市部・農村部とも2000年に比して低い位置の分布へとシフトしている。その中で，高い値を示している地域は共通して所得水準が比較的低い地域に属している点は注目に値する。産児制限の緩和政策はこれらの地域で相対的に高い効果を現す可能性もあるといえる。

一方，人口センサスデータからは，センサス調査当日までの1年間における出生についてのデータを得ることができる（サンプル調査によるもの。図表2-6）。それによれば，都市部では，2010年人口センサスの場合，2人目およびそれ以降の出産が全体の出産の23％余を占め，この比率は2000年人口センサス時点のそれを8ポイント以上上回っている。一方，農村部ではこの値は44％余にのぼり，半数近くが2人目およびそれ以降の出産となっていることが判明した。そしてこの値も2000年人口センサス時点のそれを6ポイントほど上回っていた。中国は「一人っ子ばかりの社会」という状態を実はとうに脱していたことがわかる。ただし，そのようであるがゆえに，「2人目容認政策」への転換が今後どの程度出生数を増やすことになるかについての予断も難しくなる。

新しく生まれる人口については上記のようであるとして，それでは今後新しく労働市場に参入する人口の教育水準はどのように見通されるだろうか。中国では生産年齢人口の大幅な増加がもはや見込めないとすれば，今後は労働力一人当たりの生産性向上が経済成長を図るうえでの肝要な手段となる。それには資本の追加的投下や産業構造の転換がその具体的な方法となるが，労働生産性の向上を可能にするにはそれらに適応しうる水準をもつ労働力の供給が必要となる。

これまでに，都市部の若年人口については高学歴化が進んでいるが，農村部の若年人口については高学歴化が都市部に大きく後れを取っているとみられることを示した。それでは，そもそも若年人口のうちのどのくらいの部分が都市部で，どのくらいの部分が農村部で育てられているのだろうか。

あらためて図表2-3で，各年齢層の都市部・鎮部・農村部ごとの人口構成をみ

図表 2-7 中国の年少従属人口と高齢従属人口の比率：都市部と農村部，2000年と2010年（%）

	年少（15歳未満）都市部				年少（15歳未満）農村部			
	2000		2010		2000		2010	
	全　国	16.6	全　国	16.0	全　国	25.5	全　国	29.1
下位5地域	北　京	11.5	天　津	9.8	上　海	12.9	上　海	11.8
	上　海	11.8	北　京	10.6	北　京	19.2	北　京	12.0
	天　津	12.7	上　海	11.0	浙　江	19.9	吉　林	18.5
	重　慶	14.5	黒竜江	12.6	遼　寧	20.4	黒竜江	18.6
	遼　寧	14.6	遼　寧	12.6	黒竜江	21.0	内蒙古	19.1
上位5地域	河　南	19.6	河　南	21.1	広　東	30.6	江　西	37.3
	寧　夏	19.7	海　南	21.2	新　疆	30.6	寧　夏	37.5
	山　西	20.1	寧　夏	21.7	寧　夏	31.7	広　西	39.6
	貴　州	20.9	江　西	23.6	貴　州	32.1	チベット	41.6
	海　南	21.2	貴　州	23.8	チベット	33.6	貴　州	47.6

	高齢（60歳以上）都市部				高齢（60歳以上）農村部			
	2000		2010		2000		2010	
	全　国	10.1	全　国	15.0	全　国	10.9	全　国	22.8
下位5地域	チベット	4.9	チベット	6.9	寧　夏	7.0	チベット	12.9
	広　東	7.2	広　東	9.1	青　海	7.2	新　疆	13.1
	海　南	7.6	福　建	11.2	新　疆	7.6	青　海	13.9
	福　建	8.5	海　南	11.6	チベット	8.0	寧　夏	15.1
	雲　南	8.6	浙　江	13.0	黒竜江	8.0	黒竜江	16.3
上位5地域	重　慶	11.5	吉　林	17.9	重　慶	12.2	安　徽	26.5
	遼　寧	12.4	四　川	18.0	山　東	12.7	浙　江	28.1
	北　京	12.9	黒竜江	18.3	江　蘇	13.9	四　川	29.0
	天　津	13.5	遼　寧	20.0	浙　江	14.5	江　蘇	29.7
	上　海	15.1	上　海	20.0	上　海	17.0	重　慶	36.8

出所）中国2000年全国人口普査資料編輯委員会編（2002），および国務院人口普査辦公室，国家統計局人口和就業統計局編（2012）より筆者作成。

てみよう。この図から，就学年齢人口のうち農村部に居住する者の割合は，勤労年代人口のそれを大きく上回っていることがわかる。具体的には，5歳から9歳までの人口の56.9％，10歳から14歳の人口の56.2％が，それぞれ農村部に居住している。中国の人口のうち中学生までの年齢層では6割近くが農村部で教育を受けていることになる。農村部の教育水準の向上が今後の中国にとり肝要であることが，このことにより再確認される。

一方，育児の負担という観点からも都市部と農村部とには大きな差があることが，人口センサスのデータから読み取れる。15歳未満の人口がそれぞれの地域人口に占める比率（年少従属人口比率）とその推移をみてみよう（図表2-7)。

この値の動向をみると，2000年人口センサスの段階ですでに都市部16.6％，農村部25.5％と，両者に大きな差があった。2010年人口センサスの時点になると，年少従属人口比率の値は，都市部について16.0％と微減であるのに対し，農村部の値は大きく伸びており，30％に届きかけている。さらにこれらの状況には地域間で大きな違いがある。内陸を中心とした農村部では2000年人口センサスの段階からこの値が非常に高かったが，2010年人口センサスに至ってその状況は急速に強まった。例えば，貴州省農村部では50％に手が届きつつある。つまり，地域人口のほぼ半数が子供ということであり，同省内にはそれをさらに上回る水準に至っている農村部も少なくないことが推測される。全国的にみて，所得水準の低い地域になべて高い値が分布していることも重なり，家庭内の育児環境の劣化のみならず，地域の育児や医療，さらに初等中等教育を支える財政力の弱さが強く憂慮される。

6）市場としての人口

ここまで主に働き手としての側面から中国の人口動向に注目してきた。そこで次に，需要を担う側としての人口に注目してみよう。中国は2010年人口センサス時点で13億7000万人の人口を擁する巨大な市場である。ただし，10年間の人口増は7.3％にとどまり，その意味で，人口増による需要増加の効果は決して大きいとはいえない時期でもあった。

とはいえ，人口センサスの結果は，人口規模以外にも需要を変動させうる大きな変化を捉えている。ひとつは人口の都市部への移動である。都市型の生活への

図表 2-8 中国の世帯数増減（2010 年の 2000 年に対する増加率，%）

	全国		都市部		農村部	
	全国平均	18.0	全国平均	51.6	全国平均	-6.9
増加率上位5地域	北京	63.1	広東	127.8	上海	51.4
	上海	55.7	福建	91.1	海南	18.5
	広東	52.6	寧夏	89.0	チベット	18.5
	新疆	39.9	北京	84.2	新疆	17.3
	寧夏	34.7	浙江	74.5	黒竜江	6.4
増加率下位5地域	重慶	9.4	河北	30.2	河南	-12.3
	四川	9.1	吉林	27.3	河北	-12.5
	河南	6.9	黒竜江	23.7	湖南	-17.1
	湖北	6.9	湖南	23.1	重慶	-17.9
	湖南	5.5	湖北	20.1	江蘇	-18.5

出所）中国 2000 年全国人口普查資料編輯委員会編（2002），および国務院人口普査辦公室，国家統計局人口和就業統計局編（2012）より筆者作成。

移行は一般に消費需要を拡大すると考えられる。前述のとおり，中国では 10 年の間に都市部・鎮部への大量の人口移動が起きており，この効果が大きく発揮されたものと考えてよい。

一方，需要に影響しうる要素として，人口センサスデータ上で確認が可能であるもうひとつの事項がある。世帯数の動向である。図表 2-8 をみてみよう。

2000 年人口センサス以降 10 年間の中国の人口増加幅は，前述のとおり 7.3 % にとどまった。しかし，世帯数はこれとはまったく異なる変化を示した。この値は 10 年間に全国平均で 18.0 % 増加し，とりわけ都市部では 51.6 % の増加となったのである。広東省（+127.8 %）や福建省（+91.1 %）のように，倍増ないしそれに近い水準となった地域もある。また，この値が最も低い地域でも 20 % を超える値となった。一方，農村部のこの値は全国平均で 6.9 % の純減となった。ただしこれについても，上海市農村部をはじめ 2 桁増となった地域が全国 31 省市自治区中 4 地域存在する。他方，世帯数が純減となった地域は 18 地域にのぼった。

人口規模は同じであっても，家族規模が縮小し世帯数が増加すれば，そのぶん住宅が必要になり，諸設備や諸用具も併せて必要になる。さらに，世帯数の都市部へのシフトは，家電製品をはじめとするさまざまな需要をいっそう拡大させることになる。この10年間の中国では，都市部における世帯数の爆発的な増加が巨大な需要を生み出したことがわかる。

以上のように，人口センサスのデータは，中国の10年間の経済成長が，働き手としてならびに市場としての人口の規模拡大と水準向上とによって大きく支えられたものであったことを示している。その一方で，中国の今後の成長過程については，これまでとは大きく異なる条件が予想されることもまた，人口センサスのデータは示唆しているということができよう。

7）高齢者の現状

前節で述べたとおり，2010年調査は歴代の人口センサスで初めて高齢者を対象にした設問を行った（10％サンプル調査のみ）。具体的には，満60歳以上を対象に健康状態を問うものである（①健康，②基本的に健康，③健康ではないが介助は必要としない，④介助を必要とする，から一つを選択して回答）。

人口センサス実施主体である国家統計局は，この設問への回答に限らず，人口センサスデータのうちで高齢者に関わる部分についての結果を公開し，中国に迫りつつある高齢化問題についての考察材料を提供している。

それでは以下に，これらのデータならびに全数調査データ中の年齢別項目を活用することで，中国の高齢化の現状についての把握と考察を試みよう。なお，中国の人口センサスは高齢者を60歳以上の者と定義して扱っている（コラム2を参照）。国際的に用いられる基準である65歳よりも5歳分低い年齢からの把握となるが，中国の実情に鑑み選択されたものと判断される。

最初に健康状態についての設問の結果からみてみよう。全国平均では，このうち「①健康」との回答が全体の43.8％，「②基本的に健康」との回答が39.3％，「③健康ではないが介助は必要としない」との回答が13.9％，「④介助を必要とする」との回答が3.0％という分布になっている。健康に問題があると回答した高齢者が6人に1人を占めていたことがわかる。

これら「健康に問題がある」と回答した高齢者のうち，都市部・農村部の調査結果について地域別の状況を図表2-9に示した。

図表 2-9 60 歳以上人口の健康状態：2010 年（%）

	都市部						農村部					
	健康ではないが介助は不要		介助を必要とする		両者合計		健康ではないが介助は不要		介助を必要とする		両者合計	
	全国平均	8.3	全国平均	2.3	全国平均	10.6	全国平均	16.9	全国平均	3.3	全国平均	20.3
上位5地域	北　京	11.1	北　京	4.0	北　京	15.1	甘　粛	23.8	北　京	6.4	チベット	29.1
	黒竜江	11.0	上　海	3.8	新　疆	13.2	チベット	23.0	チベット	6.1	甘　粛	27.9
	新　疆	10.8	天　津	3.7	黒竜江	13.1	内蒙古	21.3	青　海	4.8	北　京	27.0
	甘　粛	10.7	安　徽	2.8	寧　夏	13.0	青　海	21.2	雲　南	4.4	青　海	26.1
	吉　林	10.7	河　南	2.6	天　津	13.0	吉　林	20.9	山　西	4.4	内蒙古	25.6
下位5地域	貴　州	6.3	青　海	1.8	チベット	8.3	江　蘇	12.2	江　蘇	2.5	江　蘇	14.7
	浙　江	6.2	四　川	1.7	浙　江	8.3	浙　江	12.1	広　西	2.4	浙　江	14.7
	江　西	6.0	江　西	1.6	江　西	7.6	福　建	11.6	江　西	2.4	上　海	14.5
	福　建	5.4	広　東	1.5	福　建	7.2	広　東	11.5	福　建	2.1	福　建	13.7
	広　東	4.8	チベット	0.9	広　東	6.3	上　海	11.2	広　東	2.1	広　東	13.6

出所）国務院人口普査辦公室，国家統計局人口和就業統計局編（2012）より筆者作成。

これによれば，まず，上記の問いの 4 つの選択肢のうち，③「健康ではないが介助は必要としない」，および，④「介助を必要とする」との回答をした高齢者の比率は，いずれも農村部が都市部を大きく上回っていることがわかる。また，地域間の違いも非常に大きい。

都市部でこの値が最も高いのは北京市であり，沿岸地域の上海市と天津市も，項目別の 5 位以内に挙がっている。ただし，新疆ウイグル族自治区，寧夏省といった内陸地域の名も上位グループ内にみられる。一方，下位グループ（つまり健康状況の比較的よい地域）にも，浙江省のような沿岸部地域が挙がっているとともに，チベット族自治区，青海省といった内陸地域も含まれている。状況のよい地域とそうでない地域とでは値の開きも大きく，両項目の合計については，値が最高の北京市と最低の広東省の値はそれぞれ 15.1 % と 6.3 % となっている。

農村部については，全体的に都市部よりもはるかに高い範囲に値が分布している。分布について地域や所得水準から傾向づけることが難しいことは都市部と同様だが，農村部については，上位 5 地域には大方が北方に位置する地域名が，下位 5 地域には大方が南方に位置する地域名が入っている点が注目される。なお，地域間の格差は都市部以上に大きく，この値が最大のチベットでは 29.1％ であるのに対し，広東では 13.6％ にとどまっている。

8）年金制度と高齢者の収入源

人口センサスデータでは，「主な収入源」（10％ サンプル調査）についての 45 歳以上の回答者の状況をまとめたものが公表されている。高齢に至る前の層を含んだこのデータは大変興味深い。まず都市部住民についてその内容をみてみよう。

「主な収入源は何か」の問いに「年金収入」と答えた者は，男性では，50 歳の場合すでに同年齢人口全体の 3.9％，55 歳では 19.5％，60 歳では 64.7％ に達している。一方，女性では，49 歳でこの値がすでに 12.7％，1 歳上の 50 歳では 40.2％ に跳ね上がり，55 歳で 55.3％，60 歳で 60.2％ に達している。少なからぬ人々が非常に若い時期から年金の受給者となっているということがわかる。このことは，中国の都市部年金制度が定年退職年齢を受給開始年齢として設計されていること，かつ中国の定年退職年齢が 60 歳であり，職種や性別によっては 60 歳未満での設定も一般的であることを直接反映した結果であるといえる。さらに，1990 年代後半以降に中国全土で企業・雇用の再編が断行された際，早期退職後の所得保障として年金の繰り上げ支給措置が多用されたことの影響も，ある程度残っているかもしれない。

いずれにせよ，低年齢での年金支給開始や雇用調整対策としての年金の利用は，今後中国の年金制度を維持するうえで過重な負担となることが予想される。これらの制度設計がいずれ再考を迫られることになる可能性も，現実的なものとして想定しうる。

次に，上記のデータのうち 60 歳以上の回答者に絞った場合について，あらためてその内容を詳しくみてみよう（図表 2-10）。

これによれば，都市部全国平均では，実に 66.3％ がその主たる収入源を年金と答えている。中国の経済体制を反映した値ともとれるが，その体制は実際には市場経済化に伴いすでに大幅な変容を経ており，国有部門を基幹とした旧年金体制の市場経済適応型への切り替えや公的所有部門の雇用大幅削減といった思い切った改革が遂行済みである。それにもかかわらず，年金に対する高い依存を示す値が示されたことは興味深い。さらに，上海市，北京市など上位地域では 8 割

図表 2-10　中国の 60 歳以上人口の主たる所得源：都市部と農村部，各項目の回答の比率上位 5 地域・下位 5 地域，2010 年（%）

都市部												
	年金収入		家族による扶養		就労による所得		生活保護費受給		資産所得		その他	
	全国平均	66.3	全国平均	22.4	全国平均	6.6	全国平均	2.3	全国平均	0.7	全国平均	1.6
上位5地域	上　海	91.5	福　建	35.8	浙　江	11.9	安　徽	5.5	雲　南	2.1	チベット	4.4
	北　京	85.7	山　東	34.9	山　東	10.9	寧　夏	4.8	浙　江	1.7	海　南	2.6
	遼　寧	81.0	広　東	34.3	チベット	10.4	青　海	4.2	広　東	1.4	内蒙古	2.6
	天　津	79.1	チベット	33.1	江　蘇	9.3	甘　粛	4.0	貴　州	1.4	河　南	2.4
	黒竜江	76.1	海　南	30.6	湖　北	8.5	内蒙古	3.7	陝　西	1.4	湖　南	2.3
下位5地域	海　南	56.4	黒竜江	16.5	遼　寧	3.6	広　西	1.6	河　北	0.4	福　建	1.2
	広　東	54.0	天　津	15.1	黒竜江	3.0	上　海	1.4	湖　北	0.3	浙　江	1.1
	福　建	52.1	遼　寧	12.5	天　津	2.7	北　京	1.2	北　京	0.3	天　津	1.1
	山　東	49.8	北　京	9.8	上　海	2.7	福　建	1.1	天　津	0.2	北　京	0.7
	チベット	48.3	上　海	2.8	北　京	2.3	広　東	0.9	上　海	0.0	遼　寧	0.7
農村部												
	年金収入		家族による扶養		就労による所得		生活保護費受給		資産所得		その他	
	全国平均	4.6	全国平均	47.7	全国平均	41.2	全国平均	4.5	全国平均	0.2	全国平均	1.8
上位5地域	上　海	36.0	福　建	62.8	重　慶	48.0	北　京	13.2	黒竜江	0.8	上　海	20.7
	海　南	15.7	青　海	61.3	河　南	47.8	上　海	12.9	北　京	0.8	チベット	3.9
	北　京	14.9	広　東	59.8	湖　北	47.4	内蒙古	12.5	吉　林	0.6	黒竜江	2.6
	新　疆	13.9	チベット	59.6	山　東	47.3	新　疆	10.3	内蒙古	0.5	陝　西	2.3
	黒竜江	9.3	江　西	57.3	四　川	46.8	貴　州	9.4	浙　江	0.4	河　南	2.3
下位5地域	河　南	2.5	海　南	41.9	青　海	29.3	広　東	3.6	湖　北	0.1	北　京	1.4
	広　西	2.3	重　慶	41.2	福　建	28.4	江　蘇	3.3	山　東	0.1	新　疆	1.3
	チベット	2.3	内蒙古	40.4	チベット	26.5	福　建	2.9	江　西	0.1	福　建	1.3
	青　海	2.2	新　疆	30.7	北　京	17.0	天　津	2.9	湖　南	0.1	浙　江	1.2
	甘　粛	1.4	上　海	13.4	上　海	16.9	山　東	2.4	上　海	0.1	雲　南	0.9

出所）国務院人口普査辦公室，国家統計局人口和就業統計局編（2012）より筆者作成。

以上の回答者がこの項目を選択していることはいっそう注目に値する。一方，都市部のうち下位の地域ではこの値が 50％台あたりに分布している。しかしこれも，途上国としては決して低くはない値といえよう。

以上のことは，中国都市部の福祉体制の水準の高さを物語る数字といってよいかもしれない。ただし，中国が今後確実に直面する高齢人口増加に向け，このような体制は財産でもある半面，深刻な桎梏ともなりうるだろう。対応の難しさを示すデータである。

一方，農村部では様相がまったく異なる。まず主な収入源についての問いでは，「勤労による所得」との回答が高い年齢まで主要部分であり続ける。すなわち，「勤労による所得」との回答をした者の比率が50％を割るのは男性が70歳，女性が65歳に至ってからである。また，図表2-10により農村部の60歳以上人口全体の平均値をみると，家族による扶養が47.7％，自らの勤労所得が41.2％と，この2項目で全体の9割近くを占めている。都市部と農村部の住民の置かれた立場の差がここにまざまざと現れている。

その一方，生活保護費により生活を支えているという回答が，農村部についての全国平均で4.5％，そのうちの上位地域では（北京市や上海市のような都市部近郊地域を除くとしても）10％内外の水準を示す地域がみられ，下位地域であっても2％以上の値が現れている点が注目に値する。農村部高齢者の生活維持に地域財政が一定の役割を果たしている様子が示されているといえる。

9）高齢者と家族

以上の分析から，生活上の介助にせよ，生活費の手当にせよ，高齢者，とりわけ農村部の高齢者は家族による援助を強く必要とする存在であることが確認された。

ところで，中国の人口センサスは家族の同居状態についてのデータも公表している（図表2-11）。それによれば，高齢者を1人以上含む世帯全体のうち，高齢者のみで居住する世帯（高齢者と未成年のみの居住を含む）は，都市部で37.2％，農村部では33.9％にの

図表2-11　中国の高齢者世帯に占める高齢者単独世帯の比率：2010年（%）

	都市部		農村部	
	全　国	37.2	全　国	33.9
上位5地域	内蒙古	51.0	上　海	59.9
	新　疆	48.1	浙　江	48.4
	寧　夏	47.6	山　東	47.0
	山　東	47.1	重　慶	45.2
	遼　寧	43.6	北　京	42.3
下位5地域	江　西	28.7	陝　西	24.1
	広　東	24.8	雲　南	16.8
	広　西	23.8	甘　粛	16.4
	海　南	22.1	青　海	11.4
	チベット	18.4	チベット	7.0

注）未成年のみと同居の場合を含む。なお，夫婦でない高齢者2名の同居世帯，ならびに高齢者3名以上の同居世帯は分子に含まれていない。
出所）国務院人口普査辦公室，国家統計局人口和就業統計局編（2012）より筆者作成。

ぼっている。この項目についての地域間の差は大きいが，都市部についても農村部についても，その割合が全体の半数近くないし半数以上となっている地域が数多く存在することが注目される。

さらに，前掲の図表 2-7 には，すでに言及した年少従属人口比率に加え，高齢従属人口比率も示されている。これによれば，一部農村部地域ではその比率が 2000 年人口センサス時点以降急速に高まり，2010 年人口センサスでは 30％前後の水準に達していたことがわかる。働き手は都市部に行き，子供と高齢者が農村部に留まる姿を人口センサスは如実に描き出している。

人口センサスは，中国の高齢化の状況についてこの他にも貴重なデータを多数収集している。例えば，2015 年に行われた「1％サンプル調査」では，15 歳以上の回答者全員を対象に「公的年金保険に加入しているか」，「公的医療保険に加入しているか」という設問が新たに加えられた。この人口センサスデータ（サンプル調査）を利用すれば，高齢者の所得保障や医療保障の実態をより詳細に把握することが可能となる。

3　外国人の数の把握

人口センサスが捉えた中国国民の人口動態をここまでみてきた。ところで，中国では近年の経済発展や対外関係の深まりを反映して，世界各国・地域よりたくさんの人々の流入が起きている。この点について人口センサスはどの程度把握しているのだろうか。

本章第 1 節ですでにふれたとおり，中国の人口センサスでは 2010 年の第 6 回調査より，外国人を対象とした調査が加えられた。それでは，その調査はどのような内容のものだろうか。

1）中国の人口センサスにおける外国人の扱い

中国の全国人口センサス条例は，「人口センサスの対象は調査標準時点で中華人民共和国内にいる自然人ならびに中華人民共和国外にいるが定住していない中国公民である。中華人民共和国内に短期滞在中の境外人員はこれを含まない（第

11条)」としている。境外人員とは，外国籍ならびに香港・マカオ・台湾籍の人々を指す。つまり，国内に長期滞在している外国人についてはこれも調査対象とする旨を明記している(これ以降本節では「境外人員」を便宜上「外国人」と称する)。

上記条例公布を受け，第6回人口センサスから外国人が人口センサスの対象に組み入れられた。ただし，外国人については一般の調査票は用いられず，別途準備された外国人用のものが適用された。調査対象は調査標準時点に中国国内に居住している外国人とするが，出張や旅行での短期滞在者は除くと定められている[13]。

その質問内容は大変シンプルで，以下のとおりである。①姓名，②戸主との関係，③性別，④出生年月，⑤入国目的，⑥滞在期間，⑦学歴，⑧国籍（以下は香港・マカオ・台湾籍の場合のみ回答：⑨過去6か月間に香港・マカオ・台湾へ帰っていた期間，⑩業種，⑪職種)。外国人については最低限の質問項目にとどめられていることがわかる。このことは，翻っていえば，中国の人口センサスの一義的な調査目的が自国民の状況把握にあることを強く物語るものといえよう。

なお，この調査の調査票には中国語と英語が併用されたほか，フランス語，ドイツ語，ロシア語，日本語，韓国語，スペイン語，アラビア語版の調査票も準備された[14]。

2）外国人についてのデータ

それでは実際にこの人口センサスで把握された外国人の数はどれくらいだろうか。その合計は102.0万人で，内訳は香港23.5万人，台湾17.0万人，韓国12.1万人，米国7.1万人，日本6.6万人の順となり，ここまでで外国人全体の65.0％を占める。次いで人数が多い国には，ミャンマー4.0万人，ベトナム3.6万人，マカオ2.1万人，カナダ2.0万人などがある。ミャンマー，ベトナムからの一定規模の流入が把握されている点が注目される。なお，アフリカ諸国は，南アフリカの1,925人が筆頭であり，一か国当たりの人数はいずれも小さい。とはいえ，同諸国全体を合計すると1.9万人に達し，すでに小さからぬ勢力となっている。

13）一般に中国での滞在期間あるいは滞在予定期間が3か月以上である場合に調査対象とする（中国国家統計局担当者による)。

14）中国国家統計局担当者による。

外国人の居住地としては，広東省 31.6 万人，上海市 20.9 万人，北京市 10.7 万人，江蘇省 6.4 万人，福建省 6.3 万人が上位 5 地域となり，ここまでで全体の 74.4 % を占める。

それでは，外国人を対象とした初の人口センサスは，実際には国内の外国人の所在をどの程度把握できているのだろうか。この点についての推測は大変難しい。しかし，外国側からのデータを得ることができれば，ある程度の検証は可能であろう。

例えば，日本人の場合であれば，日本の外務省による調査データを得ることができる。それによれば，2010 年 10 月 1 日時点の中国滞在日本人数は 13.2 万人とされている（外務省領事局政策課 2016）。この値の調査時点は，2010 年人口センサスの 1 か月前である。また，その数字は，在中国日本公館に在留届を出している日本人に加え，在留届未提出であっても，日系企業や教育機関，日本人会などへの調査により把握された者を含む（ただし在留期間が 3 か月に満たない者を除いている）。以上から，中国側人口センサスと日本側データとでは調査時点や定義がほぼ同一であるといえる。にもかかわらず，両者の値を比較すると日本側の数字は中国側の値のちょうど 2 倍となっている。

以上から，日本人については，人口センサスで把握された数字は滞在人口のせいぜい半分でしかないことになる。一方，それ以外の国々や地域の，おそらく日本人以上にさまざまなルートと目的で入国し，多様な形で中国に居住しているであろう人々については，人口センサスでの把握率は日本人のそれをさらに下回っていることが推測される。

とはいえ，ミャンマーやベトナム，アフリカ諸国からの長期滞在者がすでに少なからぬ人数を占めるようになってきていることが人口センサスから把握されたことは十分に意義がある。ここから，中国の経済社会が外国人を受け入れる理由も多様化していることが推測される。中国の人口把握に新たな視点と精度の向上が求められる時期が来ているということかもしれない。

参考文献

【日本語】
外務省領事局政策課 2016『海外在留法人数調査統計平成 27 年版』。

【中国語】

国家人口和計劃生育委員会流動人口服務管理司編 2011『中国流動人口発展報告　2011』中国人口出版社。

国務院人口普査辦公室，国家統計局人口和就業統計局編 2012『中国 2010 年人口普査資料』［http://www.stats.gov.cn/tjsj/pcsj/rkpc/6rp/indexch.htm］（2015 年 1 月 30 日アクセス）。

中華人民共和国国家統計局編 2015『中国統計年鑑 2015』中国統計出版社。

――――― 2016「2015 年国民経済和社会発展統計公報」［http://www.stats.gov.cn/tjsj/zxfb/201602/t20160229_1323991.html］（2016 年 8 月 3 日アクセス）。

中国 2000 年全国人口普査資料編輯委員会編 2002『中国 2000 年全国人口普査資料』［http://www.stats.gov.cn/tjsj/pcsj/rkpc/5rp/index.htm］（2015 年 1 月 30 日アクセス）。

李成瑞 1987『中国人口普査和結果分析』中国財政経済出版社。

コラム3　中国のメガリージョン

東アジアでは，突出して経済成長した国の首都やメガ都市が，その周辺地域を取り込むことによって新しい経済圏を形成する傾向がある。このような地理的に連続した広範囲な経済圏は「メガリージョン」と呼ばれる。リチャード・フロリダが定義した「メガリージョン」の概念のユニークなところは，「少なくとも一つの大都市圏とその他の大都市を含んでおり，途切れることのなく明かりが灯っている地域」とし，従来の行政区域にとらわれていないこと，大都市と中堅都市をひとくくりにしていること，その間にある非都市地域も含めていることなどにある。本書では，タイ，ベトナムにおけるメガリージョンが議論されているが，このようなメガリージョンの考え方は，中国経済を捉える新しい指標ともなりうる。

中国の面積は，日本の約26倍の約960万km^2，人口は日本の10倍を超える14億人近くを有する超大国である。このような広大な中国を，国レベルの平均化された指標だけで捉えることはできない。このような観点から，これまで沿海部と内陸部，あるいは省・自治区・直轄市という行政単位別に比較した分析がなされてきた。しかし，分析対象として，沿海部と内陸部は言うまでもなく，省や自治区でもまだ大きい。

たとえば広東省の人口は1億人を超える。

広東省の中にも地域格差が存在する。2014年の地級市区（省の直下にある行政単位）別の一人当たりGDPをみると，2万4000ドルの深圳市から3,300ドルの梅州市まで8倍近い格差が存在する。ただし，所得水準の高い地域と低い地域が混ざり合っているのではなく，所得の高い地域は隣接して存在する。広東省では一人当たりGDPが1万ドルを超えるのは，深圳市，広州市，珠海市，仏山市，中山市，東莞市，恵州市の7つの地級市区であり，これをメガリージョンとみなしたときに人口は4900万人であり，彼らの平均一人当たりGDPは1万8000ドルになる（図表c3-1）。これは「珠江デルタ経済圏」とも呼ばれる地域である。

このような所得水準の高い地級市区が隣接した経済圏は，北京市と天津市を中心とした「環渤海経済圏」（人口：9400万人，一人当たりGDP：1万6000ドル），上海市を中心に長江沿いに広がる「長江デルタ経済圏」（人口：1億2000万人，一人当たりGDP：1万5000ドル）がある。

各国でこのようなメガリージョンが，地方から若年人口を引き寄せていることは，いくつかの章で指摘されているとおりである。その結果，年齢階層別人口構成は国レベルのものより相当に若い。

広東省の人口構成をみると，0～14歳が16.9％，15～34歳が40.1％，35～64歳が36.2％，65歳以上が6.8％と，全国平均よりも若い（図表c3-2）。15～34歳の人口が35～64歳のそれを上回っていることは驚きであろう。さらに，珠江デルタ経済圏（上記7地級市区）になると0～14歳が11.3％，15～34歳が48.7％。35～64歳が35.6％，65歳以上は4.4％となる。15～34歳の人口は2327万人にも達する。そのなかでもイノベーションの中心地として期待される深圳市（1036万人）では，15～34歳の比率はなん

図表 c3-1 一人当たり GDP が 1 万ドル以上の地級市区：2014 年

経済圏	地級市区名	人口（万人）	GDP（億ドル）	一人当たりGDP(ドル)
環渤海経済圏	**東営市（山）**，大連市（遼），天津市，北京市，威海市（山），青島市（山），盤錦市（遼），淄博市（山），瀋陽市（遼），煙台市（山），済南市（山），本渓市（遼），鞍山市（遼），営口市（遼）	9,396	14,607	15,546
長江デルタ経済圏	**蘇州市（江），無錫市（江）**，南京市（江），常州市（江），杭州市（浙），鎮江市（江），寧波市（浙），上海市，銅陵市（安），舟山市（浙），紹興市（浙），揚州市（江），南通市（江），嘉興市（浙），泰州市（浙），合肥市（安），金華市（浙），湖州市（浙），蕪湖市（安）	12,090	18,564	15,355
珠江デルタ経済圏	**深圳市，広州市**，珠海市，仏山市，中山市，東莞市，恵州市（すべて広東省）	4,909	8,791	17,908
その他	35 地級市区	13,220	17,626	13,333
合 計		39,615	59,588	15,042

注）（山）は山東省，（遼）は遼寧省，（江）は江蘇省，（浙）は浙江省，（安）は安徽省。太字は一人当たり GDP が 2 万ドル超。
出所）CEIC ほかより筆者作成。

と 56.9 % と半数を超える。

このようなメガリージョンでは，中国政府が国レベルで議論している「未富先老（豊かになる前に老いる）」とはまったく異なる状況にあり，おそらく「中所得国の罠」をすでに回避しているだろう。それだけでなく，「未老達富（老いる前に豊かになる）」という状態にあり，先進国にキャッチアップする地域になっているのである。

図表 c3-2 中国の年齢階層別人口構成とメガリージョン（%）

	全 国	広東省	珠江デルタ経済圏	深圳市
0〜14 歳	16.6	16.9	11.3	9.9
15〜34 歳	31.9	40.1	48.7	56.9
35〜64 歳	42.5	36.2	35.6	31.4
65 歳以上	8.9	6.8	4.4	1.8

出所）『中国 2010 年人口普査資料』，『広東省 2010 年人口普査資料』より筆者作成。

このように，東アジアのメガリージョンは各国の経済の牽引役になっている。その競争力は生産面や消費面だけでなく，その人的資本の豊富さにも目を向けるべきであろう。これを国際比較の観点から明らかにできるのは，人口センサスをおいてほかにない。

（大泉啓一郎）

第3章

香　港
――少子高齢化に与える「越境者」の衝撃

澤田ゆかり

はじめに

香港は長らく東アジアの国際貿易・金融センターであり，人の移動の十字路であった。このような場所で「住民」を分類し確定する作業は一筋縄ではいかない。隣接する中国大陸の深圳経済特区から境界線を越えて香港に通学する小学生がいるかと思えば，深圳の老人ホームやリハビリ施設には香港の高齢者の姿がある。家族を香港に残し，定期的に中国大陸と往復する単身赴任のビジネスマン，香港で出産した赤子を連れて大陸に帰る夫婦など，家族の形も境界を越えて変化している。

人口センサス（Hong Kong Population Census）は，このような流動性の高い社会において，貴重な情報源となってきた。むろん大規模な統計調査は，その他にも数多く行われている。主要なものだけでも，毎月実施される総合世帯調査（general household survey），年ごとの経済活動調査（annual survey of economic activities），5年に一度の家計消費調査（household expenditure survey）が挙げられる。また，1999年以降は，政策立案に必要な社会データを収集するために，政府は特定テーマ別調査（thematic household survey）を時宜に応じて行うようになった。

しかし，これらの調査はすべてサンプル調査であり，しかも外国籍の家事ヘルパーや水上生活者，あるいは施設居住者[1]が含まれないものが散見される。これ

1）老人ホーム，病院，刑務所などの施設に居住する者を指す。

に対して，人口センサスは全数調査であること，また50年ものあいだ継続してきた点からも，中長期的な変動を知るための最も基礎的な資料といえる。

本章ではまず第一に，人口センサスの沿革と実施体制を概観したうえで，センサス項目の変化から香港社会の特徴を描き出す。第二に，2000年代後半に少子化の勢いが鈍化した要因を考察し，中国大陸からの越境出産の影響を分析する。第三に，高齢化が人口移動を促進する事例として，越境する高齢者と外国籍家事ヘルパーを取り上げる。最後に，短期で移動する「流動住民」の存在を確認する。

1　香港の人口センサス

1）人口センサスの歴史

香港政庁による人口調査は，第二次世界大戦以前から実施されていた。吉川雅之によれば，識字についての調査項目を盛り込んだセンサス報告書が，1911年，1921年，1931年に発表されている（吉川 2009：32–33）。しかし，1931年3月7日の調査を最後として，その後30年もの間，人口センサス空白の時代が続いた(Barnett 1962：1)。

日本占領直前の1941年3月，防空監視官（Air Raid Worden）による人口調査があったものの，従来のような人口センサスは実施されなかった。また，1941年12月に始まる日本軍政とその下での疎散政策による人口の急減，さらには戦後復興と国共内戦による難民の大量流入など，1940年代の香港では人口の激変が続いた。香港政庁は，1949年に香港域内への移動を制限する条例を制定したが，1948年に予定されていた人口センサスは，1950年にいったん延期されたのち，結局は取りやめになった（吉川 2009：32–33）。

10年ごとの全数調査が本格的に復活したのは，1961年である。1959年1月9日，当時香港総督であったロバート・ブラック卿は，国連の1960年世界人口センサス計画の一環として，1960年秋から1961年春の間に人口センサスを行うとの決意を表明し，1959年4月5日にバーネット行政官をセンサス長官（Census Commissioner）に任命した。しかし，長い人口センサスの空白期間と環境の変化により，戦後初の人口センサスは調査方法を一新する必要に迫られていた。

このため1961年の人口センサスは，本調査の前に予備調査（1960年1月23日）と試験調査（同年10月25日）を実施して，新たな調査の設計を試みた。国連の調査項目に適合しているか，有意義な回答が得られるか，それらを検討し準備を重ねたのちに，1961年の2月から3月に本調査が実施された。本調査では，調査対象地区を海上と陸上に分け，2月11日から14日には海上地区で，2月25日から3月7日には陸上地区で，それぞれ調査を行った。当時は船舶の乗組員だけでなく，水上生活者も一定の規模に達していた[2]ので，彼らが港に停泊する可能性が最も高い旧正月の直前（旧暦の大晦日が2月14日）が選ばれたのである。これらの結果を受けて，4月8日と9日に点検作業が設定された。

その5年後の1966年には中期人口統計（population by-census）調査が実施された。これ以降，人口センサスの本調査（末尾が1の年）と中期人口統計調査（末尾が6の年）は一度も中断することなく，それぞれ10年ごとに行われている。

2）人口センサスの実施体制

2001年以降の人口センサスについては，調査結果とは別に，調査そのものに関する報告書が出版されている。また2011年の実施体制については，筆者が2014年9月11日に香港政府統計處にて，普查策画科の統計官および普查及人口統計科の担当官に対して，聞き取り調査を行った。以上をもとに実施体制を描くと，次のようになる。

まず，人口センサスの責任機関は香港政府統計處（Census & Statistics Department）である。統計處には5つの部（division）があるが，人口センサスの実施年には，部を横断して調査チームを形成する。2011年センサスを例に挙げると，統計處は全職員1,700名のうち80名を動員したという。ただし，センサスの設計と分析については「社会統計部（Social Statistics Division）」が中核になる。

人口センサスの調査項目選定については，「国連ガイドライン」に従っている。ただし，事前に国連事務所と打ち合わせすることはなく，国連のウェブサイトからガイドラインを取得するにとどまる。2011年センサスの調査項目の選定にあ

2）1961年人口センサスによれば，水上生活者を含む小型船の乗員は13万5956人，外洋船舶の乗組員は2,364人で，これらの合計13万8320人は総人口の4.4％にあたる（Barnett 1962：LI）。

たっては，2008年の5月から7月にかけて，政府の関連部局，学術機構，商工会議所，NGOなど，香港の160団体から意見を聴取している。

調査実施期間は，2011年6月30日から8月2日までの34日間で，調査終了後に確認用のサンプル調査を8月22日から9月30日にかけて行っている。この時期に調査を行うのは，主に調査員の確保のためである。香港のセンサス調査員は，大半が学生（高校生と大学生）と高校の教員なので，夏休みの時期に合わせざるをえないという。

とはいえ，1981年から2001年までは3月中に実施されていた。2001年調査を例にとると，センサス基準時刻は，2001年3月14日午前3時であった。3月に実施する理由として，香港政府統計處は，⑴気象上の条件と⑵長期の休日がないことを挙げていた。夏休みは，まさに台風の季節で雨天も多いため，外回りの調査員に影響が出ると考えられた。また，7月から8月にかけては夏季休暇の時期に入り，その間に多くの香港人が海外に出てしまうため，人口の流動性が著しく高まり，人口センサスの結果に影響を及ぼす恐れがあったという。

これらの理由は，1961年人口センサス調査時の決定に基づいていた。しかし，3月に実施する場合は，調査員として教員や学生を動員し校舎を拠点として使用するために，1週間あまりの特別休日を設けて授業を休んでもらわなくてはならない。これには，学業中断への批判を考慮しつつ，日本の文部科学省に相当する政府教育局の指導の下に，特別休暇の日程を決める必要がある。また，以上の事情から調査期間は厳しく限定される。これらの問題を勘案し，費用対効果を検討した結果，2006年の中期人口統計調査から，3月ではなく現行の7月から8月にかけて1か月の実施期間を設けることになった。2001年人口センサスまでは概ね10日前後（9〜13日間）であったことを考えると，2011年人口センサスの34日間は大幅な長期化といえる。

調査員は公募で動員している。2011年人口センサスでは，2011年3月に公募を行い，4月から約2か月かけて一人当たり8時間から12時間の調査の訓練を行った。このプロセスを経て，7万4000人の応募者から最終的に1万7000人が採用された。同年の人口総数が707万人であるから，住民の416人に一人が人口センサスに従事したことになる。

2011年の人口センサスにかかった費用はおよそ5億2000万香港ドル（日本円

で，約 53 億 9240 万円。2011 年 6 月 30 日時点のレート換算）で，その約 5 割がこれら調査員と 1～2 年契約職員の人件費であった[3]。同年の香港政府の歳出に比べると，センサスの経費は 0.15 % 程度である。

香港の人口センサスの特徴は，世帯ではなく「住居」すなわち建物を基準に調査を行うことにある。統計處には，住居のデータベース「屋宇単位檔案庫」があり，これにもとづいて建物ごとに居住者に調査票を郵送する。2011 年人口センサスでは，調査対象の 9 割に対しては，短問巻（short form）と呼ばれる横長の A3 用紙一枚の調査票を配布した。この調査票は，居住の状態と人数に関する 5 項目と，性別や出生年月などに関する 13 項目から構成されていた。残りの 1 割に対しては，訪問調査を行って，長問巻（long form）と呼ぶ 56 項目の調査票に調査員が回答を記入する。長問巻には，教育，就業，収入，住宅といった社会・経済関連の項目が記載されている。

実は，1961 年と 1971 年の人口センサス調査では，社会・経済関連の調査項目についても全数調査が行われていた。しかし，効率化のために，1981 年から現行の 2 種類に分ける方法に切り替えたという（香港特別行政区政府統計處［以下，政府統計處］2012b：1)。ただし，1971 年の人口センサスでも，特定の調査項目については，1 % サンプル調査を実施している。また短問巻と長問巻の配布比率にも変化が生じている。1981 年は短問巻が 80 %，長問巻が 20 % の割合であったが，1991 年から 2001 年までは短問巻は全世帯数の 7 分の 6（約 86 %），長問巻は 7 分の 1（約 14 %）を対象としており，いずれも現在より長問巻の回答者数が多かった。ここから，回数を重ねるごとに徐々に長問巻の比率が低下していることがわかる。

調査票は中国語と英語を含む 13 の言語（ベンガル語，ヒンディー語，インドネシア語［バハサ・インドネシア］，日本語，韓国語，ネパール語，パンジャブ語，シンハラ語，タイ語，ウルドゥー語，タガログ語）で表記されている。1971 年の時点では，調査票はもっぱら中国語で印刷されており，軍隊用に少部数の英語版を準備した，という（Census & Statistics Department 1971：7)。そこから考えれば，多言語対応は飛躍的に進んだといえよう。とはいえ，後述するように，香港で日常使われる言語は，圧倒的に広東語である。調査票の「中国語」版も，長問巻に限って

3）人件費以外では，事務所の家賃が約 1 割，残りはその他の事務作業費用とのことであった。

は北京官話ではなく広東語の口語が使われているほどであった[4]。したがって，統計處が調査員を選ぶ際には，多言語対応が可能な人材であるかどうかはとくに考慮しない。

もし訪問調査時に英語も広東語も通じなかった場合は，調査員はあらかじめ用意した各国語のカードを相手に見せて，次回の訪問調査の予定を入れる。そのうえで，次の回には，必要な言語の通訳を伴って訪問するのである。また，住民本人が電話で，NGO の運営する通訳サービスを依頼することもできる。

さらに，個人の住宅に立ち入ることになる訪問調査員は，なりすましによる犯罪を防止するため，身分証明書を携帯するだけでなく，一目でそれとわかる服装をすることが定められている（写真 3-1 を参照）。この公告も 13 言語で表示したチラシで配布するほか，路面電車やバスの車体などにも掲げられている。

回収にあたっては，かつては調査員の訪問による回収が主流であったが，インターネットの発達と国連の

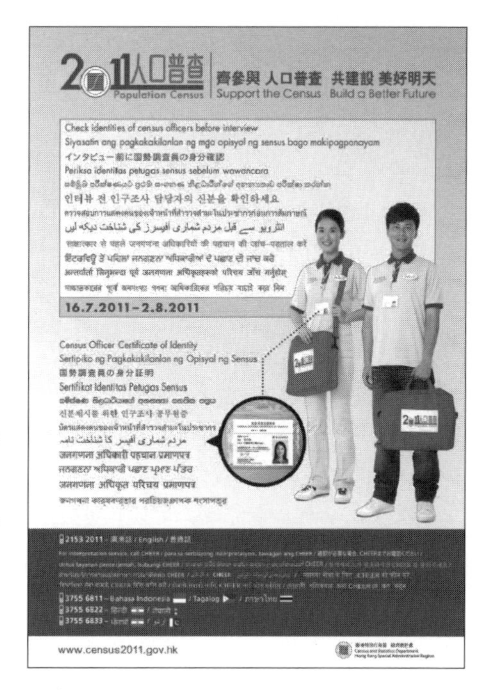

写真 3-1　訪問調査員の見た目について告知するポスター

人口センサスを支障なく実施するには，回答者である住民の協力が不可欠である。しかし，香港の場合は，移民都市の宿命として異なる文化背景をもつ新移民が常に流れ込んでくる。また，中国大陸から政治動乱を逃れてきた高齢者は，家族と知人のネットワーク以外の他者が生活圏に踏み込むのを歓迎しない。さらにアジアの大都市の中で，香港は犯罪率こそ低い方だが，一般住宅の防犯設備は東京以上に厳重である。したがって，自宅に入ってくる人間が，本当に調査員であることが一目でわかるようにする必要がある。歴代の調査員は，そのために鮮明な色の制服を着用してきた。2006 年から夏季に実施されるようになったため，制服のデザインも大きく変わった。

出所）香港政府統計處ホームページ［http://www.census2011.gov.hk/pdf/poster_em_identity.pdf］（2015 年 5 月 10 日アクセス）。

4）長問巻には広東語にしかない漢字，語彙，文法が混じっている。筆者の研究室に在籍する上海出身者に試しに回答してもらったところ，設問文の意味を正確に読み取れなかった。短問巻については，繁体字ではあるが，基本的に北京語が用いられており，中国大陸の非広東語圏出身者にも問題なく理解できた。

勧告に鑑みて，2011 年人口センサスでは郵送とネット経由の回収を優先したという。具体的には，調査票を郵送する際に，ID とパスワードと返信用封筒を同封しておく。短問巻は郵便で返信するか，ネットで入力して回答できる。長問巻はネット上の入力のみである。

34 日間の調査期間のうち，前半の 17 日間は「自己申告期間」とし，郵送とネット経由で回収するが，後半の 17 日間に入ると，調査員が戸別訪問で回収する。短問巻については，郵送が 56 %，インターネットが 12 %，訪問による回収が 30 % であった[5]。

なお，2016 年の中期人口統計調査からは，郵送を取りやめて全面的にペーパーレスに移行する予定だという。また，2011 年の人口センサスはパソコンからしか入力できなかったが，2016 年の中期人口統計調査からは，スマートフォンやタブレットからでも入力が可能になった。これまでも，1971 年にはマークシート方式，2001 年には光学読み取り方式（記述回答の手書き文字をスキャナーで読み取り，ディスプレイ上でコード入力する）を採用するなど省力化の工夫がされてきたが，インターネットとモバイル機器の普及で，一般調査員の数は 2011 年人口センサスから減少に転じた。2001 年人口センサスには，8 万 1200 人の応募者から 2 万 4100 人が調査員として訓練を終えた（政府統計處 2002b：13, 15）が，2011 年の訓練修了者は約 3 割減となった[6]。

3）調査項目と分類

次に人口センサスの項目を確認しよう。図表 3-1 に示したように，調査項目数は人口センサスに限って見ると，1971 年の 32 項目から徐々に増加し，2001 年以降は 41 項目になった[7]。1971 年は，それまでの人口センサスに住宅調査が加

5）全体の回収率は，88.1 % であった。

6）1991 年人口センサス時には，2 万 2600 人の応募から 75 % に訓練を施している（Census & Statistics Department 1992：151）。1981 年人口センサスでは，1 万 7500 人の調査員が採用された（Census & Statistics Department 1981：87）。

7）2016 年中期人口統計調査の調査項目は，名目上は 45 項目とさらに増えている（政府統計處 2015a）。ただし，増加した 4 項目の中には，2011 年人口センサスの下位項目と重複するものが含まれるため，実際に増加したのは 2 項目（住宅の床面積，第 2 言語の読み書き能力）と思われる。その他の中期人口統計調査については，1976 年が 34 項目，1986 年が 29 項目，1996 年が 37 項目，2006 年が 41 項目である。

図表 3-1　香港の人口センサスにおける調査項目：1971～2011年

	調査項目	2011	2001	1991	1981	1971
I	人口・社会					
1	出生年月	○	○	○	○	○
2	性　別	○	○	○	○	○
3	婚姻状態	○	○	○	○	○
4	常用する言語	○	○	○	×	○
5	その他の言語／方言の運用能力	○	○	○	×	×
6	籍　貫	×	×	×	○	○
7	国　籍	○	○	○	×	×
8	これまで産んだ子女の数	×	×	×	○	○
9	エスニシティ（種族）	○	○	×	×	×
10	出生地	○	○	○	○	○
II	教　育					
11	就学状況	○	○	○	○	○
12	学　歴					
	最高就学歴	○	○	○	○	○
	最高修了学歴	○	○	×	×	×
13	就学時の専門分野	○	○	○	○	×
14	通学地	○	○	×	×	○
15	通学手段	○	○	×	×	○
III	域内移動					
16	調査基準時の所在	○	○	○	○	○
17	香港での在住期間	○	○	○	×	×
18	香港に入境した年	×	×	×	○	×
19	現地区での居住期間	×	×	○	×	×
20	前居住区	×	×	○	×	×
21	5年前の居住地	○	○	○	○	×
IV	経済活動					
22	経済活動	○	○	○	○	○
23	産　業	○	○	○	○	○
24	職　業	○	○	○	○	○
25	兼職の有無	○	○	○	×	×
26	主たる職業からの収入	○	○	○	○	×

図表 3-1（続き） 香港の人口センサスにおける調査項目：1971〜2011 年

	調査項目	2011	2001	1991	1981	1971
27	兼職からの収入	○	○	○	○	×
28	その他現金収入（家賃収入を含む）	○	○	○	○	○
29	兼職の種類	×	×	×	○	×
30	就労時間	×	×	×	○	○
31	仕事を増やそうとしているか	×	×	×	○	×
32	勤務地	○	○	×	×	○
33	通勤手段	○	○	×	×	○
V	障碍者					
34	障碍の状況	×	×	×	○	○
VI	住　宅					
35	建物の類型	○	○	○	○	○
36	住居の類型	○	○	○	○	○
37	居住の状況	○	○	○	○	×
38	住居内の部屋数（浴室／便所を含む）	○	○	×	×	○
39	建物内の世帯数（回答から算出）	○	○	○	○	○
40	建物内の居住者数（回答から算出）	○	○	○	○	○
41	持ち家／賃貸住宅	○	○	○	○	○
42	家　賃	○	○	○	○	○
43	住宅ローンの支払／返済	○	○	×	×	×
VII	世　帯					
44	世帯の類型	○	○	○	○	○
45	世帯主との関係	○	○	○	○	○
46	世帯の構成員か否か	○	○	○	○	×
47	世帯の人数（回答から算出）	○	○	○	○	○
48	世帯の構成（回答から算出）	○	○	○	○	○
49	世帯収入（回答から算出）	○	○	○	○	○
	項目数	41	41	35	35	32

注 1）1976 年，1986 年，1996 年，2006 年の中間調査は省略した。
2）「5．その他方言／言語の運用能力」は，2011 年では言語の選択肢が 12 種類（10 種の言語と「その他」記入欄と「なし」）。
3）2016 年は，「38．住居内の部屋数」に「居住面積」も含まれていた。
4）「42．家賃」は固定資産税，政府地代，管理費を含む。
5）「45．世帯主との関係」は，2016 年では「世帯のその他の構成員との関係」になっている。
出所）政府統計處（2012b：138-141）より筆者作成。

わった年であり，現在の調査項目の原型となっている。これ以降に新たに調査項目となったのは，「常用語以外の第2言語」「国籍」「エスニシティ」「最高修了学歴（就学歴に対して）」「就学時の専門分野」「収入」「住宅ローン」「世帯の構成員か否か」である。逆に削減されたのは，「籍貫」「これまで産んだ子女の数」「香港に入境した年」「現地区での居住期間」「前居住区」「兼職」「障碍の状況」であった。

また，調査項目からいったん外されたのちに復活した事項もある。「常用する言語」は1981年人口センサスでいったん削除されたのち，1991年人口センサスで復活し，今も続いている。「勤務地」と「通学地」，「通勤手段」と「通学手段」も1981年と1991年で消えたが，2001年人口センサスで再び調査の対象になった。

一方，宗教は当初から調査項目に入っていない。1961年人口センサス報告書において，責任者のバーネットは「1921年にも1931年にも，そのような〔宗教に関する〕質問は行われていないし，国連文書でも薦められていない」「特定の宗教に属することは，華人社会の慣習ではないし，宗教観の違いが共同体を区別する役割を担っているわけではない」という理由を挙げて，宗教を調査項目に入れないと明言している（Barnett 1962 : XLVIII）。

調査項目のうち追加された項目は，政策の需要が高まった分野にかかわると考えることができる。エスニシティは，後述する東南アジアからの家事ヘルパーの流入に加えて，香港返還に伴う旧英領植民地からの移民問題が発生したからである。また，南アジア系の住民の中には，香港植民地政府の警察官や軍人として来港した者が一定数おり，イギリスから中国への主権返還によって，処遇が問題となった。住宅ローンの項目を増やした背景には，不動産価格の高騰と持ち家推進政策をめぐる世論の反発が影響したと思われる。

一方，削減対象となった項目は，他の定期調査や記録で代替されるようになったものが多い。例えば，1981年人口センサスまでの「籍貫」は，1991年人口センサスから「国籍」に改められた。もともと「籍貫」とは，華人系の住民にとっては父系祖先の発祥地を指す[8]。1981年人口センサスの用語解説によれば，「華人のいわゆる「郷下（ヒョンハ）」（郷里）のこと」という説明が記載されている。ただし，

8）非華人系については，申告された国籍または出身地が適用された（Census & Statistics Department 1981 : 203）。

「香港生まれの華人で，かつ自分の「郷下」がわからない者に対しては，「香港」とする」との但し書きがある（Census & Statistics Department 1981：203）。

籍貫は家族の歴史と方言に連動していることから，華人のアイデンティティの一角を占めると考えられた。しかし，戦後に公営アパートの建設が進むと，入居が抽選方式であることから，方言集団が特定地区に集積しにくくなった。また，1981 年人口センサスの結果をみると，籍貫を「香港」と答えた者はわずか 0.8％であるが，香港を出生地とするものは 51％に達している。1997 年の返還を控えて，籍貫よりも「国籍」の方が重要な意味をもつようになったことがわかる。

ちなみに，1991 年から「常用する言語」と「それ以外の第 2 言語」が導入されたので，籍貫がなくても方言別の人口がわかる。同様に，「香港に入境した年」は，1991 年から「香港での在住期間」へと変更になり，「前居住区」は「5 年前の居住地」によって代替された。

この他に，別の調査や行政機関の記録によって人口センサスから外れた項目として，「子女の数」があげられる。これは住民登記の方が詳細な情報を得られるために，1991 年から姿を消した。また「就労時間」と「仕事を増やそうとしているか」は，「総合世帯調査」がカバーするようになった。

最後に，調査の難度が高く人口センサスでは正確な情報が得られないことを理由に調査項目から除外されたのが，「障碍者」と「現地区での居住期間」である。「障碍者」については，一般のセンサス調査員ではなく，専門家による特別調査が必要とされた。また「現地区での居住期間」は 1996 年の中期人口調査で実施したところ，長年居住している者は記憶が定かでなく回答できないことが明らかになった（政府統計處 2002b：141）。

以上のように，調査項目の変遷には，香港が華僑の移民都市から，独自のアイデンティティをもちつつ中国の一部へと変化した過程が反映されている。

2　人口動態と少子化

1）鈍化する人口増加率

香港の人口増は，出産による自然増に加えて，難民や移民などの社会増からも

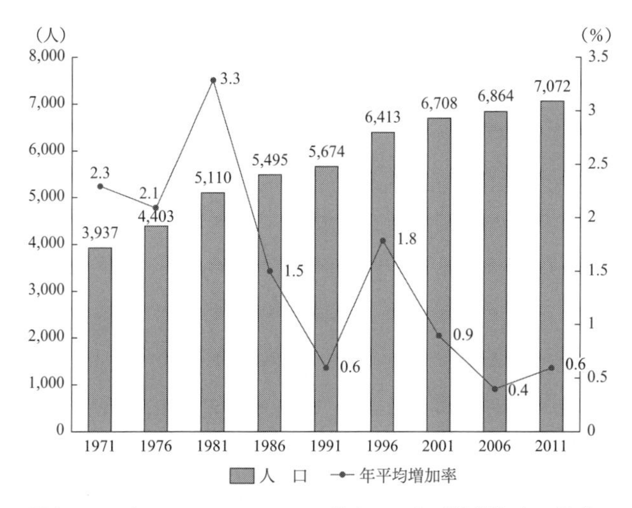

図表 3-2　人口センサスからみた総人口と年平均増加率の推移：1961〜2011年

出所）政府統計處（2012a：50）。

大きな影響を受ける。一年単位でみれば，社会増が自然増を上回る時期もある。例えば，1996年は海外に移民した元香港住民の帰還があったため，社会増が11万9300人にも上り，自然増3万5600人を圧倒して，対前年の人口増加率は2.5%に達した。逆に，SARS（重症急性呼吸器症候群）の感染が広がった2003年の人口は，自然増1万2500人に対して社会増がマイナス2万5800人となり，人口全体の増加率は対前年でマイナス0.2%を記録した。

しかし，5年ごとの年平均でみると，1981年以降は人口増加率の低下傾向が観察できる。香港政府の中期人口統計調査と人口センサス本調査を用いて確認してみよう（図表3-2）。

年平均の人口増加率は，1961〜71年の2.3%から1971〜76年の2.1%といったん下がったものの，1976〜81年は主に中国大陸からの人口流入に支えられて3.3%に達した。しかし，1980年代には香港の中国返還に備えて海外の居住権を確保するために，香港からカナダやオーストラリアへと移住の波が発生したことから，0.6%にまで下落した。その後彼らが移住先から再び香港に戻ったことで，1991〜96年には年平均1.8%に戻ったが，その後は1%以下の低水準で推移している。

さらに人口センサス（10 年ごと）を区切りとして人口増加に占める自然増の比率をみると，1982～91 年は自然増が 87.6 % と人口増の主要因であったが，1992～2001 年は 37.3 % にまで下落した。しかし，2002～11 年の間は再び自然増が 76.1 % に上昇し，社会増を凌ぐようになった。同様の傾向は，出生人数からも確認できる。香港の出生人数は，1981 年から 2004 年にかけて 8 万 6600 人から 4 万 6100 人まで急速に下落したのち，2011 年人口センサスで 9 万 5300 人と，30 年前を上回る勢いを見せている。なお，自然増は出生人数から死亡人数を差し引いて算出する。そのため，死亡人数の減少も自然増の上昇につながるが，香港の死亡人数は，1981 年から 2011 年にかけて緩やかに上昇しているので，この条件には該当しない。

2）加速する少子化と越境出産

なぜ，香港では 2000 年代の後半から出生人数が増加に転じたのであろうか。他の東アジア諸国とは異なる人口動態を意味するのだろうか。この問題を考察するために，まず人口動態に関わる基本的な調査項目の動向を図表 3-3 に示した。

図表 3-3 の人口動態に影響する項目は，他の東アジア諸国と同じく少子化に向かう特徴を示している。初婚年齢は男女ともに着実に上昇しており，明らかに晩婚化が進んでいる。また，25～29 歳の女性の既婚率は，1981 年の 69 % から 2011 年には 27 % にまで低下する一方，女性の未婚率は上昇している。40～44 歳の年齢層の女性の未婚率は，1981 年から 2011 年の間に 3 % から 17 % に上昇した（政府統計處 2012d：34–35）。

若者の教育期間の長期化は少子化を促進する要素である。実際，大学・専門学校の就学者は過去 30 年間に急速に増加し，1981 年から 2011 年にかけて全人口の 6.7 % から 27.3 % にまで拡大している。さらに，世帯当たり平均人数をみると，家族の規模が 1981 年 3.9 人，1991 年 3.4 人，2001 年 3.1 人，2011 年 2.9 人と，縮小の一途をたどってきた。単独世帯の比率はさほど変化していないが，離婚・別居率はとくに女性で上昇していることがわかる（図表 3-3）。家族の構造については，核家族が 3 分の 2 を占めており，すでに 1981 年に全世帯に占める核家族の比率は 54.4 % に達していた。核家族の比率は，その後も 1991 年に 61.6 %，2001 年に 66.2 %，2011 年に 66.3 % と，伸び率は鈍化しつつも上昇している。実

図表3-3　人口センサスからみた香港社会の変容：1981～2011年

番号	項　目	1981	1991	2001	2011
1	人口総数（人）	5,109,812	5,674,114	6,708,389	7,071,576
2	中央値年齢（歳）	26.3	31.6	36.7	41.7
3	合計特殊出生率（人）	1.93	1.28	0.93	1.20
4	男女比（人）[1)]	1,087	1,044	960	876
5	初婚年齢，男性（歳）	27.0	29.1	30.2	31.2
6	初婚年齢，女性（歳）	23.9	26.2	27.5	28.9
7	年少人口　0～14歳（%）	24.6	20.8	16.4	11.6
8	生産年齢人口　15～64歳（%）	68.8	70.5	72.4	75.1
9	高齢人口　65歳以上（%）	6.6	8.7	11.2	13.3
10	高等教育への就学率（%）[2)]	6.7	11.2	16.4	27.3
11	世帯当たり平均人数（人）	3.9	3.4	3.1	2.9
12	単独世帯比率（%）	15.2	14.3	15.7	17.1
13	核家族の比率（%）	54.4	61.6	66.2	66.3
14	離婚／別居率，男性	0.8	1.3	2.2	3.2
15	離婚／別居率，女性	0.8	1.6	3.4	5.5

注1）女性1,000人に対する男性の人数。
　2）15歳以上の人口に占める大学／専門学校の就学者の比率。
出所）1991～2011年の各人口センサスの結果より筆者作成。

際に，15歳未満の年少人口比率は，1981年から2011年にかけて24.6％から11.6％に大きく減少しており，少子化の傾向は香港でも明白である。

ところが，香港の合計特殊出生率は，これとは異なる動きを見せている。1981年に2.0を切り，2001年には日本を下回る水準[9]に達したものの，2011年には1991年に近い水準に戻っているからである（図表3-3）。また，当年の新生児の数も2000年から増加し，1961年の11万884人を除き，2011年は過去最高となった。結論から述べると，新生児の増加に寄与したのは，中国大陸から香港に移動した女性たちであった。2000年代後半の出生率には，妊婦の「越境出産」が大きく影響しているのである。

図表3-4は1981年から2011年までの人口センサス調査と，2012年以降の年

9）日本の合計特殊出生率の過去最低水準は，2005年の1.26人である（2015年現在）。

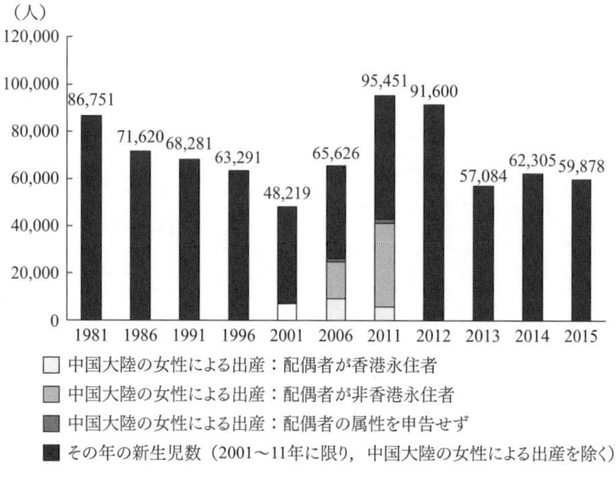

図表 3-4　香港の新生児数の推移と夫婦の属性：1981～2015 年

出所）政府統計處（2016a：12, 20）より筆者作成。

度統計に表れた新生児数の推移を示したものである。このうち 2001 年と 2011 年の 2 つの人口センサス本調査と 2006 年の中期人口統計調査には，中国大陸に居住する女性が出産した人数が記載されているので，その内訳も示してある。ここからわかるように，2001 年に香港で生まれた新生児の総数 4 万 8219 人のうち，中国大陸に居住する母を持つ子はわずか約 16％（7,810 人）であった。それが 10 年後の 2011 年には総数 9 万 5451 人のうち，約 46％（4 万 3982 人）を占めるに至った。

この急激な増加の背景には，⑴旧英領時代からの居住権の出生地主義に加えて，⑵「一国二制度」下で揺れ動く司法と行政の判断が存在する。植民地時代から常に行政は，短期間に大量の移民が流入することを警戒していた。一方，司法の立場からは，法で定められた居住の権利は移民の数量に左右されない。その矛盾が新生児の数に反映されているのである。

まず，1980 年代に中国の対外開放政策により，香港と大陸の往来が盛んになると，中国大陸で結婚する香港の男性が増えていった。1986 年から 2011 年の間に，香港の男性と大陸の女性による婚姻数は，年間 1 万 5776 組から 2 万 167 組にまで増加した。それと同様に，香港の女性が大陸の男性と結婚するケースも，675 組（1981 年）から 5,865 組（2011 年）と急増した（政府統計處 2012d：74)。こうした越境カップルの場合，中国に住む配偶者と子女にも，法的には香港に居住する権利が生じる。返還後の域内憲法である「香港基本法」第24条は，「両親のいずれかが香港居住権を有する」場合は，中国大陸で出産した子女も香港に合法的に居住する権利を得ると規定しているからである。

その一方で，集中豪雨的な移民の大量流入を防ぐために，香港では中国大陸から受け入れる家族の枠を一日当たり150人と制限してきた。基本法が有効になる1997年7月1日が近づくと，中国大陸から香港に無許可で入境する子女が急増した。これに対して，香港政府は同年7月10日に入境条例を修正し，居住権のある配偶者や子女であっても，事前に中国大陸で香港居住許可証を取得することを義務づけて，入境規制の強化を図った。許可証のない子女が香港で発見された場合，中国大陸に強制送還されることになり，しかも，居住許可証の発行まで何年もかかる事例も珍しくなかったため，親たちは強制送還の停止を求めて行政訴訟を起こした。この結果，1999年1月に香港終審裁判所は，中国大陸生まれの子女が香港居住権を得るのに必要な条件を，大幅に緩和する判決を下した（谷垣2000)。

ところが，香港政府が，条件緩和によって160万人以上の子女が中国大陸から押し寄せるとの推計を発表すると，社会的コストを懸念する香港の世論は，一転して受け入れ反対に傾いた。最終的に，基本法の解釈権を持つ北京の全国人民代表大会常務委員会に香港政府が判断を仰ぐ形で，中国大陸生まれの子女が香港居住権を取得する条件は再び厳格化されたのである（谷垣2002)。

この結果，香港の居住権を得る手段としては，出生地主義を利用する方法が主流になっていった。香港で出産さえすれば，配偶者の居住権に関係なく，出生地主義に基づいて子供には香港居住権が賦与されるからである。このため，妊婦が旅行ビザで香港に入境して，香港滞在中に出産するという事例が急増した。そのきっかけとなったのは，やはり司法の判断であった。

具体的には，2001年7月に香港終審裁判所は，両親いずれも香港居住権を持たないが，母親が親族訪問ビザで香港滞在中に産んだ子女の居住権について，「中国国籍を持つ者が香港で産んだ子女は，ひとしく香港での居住権を有する」として，その居住権を認めた。また，「香港・中国経済貿易緊密化協定」のサービス貿易自由化措置として，2003年6月から中国大陸の一部の都市から香港への個人旅行が解禁され，その後も対象となる都市が徐々に拡大したため，旅行ビザを利用して香港で出産する中国大陸の夫婦の数が急増した（前出図表 3-4 を参照）。

これと対照的なのが，「配偶者が香港居住権を持つ」母親から生まれた子供の数である。ピーク時の 2006 年でも 1 万人を下回り，おおむね 6,000 人から 8,000 人の間で，その数字は上下している。また，2011 年に生まれた新生児のうち，大陸に居住する母親と香港居住権を持つ父親との間に誕生した者は 6 % にとどまっており，父親が香港居住権を持たない者 37 % をはるかに下回っていた。ここから 2000 年代後半の出生率の上昇は，主として「越境出産」によるものだったといえよう。

以上の傾向をみると，越境出産は少子化の緩和に一見有効であるかに見える。しかし，両親ともに中国大陸に生活の基盤があるため，出産後には子どもを連れて中国大陸に帰る事例も少なくない。政府統計處は，2007 年から 2012 年にかけて 6 回にわたり，「中国大陸の女性による香港の新生児に関する調査」を実施し，出産後も子供を香港に留めるかどうかを調べた。その結果，両親どちらかが香港居住権を持つ場合は，6 回調査の平均で 51 % が出産後も香港に留まると答えており，いつかは香港に子供を連れてくる予定と答えた者（42 %）と合わせると，93 % の夫婦が最終的には子供を香港に住まわせる意図があることがわかった。これに比べると，新生児の両親のどちらも香港居住権を持たない場合，出産後も香港に留まると回答した人々は 6 回調査平均で実に 4 % にすぎない。また，最終的に子供を香港に住まわせる予定がある者も 57 % にとどまっている（Legislative Council Secretariat 2014： 7-9）。

越境出産する夫婦は，専門業者に多額の仲介料を支払う必要があり，これを負担できることが越境出産の前提条件でもあった。政府統計處の前出調査のうち，第 5 回までの結果には越境出産者の年齢，学歴，就業状態，居住地域が記録されている。これをみると，「男女いずれも香港居住権を持たない」夫婦は，年齢差が小さく（夫 35 歳，妻 35 歳），学歴が高く（夫婦とも 6 割以上が大学・高等専門学校卒），共稼ぎが多く（夫の就労率 91 %，妻 72 %），管理職または専門職の比率が高い（夫 83 %，妻 63 %）。また，居住地域は夫婦ともに深圳を含む広東省が半分以上を占めているが，福建省も 15 % 前後である。さらに広東・福建以外の地域からの越境者が増加しており，その比率は2007年の第1回調査時には16％だったが，2011年の第5回調査時には30％にまで上昇していた。また香港での出産を決定した理由は，「教育制度が優れているから」が群を抜いて1位である（政府統計處 2011：FB7–FB15）。

これに対して，夫婦のいずれかが居住権を持つ場合は，平均年齢は妻28歳に対して夫38歳と約10歳の差がある。また学歴は夫婦とも6割が中学・高校までの就学者であり，専業主婦率が高い（夫の就業率90％に対して妻38％）であった。在住地域は，「夫が香港で妻が中国大陸」が83％（2011年）を占めていた。つまり，2000年代前半までは，香港で相対的に低学歴の夫が中国大陸の農村で結婚し，妻を家族ビザで呼び寄せて出産させたのに対し，2000年後半からは，中国大陸の各地から新興富裕層や中産階級が，生まれてくる子女の教育環境の選択肢を増やすために，越境出産を利用するようになったことがわかる。

こうした越境出産者の急増に対して，香港の産院は供給態勢が追いつかず，深刻な病床不足に陥った。香港居住者でもない中国大陸の夫婦が新生児の香港居住権を手に入れるために，地元の香港居住者が入院できないという事態が続いた結果，越境妊婦に対する香港市民の不満が高まっていった。そこで，香港政府は2012年1月から公立病院における中国大陸在住者の出産予約の受付を停止させ，私立病院にも受け入れ枠を設定した。また，2013年1月からはすべての公立・私立病院に対して，配偶者が香港居住権を持たない中国大陸の妊婦については，受け入れ枠をゼロにする，と宣言した。

以上のような行政指導によって，2012年には香港居住権を持たない両親から生まれる新生児数は，対前年比で25％減となった。この動きを反映して，2013年度の合計特殊出生率は1.124人と，再び下落したのである（政府統計處 2015b：FB4, FB7）。ただし，受け入れ枠ゼロを表向きは謳っているといえども，病院側は救急窓口に搬送される患者は受け入れざるをえない。このため香港の報道によれば，毎年800件程度の越境出産が続いているという（*South China Morning Post*, 24 April 2016）。

以上の出生に関わる変遷から，①香港の少子化は着実に進行していること，②その速度は中国大陸からの移民受け入れ政策によって大きく変化しうること，③急激な受け入れは香港政治の不安要因である「反中感情」へと結びつくため，選択肢は限られること，以上の 3 点が明らかになったといえよう。

3　高齢化と外国籍家事ヘルパーの受け入れ

1）高齢者世帯の構成と収入

香港の 65 歳以上の高齢人口が総人口に占める比率は，前出図表 3-3 に示したように，1981 年から 2011 年までの間に 6.6 % から 13.3 % へと倍増した。また人口センサス翌年の 2012 年末には，ついに高齢社会（aged society）の定義である 14 % を超えた（政府統計處 2016b：4）[10]。こうした高齢化進展の背景にあるのは，平均寿命の伸長である。香港は男性の平均寿命が日本をも上回る長寿社会である。2012 年における香港の男性の平均寿命は 80.7 歳（日本は 79.9 歳），女性のそれは 86.4 歳（日本と同じ）であった（政府統計處 2016b：4；総務省統計局 2014）。また，2015 年の統計では，女性の平均寿命も香港が日本を抜いて初めて世界一となった[11]。

長寿はめでたいことだが，マイナスの側面もある。そのひとつが高齢者の貧困化である。人口センサス調査からは，高齢者世帯の所得がここ 10 年で低下していることがわかる。図表 3-5 は，高齢者を 1 名以上含む世帯による月収の中間値である。香港の全世帯の所得水準と比べると，高齢者世帯は全体として 1.7 ポイント減少している。しかし，2 人世帯と 3 人世帯では改善がみられるし，金額ベースでは，2 人以上の世帯すべてにおいて月収が増加している。問題が深刻なのは一人暮らしの高齢者である。金額でも全世帯との比率でも，2011 年人口センサスの数字が 2001 年のそれを下回っていたからである。

さらに，2001 年と 2011 年のセンサスから高齢者の労働力率の変化をみると，65 歳から 74 歳までは 10.4 % から 12.2 % に増加する一方，75 歳から 84 歳で 2.6 % から 2.1 % に微減している。次に男女別では，2011 年の 65 歳から 74 歳まで

10）2013 年末の速報値では 14.5 % に達している。

11）香港と日本は人口規模が異なるので，都市部の比率が高い香港の平均寿命は高めに出る。例えば，人口規模 50 万人の杉並区の平均寿命（2010 年）は，女性 88.2 歳，男性 81.9 歳で，2015 年の香港（女性 87.32 歳，男性 81.24 歳）を上回っている。

図表 3-5　高齢者世帯の月収中間値の推移：2001〜2011年（香港ドル，%）

	2001			2006			2011		
	高齢者世帯(A)	全世帯(B)	A/B(%)	高齢者世帯(A)	全世帯(B)	A/B(%)	高齢者世帯(A)	全世帯(B)	A/B(%)
1人	3,130	8,600	36.4	3,110	8,050	38.6	3,000	8,540	35.1
2人	7,000	15,300	45.8	6,610	14,000	47.2	7,750	15,500	50.0
3人	15,430	18,750	82.3	14,430	17,500	82.5	17,540	21,040	83.4
4人	21,210	21,230	99.9	20,530	21,500	95.5	24,330	27,000	90.1
5人	24,430	26,300	92.9	23,930	26,710	89.6	29,040	35,370	82.1
6人以上	30,500	30,670	99.4	31,000	31,000	100.0	36,040	39,120	92.1
全世帯	12,210	18,710	65.3	11,130	17,250	64.5	13,040	20,500	63.6

出所）政府統計處（2013a）より筆者作成。

の男性の労働力率は18.3%だが，女性では同じ年齢層でも5.7%にすぎない。男女を合わせた全体では労働力率は7.0%であるから，9割以上の高齢者は就業所得がないということになる（政府統計處 2013a：32）。

就労以外での老後の収入といえば年金がすぐ想起されるが，植民地時代から自由放任主義の伝統をもつ香港において，公的年金に近い強制積立年金制度が導入されたのは，返還後の1998年9月になってからであった。したがって，2016年現在65歳以上の高齢者のうち，10年以上の保険料の積立があるのは75歳未満の高齢者に限られる。年齢層が75歳以上の高齢者の場合，本人の資産が潤沢でなければ，家族の扶養に頼らざるをえない。

一人暮らしの高齢者の比率は，実はそれほど多くない。図表3-6に示したように，2011年人口センサスによれば，65歳以上の高齢人口のうち，配偶者や子女と同居する者が75%を占めている。施設など自宅以外で生活する者は1割にも満たない。したがって，世界一の長寿社会である香港では，まだ同居家族による扶養と介護が機能しているとみてよいだろう。

次に，同居者の内訳をみると，1996年に6割を超えていた配偶者と子女もしくは子女との同居が，2011年には51.1%まで低下している（図表3-6）。一人暮らしもわずかながら増加している。また，配偶者との2人世帯は1996年の16.2%から2011年には23.6%へと上昇した。

ここで2011年人口センサス調査に基づいて，高齢者だけで構成される世帯の

図表 3-6 65 歳以上の高齢者の居住状況（%）

	同居者	1996	2001	2006	2011
在宅	一人暮らし	11.5	11.3	11.6	12.7
	配偶者と子女	32.1	32.1	30.4	29.7
	配偶者のみ	16.2	18.4	21.2	23.6
	子女のみ	28.2	24.7	23.1	21.4
	その他	6.5	4.4	3.7	4.0
	在宅小計	94.5	90.9	90.0	91.4
施設ほか自宅以外		5.5	9.1	10.0	8.6
合　計		100.0	100.0	100.0	100.0

出所）政府統計處（2008b：FA10），および政府統計處（2012a：45）より筆者作成。

収入を確認しよう。構成員すべてが 65 歳以上の世帯の場合，月収の中間値は 3,580 香港ドルであるのに対して，65 歳未満の同居者がいる世帯では 1 万 9040 香港ドルになる（同前：56）。つまり，高齢者だけの世帯の月収は，同居世帯の 2 割にも満たない。高齢者だけの世帯の比率が高まれば，貧困と老老介護の圧力が同時に高まることになろう。

2）越境する高齢者

老後の生活を安定させる手段としては，家族との同居以外に「中国大陸に移動する」という方法もある。これは，華僑世界で「落葉帰根」と呼ぶ，故郷を終末の地とする考えの延長にほかならない。香港を出生地とする住民は，香港の総人口の約 6 割にまですでに達しており，ここ 10 年でもほとんど変化がない。しかし，年齢階層別にみると別の姿が浮かんでくる。

図表 3-7 は，出生地を年齢階層別に示したものである。65 歳以上の年齢層では香港生まれの比率は 2011 年でもなお 22.7 % にとどまり，73.1 % が中国大陸または台湾・マカオ出身の移民一世で占められていた。2011 年時点で香港生まれが半数を超えるのは，45 歳未満の年齢層に限った話なのである。

また，高齢人口を方言別にみると，常用する言語を広東語とする者が最も多く，高齢者全体の 86.6 % にものぼる。2 位以下は，福建語（2.6 %），客家語（はっか）（2.3 %），潮州語（2.3 %），北京語（2.0 %）と中国の方言が続き，英語は公用語であるにもかかわらず，0.6 % を占めるにすぎない（政府統計處 2013a：21）。この方言の分布からみて，高齢者が移動する先は広東省内がほとんどであると推測できる。

さらに，新たな給与所得がほとんど期待できないことから，香港の金融機関にある貯蓄をできるだけ長く持たせるために，物価の安い中国大陸へ移住する高齢者もいる。この場合の移動先は郷里である必要はないが，やはり隣接する深圳や珠江デルタなど，広東省内への移動が多い。香港政府も「越境する高齢者」のた

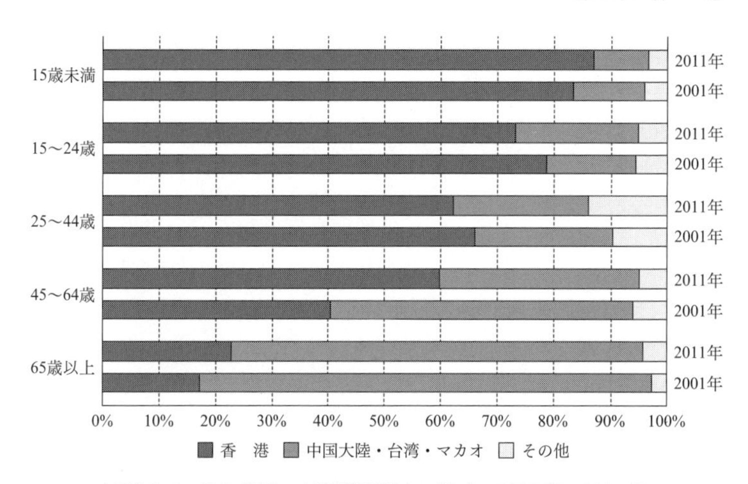

図表 3-7　出生地別の年齢階層別人口構成：2001 年，2011 年

出所）データベース「網上互動数据発布服務」より筆者作成。

めに，香港の生活保護や高齢者手当を広東省・福建省でも受領できる措置をとってきた。さらに，中国大陸で介護サービスを提供する香港の事業者から，香港政府が介護ベッド枠を買い上げ，香港の住民の入居を可能にする動きも出てきた。

そうしたなかで，中国の経済成長による物価と人民元の上昇により，いったん広東省に移住したものの，家計状態や健康の悪化から香港に戻ってくる高齢者も目立つようになった。特に香港の公立病院による安価で良質な医療サービスは，後期高齢者のＵターン現象の大きな要因となっている。

3）外国籍家事ヘルパーの導入

世界一の長寿社会となった香港は，高齢者だけでなく外国籍家事ヘルパーの移動をも促すことになった。家族の規模が縮小するなか外国籍家事ヘルパーは在宅ケアを支える重要な柱となる。そこで香港在住のエスニック・マイノリティ人口を確認しておこう。2011 年人口センサスによれば，香港住民の 93.6 % が華人であり，残る 6.4 %（45 万 1183 人）のうち首位のインドネシア系（13 万 3377 人），2 位のフィリピン系（13 万 3017 人）はそれぞれ 1.9 % にすぎない。しかし，華人以外のエスニック・マイノリティのなかでは，インドネシア系が 29.6 %，フィリピン系が 29.5 % であり，3 位の「白人」（12.2 %）を大きく引き離している。この2か国の出身者は，家事ヘルパーとして雇用されていることで有名である。

そこで次に，外国籍家事ヘルパーの数を調べてみたところ，政府の入境事務處（日本の入国管理局に相当）の統計によれば，2012年末時点における外国籍家事ヘルパーの数はすでに31万人を上回っていた。一方，政府統計局の人口センサスでは，外国籍家事ヘルパーを含まない被雇用者統計が公表されている。被雇用者全体の人数からこれを差し引けば，外国籍家事ヘルパーの数を算出することができる。この推計の結果，2011年人口センサス調査にもとづけば，外国籍家事ヘルパーの数は29万人で，被雇用者全体の8.1％をすでに占めていることが判明した。2001年の人口センサス調査で同様の計算を行うと，外国人労働者の数と比率は18万人，6.3％であったから，過去10年で香港の労働市場における家事ヘルパーの存在が大きくなったことがわかる（政府統計處 2012c：15）。

とくに注目に値するのが，近年のインドネシア出身の家事ヘルパーの増加である。国籍別にみると，最多がフィリピン人で15万5000人（外国籍の家事ヘルパー全体の49.9％），2位がインドネシア人で14万9000人（同47.8％）となっており，この両国出身者でほぼ98％を占める。3位のタイ人は2,990人であるから，フィリピン，インドネシアと比べて2桁も小さい（図表3-8）。

2011年の人口センサス調査からは，エスニック・マイノリティの主要な職業からの所得，最終学歴，使用言語を確認することができる。家事ヘルパーを多く含むことから女性に限定すると，主要な職業からの一か月当たりの収入は，フィリピン人女性もインドネシア人女性も同額（3,580香港ドル）であった。しかし，学歴別にみると，インドネシア人よりもフィリピン人の方が高い。インドネシア人の最終学歴は，高校が最も多く38.4％，次が中学校38.0％で，大学・高等専門学校は7.0％である。これに対して，フィリピン人は，中学校9.8％，高校57.2％，大学・高等専門学校29.7％と，高校と大学の比重が高くなっている（政府統計處 2012c：54, 87）。

さらに注目に値するのは常用語である。これは「自宅でいつも使う言語」を指す[12]。2011年人口センサス調査では，インドネシア人の70.4％が広東語を，フィリピン人の83.5％が英語を常用語として使用していた。これは家事ヘル

12）言語を解するという趣旨から，5歳以上が対象となっている。

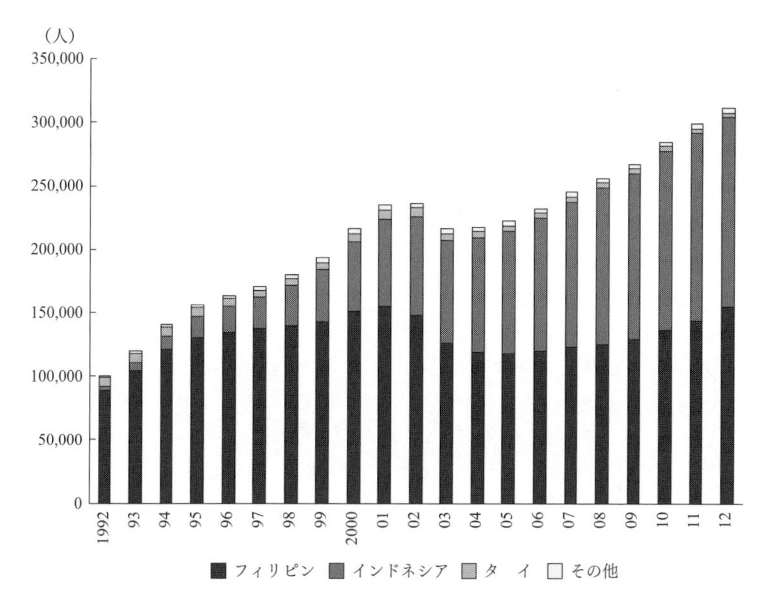

図表 3-8　香港で働く外国籍家事ヘルパー数の推移，出身国別

出所）Asian Migrant Centre (2004 : 149)，政府統計處（2008a : 35）および政府統計處（2013b : 43）より筆者作成。

パーが住み込みで働くために，「自宅」が雇用主宅になるからであり，常用語は雇用主との会話に用いる言語と考えてよい。逆に，フィリピン人で広東語を常用語とする者はわずか 4.1 %，インドネシア人で英語を常用語とする者も 14.8 % にすぎなかった（同前 : 44-45)。

両者の学歴と常用語の違いは，外国籍の家事ヘルパーたちの雇用主と雇用目的の差に起因する。英語を話す高学歴のフィリピン系メイドは，料理，洗濯，買い物，掃除といった家事一般に加えて，子育ての支援者としても期待されている。香港の中間層以上の家庭は，幼児期から英語教育を重視しており，フィリピン人の家事ヘルパーが英語を介して子女に接することを，肯定的に捉えていた。

しかし，高齢者の介護となると，英語よりも広東語が不可欠である。前述したように，2011 年の人口センサス調査では，高齢者の 7 割以上が中国大陸もしくは台湾・マカオで生まれており，8 割以上が広東語を常用語にしている（政府統計處 2013a : 19-21)。インドネシア人の家事ヘルパーは，広東語の習得に抵抗がなかったため，高齢者の介護者として雇用されたのである。こうして図表 3-8 が示すように，香港での高齢化の進展とともに，それまで圧倒的多数だったフィリピン系の家事ヘルパーは，インドネシア系に首位の座を明け渡すことになった。2001 年人口センサス時には，エスニック・マイノリティのうち，まだフィリピン人が 41.4 %，インドネシア人が 14.7 % しかいなかったことを考えると，この 10 年間の高齢化の進展が，香港のエスニック・マイノリティの構造をも変えていったことがわかる。

おわりに――移動する者と移動しない者

最後に，短期で香港を行き来する「流動住民」について説明を加えておきたい。

1997 年の返還以前には，香港政府は対象者を確定するのに，「広義の時点」方式（“extended de facto” method）を採っていた。この方法によれば，人口センサスの基準日に香港に滞在していた者は，すべて計上する。また，基準日には仮に不在であっても，家族が「中国大陸またはマカオに一時的に滞在している」と回答した者は，人口センサスの調査対象に含まれた。

しかし，この方法では，たまたま基準日に香港に滞在していた観光客も含むことになるし，家族の回答によっては，中国大陸かマカオに移住した者も香港人口に入ってしまう。とりわけ，1997 年の返還前後からは，北米やオーストラリアにいったん移民してから香港に還流する者や，中国大陸で働く者が急増したため，「広義の時点」方式の欠陥が顕著になってきた。

そこで「移動」の実態を反映すべく，香港政府は 2000 年 8 月から人口センサスの調査対象を，「居住人口」方式（“resident population” method）へと変更した。この新しい方法では，「香港住民」は，⑴ 定住民（常住居民：usual residents）と⑵流動住民（流動居民：mobile residents）の 2 種類に区分される。このうち，⑴ の定住民は，永住権の有無によって定義が異なる。香港の永住権を持つ住民（永久居民：permanent residents）の場合は，人口センサスの調査時から数えて過去 6 か月間に香港に 3 か月以上滞在していたか，あるいは，調査実施期間の後の 6 か月の間に香港に 3 か月以上滞在してさえいれば，調査時にどこにいようと関係なく，定住民に数えられる。一方，永住権を持たない場合は，香港IDカードを保持し，人口センサスの調査時に香港域内にいた者のみを定住民とする。なお，IDカードの申請については，最低180日以上，香港に滞在する者が対象になる。

さらに，(2)の流動住民についても，香港の永住権を持つ者で，かつ調査時から数えて6か月前までの間に香港での滞在期間が1か月以上3か月未満であったか，あるいは，調査時から数えて6か月後までの間に香港での滞在期間が1か月以上3か月未満の者が対象になる。つまり，「居住人口」方式の人口統計では，「平日は大陸で働き，週末を香港の家族の元で過ごす単身赴任のビジネスマン」や，「海外の大学に進学し，夏休みや学期末に香港に里帰りする若者」，あるいは「中国大陸に移住した高齢者で，ときおり香港に住む子供や孫を訪問する者」などは，すべて「流動住民」に分類されるのである。

この方式で統計調査を行った2001年と2011年の人口センサス本調査を比較して，10年間の変化を観察してみると，「流動住民」の比率は，人口センサス対象人口の2.8％から3.0％へと微増した。人数ベースでは，18万4500人から21万2000人へと15％増となっているが，2回の人口センサスにおいて，人口の97％は定住民であった。

また，移動の目的は，2000年代の2度の人口センサス調査ではそれほど変わっていない。「仕事の都合」が4割を超えていて，「学業」と「引退」がそれに次ぐ（図表3-9）。このことを反映して，移動者に占める生産年齢人口の比率は8割を占めており，その内訳は45歳から64歳が38％，15歳から24歳と25歳から44歳がそれぞれ21％であった（政府統計處 2012a：235）。なお，15歳未満の年少人口の占める割合は4.4％と低いが，65歳以上の高齢者は高く15％に達している。これは「引退」を目的とする流動人口が，2001年の13.9％から2011年の19.6％と増加したことと関係する。

図表3-9 流動住民の香港域外への移動目的：2001年と2011年（人，％）

目　的	2001		2011	
	人　数	比　率	人　数	比　率
仕　事	80,474	43.6	87,152	41.1
学　業	45,996	24.9	44,844	21.1
引　退	25,566	13.9	41,496	19.6
家族の世話	10,250	5.6	11,708	5.5
その他	22,252	12.1	27,035	12.7
合　計	184,538	100.0	212,235	100.0

出所）政府統計處（2002a：235），および政府統計處（2012a：239）から筆者作成。

図表 3-10 流動住民の勤務地：2001 年と 2011 年（人）

勤務地		2001	2011
中国大陸	深　圳	15,512	14,812
	珠江デルタ[1)]	18,672	18,688
	広　州	5,944	6,564
	その他広東省	5,411	4,057
	広東以外の省[2)]	8,634	11,735
	大陸の小計	54,173	55,856
香　港		17,482	17,523
マカオ		1,091	4,462
その他国・地域		7,728	9,311
合　計		80,474	87,152

注 1）東莞，番禺，順徳，中山，珠海。
　2）台湾を含む。
出所）政府統計處（2002a：236–237），および政府統計處（2012a：240–241）から筆者作成。

また，2001 年人口センサスからは，中国大陸での勤務地の内訳を記載するようになった。そこで，それに合わせて 2001 年から 2011 年の変化を見ると，中国大陸で勤務する流動人口はいずれも 6 割を上回っているが，広東省内への移動が頭打ちになり，それ以外の地方や海外に働きに出る動きが拡大していることが判明した（図表 3-10）。

以上のように，香港は流動性の高い国際金融貿易センターというイメージとは裏腹に，97 % が香港に常住する社会である。しかし，人口センサスの結果を丹念にたどると，「移動する者」が香港の社会と人口構造に大きな衝撃を与えていることがわかるのである。

参考文献

【日本語】
総務省統計局 2014「2–21　日本人の平均寿命」『日本の統計』ウェブ版［http://www.stat.go.jp/data/nihon/zuhyou/n0202100.xls］（2017 年 2 月 15 日アクセス，以下同）。
谷垣真理子 2000「経済危機からの脱出」アジア動向データベース［http://d-arch.ide.go.jp/browse/html/1999/106/1999106TPC.html］。
———— 2002『中国の一都市』としての香港」アジア動向データベース［http://d-arch.ide.go.jp/browse/html/2001/106/2001106TPC.html］。
吉川雅之 2009「香港島市街区の識字率と識字層」吉川雅之編『「読み・書き」から見た香港の転換期——1960～70 年代のメディアと社会』明石書店，29–52 頁。

【中国語】
香港特別行政区政府 統計處 2002a『2001 年人口普查主要報告』第 1 冊，香港政府物流服務署。
———— 2002b『2001 年人口普查主要報告』第 2 冊，香港政府物流服務署。
———— 2008a『香港統計年刊 2008』香港政府物流服務署。
———— 2008b『香港統計月刊 3 月』香港政府物流服務署。
———— 2009『香港統計月刊 8 月』香港政府物流服務署。
———— 2011『香港統計月刊 9 月』香港政府物流服務署。

——— 2012a『2011 年人口普査主要報告』第 1 冊，香港政府物流服務署。
——— 2012b『2011 年人口普査主要報告』第 2 冊，香港政府物流服務署。
——— 2012c「2011 人口普査 主題性報告少数族裔人士」[http://www.census2011.gov.hk/pdf/EM.pdf]。
——— 2012d「香港人口趨勢 1981-2011」[http://www.statistics.gov.hk/pub/B1120017032012XXXXB0100.pdf]
——— 2013a「2011 人口普査 主題性報告長者」[http://www.census2011.gov.hk/pdf/older-persons.pdf]。
——— 2013b『香港統計年刊 2013』香港政府物流服務署。
——— 2015a「2016 年中期人口統計 問巻内容」[http://www.bycensus2016.gov.hk/tc/rc-qc.html]。
——— 2015b『香港統計月刊 12 月』香港政府物流服務署。
——— 2016a「香港的女性及男性主要統計数字 2016 年版」[http://www.statistics.gov.hk/pub/B11303032016AN16B0100.pdf]。
——— 2016b『香港統計年刊 2016』香港政府物流服務署。

【英　語】

Asian Migrant Centre 2004 “Year Book: Hong Kong” [https://docs.wixstatic.com/ugd/c2180c_e71d8698df3d44b384f1e2249d356c16.pdf].

Barnett, K. M. A. 1962. *Hong Kong Report on the 1961 Census*, Vol. 2, Hong Kong : S. Young, Government Printer at the Government Press.

Census & Statistics Department. 1971. *Hong Kong Population and Housing Census 1971 Main Report*, Hong Kong : S. Young, Government Printer at the Government Press.

——— 1981. *Hong Kong 1981 Census 1981 Main Report*, Vol, 1. Hong Kong : S. Young, Government Printer at the Government Press.

——— 1992. *Hong Kong 1991 Census 1991 Main Report*, Hong Kong : S. Young, Government Printer at the Government Press.

Legislative Council Secretariat. 2014. “Information Note : Hong Kong’s population policy (as at 4 February 2014)”, Legislative Council Secretariat Research Office [http://library.legco.gov.hk:1080/record=b1163566].

【定期刊行物】

South China Morning Post

【データベース】

「網上互動数据発布服務」[http://www.census2011.gov.hk/tc/index.html]。

コラム4　台湾の人口センサス

人口センサスの概要

台湾では，日本による植民地統治のもとにあった20世紀初頭から2010年までの間に，計13回の人口センサスが実施されてきた（図表c4-1）。台湾初の人口センサスは，1905年に台湾総督府臨時台湾戸口調査部が実施した「第一次臨時台湾戸口調査」である。日本で最初の人口センサスが行われたのは1920年であるから，台湾における人口センサス調査の開始は，これより15年も早かったことになる。1915年には，第二次臨時戸口調査が行われた。1920年からは，日本と同時期に「台湾国勢調査」が実施されるようになり，以後，1940年の第五次台湾国勢調査まで，5年おきに人口センサス調査が実施された。

第二次世界大戦の終結とともに，台湾は日本の植民地支配を脱し，中華民国に編入された。1949年には，中国共産党との内戦に敗れた国民党政府が中央政府を台湾に移転した。この新たな統治体制の下で行われた初めての人口センサスが，1956年の「台閩地区戸口普査」である。これは，中華民国の実効支配地域である台湾，澎湖島（以上，台湾省），金門島，馬祖島（以上，福建省。台湾省とあわせて「台閩」と略称される）を対象に実施されたものであるが，現役軍人については別途「国軍戸口普査報告書」が作成されており，人口センサス調査の結果は現役軍人を除いたものである。

1980年からは，主要国の人口センサスの実施年（西暦の4桁目がゼロの年）に合わせて，10年おきに人口センサス調査を実施する体制に移行した。主管機関は，1956年，1966年，1980年，1990年調査については行政院内政部と同主計処であった。1997年の戸籍法の改正，1999年のセンサス法（戸口普査法）の廃止後は，統計法に定める基本国勢調査として，行政院主計処が主管組織となって調査が行われている。なお，2010年の人口センサスから，全数（悉皆）調査方式を改め，住宅・人口動態に関する登記統計と16％のサンプル調査とを組み合わせる方式に移行している。

人口センサスの調査項目にみる台湾の特徴

歴年の人口センサスの調査項目の中には，マルチ・エスニック社会である台湾の特徴を反映した質問事項が含まれている。例えば，家庭内での使用言語，父母との会話での使用言語についての質問は，台湾が多言語社会であることの現れだ。

また，中華民国政府は1990年代初頭まで，国会議員に相当する立法委員の選出や公務員の任用にあたって，出身省別のクォータ制度を採っており，人口センサスの調査項目にも父系の「本籍地」が含まれていた。これにより，台湾住民のマジョリティを占める「本省人」（日本統治期からの住民とその子孫たち）と，中華民国の移転とともに中国大陸から移り住んだ人々とその子孫である「外省人」の人口，そしてオーストロネシア語族系の先住民（「原住民」）の人口についての情報が，地域別に入手可能であった。本省人についても，閩南系（福建省を祖籍とする人々）と客家系（広東省を祖籍とする人々）それぞれの人口が公表されていた。しかし，1992年の憲法修正により立法委員，公務員

図表 c4-1　台湾における人口センサス調査

基準日	センサス名称	実施機関	人口総数（人）
1905年10月1日	第一次臨時台湾戸口調査	台湾総督府臨時台湾戸口調査部	3,039,751
1915年10月1日	第二次臨時台湾戸口調査		3,479,922
1920年10月1日	第一次台湾国勢調査	台湾総督府臨時国政調査部	3,655,308
1925年10月1日	第二次台湾国勢調査		3,993,408
1930年10月1日	第三次台湾国勢調査		4,592,537
1935年10月1日	第四次台湾国勢調査		5,212,426
1940年10月1日	第五次台湾国勢調査		5,872,084
1956年9月16日	台閩地区戸口普査	内政部戸政司，行政院主計処	9,367,661
1966年12月16日	台閩地区戸口及住宅普査		13,505,463
1980年12月28日	台閩地区戸口及住宅普査		18,029,798
1990年12月28日	台閩地区戸口及住宅普査		20,393,628
2000年12月28日	台閩地区戸口及住宅普査	行政院主計処	22,300,929
2010年12月26日	人口及住宅普査		23,123,866

出所）国立台湾大学人口與性別研究中心（2012：4，表1），ならびに，行政院主計総処（2012）より筆者作成。

等の省別クォータ制が廃止され，戸籍法も改正されたため，2000年以降の人口センサス調査では，「本籍地」に関する調査は行われていない。

人口センサスが映し出す台湾の圧縮された社会発展

100年を超える歴史をもつ人口センサスからは，第二次世界大戦の終結をはさんだ台湾社会の激動の歴史が浮かび上がってくる。とくに，1940年（587万人）から1956年（937万人，現役軍人を除く）にかけての急激な人口増は，国民党政府の台湾への撤退に伴って生じた中国大陸からの人口流入の規模の大きさと，第二次大戦直後の台湾社会の高出生率の複合的な帰結であり，この時期に台湾が直面することとなった人口圧力の高さを如実に物語っている。1951年の合計特殊出生率は7.0人という高さであった。

しかし，この高出生率は，1950～70年代にかけて急速に低下し，1985年の合計特殊出生率は2.0人を下回った。さらに1990年代以降は，少子高齢化が急ピッチで進展し，新たな社会問題となっている。2015年の合計特殊出生率は1.18人と（内政統計年報），同じく少子化に直面する日本の1.46人や韓国の1.24人と比べてもさらに低い。今日の台湾は，世界で最も出生率が低い社会なのである。なお，1940年代後半に中国から流入した人口は男性の比率が高かったこともあり，台湾では2010年代初頭になるまで，男性の人口が女性の人口を上回る状況が続いていたことも特徴的である。

台湾の急速な人口構成変化の実態を人口センサスの概要（図表c4-2）に即して見ると，年少人口（0～14歳）および高齢人口（65歳以上）の比率は，1970年の40.5％および2.8％から1990年の26.9％および6.1％へ，そして2010年には15.8％および10.7％へと，急ピッチで変化してきた。

図表 c4-2　台湾の人口・家族の基本統計：1970～2010 年

項　目	1970	1990	2000	2010
1. 常住人口（人）	14,769,725	20,393,628	22,300,929	23,123,866
1.1　男　性	7,723,067	10,618,217	11,386,084	11,489,285
1.2　女　性	7,046,658	9,775,411	10,914,845	11,634,581
2. 男女比（女性＝ 100）	110	108	104	100
3. 平均年齢（歳）	23.6	29.4	32.9	37.5
4. 世帯当たり平均人数（人）	5.5	4.0	3.3	3.0
5. 65 歳以上人口の比率（%）	2.8	6.1	8.6	10.7
6. 0～14 歳人口の比率（%）	40.5	26.9	21.2	15.8
7. 15 歳以上の未婚率（%）	n.a.	34.2	33.5	33.0

出所）行政院主計総処（2012）の該当項目より筆者作成。

このように，台湾の少子化は，世界的にも類をみない速度で進んできた。その背景として，女性の高学歴化と晩婚化・未婚化，教育費や住宅費の上昇，政府の人口抑制策から出産支援策への転換の遅れといった要因が挙げられている。これらはいずれも，1960 年代後半以降，台湾の高度経済成長に伴って生じた社会変動のスピードの速さを反映したものである。歴年の人口センサスの結果からは，過去半世紀に及ぶ台湾の経済社会の圧縮された発展の姿が浮かび上がってくるのである。　　　　（川上桃子）

参考文献

行政院主計處 2002「中華民國八十九年臺閩地區戸口及住宅普査報告」。
行政院主計総処 2012『99 年人口及住宅普査報告』。
行政院内政部「内政統計年報」［http://sowf.moi.gov.tw/stat/year/list.htm］（2017 年 7 月 18 日アクセス）。
国立台湾大学人口與性別研究中心 国立台湾大学地理環境資源学系（出版者），温在弘（プロジェクトコーディネータ）2012『臺灣戰後人口普查地圖集 1956-2010』。
臺灣省戸口普査處 1973「中華民國五十五年臺閩地區戸口及住宅普査報告書」。
――― 1982「中華民國六十九年臺閩地區戸口及住宅普査報告」。
――― 1992「中華民國七十九年臺閩地區戸口及住宅普査報告」。
林佩欣 2016「戦後台湾「中華民国台閩地区戸口普査」の実施」Discussion Paper Series A No. 640, 一橋大学経済研究所，7 月。

第4章

韓　　国

――人口の高齢化と高まる長寿リスク

金　炫成

はじめに

韓国の人口センサスは，日本の統治下におかれた1925年から始まっている。直近の2015年人口センサスの正式名称は「人口住宅総調査」（以下，人口センサス）である。図表4-1は，これまでの人口センサスの名称，調査機関，実施期間および特徴をまとめたものである。2010年までの人口センサスは，韓国政府の公式統計の中で唯一全世帯を対象とする全数調査であるため，韓国の人口，世帯および住宅状況を全体から把握するのに有益な資料となる。

以下，第1節では，2010年人口センサスを中心にその概要と実施体制について述べる。その際，韓国統計庁の関連資料と，2014年12月に同庁の関係者を対象に実施した聞き取り調査の内容を踏まえる（以下，「統計庁でのインタビュー調査」と表記）。次いで，1960年から現在までの人口センサスの調査項目を検討する。調査項目の変化をみることで，当時の社会経済上の重要課題をうかがい知ることができるだろう。なお，韓国の人口センサスは，その名称からわかるように，大きくは人口部門と住宅部門から構成されるが，本章では分析の対象を人口調査に限定することにしたい。

第2節では，人口センサスの結果を用いて，韓国の家族構成と高齢者生計について検討する。統計庁編（2015：67）によると，韓国の合計特殊出生率は2002年に1.17人まで下がった。それ以来，直近の2015年の1.24人に至るまで，一貫

図表 4-1　韓国の人口センサスの概要と特徴：1925～2015 年

年	調査名	調査機関	調査期間	特　徴
1925	簡易国勢調査	朝鮮総督府（府→面→郡・島→郡→朝鮮総督府）		・最初の人口センサス
1930	朝鮮国勢調査	朝鮮総督府		・経済活動項目を追加
1935	朝鮮国勢調査	朝鮮総督府臨時国勢調査課	10/1～10/10	・常住地項目を追加
1940	国勢調査	朝鮮総督府		・兵役，3 年前の職業を追加
1944	人口総調査	朝鮮総督府		・資源調査法に基づく
1949	総人口調査			・人口移動を追加
1955	簡易総人口調査	内務部統計局（調査員→邑・面・洞→市・郡・区→市・道→内務部統計局）		・家口（世帯）項目を調査
1960	総人口調査	内務部統計局	11/20～12/4（予備を含む）	・20％のサンプル調査 ・国連支援，住宅部門を追加
1966	人口センサス	経済企画院調査統計局（調査員→邑・面・洞→市・郡・区→市・道→経済企画院調査統計局）	9/27～10/6	・10％のサンプル調査
1970	総人口調査	経済企画院調査統計局		・10％のサンプル調査
1975	総人口調査	経済企画院調査統計局	10/1～10/10	・5％のサンプル調査
1980	人口センサス	経済企画院調査統計局	11/1～11/10（予備：10/30～10/31）	・15％のサンプル調査
1985	人口および住宅センサス	経済企画院調査統計局	11/1～11/10（予備：10/29～10/31）	・全数調査のみ実施 ・苗字・本貫・宗教を追加
1990	人口住宅総調査	統計庁（調査員→邑・面・洞→市・郡・区→市・道→統計庁）	11/1～11/10（予備：10/29～10/31）	・10％のサンプル調査
1995	人口住宅総調査	統計庁	11/1～11/9（予備：10/29～10/31）	・10％のサンプル調査 ・留守世帯向け調査票を作成
2000	人口住宅総調査	統計庁	11/1～11/10（予備：10/30～10/31）	・10％のサンプル調査
2005	人口住宅総調査	統計庁（調査員→調査管理者→邑・面・洞［総管理者］→市・郡・区→市・道→統計庁）	11/1～11/15（予備：10/29～10/31）	・10％のサンプル調査 ・オンライン調査方式を導入
2010	人口住宅総調査	統計庁	予備：10/19～10/21 オンライン：10/22～10/31 本調査：11/1～11/15	・10％のサンプル調査 ・オンライン調査対象を拡大
2015	人口住宅総調査	統計庁	予備：10/22～10/23 オンライン：10/24～10/31 訪問調査：11/1～11/15	・登録センサス方式を導入 ・20％のサンプル調査

出所）「特徴」は 2015 年人口住宅総調査のホームページ［http://www.census.go.kr/cui/cuiKorView.do?q_menu=1&q_sub=3］（2016 年 12 月 14 日アクセス）より。ほかは統計庁の統計説明メタデータに基づき，筆者作成。

して1.30人を下回っている。しかも，2017年からは生産年齢人口も減少すると予想されている。平均寿命も1990年の71歳から2000年には76歳，2014年には82歳まで上昇している。その結果，65歳以上の人口比率が2000年の7.2％から2017年には14.0％まで上がり，高齢化社会（aging society）から高齢社会（aged society）に移行した。2030年には高齢人口の比率は24.3％と推計され，超高齢社会（super aged society）に突入することが確実になっている（同前：65, 70)。このような人口構造の変化が，韓国社会に大変動をもたらし，社会経済システム全般の再構築を必要とする要因もしくは圧力となることは，誰しも否定できないだろう。

第3節では，人口センサスの調査方式の大転換に焦点をあてる。2015年から韓国の人口センサスは，既存の行政情報を用いて新たにつくり上げる，いわゆる「登録センサス方式」に転換している。この方式はドイツ，イタリア，スペイン，トルコなどがすでに導入しており，東アジアの一部の国でも導入の検討が始まっている[1]。そこで，新方式の実施体系とそれによって新たに浮上する課題について述べることにする。

1　韓国の人口センサス

1）人口センサスの意義と基準人口

日本の国勢調査と同じく，韓国は人口センサスを5年ごとに実施している。末尾が5の年が簡易調査年，0の年が大規模調査年になる。国連のガイドラインを引用した統計庁編（2010：1）は，人口センサスを「特定の時点で，一国または特定地域のすべての人，世帯，そして彼らの居住地と関連する人口学的・経済学的・社会学的データを収集・評価・分析・提供するすべてのプロセス」と定義している。方法論としては4つの原則，すなわち，①領域内のすべての人を対象に実施する（完全性），②一斉に実施する（同時性），③世帯別に実施する（個別性），④一定の期間を置いて繰り返し実施する（周期性）の4つに従うとしている（同

1）2011年頃から日本とタイの統計局関係者が，登録センサス関連の情報収集を目的に韓国統計庁を訪問している（統計庁でのインタビュー調査，2014年12月24日，以下同じ）。

前：1)。「人口住宅総調査」という名称からわかるように，人口と住宅状況の把握をセンサスの基本目的とする。

人口センサスは政府のみならず，企業や学術研究でも基礎データとして活用される。例えば，人口センサスの総人口は将来人口の推計では基準人口（base population）になる（統計開発院編 2008：2)。韓国政府が実施するほとんどの社会調査では，ベンチマーク（benchmark）統計と位置づけられ，サンプル調査においては母集団選定の基準ともなる。ただし，政府予算の配分，選挙区の確定，教育・兵務・行政組織の区分の場合には，法定人口として「住民登録人口」が使用される。その理由は，人口センサスが 5 年周期で実施されるのに対し，住民登録人口のほうは，末端の行政単位の邑（ウップ）・面（ミョン）・洞（ドン）で毎年集計されるからである（同前：3)。

2）実施体制とその特徴

2010 年の人口センサスは，同年 11 月 1 日 0 時を基準時にして 11 月 1 日から 15 日まで訪問調査を実施している。図表 4-1 が示すように，過去には 9 月や 10 月に実施することもあったが，1980 年人口センサスからは 11 月実施が定着している。国内に居住する国民だけでなく，3 か月以上常住の外国人も対象とする。調査票は韓国語，英語，中国語，日本語，ベトナム語，ロシア語，タイ語，インドネシア語，モンゴル語の計 9 か国語版が作成される。モンゴル語は 2010 年から新たに追加された。海外常住の韓国人，外国政府の外交使節団，大使館・領事館の構成員およびその家族，滞在する外国軍隊の軍人・軍属およびその家族は，人口センサスの調査対象から除外される。

調査項目の設計と分析までは，統計庁調査管理局の人口総調査課が主導する。訪問調査自体は各自治体が担当するが，そこに監督官として統計庁所属の公務員を派遣する。まずは，各自治体に実施本部を設置することから始まる。当該自治体の副知事または副市長が本部長を，課長クラスの統計担当者が実施部長を務めて，調査員の採用・教育・管理を担当する。

調査のプロセスを整理すると，次のとおりである。まず，訪問調査の直前に，インターネットを通じてオンライン調査を実施する。そのうえで，未回答世帯に対して訪問調査をするのが基本パターンとなる。日程としては，10 月 19 日から 21 日まで予備調査を，10 月 22 日から 31 日までの 10 日間でオンライン調査を，

11月1日から15日間で訪問調査を実施する。調査人員は常勤公務員が約6,000人で，そのうち統計庁公務員が1,720人，地方公務員が4,292人である。臨時雇用の調査員は11万3000人を数え，30〜40代の主婦層が大半である。日当は地域によって4万4000ウォン（調査時の為替レートで約3,148円）から4万7000ウォン（約3,363円）を支給する（統計庁でのインタビュー調査)。2010年人口センサスの総合マニュアル（統計庁編 2010: i）によると，総調査費用は1808億ウォン（約130億円）を計上している。

次に，実施体制から以下2点を特徴として挙げることができる。

ひとつ目がオンライン調査の急速な普及である。オンライン方式を導入したのは2005年人口センサスからである。訪問調査とオンライン調査を同じ時期に実施した。訪問で留守だった世帯にネット上での回答を求めたため，オンライン回答率は0.9％にすぎなかった。2010年人口センサスからは，回答の利便性を図ってより簡素なオンライン調査票を設計し，30％のオンライン回答率を目標とした。ところが，実際には48.1％がオンラインで回答して，目標を大幅に上回る結果となっている[2]。

もうひとつ目が，全数調査とサンプル調査の併用方式をとっており，相対的にサンプル調査が重視されている点である。併用方式は1960年人口センサスから定着している。そして，2010年人口センサスの計50の調査項目のうち，19項目が全数調査項目で，サンプル調査の方は31項目もある。1990年代から全数調査の項目数は一貫して減少していき，逆にサンプル調査の項目数は増加する傾向にある。全数調査が徐々に形骸化していく要因としては，1968年から住民登録番号制度を導入して登録人口を法定人口としている点，人口センサスに代わる補助調査が増えた点が挙げられる。しかも，2015年から全数調査を「登録センサス」に転換し，全世帯を対象にする訪問調査は中止している。それに対して，サンプル調査の対象は全世帯の10％から20％に引き上げて，より重視していることがわかる。

2）統計庁内でも30％目標は容易ではないとの意見が多かった（統計庁でのインタビュー調査)。人口基準では全体の54.3％がオンラインで回答している（ファン・ヤンジュ／チェ・ユソン 2011: 6)。

3）調査項目とその変遷

人口センサスの調査項目の選定においては，外部専門家からの意見聴取と国家統計委員会（企画財政部長官が委員長）の承認を必要とするが，実際は統計庁が主導する。2010 年人口センサスの場合，各関係機関や外部の専門家からの意見聴取を 2008 年 2 月から 8 月まで行い，その後の調整作業を経て，2009 年 6 月に統計庁内で暫定的に決めた。そして，同年 10 月に開催された国家統計委員会での承認を経て，2010 年 4 月に最終確定した（統計庁でのインタビュー調査）。したがって，調査項目の確定まで約 2 年半かかったことになる。人口センサスを実施する前の 2 年半を調査の準備期間にあて，調査終了後の 2 年半を調査内容のデータ化や分析にあてているので，全体としては 5 年の年数を費やしていることになる。

調査項目は大きく 3 つの部門から構成される。第一が人口部門である。世帯ごとの調査票で，その中に各世帯員の基本項目を記入する。2010 年人口センサスでは学歴項目が新たに入った。第二が家口（ガグ）と呼ばれる世帯部門である。そこに家族構成と住居状況の一部を尋ねる項目がある。第 2 節で述べる家族構成はこの家口のデータに拠っている。第三が住宅部門である。もっとも，住居関連項目は，世帯部門と住宅部門の両方に分散していることに留意する必要がある。例えば，世帯部門では家族構成に加えて部屋数や居住建物の階数を聞き，住居面積や形態については住宅部門で聞く。

調査項目数は簡易調査の年（末尾が 5 の年）には少なく，大規模調査の年（末尾が 0 の年）には多くなる。1990 年代以後の項目数をみると，1990 年が 45 項目，1995 年が 28 項目，2000 年が 50 項目，2005 年が 44 項目，2010 年が 50 項目であった。全数調査の項目数は，1990 年の 33 項目から，2000 年に 20 項目，2010 年には 19 項目と，回数を重ねるごとに減っている。新たな社会課題に関連する項目が必要とされる場合には，サンプル調査のほうに回している。

1960 年からの主要調査項目を抜粋した図表 4-2 を見てみよう。2010 年人口センサスの場合，基本項目以外のほとんどがサンプル調査項目になっている。1990 年から基本項目の中に宗教関連が入っている点と，2000 年からは国籍と入国年月など外国人関連項目が増えている点が特徴である。人口移動に関しては，1980 年代からサンプル調査のほうに多く入っている。経済活動に関しては 1970 年代

図表 4-2　韓国の人口センサスの主要調査項目：1960～2015年

区分	項　目	2015	2010	2000	1990	1980	1970	1960
基本項目	1）氏　名	●	●	●	●	●	●	●
	2）本貫（始祖の出身地）			●	●			
	3）家口主（世帯主）との関係	●	●	●	●	●	●	●
	4）性　別	●	●	●	●	●	●	●
	5）年齢（生年月日）	●	●	●	●	●	●	●
	6）教育水準	○	●	●	●	●	●	●
	7）婚姻状況	○	●	●	●	●	●	●
	8）宗　教	○	●	●	●			
	9）国　籍	●	●					●
	10）南北離散家族		●					
	11）入国年月	○	●					
人口移動	1）出生地	○	○	●	●	○	○	●
	2）1年前の居住地	○	○	○	○	○		
	3）5年前の居住地	○	○	○	○	○	○	
	4）通勤（通学）有無	○	○	○	●	○		
	5）通勤（通学）地	○	○	○	●	○		
	6）通勤（通学）時間	○	○	○	●			
	7）利用交通手段	○	○	○	●	○		
出産	1）初婚年齢	○	○		○	○		
	2）総出生児数	○	○	○	○	○	○	●
	3）生存児数				○			
	4）計画中の追加子女数	○	○				○	
経済活動状況	1）経済活動状況	○	○	○	○	○	○	
	2）就労場所	○	○					
	3）就業形態					○		
	4）就業時間					○	○	
	5）従業上の地位	○	○	○	○	○	○	●
	6）就業中の産業	○	○	○	○	○	○	●
	7）職　業	○	○	○	○	○	○	●
	8）現職の勤続年数	○	○	○				
制約・高齢者・その他	1）活動制約	○	○			○		
	2）児童保育	○	○					
	3）コンピュータ利用状況			○				
	4）インターネット利用状況			○				
	5）携帯通信機器			○				
	6）社会活動	○	○					
	7）日常生活および社会活動の制約	○	○	○				

注）●：全数調査，○：サンプル調査。
出所）図表 4-1 と同じ資料に基づき，筆者が抜粋作成。

から職業と産業についての項目が入っている。2000年代からは障碍者や高齢者などハンディキャップ関連の項目が増えていることも目を引く。

人口センサスの調査項目の変化をまとめると，基本項目よりは社会課題関連の項目を，サンプル調査のほうに移す傾向がみられるといえよう。2000年人口センサスのインターネットや携帯電話の利用項目と，2010年の高齢者項目がそれである。以上のことから，韓国では人口センサスの実態が，人口把握という本来の目的から，広範囲な社会実態調査に変貌しつつあることがわかる。

2　人口センサスからみる家族構成と高齢者

1）人口動態と家族構成の変化

人口センサスの結果を中心に，1990年から2010年までの20年間の人口関連指標の変化をみてみよう（図表4-3）。そこから見える変化は，①年人口増加率の鈍化（1990年1.60％から2010年0.44％），②合計特殊出生率の低下（1990年1.57人から2010年1.23人へ），③初婚年齢の上昇（男性が1990年27.79歳から2010年31.84歳へ，女性が1990年24.78歳から2010年28.91歳へ），④人口の急激な少子高齢化（年少人口比率が1990年25.7％から2010年16.2％へ，60歳以上人口比率が1990年7.7％から2010年15.9％へ），⑤都市人口比率[3]の上昇（1990年74.4％から2010年82.0％へ），⑥世帯当たり平均人数の減少（1990年3.8人から2010年2.8人へ），⑦単独世帯比率の急増（1990年9.0％から2010年23.9％へ），⑧女性世帯主比率の上昇（1990年15.8％から2010年25.9％へ）にまとめることができる。

家族構造がどう変化しているかに関しては図表4-4で確認できる。同表は1980年から2010年までの世帯当たり平均人数を整理したものである。1980年には世帯当たり平均人数が4.7人であった。それが，1990年には3.8人，2000年には3.2人，そして2010年には2.8人まで減っており，30年間で人数では1.9人減少，変化率では40.4％減少となる。韓国統計庁の『人口動態統計年報』が計算した合計特殊出生率は，1970年4.51人であったが，1980年2.73人，1990年

3）図表4-3の都市人口比率は，人口センサスから計算した全人口に占める「市」と「洞」の人口割合で計算した。それに対し，「邑」と「面」地域は一般的に農村部に分類される。

図表 4-3　人口センサスからみた韓国社会の変容：1990〜2010年

番号	項　目	1990	2000	2010
1	年人口増加率（%）	1.60	0.60	0.44
2	合計特殊出生率（人）	1.57	1.47	1.23
3	初婚年齢，男性（歳）	27.79	29.28	31.84
4	初婚年齢，女性（歳）	24.78	26.49	28.91
5	年少人口　1〜14歳（%）	25.7	21.0	16.2
6	生産年齢人口　15〜59歳（%）	66.7	67.8	67.9
7	高齢人口　60歳以上（%）	7.7	11.2	15.9
8	都市（市・洞）人口比率（%）	74.4	79.7	82.0
9	世帯当たり平均人数（人）	3.8	3.2	2.8
10	単独世帯比率（%）	9.0	15.5	23.9
11	女性世帯主比率（%）	15.8	18.5	25.9

出所）統計庁国家統計ポータル（KOSIS）のデータに基づき，筆者作成。

図表 4-4　世帯人数別世帯数の構成比：1980〜2010年

	2010	2000	1990	1980	1980〜2010年の変化率（%）
世帯当たり平均人数（人）	2.8	3.2	3.8	4.7	−40.4
1人（%）	23.9	15.5	9.0	4.8	19.1
2人（%）	24.3	19.1	13.8	10.5	13.7
3人（%）	21.3	20.9	19.1	14.5	6.9
(4人以上小計)	30.5	44.5	58.2	70.2	−39.7
4人（%）	22.5	31.1	29.5	20.3	2.2
5人（%）	6.2	10.1	18.8	20.0	−13.8
6人（%）	1.4	2.4	5.9	14.7	−13.3
7人以上（%）	0.5	0.9	3.9	15.2	−14.7

出所）統計庁国家統計ポータル（KOSIS）のデータに基づき，筆者が計算・作成。

1.57人，2000年1.47人，そして2010年には1.23人にまで下がっている。出生率の低下が，家族構成の基本単位である世帯当たり平均人数に強く影響していることがわかるだろう。

ここで，1980年と2010年の人口センサスから，世帯当たり人数別の世帯数構成比の変化に注目したい。図表4-4で1980年に比率が高まったのは，4人世帯（20.3％）と5人世帯（20.0％）の2つのグループであった。2010年では単独世帯が23.9％，2人世帯が24.3％で，4人世帯の22.5％を上回る。4人以上世帯の比率が1980年に70.2％であったのが，2010年には30.5％にまで縮小した。1980年から30年間で39.7％も下がったことになる。2010年現在の家族形態は，単独世帯，2人の核家族世帯，3人の核家族世帯，そして4人世帯が，ほぼ同じレベルの20％台を占めている点を特徴とする。とりわけ単独世帯の急増は，1990年代以後，東アジアで中国を除く日本，韓国，台湾，タイ，シンガポールでも確認できる現象であった（末廣編2014：31）。

2）単独世帯の増加と特徴[4]

ここでは，急増する単独世帯の属性に焦点をあててみよう。図表4-5には，2000年から2010年までの人口センサスのデータを用いて，単独世帯の男女別，都市部・農村部別，そして，首都圏・非首都圏別の世帯数とその構成比を示した。

同表でみると，単独世帯の増加は，それぞれ女性より男性で，農村部より都市部で，非首都圏より首都圏で，より顕著になっていることがわかる。その要因を探るのはじつは容易ではない。複眼的な視野と長期的な分析の双方が求められるからだ。ここでは若年層に限定して，①大卒以上の高学歴若者の失業と，②外国人労働者の急増という2つの要因に注目しつつ，現状を検討してみよう。

まず，地方から首都圏の大学に進学するために上京する若者の多くは，いったん単独世帯になる可能性が高い。しかも，大卒者の就職率は年々低下しているので，就職浪人の数が増加している。彼らの多くは，通っていた大学の近くに卒業後も居住しながら，就職活動に専念する。他方，韓国の外国人労働者は，ハードワーカー系の男性が主流である。2010年の人口センサスによると，外国人世帯の多くが単独世帯であり，その63.9％が首都圏に居住している。韓国の人口と企業は首都圏に集中[5]しており，農村部より都市部の首都圏のほうが労働需要も

4）ここは金／金（2015）をもとに一部修正加筆している。

5）2015年の人口センサスの集計によると，総人口の5107万人のうち，49.5％が首都圏に集中している（「2015年人口住宅総調査全数部門――登録センサス方式の集計結果」2016年

図表 4-5 単独世帯の性別・地域別分布の構成比：2000〜2010年

	2010		2005		2000	
	千世帯	%	千世帯	%	千世帯	%
世帯合計（A）	17,339	100.0	15,988	100.0	14,391	100.0
単独世帯計（B）	4,142	23.9	3,171	19.8	2,224	15.5
単独世帯計（B）	4,142	100.0	3,171	100.0	2,224	100.0
男 性	1,924	46.5	1,418	44.7	945	42.5
女 性	2,218	53.5	1,753	55.3	1,279	57.5
都市部（市・洞地域）	3,244	78.3	2,440	76.9	1,642	73.8
農村部（邑・面地域）	897	21.7	731	23.1	582	26.2
首都圏（ソウル，仁川，京畿道）	1,631	39.4	1,239	39.1	839	37.7
非首都圏	2,511	60.6	1,932	60.9	1,385	62.3

出所）統計庁国家統計ポータル（KOSIS）のデータに基づき，筆者が加工・作成。

高い。それが外国人世帯の首都圏集中の要因となっている。

単独世帯者の比率を性別からみると，興味深い事実が発見できる。最初に，10代の単独世帯者の比率は10％以下であり，このことは彼らのほとんどが家族とともに生活していることを意味する。次に20代になると，単独世帯者の比率が増え始める。2010年時点で大学進学率が79％であったことを勘案すると，やはり首都圏の大学に通うための単独世帯者の増加が，理由のひとつになっているといえる。23歳から54歳までは，一貫して女性よりも男性で単独世帯の比率が高い。しかし，55歳を転機にして，単独世帯者の男性（9.0％）と女性（9.2％）の比率が逆転する。統計庁の報道資料（「人口住宅総調査に表された1人世帯の現況および特徴」2012年12月11日）[6]によると，単独世帯者の比率は，男性の場合は28歳がピークとなり，女性の場合は26歳と79歳にピークが訪れると報告されている。

それでは，なぜ55歳を境として男女の間に逆転現象が起きるのか。主に離婚と死別によるものと考えられるが，韓国労働市場の特徴に関連づけた説明も可能

9月7日統計庁報道資料：1)。

6) 統計庁は人口センサスや人口動向関連の報告書を報道資料としてウェブで公表している。統計庁ホームページ［http://kostat.go.kr/portal/korea/kor_nw/2/1/index.board］（2016年7月30日アクセス）を参照されたい。

であろう。韓国企業では，平均的な実質退職年齢は 50 代前半と，他の国に比べて早い。2016 年からは，企業規模によって段階的に「60 歳定年制」が義務づけられているものの，すべての企業に適用されるまでには時間がかかる。しかも，行政による定年年齢の引き上げ要請に対しては，さまざまな抜け道が存在する。いずれにせよ，50 代前半に定年退職した男性の再就職はそれほど容易ではないため，彼らの多くは自営業の道を選ばざるをえない。

しかし，大量開業による激しい競争で自営業の収益率は非常に低く，彼らの約 70 % が開業 5 年以内に廃業に陥ると報告されている（ゼン・インウ／チョン・ワンス 2014：2)。彼らは韓国で「第 1 次ベビーブーマー」と呼ばれる世代[7]で，経済困窮の状況にさらされやすく，それが家庭内トラブルや離婚の原因にもなっている。

55 歳を境とする逆転現象を説明するもうひとつの仮説は，女性のほうが男性より平均寿命が長いので，高齢女性の単独世帯が多くなるという一般論である。にもかかわらず，55 歳以上になると，女性の単独世帯の比率が男性のそれを非常に大きく上回るのはなぜかという疑問は，依然として残るだろう。これに応えるためのヒントが，単独世帯の婚姻状況である。

韓国では人口構造の変動に伴って単独世帯者も高齢化している。これには複合的な要因が影響している可能性が高い。なかでも，離婚率の増加が中年・老年期にまで広がっている点は無視できない。たしかに，「中・高齢者離婚の増加→単独世帯の高齢化」という構図が図表 4-6 でも確認できる。同表は 2000 年，2005 年，そして 2010 年の人口センサスから単独世帯の婚姻状況を年齢別に示したものである。全単独世帯者のうち未婚者の比率は，2000 年 43.0 %，2005 年 45.0 %，2010 年 44.5 % と，ほぼ横ばいで推移している。それに対して，離婚者の比率は 2000 年の 9.8 % から上昇し，2010 年になると，離婚者の比率（13.4 %）が有配偶者のそれ（12.9 %）を上回ってしまった。

次に，年齢グループ別の婚姻状況をみてみよう。35～44 歳グループに占める未婚者の比率は，2000 年に 48.3 %，2005 年に 57.1 %，2010 年に 65.8 % と，この 10 年間に 17.5 ポイントも上昇した。一方，年齢グループ別の離婚率の推移に

7）1955 年から 1963 年生まれで約 733 万人に達すると推計されている。

図表 4-6 婚姻状況と年齢別からみた単独世帯数の構成比：2000〜2010 年（%）

年	婚姻状況	単独世帯計	青中年期				老年期		
			25〜34 歳	35〜44 歳	45〜54 歳	55〜64 歳	65〜74 歳	75〜84 歳	85 歳〜
二〇〇〇	合 計	100.0	100.0	100.0	100.0	100.0	100.0	100.0	100.0
	未 婚	43.0	90.0	48.3	15.5	3.6	1.0	0.4	1.4
	有配偶者	12.0	6.5	23.9	31.0	15.6	5.4	2.4	1.6
	死 別	35.1	0.3	4.3	24.4	68.9	90.6	96.1	96.5
	離 婚	9.8	3.2	23.5	29.1	11.8	3.0	1.0	0.5
二〇〇五	合 計	100.0	100.0	100.0	100.0	100.0	100.0	100.0	100.0
	未 婚	45.0	92.6	57.1	19.7	5.5	1.4	0.6	0.5
	有配偶者	11.6	4.9	19.2	29.7	18.3	6.5	2.4	1.3
	死 別	31.6	0.1	2.2	15.7	57.1	87.4	95.8	97.7
	離 婚	11.8	2.4	21.6	35.0	19.1	4.7	1.2	0.5
二〇一〇	合 計	100.0	100.0	100.0	100.0	100.0	100.0	100.0	100.0
	未 婚	44.5	93.5	65.8	25.0	8.4	2.2	0.8	0.6
	有配偶者	12.9	4.8	16.2	28.2	22.5	10.4	4.6	3.6
	死 別	29.2	0.1	1.1	10.6	42.3	79.0	92.7	95.2
	離 婚	13.4	1.6	16.8	36.1	26.9	8.4	1.9	0.6

出所）「人口住宅総調査に表された 1 人世帯の現況および特徴」（2012 年 12 月 11 日統計庁報道資料）9 頁より，筆者が加工作成。

目を転じると，2000 年の場合，離婚の単独世帯者比率が高かったのは，第 1 位が 35〜44 歳グループ（23.5 %），第 2 位が 45〜54 歳グループ（29.1 %）であった。ところが，2010 年になると，第 1 位が 45〜54 歳グループ（36.1 %），第 2 位が 55〜64 歳グループ（26.9 %）になり，単独世帯者の高齢化が明らかになっている。また，2005 年以降 45〜54 歳グループにおいて，離婚の単独世帯者の比率が有配偶者のそれより高くなった。

韓国で離婚率は 1990 年代から一貫して上昇している。一般離婚率[8]を基準にすると，男性の場合は，1990 年に 2.9 ‰，2000 年に 6.4 ‰，2003 年に 8.7 ‰である。2010 年には 5.6 ‰に下がってはいるが，それは結婚件数自体の減少，つまり未婚化の風潮によるものと考えられる。女性の場合も，2.8 ‰（1990 年），6.3 ‰

8）韓国統計庁は当該年度の離婚件数を 15 歳以上の人口で割って 1,000 をかけて計算する。

(2000 年)，8.5 ‰（2003 年)，5.6 ‰（2010 年）と推移している（「2015 年婚姻・離婚統計」2016 年 4 月 7 日統計庁報道資料：43-44)。図表 4-6 では，離婚によって従来型の家族構成の解体を経験した単独世帯が，60 代まで拡大していることが確認できる。このような状況からすると，伝統的に「家族」を主な担い手としてきた高齢者ケアを，単独世帯者の場合には，この先いったい誰が担うのかという深刻な問いが浮上するであろう。

3）急増する高齢人口と生計手段

2010 年人口センサスによると，韓国の総人口は 4711 万人であった。同じ年の住民登録人口の 5015 万人より約 230 万人少ない。この差は，住民登録人口には海外在住の韓国人が含まれているためと考えられる。総人口を 10 年刻みの変化でみると，1990 年を境にして，増加率の違いが浮き彫りになる。1960 年代，1970 年代，そして 1980 年代の 10 年間の増加率は，それぞれ，25.8 %，19.0 %，16.0 % であった。一方，1990 年代と 2000 年代の増加率は，それぞれ 6.0 % と 4.4 % にとどまり，大幅に低下した。韓国の高度経済成長は，一般的に 1990 年代前半までといわれている。人口ボーナスについてここでは論じないが，少なくとも，人口センサスからみる限り，高度経済成長と総人口増加の終焉は，概ね時期が重なっているといえよう[9]。

図表 4-7 から年齢別人口の推移をみよう。14 歳以下の年少人口の比率は 1970 年がピークである。1960 年の 40.6 % から 1970 年に 42.1 % に増加しているが，1980 年には 33.8 %，1990 年には 25.7 %，2000 年には 21.0 %，そして 2010 年には 16.2 % にまで減少した。それに対して高齢人口の比率は 1970 年代から継続して増加している。とくに 2000 年代に入ると，その増加がより目立つ[10]。

高齢者の定義を 60 歳以上の人口にすると，高齢人口比率（高齢人口比率 A）は 1990 年に 7.6 %，2000 年に 11.2 %，2010 年に 15.9 % になる。65 歳以上に基準年

9）人口ボーナスと東アジアの経済成長の関係については，本書の第 1 章，ならびに大泉 (2007) を参照されたい。

10）韓国統計庁の人口センサス関連の分析報告書では，高齢者基準を 60 歳以上にするものと 65 歳以上にするものが混在する。国民年金は 2013 年から，公務員年金は 2016 年から，年金受給年齢を 60 歳から 65 歳に段階的に引き上げる予定である。「2015 年高齢者統計」(2015 年 9 月 24 日統計庁報道資料）も 65 歳を高齢者基準にしている。

図表 4-7　年齢階層別の人口比率の変化：1960〜2010 年

項　目	2010	2000	1990	1980	1970	1960
人口総数（万人）	4,799	4,599	4,339	3,741	3,144	2,499
10 年間の変化率（%）	4.4	6.0	16.0	19.0	25.8	n.a.
年少人口比率（14 歳以下，%）	16.2	21.0	25.7	33.8	42.1	40.6
高齢人口比率 A（60 歳以上，%）	15.9	11.2	7.6	6.1	5.4	6.0
高齢人口比率 B（65 歳以上，%）	11.3	7.3	5.0	3.9	3.3	3.7

出所）統計庁国家統計ポータル（KOSIS）の人口センサスデータに基づき，筆者が計算・作成。

齢を引き上げると（高齢人口比率 B），1990 年に 5.0 %，2000 年に 7.3 % となり，2000 年時点ですでに国連が言うところの「高齢化社会」に突入したことがわかる。2010 年には 11.3 %，登録センサス方式を取り入れた 2015 年調査では，暫定値が 13.5 % であった。つまり，高齢人口が総人口の 14 % を超える「高齢社会」への移行を目前に控えている。韓国統計庁も，2017 年には 14.0 % を超えると予想している（「2015 年高齢者統計」2015 年 9 月 24 日，統計庁報道資料：44)。しかも，2027 年には 21.8 % と推計され，統計庁の中位推計を基準にすると，「高齢化社会」から「高齢社会」に移行する倍加年数は 17 年，「高齢社会」から「超高齢社会」までの倍加年数に至っては，わずか 10 年でしかない。韓国はまさしく，高齢化が急速に進展する代表的な国なのである。

他方，高齢人口の急増に対処するため，韓国政府は高齢者の生活実態を把握して，関連施策に取り組んでいる。2000 年代から，政府あるいは政府傘下の研究機関がさまざまな実態調査を実施している。なかでも，2008 年から 3 年ごとに実施する『老人実態調査』[11] と，2003 年から統計庁が公表する『高齢者統計』[12] の 2 つは有益な資料となる。2010 年と 2015 年の人口センサスのサンプル調査でも 60 歳以上を対象にする高齢者モジュールを組んでいる。それらの調査結果に基づいて高齢者の生計手段についての検討を試みたい。

図表 4-8 は，2010 年の人口センサスから高齢者の生計手段項目を抜粋したも

11）この調査は 2008 年，2011 年，そして 2014 年に，韓国保健社会研究院が 65 歳以上の高齢者約 1 万人を対象に実施している。1994 年から 3 年ごとに実施してきた『全国老人生活実態および福祉欲求調査』の後続調査でもある。2014 年調査の詳細は，チョン・ギョンヒほか（2014）を参照されたい。

12）2015 年版は 2015 年 9 月 24 日に統計庁報道資料として公表されている。

図表 4-8　高齢者の生計手段：2010 年人口センサスのサンプル調査，60 歳以上

	計	年齢（歳）			教育水準				
		60～64	65～69	70～	無教育	小学校	中学校	高等学校	大学以上
合　計	7,611 (100.0)	2,184 (100.0)	1,813 (100.0)	3,614 (100.0)	1,462 (100.0)	2,689 (100.0)	1,253 (100.0)	1,414 (100.0)	793 (100.0)
単一手段小計	5,186 (68.1)	1,559 (71.4)	1,208 (66.6)	2,419 (67.0)	993 (67.9)	1,819 (67.6)	863 (68.9)	980 (69.3)	531 (67.0)
本人計	2,643 (34.7)	1,162 (53.2)	716 (39.5)	766 (21.2)	234 (16.0)	840 (31.2)	508 (40.6)	652 (46.1)	410 (51.7)
本人・配偶者の仕事	1,593 (20.9)	832 (38.1)	426 (23.5)	336 (9.3)	145 (9.9)	563 (20.9)	328 (26.2)	373 (26.4)	185 (23.3)
預貯金	309 (4.1)	98 (4.5)	83 (4.6)	129 (3.6)	28 (1.9)	95 (3.5)	58 (4.7)	77 (5.5)	50 (6.3)
公的年金	471 (6.2)	153 (7.0)	129 (7.1)	189 (5.2)	39 (2.7)	103 (3.8)	70 (5.6)	130 (9.2)	130 (16.3)
個人年金	105 (1.4)	37 (1.7)	30 (1.7)	38 (1.0)	9 (0.6)	29 (1.1)	19 (1.5)	28 (2.0)	19 (2.4)
不動産	161 (2.1)	41 (1.9)	47 (2.6)	73 (2.0)	12 (0.8)	50 (1.8)	33 (2.6)	43 (3.0)	24 (3.1)
株式・ファンド・債券	4 (0.1)	2 (0.1)	1 (0.1)	1 0.0	0 0.0	1 0.0	0 0.0	1 (0.1)	2 (0.2)
同居の子女	910 (12.0)	149 (6.8)	164 (9.0)	597 (16.5)	264 (18.0)	356 (13.2)	127 (10.1)	121 (8.6)	41 (5.2)
別居の子女	1,000 (13.1)	152 (6.9)	203 (11.2)	645 (17.9)	265 (18.1)	395 (14.7)	152 (12.1)	137 (9.7)	52 (6.6)
親　族	38 (0.5)	10 (0.5)	7 (0.4)	20 (0.6)	9 (0.6)	12 (0.5)	5 (0.4)	7 (0.5)	3 (0.4)
国・自治体の補助	511 (6.7)	63 (2.9)	98 (5.4)	350 (9.7)	204 (14.0)	188 (7.0)	58 (4.6)	47 (3.3)	14 (1.8)
近所・宗教社会団体の補助	29 (0.4)	7 (0.3)	6 (0.4)	15 (0.4)	7 (0.5)	8 (0.3)	4 (0.3)	4 (0.3)	5 (0.6)
その他	56 (0.7)	17 (0.8)	13 (0.7)	26 (0.7)	10 (0.7)	19 (0.7)	9 (0.7)	11 (0.8)	5 (0.7)
複数手段	2,425 (31.9)	625 (28.6)	605 (33.4)	1,194 (33.0)	469 (32.1)	870 (32.4)	390 (31.1)	434 (30.7)	262 (33.0)

注 1）上段は千人，下段のカッコ内は %。
　2）2 項目まで複数回答可。
出所）「2010 年人口センサスのサンプル調査集計結果」（2011 年 10 月 13 日，統計庁報道資料）28 頁より筆者作成。

のである。2010 年人口センサスのサンプル調査では，高齢者の生計を単一手段と複数手段に分けている。高齢者の 68.1 % が単一の生計手段で，残り 31.9 % が複数手段で生計をたてていることがわかる（複数回答)。単一手段の細部項目で最も高いのが本人・配偶者の仕事（20.9 %）であった。別居の子女（13.1 %）と同居の子女（12.0 %）に頼る比率は合計すると 25.1 % になる。その次に多いのが，国または自治体からの補助（6.7 %)，公的年金（6.2 %）である。国または自治体からの補助は主に生活保護受給者などの中下位所得者向けである。

本人・配偶者の仕事と子供からの支援の比率が高く，両者は相殺関係にあることは特徴的である。それに対して，国民年金や社会扶助はそれほど定着していないことがわかる。韓国の国民年金は 1988 年から皆年金制度化している。そして，高齢者手当の一種である基礎年金制度[13]も，2008 年になってようやく導入されたにもかかわらず，無年金・低年金の高齢者が非常に多い（金 2016 : 158–159)。では，伝統的な手段として子供からの支援に頼れば，それでよいのだろうか。しかし，それも厳しい状況に置かれている。2000 年代から韓国でも未婚化・晩婚化が深刻になっているため，今後，老後を一人で過ごす高齢者が増えることは明白であるからだ。生活保障から置き去りにされた高齢者の数は，今後ますます増えると予測される。

高齢者の状況を属性別にみると，年齢と教育水準による生計手段の違いが際立っている。まず年齢別にみると，60 歳以上の高齢者のうち年齢が高いほど，子供からの支援と国または地方自治体からの補助の割合が高くなる。それに対し，公的年金は年齢による差はそれほど存在しない。次に，教育水準が高いほど公的年金の比率が高くなる半面，子供からの支援と国または地方自治体からの補助は低くなる。本人・配偶者の仕事は教育水準とそれほど有意な関連はない。年齢が高いほど教育水準が低くなる傾向を勘案すると，整合性のある数字である。以上の事実から，韓国では教育水準が高齢者の生計手段の違いをある程度決定づけているといえる。

大企業，公務員，そして教員職で働いた高齢者は，相対的に教育水準が高い。

13）2008 年に「基礎老齢年金」という制度名で導入し，2013 年にはその対象を拡大した「基礎年金」に改編している。この制度は年金を積み立てず，たんに所得に応じて少額の金銭を支給するものである。厳密にいうと年金ではなく高齢者手当の一種といえる。

大企業出身の高齢者は初期段階から国民年金に加入して，場合によっては，企業独自の年金に入っている可能性も高い。公務員と教員は，公務員年金と私立学校年金で老後に備えることができる。それとは対照的に，教育水準の低い高齢者は中小企業で働いたり，自営業者を営んだ人が相対的に多い。彼らは公的年金制度の外に置かれるか，任意加入しても年金受給額は少額にすぎない。高齢者の生計手段からも韓国の高学歴志向の理由を説明することができるのである。

4）高齢者の意識と「長寿リスク」

高齢者の生計に関する補完的な調査として，統計庁の『高齢者統計』も参考になる。というのも，誰が高齢者の面倒をみるべきかについての意識調査を含んでいるからである。高齢者を対象にした 2008 年の意識調査によると，「家族」と回答した比率が 48.1 % で，「高齢者本人」と回答した 18.4 % を大きく上回った。ところが，2014 年の同じ調査では，「家族」の回答率が 34.1 % になり，6 年間で 14 ポイントも下がった。それに対し，「高齢者本人」の回答率は 23.8 % で，逆に 7 ポイントも上がっている（「2015 年高齢者統計」2015 年 9 月 24 日統計庁報道資料：31)。子供などの家族に老後の生計を頼るという意識が，高齢者の中で弱まりつつあることがうかがえる。

そこで，公的年金から除外された高齢者は，どうやって生計をたてているかが問題になるだろう。たしかに，各種年金を受給する高齢者は全体の 39.6 % を占めている。ただし，その中には少額の国民年金受給者や，2008 年からの基礎年金対象者も含まれている。2015 年の『高齢者統計』によると，一人当たりの公的年金の平均受給額は 49 万ウォン（約 4 万 5000 円）にすぎない。受給額別の分布を見ると，さらに厳しい現実が浮かび上がる。受給者の 50.6 % が 10 万ウォンから 25 万ウォンの間に分布しているからだ。基礎年金の導入で年金受給率自体は上がったかもしれないが，小遣い程度の年金を受ける高齢者が，まさに半分を占めているのである（同前：39)。韓国で公的年金によって生計をたてられる高齢者は，限られた階層にすぎないことが，これらの調査結果からわかるだろう。

すると，多くの高齢者は子供からの援助に頼るか，または自ら仕事をせざるをえなくなる。2015 年の『高齢者統計』によると，65 歳以上の雇用率は 31.3 % であった。韓国企業の実質の定年が 50 代半ばにすぎないことからすると，その多くは低賃金で劣悪な待遇で働いていることになる。老後を有意義に過ごすための就業ではなく，生計型の非自発的就業が大半である。

家族からの支援も，子供に一定以上の収入があるからこそ成り立つ話である。韓国では出生率は急激に下がっており，それと同時に初婚年齢も上昇している。2015年の初婚年齢は男性が32.6歳，女性が30.0歳で，10年前に比べると男性は1.7歳，女性は2.2歳も上がっている（「2015年婚姻・離婚統計」2016年4月7日統計庁報道資料：11）。上述したように高齢者自身が子供に頼ろうとする意識自体も弱まっている。結局，少なからぬ高齢者が老後に貧困状況に陥っているのである[14]。

2014年末時点で生活保護対象の123万人のうち，65歳以上が30.6％の37万人に達している（「2015年高齢者統計」2015年9月24日統計庁報道資料：37）。韓国で，高齢者の貧困は社会システムの大変動をもたらすリスク要因になるにちがいない。かつては幸せの象徴であった長寿が，高齢の貧困層にとっては「長寿リスク」になっている。それが個人レベルのリスクから社会レベルのリスクにまで波及している点に，現在の韓国が直面する社会問題の深刻さがある。

3　センサス方式の大転換と新たな課題

1）転換の背景と条件

韓国統計庁は「登録センサス」を，住民登録情報などの行政資料を用いて，人口・世帯・住宅に関する統計を作り上げるセンサス方式と定義している。韓国は，先に述べたとおり，2015年の人口センサスから全数調査を登録センサス方式に転換し，全世帯を対象とするオンラインまたは訪問による調査方式を中止している。サンプル調査のほうは，対象のサンプル数を2010年の10％から20％に引き上げて，オンラインまたは訪問調査で実施を継続する。転換の背景について，統計庁は主に次の2点を掲げている。

第一は訪問調査の難しさである。韓国では一軒家よりマンションなどの共同住

14）高齢者の貧困問題は日本でも同じであり，「下流老人」としてメディアが取り上げている（藤田 2015）。

宅が急増している。2005年の人口センサスによると，一軒家の比率44.5%に対して，共同住宅の比率が41.7%であった。2010年の人口センサスでは，共同住宅の比率が47.1%まで上昇し，一軒家の39.6%を超えている。最近のマンションは，セキュリティを強化して外部者の出入りがいっそう困難となり，訪問調査には障害となる。また，単独世帯の急増も訪問調査を難しくする。単独世帯の比率は，1990年の9.0%から2010年に23.9%に上昇し，20年間で倍以上の増加となった（前出図表4-3を参照)。単独世帯者は自宅を留守にする時間が長い。オンライン調査がいくら普及しても，彼ら自身が回答しなければ，訪問調査も意味を失う。それだけでなく，個人情報保護の意識が強まっているため，プライベート関連項目への回答を忌避する傾向も強くなっている[15]。

第二は人口センサスの費用に対する予算面での制約である。人口センサスにかかる総費用は，1995年の539億ウォンから2005年に1290億ウォン，2010年には1808億ウォンへと膨れ上がった（キム・ウィヨン 2014: 100；イム・ヨンイル 2015: 6)。もし，2015年人口センサスの全数調査を従来の方式で実施した場合，2712億ウォンがかかり，登録センサス方式に転換すれば，総費用を1356億ウォンに抑えられるとしている（「2015年人口住宅総調査，国民の応答負担を軽減します」2013年12月27日統計庁報道資料：2)。統計庁は転換理由のひとつとして，もっぱら予算の節約を国民に訴えているのである。

方式の転換は，韓国特有の制度があるからこそ可能になっている点にも注目しておきたい。1968年から導入している「住民登録番号」といわれるマイナンバー制度がそれである。北朝鮮との厳しい対決姿勢のもとで，国民統制の手段として導入した住民登録番号は，韓国では完全に定着している。行政だけでなく，民間セクターでも，本人識別にマイナンバーの番号の提示が求められる。13桁の番号を入力すると，直ちに多くの個人情報が抽出できる。

2）新方式の内容と体系

2013年12月に，韓国統計庁と当時の企画財政部は，共同報道を通じて人口センサス実施方式の転換を公式に発表した。新方式導入の検討を開始したのは，

15）とくに婚姻状況に対しては敏感に反応する場合がある（統計庁でのインタビュー調査)。

2005年人口センサスの最終報告書を公表した2008年からである。韓国特有の「パリパリ（早く早く）」文化の影響かもしれないが，検討開始から導入決定までわずか5年，そして，実施を含めても7年しかかからなかったことになる。実施組織としては，統計庁調査管理局の人口総調査課から「登録センサス課」を分離独立させ，登録センサスの設計・加工・分析を担当させている（統計庁でのインタビュー調査）。

登録センサスの具体的なステップは，①資料入手，②コード化，③資料間連携化，④センサス項目の選定と集計表作成，⑤点検と結果報告書作成，の計5つの段階に分けることができる（イム・ヨンイル 2015：12）。全数調査に代わるものとして，①の段階が最も重要となる。つまり，利用可能な行政情報を選定し，その提供を所蔵機関に要求する段階である。結局，2015年人口センサスでは，図表4-9に示したように，13の行政機関から24種類の行政情報を取得した[16]。実際の作業としては，2010年から2015年までの間で，①，②，③の作業段階を経て，登録センサスを作成している。

具体例を挙げて抽出方法をみてみよう（以下，統計庁でのインタビュー調査）。ソウル市の某大学に在籍中の地方出身の学生がいると仮定しよう。住民登録は出身地に置いたままで，居住中のソウル市には転入届を出していない。実際の居住地と行政登録の住民登録地が異なっているケースである。この場合，日本の文部科学省にあたる教育部と全国の400大学から在学者名簿を提供してもらい，その学生の実際の居住地を特定する。外国人と海外滞在中の韓国人の場合は，法務部の出入国資料から人口センサスの基礎項目を埋めていく。世帯員に関しては，行政自治部の住所情報と家族関係登録簿[17]を活用する。ほかに，国防部の軍人名簿や，雇用保険・国民年金名簿などを動員して，世帯構成員のレベルまで個人を特定する。

このように収集・加工した基礎情報をコード化し，効率的に利用するため，2010年から行政情報の統合データベースシステムを構築して，入手情報の入力作業を5年かけて進めている。本人の識別としては住民登録番号を使用する。た

16）2015年の人口センサスのホームページでは11機関から21種類の行政情報を掲載しており，図表4-9の情報とは多少異なっている。
17）家族関係登録簿には祖父母を含めて3代の家族関係が記載される。

図表 4-9　2015 年の登録センサスが使った行政情報リスト

所蔵機関	行政情報の資料名
行政自治部	住民登録簿，道路名住所資料
法務部	外国人登録簿，在外国民居処申告者名簿，外国国籍同胞居処申告者名簿，不法滞在者（短期滞在資格）名簿，国籍取得者名簿，出入国資料，矯正施設収容者名簿，少年院生名簿
大法院	家族関係登録簿
保健福祉部	社会施設名簿
国防部	軍人名簿
外交部	海外在住公館員名簿
警察庁	義務警察名簿（兵役の代わりに配属された警官を指す）
国民安全處	義務海洋警察名簿，義務消防隊員名簿（兵役の代わりに配属された消防隊員などを指す）
韓国電力公社	電気施設（住宅用）資料
国土交通部	建築物台帳，住宅公示価格資料
教育部と各大学	各大学の学籍簿，大学寮の利用者名簿
韓国雇用情報院	雇用保険の被雇用者名簿
国民年金公団	国民年金の事業所加入者資料

出所）イム・ヨンイル（2015：15-16）より筆者作成。

だし，個人情報保護のため，人口センサスの項目の入力とコード化の段階では，数字と英字を組み合わせた識別番号（キー番号）を付与してデータ化している。

3）転換による新たな課題

人口センサス方式の転換に伴い新たな課題も登場した。具体的には，次の 3 点から検討したい。

第一の課題は，人口センサスそのものの形骸化の問題である。人口センサスの設計や設問項目の選定が，既存の行政情報によって制約されるからである。登録センサス方式は，あくまでも既存の行政情報の収集と加工にとどまる。そのため，行政情報が存在しない場合には，自動的にその項目は情報源から除外されてしまう。2015 年の登録センサスが抽出した項目数は計 12 にすぎない。12 という数字は，大規模調査である 2010 年の人口センサスはもちろんのこと，簡易調査である 2005 年の人口センサスの項目数に比べても，明らかに少ない。これは人口センサスの形骸化を示す数字であろう。

第二の課題は，行政情報自体に由来する限界である。登録センサス方式が活用する 24 種類の行政情報は，あくまで申告ベースのものである。自ら申告しない人，または，何らかの理由で個人情報の申告を拒否するか，申告できない人のデータは，基本的に除外される。例えば，金融面で取引停止になった人や不法滞在者などがその部類に入るだろう。彼らは法律的には違法者であると同時に，社会的には弱者でもある。登録センサスの結果に基づいて政府が社会政策を展開する場合，本来は政策の対象となるべき人々である。しかし，皮肉なことに，こうした社会的弱者は「登録センサス」の対象から脱漏してしまうのである。

第三の課題は，従来の訪問調査から得られる定性情報が取得できなくなる問題である。新方式は行政情報を加工・抽出するデスクワークにとどまる。全世帯の 20 % を対象にするサンプル調査も，半数以上がインターネットで回答している。しかし，高齢化が深刻になっている現状に鑑みると，訪問調査による付随効果もある。急増中の一人暮らしの貧困高齢者の事例を考えよう。訪問調査を実施する際に，彼らの困窮した状況が明らかになるケースはしばしば報告される。5 年に一度ではあるが，訪問調査は，彼らを社会から断絶させないようにする効果もある。しかしながら，方式の転換によって，その道すら遮断してしまうのである。

インターネットを通したオンライン調査の普及と全数調査に代替する新しい登録センサス方式の導入は共に，2000 年代に入ってから韓国で始まった動きである。人口センサスは当該国の社会の大変動を映し出す統計データであるが，調査方式自体も，こうした社会の大変動とともに変わっていくことを，最後に強調しておきたい。

参考資料

【日本語】

大泉啓一郎 2007『老いてゆくアジア——繁栄の構図が変わるとき』中公新書。
金成垣 2016『福祉国家の日韓比較——「後発国」における雇用保障・社会保障』明石書店。
金炫成／金成垣 2015「増加する単独世帯者の高学歴化と高齢化——韓国」『アジ研ワールド・トレンド』第 21 巻第 8 号，8 月：12-15 頁。
末廣昭編 2014『東アジアの雇用・生活保障と新たな社会リスクへの対応』東京大学社会科学研究所研究リサーチシリーズ No. 56，東京大学社会科学研究所。

藤田孝典 2015『下流老人——一億総老後崩壊の衝撃』朝日新書。

【韓国語】

김의영 2014「인구주택센서스의 국가통계 활용현황 연구（2014 년 하반기 연구보고서 제 VI 권)」통계개발원, pp. 95-143（キム・ウィヨン「人口住宅センサスの国家統計活用現況の研究」統計開発院).

임영일 2015「2015 인구주택총조사의 패러다임 변화——등록센서스 방식 도입」2015 년 10 월 15 일 통계개발원 심포지엄 발표자료（イム・ヨンイル「2015 年人口住宅総調査のパラダイム変化——登録センサス方式の導入」同年 10 月 15 日統計開発院シンポジウム報告資料).

전인우・정완수 2014「자영업 정책의 과거, 현재 그리고 미래（KOSBI 중소기업포커스 제 12-12 호)」중소기업정책연구원（ゼン・インウ／チョン・ワンス「自営業政策の過去，現在，そして未来」中小企業政策研究院).

정경희 외 2014『2014 년 노인실태조사（정책보고서 2014-61)』한국보건사회연구원（チョン・ギョンヒほか『2014 年老人実態調査』韓国保健社会研究院).

통계개발원편 2008『한국의 인구주택——인구주택총조사 종합보고서』통계개발원（統計開発院編『韓国の人口住宅——人口住宅総調査総合報告書』統計開発院).

통계청편 2010『2010 인구주택총조사 종합시행계획』통계청（統計庁編『2010 年人口住宅総調査総合施行計画』統計庁).

통계청편 2015『2015 한국의 사회지표』통계청（統計庁編『2015 年韓国の社会指標』統計庁).

통계청편 각년『인구동태통계연보』통계청（統計庁編 各年『人口動態統計年報』).

황양주・최유성 2011「2010 년 인구주택총조사 면접・인터넷조사 특성 분석（2011 년 연구보고서)」통계개발원（ファン・ヤンジュ／チェ・ユソン「2010 年人口住宅総調査面接・インターネット調査の特性分析」統計開発院).

統計庁の報道資料

「2010 年人口センサスのサンプル調査集計結果」2011 年 10 月 13 日。

「人口住宅総調査に表された 1 人世帯の現況および特徴」2012 年 12 月 11 日。

「2015 年人口住宅総調査，国民の応答負担を軽減します」2013 年 12 月 17 日。

「2015 年高齢者統計」2015 年 9 月 24 日。

「2015 年婚姻・離婚統計」2016 年 4 月 7 日。

「2015 年人口住宅総調査全数部門——登録センサス方式の集計」2016 年 9 月 7 日。

統計庁国家統計ポータル（KOSIS）。

統計庁でのインタビュー調査（2014 年 12 月 24 日，大田市統計庁庁舎にて実施）。

コラム5 北朝鮮の人口センサス

北朝鮮は1993年と2008年に，「人口一斉調査」という名前で人口センサスの調査を実施した。1993年の人口センサスは，同年12月31日を基準時としたが，実際には1994年1月3日から15日間の期間に実施している。なお，両センサスは国際機関と韓国の双方の協力によって実施された。

1993年の人口センサスは，北朝鮮が1946年から1987年までの「公民登録統計」を国連人口基金（UNFPA）に公開した直後である1989年に，その実施が決まった。調査員が5万7000人，指導員が1万4000人である。末端の行政組織の「班」を基本調査区に設定したが，調査区地図の製作を伴わなかったため，本当に実施されたかどうか，その点を疑問視する見解もある。

人口センサスの対象は，北朝鮮国籍を保有するすべての居住者である。調査票は両面の1枚のみで，表側に「人口一斉調査登録簿」，裏側に「死亡人口登録簿」がそれぞれ印刷されており，調査項目は計10個を数えるにすぎない。性別と生年月日の基本項目が2項目，過去6か月間と直近の経済活動関連が2項目，出産関連が1項目，死亡関連が5項目である。年齢階層別の人口と市道別の人口を，『人口一斉調査報告書』（中央統計局 1994）と題して公表している。

次に，2008年の人口センサスは，同年10月1日を基準時とし，10月1日から15日間にわたって実施した。1993年人口センサスと違って，国連のガイドラインに従って調査票を作成した。韓国政府は南北協力基金の資金を使って，同年5月に北京で担当者の教育訓練を実施した。実施体制として，中央に国家センサス調整委員会（National Census Steering Committee）を，各道郡に下部委員会を，それぞれ臨時に設置した。調査票の設計・実施・分析は中央統計局が担当した。調査員3万5000人と指導員8,000人を動員しており，今回は調査区地図もしっかりと製作している。各調査員が約150世帯から200世帯の調査区を担当して，戸別訪問調査を実施した。

2008年の人口センサスは，調査票として3種類を使っている。①世帯リストのCPF1，②一般家庭向けの世帯調査票のCPF2，③軍隊，刑務所および福祉施設入所者向けのCPF2B，の3つがそれである。

CPF1は各調査区の男女別人口を記したもので，担当の調査員が訪問調査を通して記入する。CPF2は，住宅を含む世帯部門，世帯員部門，死亡部門から構成される。CPF2は計53項目で，そのうち世帯部門が14項目，世帯員関連が29項目，死亡関連が10項目で，1993年の人口センサスに比べると，はるかに詳細な調査票になっている。

2008年の人口センサスの主な結果をみると，人口総数は2335万人で，1993年の人口センサスの2120万人から計算すると，期間中の年平均増加率は0.8％であった。65歳以上の人口は全体の8.7％を占めている。同じ年の韓国の9.3％に比べると，北朝鮮の高齢化も無視できない状況になっていることがわかる。北朝鮮の平均寿命は短いというイメージがあるが，そのイメージを覆す調査結果といえよう。合計特殊出生率は，1993年の2.13人から2008年には2.00人に下がっている。都市部が1.89人，農村部が2.18

人である。少子化も進んでいることがわかる。北朝鮮の人口政策は，朝鮮戦争から1970年代初期までは「出産奨励策」，1970年代後半から1990年代前半までは「出産抑制策」と特徴づけることができるが，1990年代後半からは再び「出産奨励策」に転換している（キム・ドゥソップほか 2010：263-271）。

人口センサスの報告書として，北朝鮮政府は中央統計局（1994；2009）の2冊を刊行しており，2008年の人口センサスは，英語版（Central Bureau of Statistics of DPR Korea 2009）も，国連を通して公表している。人口センサス以前の人口推計は，Eberstadt and Banister（1992）から本格的作業が始まった。ただしこの研究は，人口センサスのために北朝鮮が国連人口基金に提出したデータを使ったものである。日本で刊行された研究では，現地調査を踏まえた文（2011）が参考になる。韓国の研究では，人口センサスに基づいて人口推計を試みた統計庁（1999；2010），人口センサス自体に焦点をあてたノ・ヨンファン／ヨン・ハチョン編（1997），キム・ドゥソップほか（2010），イ・ソック編（2011），統計庁（2011）などがある。（金炫成）

参考文献

文浩一 2011『朝鮮民主主義人民共和国の人口変動——人口学から読み解く朝鮮社会主義』明石書店。

김두섭외 2010『북한 인구센서스 분석 연구』한국사회과학자료원（キム・ドゥソップほか『北韓の人口センサス分析研究』韓国社会科学資料院）.

노용환・연하청 편 1997『북한 인구센서스의 정책적 함의——인구구조와 특성』한국보건사회연구원（ノ・ヨンファン／ヨン・ハチョン編『北韓人口センサスの政策的含意——人口構造と特性』韓国保健社会研究院）.

이석편 2011『2008 년 북한 인구센서스 분석과 문제점』KDI（イ・ソック編『2008年北韓の人口センサスの分析と問題点』KDI）.

중앙통계국 1994『조선민주주의인민공화국 1993 년 인구일제조사 전국보고서』평양：중앙통계국（中央統計局『朝鮮民主主義人民共和国 1993年人口一斉調査全国報告書』平壌：中央統計局）.

——— 2009『조선민주주의인민공화국 2008 년 인구일제조사 전국보고서』평양：중앙통계국（中央統計局『朝鮮民主主義人民共和国 2008年人口一斉調査全国報告書』平壌：中央統計局），英語版は Central Bureau of Statistics of DPR Korea. 2009. *DPR Korea 2008 Population Census National Report*, Pyongyang : Central Bureau of Statistics of DPR Korea［http://unstats.un.org/unsd/demographic/sources/census/wphc/North_Korea/Final%20national%20census%20report.pdf］（2016年5月30日アクセス）.

통계청 1999『북한총인구 추계 1970～2030』통계청（統計庁『北韓総人口推計 1970～2030年』統計庁）.

——— 2010『1993～2055 북한 인구추계』통계청（統計庁『1993～2055年北韓人口推計』統計庁）.

統計庁 2011「北韓の人口と人口センサス分析」2011年3月22日，報道資料。

Eberstadt, N. and J. Banister. 1992. *The Population of North Korea*, Institute of East Asian Studies, University of California Berkeley.

第5章

タ　イ

——バンコク・メガリージョンの誕生

末廣　昭

はじめに

人口センサスはタイ語で「サムマノ（Sammano）」と呼ぶ。もともとは，徭役義務を有する男子壮丁たちの人数調査を指す言葉であったが，1909/10年の第1回目の人口調査から，「人口センサス」を意味するようになった。それから100年が経過し，2010年に実施された人口センサスは，第11回目にあたる[1]。

香港や韓国などでは，テーマ別・目的別に詳しい社会経済調査が実施されているため，人口センサスを実施する重要性は年を追うごとに下がっている。また，インターネットを使ったオンライン方式が定着することで，大量の人員を動員して戸別訪問調査を実施するという，昔からの方式も変わりつつある。また，全数調査を前提とする「国勢調査」ではなく，最低限の人口動態の把握を目的とする「登録センサス方式（register-based population census）」への移行も始まっている（本書第4章，韓国）。

実際タイでも，2020年人口センサスは，各省庁が持つ行政データを活用した「登録センサス方式」へ移行することが決まっている。社会経済調査を担当するのは，この「登録センサス方式」と並行して実施されるサンプル調査（全人口の10％）に限定されるという（Sureerat 2017）。そうだとすると，本章で紹介する

1）正確には，1970年調査以降は「人口ならびに住宅センサス（Population and Housing Census）」であるが，本章では1970年以降も「人口センサス」の用語で統一する。

2010年人口センサスは，総合的な人口動態，家族の構造，人の移動，就業構造，外国人労働者の動向，耐久消費財やIT製品の保有状況など，タイ社会を理解するうえで，最も基礎的かつ第一級のデータを提供してくれる最後の人口センサスになる可能性が高い。

本章は3つの部分で構成する。第1節では，タイで人口センサス調査が導入された経緯を紹介し，1970年以降については，10年ごとの人口センサスの調査項目の連続性や，調査項目の定義の変化を検討する。そして，2010年人口センサスを例にとって，その実施体制と実施の方法を見ていく。

第2節は，人口センサスの結果からわかる社会変動の実態の紹介である。本節では，①人口構造の変化（少子化と高齢化），②家族構造の変容，③国内の人の移動，④バンコク首都圏（BMA：Bangkok Metropolitan Area）の地理的範囲を超えるバンコク・メガリージョン（Bangkok Mega Region）の形成，以上の4つについて検討する。なお，③の人の移動では，内務省が管轄する登録住民の数と，人口センサスが示す居住地ベースの住民の数の食い違いも取り上げる。

第3節は，人口センサスが突きつけ，人口センサスでは捉え切れない社会の実像に関する問題である。「2010年人口センサス」は，調査時に3か月以上タイに滞在する外国人を，初めて本格的に調査した。その結果，270万人の外国籍住民のうち180万人が，カンボジア，ラオス，ミャンマー（CLM）の国籍を持つ住民であることが判明した。CLM移民労働者の存在は広く知られていたが，公式の調査でその数を確認したのは，今回の人口センサスが最初である。しかし，このことは厄介な問題を引き起こす。というのも，180万人に達するCLM移民労働者は，通常の労働統計や就業者統計に含まれていないからである。第3節では，この問題がタイ経済に与える影響について言及することにしたい。

1　タイの人口センサス

1）人口センサスの歴史，1909～2010年

タイでは，アユタヤー王朝期から，国王や地方国の長が領民に徭役を課し，豊富に存在する土地ではなく，稀少資源である人間を労働力として支配する体制を

とってきた。19世紀初め頃は，徭役の義務は1年に大体3か月くらいである。そして，この徭役に従事させる人員を把握するために，男子壮丁（年齢ではなく，一定の体格に達したもの）の手首に，本人の名前，所属する「組」や「組長」の名前，場所などを入れ墨によって書き入れ，同時に壮丁登録簿を作成した。この壮丁登録簿が，のちに人口センサスを意味する「サムマノ」の原型である。

ところで，徭役義務の対象となる壮丁は，あの手この手でこの義務から逃れようとする。そこで，バンコクの寺院を中心に，男子壮丁だけでなく，誰がどこにいるのかを調べようとしたのが，ラーマ4世王期，1852年7月7日に発布された「比丘（びく）（修行僧），沙弥（しゃみ）（見習い僧），寺小僧の人員調査（tham sammano khrua）の実施に関する布告」であった。「サムマノ」が登場するタイ語文献は，この布告が最初である（末廣 1999：23-24）。

結局，この調査は実施されなかったようだが，ラーマ5世王期（チュラーロンコーン大王，治世1868～1910年）になると，人員調査の必要性は一段と高まった。というのも，西欧列強がタイに対して領土の割譲を迫ると同時に，領土内でも反乱や紛争が生じたからである。これに対応するために，ラーマ5世王がとった方法は，鉄道の敷設（兵士と物資の輸送網の構築）と，戦争などに動員できる人員と家畜（とくに象）の正確な数の把握であった。1899年にバンコク近郊の4地区で実施された人口動態調査や，1904年に内務省が17のモントン（州）のうち，12のモントンで実施した人口と家畜の調査は，まさしく上記の目的で企画されたものである[2]（図表5-1を参照）。

次いで，1909年8月1日に，首都省大臣スクムの名前で「人口センサス調査（kan samruwat sammano khrua）の実施方法の説明に関する命令」が発布された。そして，この命令にもとづき，バンコクでは予備調査を実施し，すでに地方で内務省が着手していた住民登録の全国レベルでの集計作業も行った。通常タイでは，1909年のこの命令の発布と，翌1910年から実施された作業をもって，第1回目の「人口センサス調査」とみなしている（同前：26）。

第1回人口センサス調査が指示された1909年という年は，「チャクリー改革」（1892年以降）を通じて，タイを領域国家（国境がなく，統治権が及ぶ経済・社会空

2）1904年人口調査については，Grabowsky (1993) が詳しい分析を行っている。

図表 5-1　タイにおける人口センサス関連年表：1899～2010 年

年月日	人口センサス	備　考
1899 年	サムットプラガーン地区人口動態調査	内務省が担当。サムットプラガーン，ノンタブリー，ナコンクアンカン，パトゥムターニーの 4 県で実施。
1904 年 1 月～5 月	人口センサス予備調査	内務省が担当。17 のうち 12 のモントン（州）で実施。人種別，男女別人口，家畜数など。男性 162 万 4462 人，女性 168 万 3570 人，計 330 万 8032 人。
1909 年 8 月 1 日	第 1 回人口センサス調査命令	首都省大臣の名前で，「人口センサス調査」の方法について規定した命令を下す。
1910～11 年	第 1 回人口センサス予備調査	内務省が担当。1909 年命令の実施。男性 410 万 1637 人，女性 404 万 7850 人，合計 814 万 9487 人。
1911 年 4 月 1 日	第 1 回人口センサス補足調査	内務省が担当。1909 年調査の補足。男性 412 万 2168 人，女性 414 万 4240 人，合計 826 万 6408 人。
1919 年 4 月 1 日	第 2 回人口センサス調査	内務省が担当。男性 459 万 9667 人，女性 460 万 7688 人。合計 920 万 7355 人。
1929 年 7 月 15 日	第 3 回人口センサス調査	内務省が担当。男性 579 万 5065 人，女性 571 万 1142 人。合計 1150 万 6207 人。
1937 年 5 月 23 日	第 4 回人口センサス調査	内務省が担当。男性 731 万 3584 人，女性 715 万 521 人，合計 1446 万 4105 人。
1947 年 5 月 23 日	第 5 回人口センサス調査	内務省が担当。男性 872 万 2155 人，女性 872 万 534 人，合計 1744 万 2689 人。
1960 年 4 月 25 日	第 6 回人口センサス調査	経済開発委員会中央統計局が担当。米国援助機関（USOM）が指導。男性 1315 万 4121 人，女性 1310 万 3739 人，合計 2625 万 7860 人。農業，非農業世帯に区分。
1970 年 4 月 1 日	第 7 回人口住宅センサス調査	国家統計局が担当。この時から住宅調査を並行して実施。男性 1712 万 3862 人，女性 1727 万 3512 人，合計 3439 万 7374 人。
1980 年 4 月 1 日	第 8 回人口住宅センサス調査	国家統計局が担当。男性 2232 万 8607 人，女性 2249 万 5933 人，合計 4482 万 4540 人。国籍の質問はなし。避妊の有無とその方法を質問。
1990 年 4 月 1 日	第 9 回人口住宅センサス調査	国家統計局が担当。男性 2706 万 1733 人，女性 2748 万 6797 人，合計 5454 万 8530 人。国籍の質問はなし。避妊の有無とその方法を質問。障碍の有無を初めて質問。就業関係は 11 歳以上から 13 歳以上に引き上げ。
2000 年 4 月 1 日	第 10 回人口住宅センサス調査	国家統計局が担当。男性 3001 万 5233 人，女性 3090 万 1208 人，合計 6091 万 6441 人。就業関係は 15 歳以上。国籍，使用言語を質問。
2010 年 4 月 1 日	第 11 回人口住宅センサス調査	国家統計局が担当。男性 3235 万 5032 人，女性 3362 万 6627 人，合計 6598 万 1659 人。国籍，使用言語を質問。外国人労働者を本格調査。

出所）末廣（1999），Chin（1966），Grabowsky（1993），1960 年以降は，該当年の人口（および住宅）センサスの報告書より筆者作成。

間に成立する前近代国家）から近代国家へと変えていったラーマ5世王が崩御する1年前の年にあたる。言うまでもなく，近代国家は，排他的な領土（国境の画定と地図の作成）と，帰属意識をもった国民の存在を必須の前提とする。領土については，1909年3月の英シャム条約によって，タイは現在マレーシアの一部になっているサーイブリー（アロールスター），トレンガヌ，プルリスをイギリスに割譲した。1786年以降，タイが英仏に譲渡した支配領域の面積は45.6万 km^2 に及び，19世紀半ばの支配領域のほぼ半分に達した。いずれにせよ1909年には，現在のタイの国境と領土が確定した（柿崎 2007：113-124）。奇しくも同じ年に，ラーマ5世王は領土内の「国民」と家畜の状況を把握するための全国調査，つまり人口センサス調査に乗り出した。「人口センサス」は，その意味で，タイが領域国家から近代国家へと移行するために不可欠な制度的基盤を準備したといえる[3]。

以後，第2回目は1919年，第3回目は1929年，第4回目は1937年，第5回目は1947年に実施された。各々の調査で確定したタイの男女別人口数は，図表5-1に示したとおりである。そして，第6回目は1957年に実施する予定で，1954年からその準備がなされた。ところが，準備が間に合わず，1957年調査は繰り延べとなる。代わりに1955年2月から1年半かけて，国連の専門家デルワリたちの指導のもと，中央統計事務所（1950年設置）が「1954年人口動態・事業経済調査」を実施する。これは最初の詳細な地域別の人口，労働力，そして事業所の実態調査であると同時に，予定していた人口センサスの貴重な予備作業にもなった（末廣 1999：32)。

次いで，1959年7月には「人口ならびに農業センサス調査実施のための勅令」が発布され，タイ政府は国連の推奨する1960年に，第6回目の調査を実施する。この調査を実施したのは，1959年に国家経済開発庁（NEDB）の一部局として誕生した中央統計局（1963年に国家統計局として独立）と，米国援助機関（USOM：United States Operations Mission）が派遣したワイン（Waller Wynne）たちの専門家チームであった（同前：32-33)。1960年調査は，タイが国連の枠組みにそって実施した初めての人口センサス調査であった（コラム6も参照）。

1960年以降は，現在まで10年ごとに計5回の調査がなされており，直近の

3）タイの領域国家から近代国家への移行と，人口センサスや地図の作成との相互連関については，小泉（2000），トンチャイ（2003）を参照。

2010年調査は第11回目に該当する。そこで以下では，1970年調査以降の人口センサスの調査項目について，その特徴と連続性の有無について見ていくことにしよう。

2）調査項目の変遷，1960～2010年

図表5-2に拠って調査項目の変遷を検討する前に，1970年以前に実施された人口センサスの調査項目を，簡単に紹介しておきたい。国籍・人種別に人口を調査したのは，1919年の第2回調査が最初である。このときは，タイ人（シャム人）とは別に，外国人を中国人，ビルマ人，インド／英領マラヤ系，日本人，白人（white race）の5つに分類した。1929年の第3回調査も同じ分類である。その後，1937年の第4回調査では，国籍と人種を区分し，国籍は中国，日本，アメリカ，イギリスなど計15か国，人種は中国人，その他アジア人，イギリス人など12種類に分けた。1947年の第5回調査では，国籍がなくなって人種のみとなり，外国人は10種類の分類となっている[4]。

一方，宗教別調査は，1929年の第3回調査が初めてである。このときは仏教(95.2％)，イスラーム教（4.3％)，キリスト教（0.4％）の3分類であった。第4回，第5回では，質問を仏教，イスラーム教，キリスト教，その他の4分類に拡大し，1960年の第6回調査からは，これら4分類にヒンドゥー教，儒教，無宗教を加えて7分類にした。さらに，2010年調査では，この7分類にシーク教(南インドからの移民に多い）を加えた8分類を使用している。

仏教，イスラーム教，キリスト教，無宗教の1960年（カッコ内は2010年）の比率は，それぞれ93.55％（93.58％)，3.91％（4.94％)，0.57％（1.20％)，0.05％(0.07％）であった。仏教の圧倒的優位と無宗教の極端な少なさは，過去80年間変わっていない。イスラーム教とキリスト教（カトリック）の比率が1ポイント前後伸びているのは，彼らがタイ政府の「家族計画」(人口抑制政策）に従わないためである[5]。

4）1919年調査と1929年調査の結果は，Statistical Yearbook of Siam, No. 16 (1930/31) に，1937年調査の結果は，Statistical Yearbook of Siam No. 21 (1939/40–1944) に，1947年調査の結果は，Statistical Yearbook of Thailand, No. 22 (1950–1956) に，それぞれ掲載されている。

5）2010年人口センサスによると，イスラーム教徒が住民の大半を占める南タイ3県の合計

最後に，戦前の人口センサスで，産業別・業種別の就業人口の調査を唯一実施したのは，1937年調査である。これは，産業を農林漁業，製造業など9つに大分類したうえで，さらに中分類では40業種（製造業のみで23業種）に細分している。特徴的なのは，就業人口を男女別だけでなく，①タイ人，②中国人，③その他国籍に分けている点で，戦前タイの経済史研究には欠かすことのできない一級の資料となっている（同前：27–31）。

次に，1970年以降の調査項目の内容をみておこう。項目別の定義と内容については，図表5–2の注⑴から⑽に示しておいた。例えば，⑴都市部，⑶農業世帯はそれぞれの定義を，⑷日常使用している言語，⑸宗教，⑻結婚の有無，⑼経済的非活動の理由，⑽移動の目的については，それぞれ選択肢の内容を記載した。なお，煩雑さを避けるために，図表からは，住宅状況と耐久消費財の保有状況に関する調査項目は外してある。

調査票は，調査員が事前に調べて記入する「フォーム2のパート1」と，戸別訪問時に調査員（もしくは本人）が書き込む「フォーム2のパート2」（本調査）の2種類が存在する。居住地が都市部かどうか，世帯形態が私的か（通常の家族）制度的か（学寮，病院，兵舎，僧房など）の区分は，5回の調査を通じて共通している。他方，農業世帯かどうかの区分は2000年調査以降なくなり，逆に日常使用している言語の質問が新たに加わった（後出の図表5–7）。3か月以上タイに合法的に滞在する外国人全員を調査対象に加えたのは，2000年調査以降のことである（調査を徹底したのは2010年調査が初めて）。

本調査で，1番目に注意すべきは，調査項目によっては，調査対象者の年齢が変わるという点である。典型的な事例は，「8. 就業・就労関係」で，1980年調査までは11歳以上，1990年調査は13歳以上，2000年以降は15歳以上となっている。これは，労働力調査が定義する「経済活動人口」（もしくは労働力人口）の年齢下限が，義務教育の拡充や児童労働防止の政策の普及に伴って，引き上げられてきたことによる。国家統計局（NSO）が毎年実施する労働力調査で，「経済活動人口」の下限を11歳から13歳に引き上げたのは1989年（末廣 1997：64），さらに15歳に引き上げたのは2001年からであった。また，閣議決定により，国

特殊出生率は，パッタニー県（2.33人），ナラーティワート県（2.10人），ヤラー県（1.93人）と，全国平均（1.52人）よりはるかに高い数字を示した。

図表 5-2 タイの人口・住宅センサスの調査項目：1970〜2010年（住宅関係，耐久消費財調査は除く）

番号	調査項目	2010	2000	1990	1980	1970
A	調査員用 Form 2 Part 1					
1	住居が都市部（Thesaban）か[1]	○	○	○	○	○
2	世帯の分類[2]	個人／集合	個人／集合／特別	個人／集合／特別	個人／集合／宿泊	個人／集合／宿泊
3	農業世帯かどうかの区分[3]	×	×	農業，漁業，製造	農業／非農業	農業／非農業
4	日常使用している言語[4]	3分類	3分類	×	×	×
5	外国人を調査対象とするかどうか	3か月以上滞在	3か月以上滞在	×	×	×
B	調査票 Form 2 Part 2					
1	名前，性別，世帯主との関係	全　員	全　員	全　員	全　員	全　員
2	年齢と生年月（仏暦）	全　員	全　員	全　員	全　員	全　員
3	信仰している宗教[5]	全　員	全　員	全　員	全　員	全　員
	＊宗教の選択肢の有無	8種類	7種類	7種類	記　入	記　入
4	国　籍	全　員	全　員	×	×	全　員
	＊選択肢，コードの有無	3桁コード	コード記入	な　し	な　し	本人記入
5	住民登録の有無と形態[6]	全　員	×	×	×	×
	＊登録の場所，県外，国外	5分類	な　し	な　し	な　し	な　し
6	教育歴関係	3歳以上	5歳以上	5歳以上	5歳以上	5歳以上
	＊最終の教育段階	20の段階	記　入	記　入	記　入	15の例示
	＊識字能力の確認[7]	10歳以上	5歳以上	5歳以上	5歳以上	10歳以上
7	家族構成と婚姻	13歳以上	13歳以上	13歳以上	13歳以上	13歳以上
	＊単身，婚姻など[8]	6分類のみ	6分類，出家	6分類，出家	5分類，出家	5分類，出家
	＊避妊とその方法（50歳未満）	な　し	な　し	9種類	6種類	な　し
8	就業・就労関係	15歳以上	15歳以上	13歳以上	11歳以上	11歳以上
	＊就業先の職種と産業	コード記入	コード記入	例　示	例　示	例　示
	＊従業上の地位（雇用主など）	7分類	8分類	7分類	6分類	5分類
	＊過去7日間の就労の有無	○	○	○	○	○

が提供する義務を伴う教育サービスを6年制から9年制（14歳まで）に引き上げたのは，1991年のことである（末廣 2009：127）。

2番目に注意すべきは，調査項目の連続性の問題である。例えば，「国籍」は1980年調査と1990年調査にはなく，逆にこの2回の調査では，政府が家族計画を推進していたこともあって，家族構成のところで，「避妊の実施とその方法」について尋ねている。また，障碍者については，1990年調査と2010年調査で項目を立てている。2010年調査で新たに加わったのは住民登録の場所（県外，国外

番号	調査項目	2010	2000	1990	1980	1970
B	調査票 Form 2 Part 2					
8	就業・就労関係	15歳以上	15歳以上	13歳以上	11歳以上	11歳以上
	＊期間中の求職活動の有無	○	○	○	○	○
	＊就労しなかった理由[9)]	なし	8分類	8分類	○	6分類
9	移動関係，過去5年間	全員	全員	全員	全員	全員
	＊現在の地区に住んだ年数	6分類	7分類	詳細	7分類	7分類
	＊以前住んでいた場所	都市部，海外	都市部，海外	都市部，海外	都市部，海外	都市部，海外
	＊移動の理由[10)]	8分類	8分類	8分類	8分類	なし
10	障碍関係	全員	×	全員	×	×
	＊障碍の状態	8分類	なし	8分類	なし	なし

注1）都市部の定義については，人口センサスは「1953年都市法」のそれに従う。都市（Muang）の定義は最低1万人以上の人口をもち，人口密度が1 km^2当たり3,000人以上の地域。市街地（Nakhon, City）は最低5万人以上で，人口密度が3,000人以上。

2）世帯分類は，①家族が住む私的な（個人的）世帯，②寺院，刑務所，拘置所など集合的（制度的）世帯，③学寮，兵舎などの宿泊施設から成る特別世帯。③は2010年は②に統合。

3）農業世帯の定義。1970年は2ライ以上の農地をもち，2,400バーツ以上の農業か畜産業からの収入があるかどうか。1980年は2,700バーツ以上の農業もしくは畜産業の収入があるかどうか。

4）通常使用している言語は，①タイ語，②タイ語とタイ語以外の言語の併用，③タイ語以外の言語の3種類。③の場合には調査員が言語名を記入。

5）宗教の選択肢は，①仏教，②イスラーム教，③キリスト教，④ヒンドゥー教，⑤儒教，⑥シーク教（派）(2010年から)，⑦その他，⑧無宗教。

6）住民登録（Thabian Ban）は，①現在地にある，②現在地にはないが同じ県で登録，③別の県で登録，④海外で登録，⑤登録していない。

7）1990年のみ，①読み書きできず，②タイ語，③中国語，④マレー語，⑤英語，⑥その他（記入）の選択肢で質問。

8）結婚の有無は，①独身，②結婚，③死別，④離婚，⑤別居，⑥結婚したが状況不明，⑦夫が出家のため一時別居（2000年調査のみ）。これとは別に，男性の場合には出家かどうかを質問。

9）経済的非活動の理由は，①求職中，②農閑期のため，③家事手伝い，④就学中，⑤病気のため，⑥その他（記入）。

10）移動の目的は，①就学，②夫（妻）に同伴，③世帯主の移動に同伴，④求職，⑤転勤，⑥帰郷，⑦結婚，⑧出家。

出所）NSO（1969；1980；1989；2003；2012）に添付されている調査票サンプルより筆者作成。

含む）で，逆に調査項目から消えたのが「就労しなかった理由」であった。

3番目に注意すべきは，回答様式が本人による記入式から選択式へと，次第に変更されている点である。理由は，選択式は機械による集計や処理が可能なうえ，国際比較も容易になるという利点をもつからである。例えば，宗教は1980年までは記入方式であったが，1990年調査以降，選択式に変わった。同様に，就業関係の産業・業種は，1990年までは例示を見ながら記入する方式であったのが，2000年以降は国際基準に従った産業分類による選択式へと変更している。多岐にわたる最終学歴の調査も，2010年調査からは，20の教育段階から選択できるようになった。

最後に，注意というより注目しておきたい点は，タイ独自の調査項目の存在である。例えば，「結婚の有無」には，「出家による一時別居」という項目がある。これは，成人男性の場合，一度は短期間でも出家して，先祖や家族のために積徳行為（タムブン）を行うことが求められているからである。また，20種類に及ぶ最終学歴の中には，社会人向けノンフォーマル教育（Ko. So. No.），インターナショナル・スクールのほか，タンマ派とパーリー派の仏教学校（大学・大学院もある）も含まれている。その国に固有の調査項目を拾い出し，アジア諸国の中で相互に比較するのも，面白い試みかもしれない。

3）2010年人口センサスの実施体制

それでは，人口センサスはどのようにして実施されているのか。ここでは，2010年調査を例にとって，その実施体制と方法について説明しておきたい[6]。

実施機関は，1970年調査から現在に至るまで，首相府直轄（2002年10月からは情報通信・技術省に移管）の国家統計局である。2010年調査の実施方法は，概ね「2008年国連ガイドライン」に従っているが，調査票の設計は国家統計局が行っている。1980年調査からは，全数調査（ショートターム・サーベイ）とサンプル調査（ロングターム・サーベイ，20％抽出）の2本立てであった。この点は韓国の場合と一緒である。しかし，2010年調査では，経費削減と他の社会経済調査との重複回避のために，全数調査のみとなっている。

調査期間は2010年7月1日からちょうど1か月である。ただし，就労関係は2009年7月から2010年6月までの1年間を対象とする。対象者は図表5-2でみたように，調査時に3か月以上タイに滞在していた，すべての国籍の住民が含まれる。そのため，調査票はタイ語のほか，英語，フランス語，中国語，ミャンマー語，カンボジア語，日本語の計7か国語が用意された。日本の28か国語には及ばないものの，香港（13か国語），韓国（9か国語）と同様に，流入してきた外国人労働者を意識した体制となっている。他方，フィリピンは英語のみ，ベト

6）以下の説明は，2014年7月23日，国家統計局で筆者が行った人口センサス担当責任者2名からの聞き取り調査の結果にもとづいている。

ナムもベトナム語のみであった（前出の図表序-3を参照）。

調査の実施体制は，管理・監督分野と訓練・実施分野の2つのラインからなる。管理・監督分野では，バンコクと75県（当時）の中央レベルに，76名の責任者を国家統計局職員の中から任命し，県の下にある郡の連絡調整員（2,650名，国家統計局職員）へと下っていく。一方，訓練・実施分野のほうは，中央レベルにマスター・トレーナー（450名，国家統計局職員）を，県レベルには地方監督官（フィールド・スーパーバイザー，9,000名）を，それぞれ配置する。そして，戸別訪問調査を実施するのが調査員（enumerators）であり，2010年調査では6万3000名を数えた。

調査員は，分担した世帯を最低3回は訪問し，本人から直接情報を聞き取って，調査票に記入することを原則としている。都市部と農村部ではそれぞれ，本人の把捉の難易度を考慮して，最低のノルマを決めており，一般に調査員一人当たり150戸，農村部では250戸の場合もあるという。バンコクや近隣県では，マンション（コンドミニアム）の住民と面談すること自体がすこぶる困難である。ひとつは，本人の帰宅時間がはっきりしないこと，もうひとつは，セキュリティの関係で敷地内に入れないことが多いからであった。

調査員の学歴は，データ記入の信頼度を高めるために，最低でも普通高校か職業高校（Po. Wo. Cho.）卒業以上でなければならない。地方監督官の場合には，大卒以上の学歴を必要とする。2000年調査では，調査員は高校の教師を多く採用した。2010年調査では，インターネットを使って公募すると同時に，主要県40か所以上に存在するラーチャパット総合大学（旧師範学校を4年制総合大学に1995年に改組したもの）の学生・院生を動員したという。

なお，タイの調査員6万3000名は，人口1,000人当たり0.95人に相当する。これは日本の調査員10万人（人口1,000人当たり5.53人），インドネシアの75万人（同3.16人）よりはるかに少ない（前出の図表序-4も参照）。日本の場合は，調査員の大半がボランティアであり，そのため一人当たりのノルマ（負担）を少なくしていること，インドネシアの場合は，島国のため大陸部よりはるかに多数の人員が必要であることが，理由として考えられる。

2　人口動態とバンコク・メガリージョン

1）少子化と高齢化

2010年人口センサス調査報告書は，全国版であれ県別報告書であれ，冒頭の「解説」のところに，1990年，2000年，2010年の3回の調査結果のデータを横並びに掲載している。項目は人口総数や人口増加率，年齢階層別の人口構成といった基本データから始まり，男女別の初婚年齢，就業構造，教育の平均年数，世帯当たり平均人数，世帯主の属性，県外住民の比率，携帯電話の保有率など合計49種類に及び，過去20年間の比較が可能である。タイ全国，そして県別の社会変化をみるうえで，これほど重宝すべき統計資料はない。そこで，全国について主な項目を抽出したのが図表5-3である。以下ではこの図表を使って，タイの人口動態，とくに少子化と高齢化の進展についてみておきたい。

年人口増加率は，1960年代前半には3.0％を超えていた。それが，1990年には2.0％を切り，2010年調査では1.0％を切っている。より印象的な数字は，一人の女性が15歳から49歳の間に産む子供の数，いわゆる合計特殊出生率であろう。この数字は，1960年代前半には6.40人であった。ところが，1970年代末に家族計画が導入され，全国で避妊運動が展開されると，1990年調査では2.36人，そして，女性の社会的進出が顕著となる時期と重なる2000年調査では1.88人と，人口規模を維持するのに必要な水準（人口置き換え水準）である2.10人を下回るようになった。さらに，2010年調査では1.52人まで下がり（バンコクは1.22人），その水準は今や先進国とあまり差はない。

なお，国家経済社会開発庁（NESDB）が2013年に公表した『タイ人口予測2010〜2040年』によると，合計特殊出生率の数字は人口センサスより若干高い。具体的には，2010年が1.62人であり，以後は2020年1.55人，2030年1.43人，2040年1.30人に低下すると予測されている（NESDB 2013，付属資料）。この報告書によると，タイの人口総数は，2026年には6638万人でピークを迎え，以後は年々減少していき，2040年には6386万人と，2010年（6379万人）とほぼ同水準に戻ると予測している（ibid.：27-28）。タイも日本と同様に，10年先には人口減少社会に移行するのである。

図表 5-3 人口センサスからみたタイ社会の変容：1990〜2010年

番号	項 目	1990	2000	2010
1	年人口増加率（%）	1.96	1.10	0.80
2	合計特殊出生率（人）	2.36	1.88	1.52
3	初婚年齢（歳）	24.7	25.6	28.4
4	年少人口 0〜14歳（%）	46.1	36.8	28.3
5	生産年齢人口 15〜59歳（%）	46.5	53.7	58.8
6	高齢人口 60歳以上（%）	7.4	9.5	12.9
7	都市人口比率（%）	29.4	31.1	44.2
8	5年以内に移動した比率（%）	6.9	6.2	10.4
9	国民の平均教育歴（年）	5.7	7.2	8.1
10	世帯当たり平均人数（人）	4.4	3.8	3.1
11	単独世帯比率（%）	5.1	9.4	18.4
12	女性世帯主比率（%）	19.4	26.2	34.7
13	携帯電話保有世帯比率（%）	−	−	90.3
14	パソコン保有世帯比率（%）	−	−	29.1
15	インターネット接続世帯比率（%）	−	−	13.8

出所）NSO（2012）より筆者作成。

興味深い論点は，1960年代前半に合計特殊出生率が5.63人であった韓国，5.72人であった中国も，タイと同様に1980年代に入って，ほぼ同じスピードで水準が下がっていった事実である。経済の発展段階も，政治体制も，家族制度もまったく異なる韓国，中国，タイの3か国が，主として政府の出産抑制政策を背景に，同じトレンドで合計特殊出生率を下げていった状況を，京都大学の落合恵美子たちは「東アジアの家族制度にみる圧縮された近代化」と呼んだ（落合編 2013：68–75）。

3番目の項目である「初婚年齢」をみると，1990年調査の24.7歳から2010年調査の28.4歳まで，4歳弱も年齢が延びている。これを男女別にみると，同じ時期に，男性は25.9歳から28.3歳に上昇し，女性のほうは23.5歳から23.7歳と，わずかばかりの上昇にとどまった。また，バンコクの女性（27.2歳から27.1歳へ）は全国平均より年齢が高いものの，初婚年齢はほとんど変わっていない。このことは，女性の社会的進出に伴って，晩婚ではなく「未婚」の女性の数が増え，その結果，男性は結婚できる相手を探すのが困難になっている状況が示唆される。

タイはすでに「高齢化社会（aging society）」である[7]。国際基準である65歳以上の高齢人口が総人口の7％を超えたのは，『世界人口推計　2015年版』の中位推計の数字を使うと，2002年であった。現在のスピードで人口構成が変化すると，2022年にタイは「高齢社会（aged society，高齢人口が14％を超える社会）」の段階に移行する（第1章の図表1-6を参照）。高齢化社会から高齢社会への移行年数（倍加年数）はわずか20年である。1995年に高齢社会に突入した日本の倍加年数は25年。当時，世界最速と呼ばれた日本よりも，5年も速いスピードであることに注意しておきたい。

一方，先に紹介した『タイ人口予測2010〜2040年』（NESDB 2013）によれば，2010年の65歳以上の高齢人口が総人口に占める比率は9.1％と，国連の2015年版の推計（8.9％）とほぼ一致する。同様に，「高齢社会」を迎えるのは2022年（14.1％），65歳以上の人口が21％を超える「超高齢社会（super aged society）」に突入するのは2033年（21.2％）であり，いずれも国連の中位推計に近い予測となっている。

もっとも，図表5-3の6番目の「高齢人口」は，国連が採用する基準ではないことに注意する必要があろう。タイ政府が独自に決めている「高齢人口＝60歳以上」にもとづいた数字だからだ[8]。この数字をベースにすると，高齢人口の比率は，1990年の7.4％から2010年には12.9％に上昇した。次世代の労働力を担う年少人口は，同じ時期に，46.1％から28.3％へと大幅に低下している。第1章で紹介したように，高齢人口と年少人口は経済活動に参加しないと仮定するため，「従属人口」と呼ばれる。そして，この従属人口を生産年齢人口で除したものが，「従属人口比率」である。

図表5-4は，生産年齢人口を国際基準（15歳から64歳の人口）でとり，①総人口に占める生産年齢人口の比率，②従属人口を生産年齢人口で除した「従属人口

7）アジアの高齢化社会については大泉（2007）を，タイの高齢化の実態と対策については Vipan ed.（2013）を参照。

8）「1997年憲法」の第54条は，「法律の規定にもとづき，満60歳を超え，生活に十分な所得のないものは，国の援助を受ける権利を有する」と定めており，これが高齢者を60歳以上とみなす法的根拠となっている。一方，最新の「2017年憲法」には高齢者の権利を保障する条項は見当たらない。

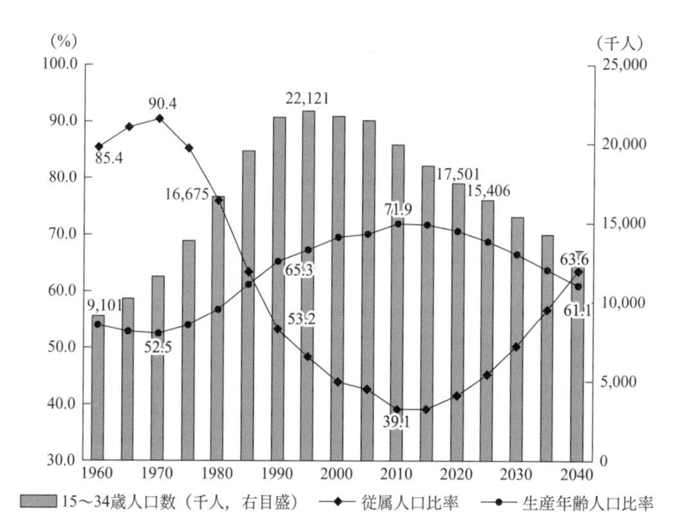

図表 5-4　タイの生産年齢人口と従属人口の比率の推移：1960～2040 年

注）従属人口比率は（15 歳未満人口＋ 65 歳以上人口）／生産年齢人口。
出所）United Nations, *World Population Prospects: The 2015 Revision* より筆者作成。

比率」，③生産年齢人口のうち「若い世代」（15 歳から 34 歳）の絶対人数，この 3 つについて，1960 年から 2040 年までの長期のトレンドを，国連の『世界人口推計　2015 年版』にもとづいて整理したものである。

図表からわかるように，①が 71.9 % とピークを迎えた時期，つまり「人口ボーナスの期間」が終焉を迎えたのは，すでに 2010 年のことであった。この年，従属人口比率は 39.1 % を底にして，以後は急カーブで上昇していく。そして，2040 年には生産年齢人口の比率（61.1 %）を上回り，63.6 % に達すると推計した。一方，「若い世代」の生産年齢人口に注目すると，絶対数でピークを迎えたのは，①の 2010 年より 15 年も早い 1995 年のことであった。タイは意外と知られていないが，2000 年代以降は，実は「恒常的かつ深刻な労働力不足の国」なのである。第 3 節で議論する外国人労働者，とくに CLM 移民労働者を，タイ政府が受け入れる根本的な理由は，図表 5-4 が示す年齢階層別人口構成の急速な変化に求めることができた。

再び図表 5-3 に戻ろう。9 番目は教育の平均年数を示したものである，1990 年の 5.7 年から 2010 年の 8.1 年に，2.4 年も延びていることがわかる。これはタイ人の平均像でみると，小学校 6 年卒から中等前期 3 年卒（日本の中学校に相当）に底上げされたことを意味するが，若年世代の労働力人口に注目すると，高等教育の急速な普及が確認できた。例えば，60 歳以上の高齢人口を例にとると，教育年数は 6.3 年，最終学歴が高等教育以上の人口は，当該人口の 4.7 % にすぎなかった。それに対して，22 歳から 34 歳の若年労働力人口に注目すると，教育年数は 10.6 年に延び，最終学歴が高等教育以上の人口も 30.5 % に達した[9]。

2）家族構造の変容

次に家族構造の変容をみておこう。図表 5-3 の 10 番目から 12 番目がこの点を示したもので，顕著な変化を確認することができる。まず，世帯当たり平均人数は，1990 年の 4.4 人から 2010 年には 3.1 人に大きく減少した。このことは少子化が進んだこと，未婚の若年世代が増加したこと，そして高齢者の単独世帯の数も増加したことによる。

この点を別の資料で確認しておこう。チュラーロンコーン大学人口問題研究所のナパポン女史は，1980 年，1990 年，2000 年の人口センサスを使って，家族関係のデータを独自に再集計した。つまり，家族の形態を①単独世帯，②核家族世帯，③拡大家族世帯に分類し，3 つの世帯の比率の推移を求めた。それによると，3 つの基準年の比率は，単独世帯は 4.2 %，6.2 %，10.1 %，核家族世帯は 70.6 %，67.6 %，60.3 %，拡大家族世帯は 25.1 %，26.3 %，29.6 % と，それぞれ推移した (Naphaphorn 2007)。つまり，単独世帯が 1980 年以降一貫して増加し，核家族世帯が比率を下げ，逆に拡大家族世帯が増加していることを実証した。

注目すべきは，単独世帯の年齢階層別にみた比率の推移である。若年世代である 30 歳未満の人口では，単独世帯の比率は 7.8 %，14.3 %，25.2 % と急速に上昇していき，晩婚・未婚の影響を明確に確認することができた。一方，60 歳以上の高齢人口では，7.5 %，7.3 %，10.0 % と推移している（ibid.：777）。

一方，これと比較可能なデータは，2010 年人口センサス全国版には掲載されていない。そこで，国家統計局が社会開発・人間安全保障省と共同で実施した

9）高等教育（higher education level）というのは，4 年制の大学かそれ以上の卒業，ならびに 2 年制・3 年制の職業短大卒を指す。2010 年人口センサス（全国版，タイ語）の「第 9 表 3 歳以上の年齢階層別人口の最終学歴」より筆者が集計。

「2011年全国高齢者調査」の結果を援用すると，60歳以上の高齢者のうち単独世帯の比率は8.6％，子供たちとの同居世帯は56.7％であった[10]。ここで注目すべきは，高齢者の単独世帯の比率がバンコク（5.6％）ではなく，北部（10.9％），南部（9.6％）といった地方で，よりいっそう高いという事実であろう。その結果，地方における一人暮らしの高齢者をどうケアするかは，2010年代に入ると，中央政府や地方自治体だけでなく，コミュニティや家族にとっても，喫緊の社会問題になったのである（Vipan et al. 2013）。

次に，12番目の「女性世帯主比率」が，1990年の19.4％から2010年の34.7％まで上昇しているのは，母子家庭が増えているのではなく，晩婚・未婚の結果，女性の単独世帯の数が増え，その結果，世帯主が女性になる事例が増えていることを示している。

3）住民登録簿と人口センサスの数字の乖離

「人の移動」に関する最も基本的なデータを提供するのが，人口センサスである。というのも，国連のガイドラインでは，5年前と現在の居住地，出身地（生まれた県）と現在の居住地との異同について質問するように勧告しているからである。したがって，5年以内に移動した人口の比率をみれば，国内移動の数量的把握が可能となる。過去の人口センサスの結果からは，1990年6.9％，2000年6.2％，2010年10.4％と，2000年代に入って国内移動が加速していることが判明した（図表5-3の8番目）。

さて，国内移動の状況を把握するもうひとつの重要なデータが，県別にみた登録住民の数（内務省中央登録事務所の管轄）と，人口センサスが示す居住地住民の数（国家統計局の管轄）の食い違いであった。タイでは子供が生まれた場合，生まれた場所の郡役所（農村部）や区役所（バンコクなど）に申請を行い，住民登録票（thabian ban）を作成する。この住民登録票には，本人の国民番号（IDナンバー），姓名，性別，生年月日，国籍，父母の名前と国籍，転入と転出の記録，世帯番号などが記載される（重冨／スパポン 2011）。日本の「戸籍台帳」と考えれば

10）なぜ，60歳以上を対象とした「2011年全国高齢者調査」の単独世帯の数字（8.6％）が，2010年人口センサスから得た数字（10.0％）よりも低下したのか，その理由を筆者は特定できなかった。

図表 5-5 タイの地域別とバンコク・メガリージョンの主要指標：1995年，2010年

地域・県名	人口（千人）			一人当たり GRP（バーツ）	
	1995	2010 登録人口	2010 人口センサス	1995	2010
1. 全　国	59,401	67,313	65,981	70,884	160,556
2. バンコク首都圏	9,772	11,562	14,626	229,427	412,895
3. 東　部	3,843	4,587	5,176	129,169	441,942
4. 西　部	3,383	3,686	3,569	47,105	105,131
5. 中　部	2,900	3,044	3,117	73,958	218,117
6. 北　部	11,295	12,176	11,656	27,439	68,015
7. 東北部	20,370	22,878	18,966	18,866	44,517
8. 南　部	7,839	9,378	8,871	51,564	118,184
バンコク（A）	6,383	6,877	8,305	251,114	456,890
バンコク近隣5県（B）	3,390	4,686	6,321	188,527	348,242
首都圏周辺6県（C）	3,766	4,371	5,227	155,337	545,277
参考　ラヨーン県	502	603	821	278,227	1,225,818
バンコク・メガリージョン 12県（A＋B＋C）	13,539	15,934	19,853	208,802	449,184
対全国比（%，倍率）	22.8	23.7	30.1	2.95	2.80

注1）バンコク首都圏は（A）と（B）の合計。近隣5県と周辺6県は本文の記述を参照。
　2）登録人口は内務省の住民登録名簿による登録人数の推計を示す。
出所）NESDB（2012a），NSO（2012）より筆者集計・作成。

よい。

住民登録票は，選挙人名簿の作成，義務教育の該当者の認定，兵籍の登録，そして国民携帯証（bat prajam-tua）の発行に不可欠の根拠となる。また，居住地を移した場合には，日本と同じように，転出届が必要である。しかし，バンコクなどに出稼ぎに出てきた場合，その期間が5年や7年のように長期化しても，面倒なので転出届を出さないのが一般的である。その結果，総選挙や地方自治体選挙が行われると，大量の人々がバンコクや近隣県から故郷にいっせいに帰省するという「Uターン現象」が生じる。

以上の点を念頭において，2010年における内務省の住民登録の人数と人口センサスの人数を地域別に整理したものが，図表5-5である。まず，登録ベースの累積数字を示す2010年の人口数は6731万人であり，人口センサスの6598万人，

とりわけCLMからの労働者を除いた約6400万人との間に，大きな乖離があることがわかる。これは，登録人口に海外に出稼ぎに出たタイ人（40万人）を含むためもあるが，なぜ300万人もの乖離が生じているのかは，残念ながら筆者自身もよくわからない。

さて，地域別にみた場合，人口センサスの人数が登録人数を上回ったのが，バンコク首都圏の306万人（人口センサスの1462.6万人から住民登録の1156.2万人を差し引いた人数）で，これに東部（59万人，同じ），中部（7万人）が続く。逆に，人口センサスの人数が登録人数を下回ったのは東北部（391万人）であり，以下，北部（52万人），南部（51万人），西部（12万人）の順であった。さらに，バンコク首都圏の内訳をみると，両者の差は，①バンコクが143万人増，②バンコク近隣5県が163万人増，ここ20年間の発展が目覚ましい③「首都圏周辺6県」が86万人増であった。

①から③を合計した「バンコク・メガリージョン」（後述）の人口の増加分は392万人に達する。この数字は東北部の不足分（地域外への流出分）とほぼ一致する。より正確にいえば，バンコク・メガリージョンの人口流入分は，東北部などから移住する労働者と，次節で説明するCLMの労働者——登録人口には反映されない——の存在によって説明できるのである。

4）バンコク・メガリージョンの誕生

1988年から始まる「経済ブーム」は，タイにバブル経済を引き起こし，最終的には1997年アジア通貨危機の原因となった。その一方，この経済ブームが，バンコクを中心とする経済圏の範囲を一気に拡大した事実も忘れてはならない（末廣2009：第2章）。バンコク北部のアユタヤー県などにはIT製品を中心とする工業地帯（クラスター）が，東部のチャチュンサオ県や東南部のラヨーン県には，IT製品とともに自動車産業や化学産業のクラスターが，それぞれ形成されたからである。

例えば，IT製品が集中するアユタヤー県のローチャナ工業団地（1990年），ハイテク工業団地（1992年）。家電メーカーが集中するチャチュンサオ県のウェルグロウ工業団地（1991年），自動車産業のゲイトウェイ工業団地（1993年）。日本企業を中心に600社以上が入居するチョンブリー県のアマタナコン工業団地

(1989年)，GMとフォード・マツダが組立工場を有するラヨーン県のイースタン工業団地（1991年）などがそれである。設立年をみれば，いずれの工業団地も経済ブーム期に造成されたことが判明する（末廣 1995）。

大泉啓一郎の調査によれば，1990年代以降にタイに進出した日本企業の多くは，バンコク首都圏のさらに郊外に工場を設立していった。大泉は，投資委員会（BOI）の奨励企業の立地場所を，①バンコク，②近郊5県（サムットプラガーン県，パトゥムターニー県，サムットサーコン県，ナコンパトム県，ノンタブリー県），③周辺4県（アユタヤー県，チャチュンサオ県，チョンブリー県，ラヨーン県），④その他，の4区域に区分し，①から③を合わせたものを，「バンコク・メガリージョン」と呼んだ（大泉 2016：94）。

ところで，1970年から2014年まで，日本企業がBOIから受けた投資奨励の認可件数は7,584件に上る。このうち6,330件（83.5％）が大泉のいう「バンコク・メガリージョン」に集中していた。また，時期区分でみると，投資奨励の認可件数のうち，②の「近郊5県」は1990〜94年の35％から2010〜14年に15％へと大きく下がり，新興工業地域である③の「周辺4県」が同じ期間に，34％から61％へと大幅に増加した（同前：94-95）。これは投資地域が，2000年代にバンコクを起点に「北進・東南下」していったことの結果であった。

本章では大泉にならって，①から③を合わせたものを「バンコク・メガリージョン」と呼ぶことにする（末廣 2015）。ただし③の「周辺4県」は実態に合わせて，首都圏北方のサラブリー県と東方のプラーチーンブーリー県を加え，「周辺6県」とした（図表5-5の「首都圏周辺6県」を指す）。

ここで注目してほしいのは，図表5-5に示した一人当たり地域別総生産（GRP：Gross Regional Product）の地域別分布である。例えば，1995年当時，バンコク首都圏（BMA）の一人当たりGRPは23万バーツで，東部の13万バーツ，全国平均の7万バーツを大きく上回っていた。ところが，2010年の数字を見ると，最も高い地域はバンコク首都圏（41万バーツ）ではなく，東部（44万バーツ）であることがわかる。なお，東部の一人当たりGRPをドルに換算すると，2010年当時，同地域はすでに世界銀行が定義する「高所得国（high income country）」の水準に達していた[11]。

さて，以上の点を念頭において地域別総生産額の分布をみると，「バンコク・

メガリージョン」が全国に占める比率は，1995年が67.1％，2010年が66.2％と，ほとんど同じであった。ただし，従来の経済中心圏であった「バンコク首都圏」に限って計算すると，1995年の53.2％から2010年の44.2％に9ポイントも下がったことがわかる。それだけ，「首都圏周辺6県」の成長が著しかったといえるだろう[12]。

図表5-5に関連して，ぜひともふれておきたい論点がある。というのも，地域別（県別）の一人当たりGRPは，NESDBが地域別のGRP総額を，内務省の登録人口で単純に除した数字だからである。仮に，実際に経済活動に従事している居住人口（人口センサス）にもとづいて計算すると，2010年のバンコク首都圏の一人当たりGRPは，41万3000バーツから32万6000バーツに下がる。逆に東北部のそれは，4万4500バーツから5万3700バーツに上昇する。首都圏と地方の経済格差は，NESDBが発表しているものより縮小するのである。この点に気づいている研究者は残念ながらほとんどいない。

5）バンコクとラヨーン県の比較

最後に，図表5-6にもとづいて，バンコクと「首都圏周辺6県」を代表するラヨーン県を比較してみたい。ラヨーン県は，1980年代半ばから本格化する東部臨海工業開発計画の拠点であり[13]，重化学工業の大工場が集中するマープタプット地区（深港を併設）と，自動車関連工場が集積する工業団地を多数擁する「工業県」である。

まず「1．人口構造」に目を向けてみよう。ラヨーン県の人口総数は，バンコクの10分の1以下の規模（82万人）にすぎないが，人口増加率はバンコクの2.68％を大きく上回る4.53％であった。この増加率の高さは，人口の自然的増加ではなく社会的増加，つまり労働力の国内移動によるものであった。この点は，

11）2010年当時，東部は一人当たり1万3928ドルで，世界銀行が定義する「高所得国」の下限1万2476ドルを優に上回っていた。なお，東部の人口を登録人口ではなく人口センサスの居住人口に置き換えると，数字は1万2343ドルに下がり，「高所得国」の水準には133ドルほど足らない。一方，タイ全国平均は5,000ドル強で，「上位中所得国」の中では，低いレベルに位置する。

12）バンコク首都圏（バンコク＋近隣5県）の経済集中度は，1991年当時，GDPの52％，製造業付加価値額の75％，商業付加価値額の54％に達した（末廣 1999：3）。

13）東部臨海工業開発計画については，東（2000）を参照。

図表 5-6　バンコクとラヨーン県の人口動態の変化：1990〜2010 年

項　目	バンコク			ラヨーン県		
	1990	2000	2010	1990	2000	2010
1. 人口構造						
1　人口総数（千人）	5,822.4	6,355.1	8,305.2	450.6	522.1	821.1
2　年人口増加率（%）	2.25	0.77	2.68	2.84	1.50	4.53
3　年少人口（0〜14 歳，%）	21.5	17.5	12.8	27.2	22.7	18.5
4　生産年齢人口（15〜59 歳，%）	72.5	74.6	77.6	65.7	69.5	72.6
5　高齢人口（60 歳以上，%）	6.0	7.9	9.6	7.1	7.8	8.9
6　初婚年齢，男女平均（歳）	28.1	28.0	28.5	24.7	25.0	25.0
7　合計特殊出生率（人）	1.84	1.51	1.22	2.19	1.35	1.36
2. 教育と就業構造（15 歳以上人口）						
1　教育平均年数（年）	8.8	9.7	10.8	5.6	7.3	8.2
2　就業人口比率（%）	63.8	61.5	69.8	78.1	75.1	75.7
3　農業セクターの比率（%）	2.5	1.5	0.7	62.3	39.4	25.1
4　地位別就業（%）						
4.1　自営業	15.8	17.9	19.9	28.5	24.1	21.8
4.2　被用者	73.5	70.3	69.9	36.4	56.2	64.8
4.3　不払い家族労働	7.7	7.2	5.3	34.0	17.5	10.9
3. 人口移動と家族構造						
1　5 年以内に移動した人口（%）	12.2	8.5	11.5	9.3	15.2	24.1
2　生まれた県と異なる人口（%）	36.1	37.3	43.0	22.1	34.5	43.6
3　世帯当たり平均人数（人）	4.3	3.6	2.7	4.2	3.4	3.0
4　単独世帯比率（%）	7.9	12.9	23.0	5.3	12.5	18.9
4. IT 機器の保有状況（%）						
1　コンピュータ保有世帯	-	-	52.7	-	-	35.0
2　携帯電話保有世帯	-	-	94.1	-	-	94.4
3　インターネット接続世帯	-	-	37.3	-	-	15.5

出所）バンコクとラヨーン県の人口センサスのサマリーレポート（タイ語版）より筆者作成。

合計特殊出生率が 2010 年に 1.36 人と，バンコクの 1.22 人に比べてそれほど高くないこと，同時に，「5 年以内に移動した人口」の比率が，バンコクの 11.5 % に対して，ラヨーン県は 24.1 % と倍以上であったことからも推測できる。なお，年齢階層別人口構成でみると，年少人口（15 歳未満の人口）の比率は 18.5 % と，バンコク（12.8％）よりかなり高い。そのため，生産年齢人口が総人口に占める比率は72.6％と，バンコク（77.6％）に比べ5ポイント低かった。

次に，「2．教育と就業構造」をみると，教育の平均年数は8.2年（ほぼ全国の平均値）と，バンコク（10.8年）より2年以上低い。これはラヨーン県の就業人口比率が高いだけでなく，相対的に学歴の低い労働者が県外から移動してきたことによる。

もうひとつ，ラヨーン県のデータで印象的な事実は，農業セクターに従事する人口が，1990年の62.3％から2010年に25.1％へと，劇的に下がったことであろう。そして，これと並行して就業者の地位別構成も，民間企業の被用者が急増し，農業や自営業の手伝いを行っていた不払い家族労働者（大半が女性）が，就業者全体の34％から11％に激減した。このことは，ラヨーン県の民間企業の労働者が，県外からの移動者だけでなく，農業や自営業の手助けをしていた女性労働者たちによっても補充された事実を示唆している。

「3．人口移動と家族構造」のデータは，ラヨーン県に多数の人口が県外から流入している様子を浮き彫りにしている。例えば，生まれた県と異なる居住人口の比率は，1990年の22.1％から2010年には43.6％と，バンコク（43.0％）の数字を超えるほどであった。また，世帯当たり平均人数は3.0人と，バンコクの2.7人と比べても，それほど大きな違いはない。これは単独世帯の若年労働力人口が，工業団地の造成に伴って大量に流入してきた結果でもあった。

最後に，「4．IT機器の保有状況」をみておこう。タイ人にとって必需品となった携帯電話の保有比率は，若干ではあるが，ラヨーン県（94.4％）の方がバンコク（94.1％）を上回っている。また，コンピュータの保有世帯がバンコクでは53％なのに対して，ラヨーン県が35％にも達している点にも注目すべきであろう。

1980年代後半に，筆者が東部臨海工業開発計画の関連でラヨーン県をしばしば訪問していたときには，道路事情も良くなく，バンコクからのアクセスに8時間以上を要した。現在はタイ東部を縦貫する高速道路（モーターウェイ）を利用すれば，ほぼ3時間で到着する。ラヨーン県はかつてのように「農業県」でもなければ，「辺境の地」でもない。バンコク・メガリージョンを構成する先進工業地帯なのである。

3　人口センサスが捉えた外国人労働者

1）国籍と日常使う言語の乖離

2010 年人口センサスは，調査対象の国籍と日常家庭で使用している言語について質問している。国籍の方は，例えば，タイは 764，ミャンマーは 104，国籍なしは 998 というように，3 桁のコードで示されており，調査員がコード表を見て記入する。一方，使用言語の方は，①タイ語のみ，②タイ語とタイ語以外の言語，③タイ語以外の言語の 3 つから選択し，タイ語以外については，調査員が個別に言語を調査票に記入する。

図表 5-7 は，国籍と使用言語について，それぞれ占める割合の大きいものから並べたものである。国籍の場合にはタイ国籍が 95.9 % を占め，使用言語ではタイ語が 90.7 % であった。マレーシアのように多民族国家ではないし，インドネシアやフィリピンのように使用言語（地方語を含む）が多岐にわたっているわけでもない。また，タイには中国人や華人系住民が多いというイメージが強いが，中国籍を持つものは 14 万人（総人口の 0.21 %）と意外に少なく，中国語を日常的に話す住民も 11 万人（0.17 %）にすぎなかった。同様に，インド人も国籍保有者は 4 万 6000 人（0.07 %），ヒンディー語使用者も 2 万 3000 人（0.03 %）と，タイ社会の中ではマイノリティである（不動産やビジネスでは一定の影響力がある）。

国籍と使用言語で最もギャップが激しいのは，マレーシア国籍とマレー語（タイではヤーウィー語と呼ぶ）の関係である。というのも，マレーシア国籍が 8,199 人（総人口の 0.01 %）に対して，マレー語を日常的に使用する住民は 147 万人（2.22 %）にも達したからである[14]。

マレー語を話す人々はタイ南部の深部（マレーシアとの国境地帯），とくにソンクラー県南部，パッタニー県，ヤラー県，ナラーティワート県の 4 県に集中して

14）もっとも，南タイ深部の場合，マレーシア国籍とタイ国籍の両方を持っている住民も少なくない。一方，人口センサス調査では，彼ら住民の大半が「タイ国籍」と回答する。同様に，本来は中国籍，台湾籍，インド籍，米国籍の場合でも，タイ国籍を保有している複数国籍保有者は，「タイ国籍」と回答することが想定される。この複数国籍保有者の問題は，人口センサスの調査結果からは判別できず，「外国籍者」が過少に評価される可能性がある。以上の重要な問題については，法政大学の浅見靖仁氏の指摘による。

図表 5-7 タイにおける国籍別分布と家庭での使用言語：2010 年（人，%）

国 籍	合 計	% 総人口	家庭使用言語	合 計	% 総人口
人口総数	65,981,659	100.00	人口総数	65,981,659	100.00
タイ国籍	63,279,495	95.90	タイ語	59,866,190	90.73
外国籍	2,702,164	4.10	タイ語以外のみ	1,901,468	2.88
ミャンマー	1,292,862	1.96	マレー語	1,467,369	2.22
カンボジア	281,321	0.43	地方語*	958,251	1.45
ラオス	222,450	0.34	ビルマ語	827,713	1.25
中 国	141,649	0.21	タイ・ルーイ族語	787,696	1.19
イギリス	85,850	0.13	カレン族語	441,144	0.67
日 本	80,957	0.12	英 語	323,778	0.49
インド	46,113	0.07	土着語**	318,012	0.48
アメリカ	40,258	0.06	ラオ語，ラオ中央	237,652	0.36
ドイツ	24,381	0.04	クメール語	180,533	0.27
フランス	22,489	0.03	中国語	111,866	0.17
ベトナム	17,663	0.03	日本語	70,668	0.11
マレーシア	8,199	0.01	ヒンディー語	22,938	0.03

注）*：地方語（phasa thin），**：土着語（phasa phuen-muang）は，特定の民族・人種が話す言語に該当しない言葉を指す。本人の回答にもとづく。
出所）NSO（2012）付録の表 5，表 7 より筆者作成。

いる。この 4 県はマレー系住民が住む地域であると同時に，イスラーム教徒が住民の大半を占める地域であり，タックシン政権が強硬策に転じて以後（2004 年），タイ国軍や仏教徒住民と激しく対立し，流血事件を引き起こしてきた。2004 年 1 月から 2014 年 12 月までの累計では，紛争事件は 1 万 1366 件を数え，死傷者の数は 1 万 7652 名（うち死者数 6,286 名）にも及ぶ（Suphaphorn lae Khana 2014）[15]。

しかし，図表 5-7 で最も印象的な事実は，ミャンマー（129 万人），カンボジア（28 万人），ラオス（22 万人）の突出した数字の高さであろう。これら 3 か国（CLM）を合計した 180 万人は，外国籍の 270 万人のじつに 66 % にも達したからである。そこで以下では，この CLM 国籍の住民に焦点をあてて検討してみた

15）南タイの紛争については，ソンクラー大学 Center for Conflict Studies and Cultural Diversity（CSCD），およびインターネットの Deep South Watch（DSW）が詳しい。紛争の背景は McCargo (2008) を参照。

い[16]。

2）突出するCLMからの移民労働者

それでは180万人にも及ぶCLM国籍の住民の実態はどのようなものなのか。

最初に年齢階層別にみると，タイ政府が「生産年齢人口」と定義する15歳から59歳の人口の比率が，カンボジア（89%），ラオス（90%），ミャンマー（87%）と，いずれの国においても高く，タイ全体の平均値68%を大きく上回っていた（NESDB 2012b）。このことは，CLM国籍の住民の大半が就労目的でタイに滞在していることを示唆している。

実際，『タイ国移民報告2011』（タイ語）によると，CLMからの移民は，2009年から2011年の3年間に累計で351万4831名を数え，このうち短期滞在者（3.4%），観光客（2.6%），学生（0.5%），難民申請者（4.0%）を除く全体の89.4%が，何らかの意味で「仕事探し」，それも非熟練分野での雇用を求めてやってきた人々であった（ibid.: 18）。

次に教育歴をみると，CLM国籍の住民の場合，「教育歴なし」と回答した人々が全体の5割に達し，タイ全体の数字である5.5%をはるかに上回った。また，「教育歴なし」と「小学校卒かそれ以下」の2つを合計した数字をとると，CLM 3か国で回答者全体の7割を超え，CLM国籍の移民労働者の大半が，学歴なしか低学歴であったことが判明する。このことは，当然ながら，彼らが従事できる職業が「初級の職業（elementary occupation）」や，熟練を必要としない「農林漁業」といった職業に集中することを予測させる。実際，CLM 3か国の回答者のうち約4割が「初級の職業」に従事していた[17]。

しかしながら，CLMの移民労働者が従事している具体的な職種は，以上の聞き取り調査の結果からはイメージしにくい。また，単発の人口センサス調査からは，移民労働者の推移を知ることもできない。そこで，以下では国家統計局ではなく，タイの労働省外国人労働事務所が独自に集計しているデータを使用することにしよう。

最初に，タイで登録された外国人労働者とCLM 3か国からの労働者の推移を

16）CLM国籍の移民労働者については，NESDB（2012b），竹口（2014a; 2014b）を参照。
17）人口センサスの関係者からの筆者による聞き取り調査（東京，2017年1月）。

図表 5-8　タイにおける外国人労働者と CLM：2002〜2012 年（人，%）

年　次	全国籍（A）	CLM 3 か国 (B)	CLM 3 か国	
			うち違法入国者＊	%（B/A）
2002	491,188	409,339	…	83.3
2004	974,143	849,552	…	87.2
2006	826,399	668,576	…	80.9
2008	790,664	589,648	…	74.6
2009	1,544,902	1,419,743	1,098,560	91.9
2010	1,335,155	1,203,698	932,255	90.2
2011	1,820,275	1,684,837	1,136,024	92.6
2012	1,162,373	1,027,400	147,419	88.4

注 1）違法入国者は，非合法労働者ではなく，違法にタイに入国したが閣議決定などで一時的に就労が許可されているものを指す。
2）…：数字が不明。
出所）労働省外国人労働事務所のデータ（タイ語）より筆者作成。データ提供は竹口美久氏。

みたものが，図表 5-8 である。これによると，2002 年の 49 万人から 2011 年の 182 万人と，外国人労働者数は年によって数字に大きなばらつきがあることがわかる。ただし，全体の外国人労働者に占める CLM 3 か国の割合は，75 % から 93 % の間と圧倒的な高さを誇った。

CLM 3 か国からの労働者が際立って多いのは，国境を接しているため容易に入国できるという理由もあるが，2000 年代に入ってから，タイ側と CLM 各国の政府との間で二国間協定が結ばれ，一定期間の滞在と就労の許可証をタイ政府が与えたことによる（竹口 2014a）。なお，「違法入国者」というのは非合法労働者のことではない。入国は違法であるが，政府間協定や閣議決定などで，一時的にタイでの就労を認められた労働者を指す。したがって，仮に「非合法労働者」を加えると，CLM の労働者の総数は 2010 年当時，200 万人を超えたものと思われる（人口センサスの対象は合法労働者のみ）。

次に，図表 5-9 を使って，CLM 国籍の移民労働者が従事している職種についてみておきたい。労働省外国人労働事務所が集計しているデータは，国家統計局が使用している国際基準に従った産業分類や職業分類とは異なり，同事務所の独自の分類に基づいている。ただし，職種の分類は具体的でわかりやすい。職種

図表 5-9　CLM 移民労働者の職種別分布：多い順，2011 年（人）

職　種	カンボジア	ラオス	ミャンマー		CLM 合計	労働者分布
			合　計	うち女性		%
労働者合計数	235,521	106,970	905,573	401,402	1,248,064	100.0
農業・畜産および解体業	49,761	22,997	279,202	108,801	351,960	28.2
建設作業	84,368	12,321	135,473	50,167	232,162	18.6
衣類・食品等販売業	25,922	27,785	160,329	80,889	214,036	17.1
各種サービス業	24,578	14,385	77,373	32,615	116,336	9.3
水産加工業	9,149	820	96,882	50,689	106,851	8.6
家政婦・掃除・運転手	7,427	16,452	61,183	49,092	85,062	6.8
卸売・小売・露天商	10,089	8,067	37,439	14,585	55,595	4.5
漁　業	15,073	1,153	24,902	2,710	41,128	3.3
リサイクル・廃品回収業	4,955	1,395	11,981	4,244	18,331	1.5
土砂採掘・石材加工	1,611	1,082	13,145	5,208	15,838	1.3

注 1）本職種分類は国際標準にもとづくものではなく，労働省外国人労働事務所の独自の分類にもとづく。
　2）労働者合計には分類不能のその他を含む。
出所）Samnak Borihan Raeng-ngan Tangdao (2013) より筆者が加工のうえ作成。原データの提供は竹口美久氏。

別にみてとくに多いのは，農業・畜産および家畜の解体作業（28.2 %），建設作業（18.6 %），衣類・食品等販売業（17.1 %），水産加工業（8.6 %），漁業（3.3 %），廃品回収業（1.5 %）など，いわゆる「3K 労働」（きつい，きたない，きけん）の業種である（竹口 2014b も参照）。また，ミャンマー人の女性の場合には，約 5 万人が家事労働に従事しており，このうちバンコクなどでは高齢者のケアに携わっている者も多い。

いずれにせよ，建設現場での作業，稲刈りと籾袋の運搬作業，天然ゴムの採汁作業，オイルパームの収穫・運搬作業，漁業（漁船の所有主はタイ人），水産加工の手作業などは，ほとんどが CLM の非熟練労働者に任されていた。逆にいえば，就労許可の期限が切れたり，母国の経済状況が良くなって，彼らが帰国したりすると，そのことはたちまちタイの経済に深刻な影響を与える。2015 年に入って建設現場を襲った労働者不足はその一例であった。

3)「中所得国の罠」よりも「労働統計の罠」

ところで，2010 年人口センサスは，それまでもっぱら労働省が扱ってきた外国人労働者の存在を，スポットの数字とはいえ，国民の前に明らかにしたという点で画期を成す。「これほど多いとは思わなかった」という声は，政府関係者からも聞かれたほどだった。しかし，人口センサスの結果は，新たな問題を私たちに突きつけていることに注意する必要がある。というのも，国家統計局が実施する労働力調査は，合法，非合法に関係なく，外国人労働者を調査対象から原則的に外しているからである。

その結果，国家統計局の労働力調査にもとづいて労働省が整理する就業構造に関する統計（就業人口比率，失業率，産業別・職種別・地域別就業人口の分布など）も，CLM 移民労働者の実態をほとんど反映していない[18]。あるいは，労働力調査にもとづいて NESDB が算出している産業別の「一人当たり労働生産性」も，分母の就業人口に CLM 労働者を含んでいないので，現実より高い数字を示すことになる。こうした問題は，登録人口と人口センサスの居住人口の乖離が，地域間の経済格差の見直しを迫っているのと同様の性格を有している。

とくに「第 12 次国家経済社会開発計画（2017～2021 年）」で，タイ政府は「中所得国の罠（the middle-income trap）」を脱却し[19]，2020 年代半ばに「高所得国」に移行することを，国家目標の柱に掲げた（Arkhom 2015）。その場合，政策のかなめは，労働生産性の引き上げをどう実現するかにかかってくる。

しかし，タイの実態を反映した正確な数字がないもとで，労働生産性の向上を議論しても，あまり有効ではないだろう。政府や NESDB が，より適切でより効果のある政策を立案するためには，人口センサスが示すスポットの人口動態の実態を反映させた，より特定の政策課題に特化した調査なり統計なりの整備が必要なのである。

国家統計局が実施した「2007 年全国高齢者調査」や「2011 年全国高齢者調査」は，そうした目的で企画されたものである。この点，労働市場，就業構造，家族制度，教育歴についても，CLM 国籍の移民労働者に焦点をあてた調査が望まれる。そのことで，人口センサスでは捉え切れないタイ社会の実態も明らかになるだろう。そして，CLM 労働者が自国に戻り，本当の意味での「労働力不足の時

18）労働省の統計については，毎年刊行される『タイ労働統計年鑑（Ministry of Labour）』のデータを参照。
19）「中所得国の罠」の定義と議論については，末廣（2014：第 6 章）を参照。

代」がタイに到来したとき，持続可能な経済社会を設計する作業も，それによって初めて可能になると私は考える。

参考文献

【日本語】

大泉啓一郎 2007『老いてゆくアジア——繁栄の構図が変わるとき』中公新書。

———— 2011『消費するアジア——新興国市場の可能性と不安』中公新書。

———— 2016「タイの集積地をいかに活用するか——新興国・途上国向けの輸出拠点として」日本総合研究所『JRI レビュー』Vol. 6，No. 36：89–109 頁。

落合恵美子編 2013『親密圏と公共圏の再編成——アジア近代からの問い』京都大学学術出版会。

柿崎一郎 2007『物語タイの歴史——微笑みの国の真実』中公新書。

小泉順子 2000「徭役と人頭税・兵役の挟間」『上智アジア学』第 17 号：59–86 頁。

重冨真一／スパポン 2011「タイの住民登録制度——国民総背番号で高まる国民の捕捉力」盤谷日本人商工会議所『所報』第 595 号，11 月：56–62 頁。

末廣昭 1995「タイにおける拡大首都圏と地方経済圏」京都大学東南アジア研究センター『総合的地域研究』（重点領域研究），第 9 号，6 月：2–9 頁。

———— 1997『タイにおける労働力調査と事業所調査』Discussion Paper No. D97–10，一橋大学経済研究所，9 月。

———— 1999『タイ統計制度発達史序論——国家統計局，人口センサス，国民所得』Discussion Paper No. D99–6，一橋大学経済研究所，12 月。

———— 2009『タイ——中進国の模索』岩波新書。

———— 2014『新興アジア経済論——キャッチアップを超えて』岩波書店。

———— 2015「タイ——拡大バンコク首都圏の形成」『アジ研ワールド・トレンド』第 21 巻第 8 号，8 月：24–27 頁。

————編著 2010『東アジア福祉システムの展望——7 カ国・地域の企業福祉と社会保障制度』ミネルヴァ書房。

竹口美久 2014a「タイの外国人労働者（1）——誰なのか，どこにいるのか」『タイ国情報』第 48 巻第 3 号，5 月：79–87 頁。

———— 2014b「タイの外国人労働者（3）——外国人のしごと」『タイ国情報』第 48 巻第 5 号，9 月：79–87 頁。

トンチャイ・ウィニッチャクン（石井米雄訳）2003『地図がつくったタイ——国民国家誕生の歴史』明石書店（原典 Thongchai Winichakul. 1994. *Siam Mapped : A History of the Geo-body of a Nation*, Honolulu : University of Hawaii）。

東茂樹 2000「産業政策——経済構造の変化と政府・企業間関係」末廣昭／東茂樹編『タイの経済政策——制度・組織・アクター』日本貿易振興機構アジア経済研究所。

【外国語】

Arkhom Termpittayapaisith. 2015. *Kan Phatthana phua Anakhot Prathet Thai*（タイ国，未来に向けての発展），Bangkok : NESDB.

Chin Chaiprapha. 1966. "Sammano Prachakon (人口センサス)" in Cremation Volume for Nai Chin Chaiprapha, edited by NSO, Bangkok : Wat Makhutkasatriyaram, June 20.

Central Statistics, Ministry of Finance, Thailand. *Statistical Year Book of the Kingdom of Siam* (SYB), No. 1 (1916), No. 3 (1918), No. 7 (1922/23), No. 8 (1928/29), No. 13 (1927/28), No. 14 (1929/30), No. 15 (1933-35), No. 21 (1939/40-44), No. 22 (1945-55).

Grabowsky, Volker. 1993. *An Early Thai Census : Translation and Analysis*, Bangkok : Chulalongkorn University, Institute of Population Studies.

McCargo, Duncan. 2008. *Tearing Apart The Land : Islam and Legitimacy in Southern Thailand*, Ithaca : Cornell University Press.

Ministry of Labour (and Social Welfare), Thailand. *Year Book of Labour Statistics*, various issues.

Naphaphorn Chayowan. 2007. "Khrop-khrua Diao nai Sangkhom Thai Pheom Khun Ching Rue? (タイ社会で単独世帯が増えているのは本当か？)", *The Journal of the Royal Institute of Thailand*, Vol. 32, No. 4, October-December : 774-782.

National Economic and Social Development Board (NESDB), Thailand. 2003a. *Population Projections for Thailand 2000-2025*, Bangkok : NESDB.

——— 2003b. *Nayobai lae Yutthasat Kan Phatthana Sathaban Khropkhrua, Pho.S0. 2547-2556* (家族制度開発の政策と戦略, 2004～2013 年), Bangkok : NESDB

——— 2012a. *Gross Regional Product 1995-2010*, Bangkok : NESDB.

——— 2012b. *Pawa Sangkhom Thai Traimat Sam Pi 2555* (タイ社会の状況, 2012 年第 3 四半期), Bangkok : NESDB.

——— 2013. *Population Projections for Thailand 2010-2040*, Bangkok : NESDB.

National Statistical Office (NSO). *Statistical Yearbook Thailand*, various issues.

——— 1963. *Thailand Population Census 1960 : Whole Kingdom*, Bangkok : NSO.

——— 1969. "Ruang Kan Tham Sammano Prachakon lae Khaeha Pho. So. 2513 (仏暦 2513 年 [1970 年] 人口・住宅センサスの実施について)". In *Racha Kichanubeksa* (官報), Vol. 86, No. 76, August 26 : 2538-2545.

——— 1980. "Ruang Kan Tham Sammano Prachakon lae Khaeha Pho. So. 2523 (仏暦 2523 年 [1980 年] 人口・住宅センサスの実施について)". In *Racha Kichanubeksa* (官報), Vol. 97, No. 12, January 29 : 361-368.

——— 1989. "Ruang Kan Tham Samano Prachakon lae Khaeha Pho. So. 2533 (仏暦 2533 年 [1990 年] 人口・住宅センサスの実施について)". In *Racha Kichanubeksa* (官報), Vol. 106, No. 216, December 7 : 9201-9220.

——— 2003. *The 2000 Census of Population and Housing : Whole Kingdom*, Bangkok : NSO.

——— 2012. *The 2010 Census of Population and Housing : Whole Kingdom*, Bangkok : NSO.

Samnak Borihan Raeng-ngan Tangdao (外国人労働事務所). 2013. *Phonkan Phijarana Anuyat Kan Tham-ngan khong Khon Tangdao Prajam Pi 2452-2455* (外国人に許可された仕事の分析報告, 2009～2012 年), Bangkok : MOL.

Suphaphon Phanat-nachee lae Khana. 2014. *Sarup Sathiti Hetkan Khwam Mai-sangop nai Phoen-thi Changwat Chaidaen Phark Tai Prajam Pi 2557* (2014 年度の南タイ国境県における紛争事件の統計要約集), Deep South Information Database, 27 December.

Sureerat Santipaporn. 2017. "Evaluation on 2010 Round Census and Planning for Next Round Census : A Register-based Population Census is An Apparent Alternative for Thailand". A paper submitted to the international workshop on "Great Demographic Changes and Population Censuses in East Asia" at Gakushuin University, 21 January.

Vipan Prachuabmoh (ed.). 2013. *Situation of the Thai Elderly 2012*, Bangkok : SS Plus Media.

——— et al. 2013. Rai-ngan Kan Suksa Khrongkan Tit-tam lae Pramoen Phonkan Damnoen-ngam tam Phaen Phu Sung-ayu heang Chat Chabap-thi 2 (Pho. So. 2545-2564), Raya-thi 2 (Pho. So. 2550-2554) (第 2 次長期家族計画［2002～2021 年］第 2 期 5 か年［2006～2011 年］の実施状況の検証と評価に関する報告書), Bangkok : Chulalongkorn University and Ministry of Social Development and Human Security.

コラム6 1960年人口センサスと『指導マニュアル』

タイ政府は1950年に，商務省の傘下にあった統計予測課（1914年設置）を，新たに設置した国家経済会議の事務局に移管し，中央統計事務所に改組した。そして，「1952年統計法」の制定により，人口，工業，農業などあらゆる「センサス調査」を実施する権限を，この中央統計事務所に与えた。

一方，タイは米国と1950年10月に，「タイ米国技術経済協力協定」を結ぶ。この協定のもと，タイ政府は米国のアジア戦略に全面的に協力するが，その見返りとして，1950年代半ばから経済援助を受領し，同時に，財政運営や統計整備の面で米国専門家の技術指導を受けた。このときの成果のひとつが，「1957年人口センサス」（結局，実施されず，1960年調査となる）の予備調査として実施された『1954年タイ人口動態・経済事業調査報告書』（全13巻）である。これは国際基準に従ったタイで最初の，そして本格的な人口調査であった（末廣 1999：11-13）。

次いで，1957年になると，世界銀行が1年間に及ぶ経済使節団を派遣し，経済運営に関するさまざまな勧告をタイ政府に対して行う。これに基づいて，1959年9月に，経済開発計画を専門に担当する国家経済開発庁（NEDB）が設置され，冒頭の中央統計事務所の業務は，NEDB内に設けられた中央統計局に移管された（同前：14）。1960年人口センサスを担当したのは，同局のもとにある「センサス・調査課」である。

タイ政府は，1960年4月に，第6回目の人口センサスを実施することを決定した。そして，センサス・調査課の課長を務めるモムルワング（王族の尊称）トゥーイ・チュムサーイを責任者とする運営委員会を立ち上げた。この運営委員会に全面的に協力したのが，米国援助機関USOMと，そこから派遣された統計専門家ワイン（Waller Wynne）であった（同前：32）。運営委員会が作成した『1960年人口センサス調査指導マニュアル』（英語とタイ語）をみると，国連のガイドラインにそった最初の人口センサスを，タイ側がどのように実施しようとしていたかが判明する。

まず実施組織をみると，中央統計局のもとに「フィールド部隊」を設置し，そこに県監督官，郡レベルの責任者を置く。次いで，郡レベルの責任者のもとに3,000名の「クルーリーダー」を配置する。クルーリーダーは，地域の役人，村長，学校教師から選抜する。最後に，このクルーリーダーの指示に従って，計1万8000名（人口1,000人当たり0.68人）の調査員（enumerators）が，指定された区域で戸別訪問調査を実施する。調査員の数は，2010年人口センサスの6万3000人（同0.95人）と比べると，相当少ない。また，調査員は原則として，バンコク地区の学生を動員することが，「1952年統計法」の第4条で明記されていた。

『指導マニュアル』には，調査員が注意すべき事項がいろいろと書いてある。通常，人間が耐えられる聞き取り調査の時間は，30分から45分の間であるので，要領よくインタビューを実施すること，多くの住民が「新規の課税」や「犯罪捜査」のための調査と誤解する恐れがあるので，その恐怖心や警戒心をまず取り除くこと，などがそれである。また，2010年人口センサスと最も違う点は，調査の対象から，外国人居住者や外国から派遣された軍人（当時は米軍），山岳少数民族（hill tribes），森林民族（jungle tribes），帰属先があいまいな海上居住民（chao le, chao nam）を除いた点にある。つまり，タイで生まれ，住民登録簿に記載されている「タイ人」に調査対象を限定したのである。

『指導マニュアル』の末尾に掲げられた，調査時に配布された書類，各種マニュアル，筆記具などの一覧をみると，調査員が記入するための居住地用と非居住地用の所定様式書類のほか，住民登録の写しや出生年を年齢に換算する表，記入のための台板などが含まれていた。また，調査員は全員がバッジを胸につけ（1 万 9250 個を用意），黒色鉛筆 4 万本，赤青 2 色の色鉛筆 2 万本，消しゴム 2 万個，人口センサス調査を公告する 18 万枚のポスターも用意された（Central Statistical Office 1960 : 145–146）。

調査に動員された学生の日当は 15 バーツであった。もし 1 か月毎日従事すると 450 バーツの報酬となる。当時の紡績女工の平均賃金が月換算で 360 バーツ，事務員の月給が 800 バーツであったことを考えると，学生にとっては結構よいアルバイトであったようだ。

（末廣昭）

参考文献

末廣昭 1999『タイ統計制度発達史序論――国家統計局，人口センサス，国民所得』Discussion Paper No. D97–100，一橋大学経済研究所，9 月。

Central Statistical Office, National Economic Development Board (NEDB). 1960. *The Sixth Population Census of Thailand B.E. 2503 (1960) : Manual of Instructions for Supervisors*, Bangkok : NEDB.

第6章

マレーシア
——崩れゆく民族構成と増える外国籍人口

鳥居 高

はじめに

マレーシアにおける人口センサスを検討する場合，同国の人口問題にみられる次の2つの特徴に留意する必要がある。第1は，マレーシアが「人口小規模国家」に属すること，第2は，マレーシアが「多民族」で構成され，かつ政府がマレー人を中心とするブミプトラ（Bumiputera：「大地の子供」の意味）という「特定の民族に対する優遇政策」を展開していることである。この2点について，詳細は本論で論じるが，ここではそのポイントだけ簡単にふれておこう。

第1点目は，マレーシアがその国土面積に対して人口規模が小さい，ということである。単純に言ってしまえば，人口密度が「粗」ということになるが，重要な点は労働市場の規模が小さいことである。このためマレーシア，そして，その前身である英領マラヤとマラヤ連邦の時代（1957〜63年），そして，マレーシア連邦の時代（1963〜65年）を通して経済活動が活発になると，例外なく外世界から移民労働力の流入がみられた。こうした状況は，今日に至るまで同じである。換言すれば，労働市場の動向がマレーシアの歴史と民族構成に大きな影響を与え，その形成に関与してきたともいえる。

第2点目は，多民族国家に関わる問題である。多民族で構成されているマレーシアにとっては，民族に関する統計はきわめて重要な意味をもっている。多民族で構成されている国は世界のいたる所にあるが，マレーシアはマレー人を中心とする特定の民族に対する優遇政策を推進してきたところに特徴がある。とくに，各民族の教育水準や経済状態や就業状態を把握できる人口センサスは，1971年以降，政府が推し進めてきたマレー人優遇政策の進捗状況や成果と密接に関わるために，重要であると同時に，きわめてセンシティブな領域に関わることになる。

全数調査で行われる人口センサスは，世帯を単位とする個人ベースの統計であるがゆえに，その総体として各民族全体の状況を把握することができる。しかしながら，政府が公表している統計には，必ずしもすべての情報が掲載されているわけではない。換言すれば，政府は質問個票という形で民族別状況を「把握」する立場にあるものの，すべての結果を公表してはいないのである。

本章では，こうした視点から，「民族」に関するデータのうち公表されたものに焦点をあて，論点を整理することを目的とする。また，後述するように，2017年2月現在の時点で，過去の人口センサスでは刊行されてきた『総論（General Report)』が，2010年人口センサスについて未だ刊行されていない。公表されたデータは，行政単位別人口分布，教育，経済活動とその特徴，世帯別特徴，国内の人口移動などに限られている。そのため，言及できる範囲も限られていることをあらかじめお断りしておく。

第1節では，マレーシアにおける人口センサスを概観し，2000年の人口センサスの調査項目から，政府が何を把握しているのかを検討する。第2節では，2010年人口センサスから見えてきたマレーシア社会の変化を指摘する。第3節では，人口センサス調査の意義を，新経済政策（NEP：New Economic Policy）などの開発計画の成果に関する評価と絡めて論じ，「おわりに」では人口センサスに付随する問題点を指摘する。

1　マレーシアの人口センサス

1）歴史的概観

現在のマレーシアの人口センサスの起源は，イギリスによる植民地支配時代の1891年まで遡る。この第1回目の人口センサスを皮切りに，図表6-1に示したとおり，これまで12回の人口センサスが実施されている。

1957年の独立以前には，イギリスの手によって7回実施されている。第1回目は，イギリスが直接支配した海峡植民地（Straits Settlement：現在のシンガポール，ペナン州，マラッカ州）と，間接支配を行ったマレー連合州（Federated Malaya：現在のペラ州，パハン州，ヌグリスンビラン州，スランゴール州）の2地域を対象とした。その後，イギリスの植民地支配の拡大に伴い，第3回目には非マレー連合州（現在のジョホール州，クダ州，トレンガヌ州，クランタン州）がその対象となった。1931年の人口センサスでは，さらにブルネイが加えられた。

図表6-1　マレーシアにおける人口センサス

イギリス植民地時代		マレーシア時代	
実施年	センサス日	実施年	センサス日
1891	4月5日	1970	8月24日
1901	n. a.	1980	6月10日
1911	n. a.	1991	8月14日
1921	n. a.	2000	7月5日
1931	4月1日	2010	7月7日
1947	9月23日		
1957	6月17日		

出所）筆者作成。

最後にボルネオ島での実施状況を簡単にみておこう。サラワク州では，1947年に最初の包括的な人口センサスが行われ，その後は1960年に実施された，また，サバ州（当時は北ボルネオ）では1947年と1957年に，それぞれ人口センサスが実施されている（Jones 1962：1)。

現在のマレーシアの領域となってからは，1970年，1980年，1991年，2000年，そして2010年に人口センサスが実施された。若干注意を要するのは，1957年人口センサスである。1957年はマラヤ連邦として独立を達成した年にあたるが，1957年人口センサスの調査そのものは，独立以前の同年6月に行われたものである。

独立後の人口センサスの調査時期については，基本的に6月から8月に実施されているものの，マレーシアならではの特徴がみられる。この点につき，簡単にふれておきたい。

1点目は気候上の配慮である。北半球における，いわゆる冬のモンスーンの時期（11月から翌年の3月）は，半島部の東海岸では大雨や洪水などの影響で円滑な調査が見込めないので，避けられている。2点目は，ムスリムの断食月（イスラーム暦の9月)，および大巡礼月（同じく12月）や，旧暦の正月（春節）など，各民族にとって人の短期的な移動の激しい時期は，調査の実施を見合わせている。

2）多民族国家マレーシアにおける人口センサスの意味

マレーシアの人口センサスには，大きく言って2つの意義を指摘することができる。第1が民族構成に関する統計であること，第2が人口センサスは1971年以降実施されたNEPに関する『5か年開発計画書』[1]とは別の，いわば「もうひとつのNEPの達成状況報告書」であること，の2点である。後者に関しては第3節で詳述することとし，ここでは前者の民族構成の件についてみておこう。

人口センサスはマレーシアにとって，何より各民族の諸状況に関するデータという意味合いをもっている。この点について，当事者である統計局の言葉を引用するならば，「人口センサスの結果から得られる統計は，政策の策定，計画，政策管理プロセスで利用される。その中でも人口規模，民族構成，人口の分布，人口の特徴などは，経済・社会政策および地理的発展を評価するうえで，必須のものである」（2000年人口センサス作成時の統計局人口・住宅センサス副局長より。圏点は筆者）。

このように，多民族国家であるマレーシアにとって，人口センサスにおける「民族」に関わるデータの重要性が明言されている。他の多民族国家の調査個票と比較してみれば，「民族（ethnic group）」という項目が今日まで残されていることが，あらためて注目される。国民統合を進め，「マレーシア国民」意識の醸成を促進する立場をとるのであれば，調査項目は国籍（もしくは市民権），すなわち「マレーシア国民か否か」を問えばよい。それにもかかわらず，国籍の下位アイデンティティである所属民族集団をあえて人口センサスで問うのは，今でもその情報を政府が，あるいは社会が必要としているからである。

見方を変えれば，民族に関する調査項目が残されていることは，民族別のさまざまな統計を政府が把握できることを意味する。さらに，人口センサスの結果を利用する者からみれば，政府が把握しているデータがどの程度利用可能なのか，

1）NEPは5年ごとの『5か年開発計画書』にその進捗状況と計画が記載される。したがって，同計画書ならびにその中間年に行われる『5か年計画中間評価報告書』の2冊が一セットになって，その進捗状況が公表されてきた。この点において『5か年開発計画書』と『5か年計画中間評価報告書』がNEPの直接的な報告書を意味する。

図表 6-2　マレーシアの人口センサスにおける「民族」の概念：1970〜2000年

民族分類	1970	1980	1991	2000
(1) 半島部マレーシア				
ブミプトラ	×	×	○	○
マレー人	○[1)]	○	○	○
その他のブミプトラ	×	×	○	○
華　人	○	○	○	○
インド人	○	○	○	○
その他	○	○	○	○
(2) サバ州				
ブミプトラ	×	×	×	○
カダザン	○	総称としてブミプトラ	○	○
ムルット	○		○	○
バジャウ	○		○	○
マレー人	○		○	○
その他の先住民[2)]	○		○[5)]	○
華　人	○	○	○	○
その他	○	○	○	○
(3) サラワク州				
ブミプトラ	×	×	×	○
マレー人	○	○	○	○
メラナウ	○	○	○	○
海ダヤク	○	○[3)]	○	○
陸ダヤク	○	○[4)]	○	○
その他先住民[2)]	○	○	○[5)]	○
華　人	○	○	○	○
その他	○	○	○	○

注1）オランアスリを含む「その他先住民」がすべて含まれる。
　2）原文の表記は Bumiputera ではなく，Other Indiginous となっている。
　3）区分は同じであるが，民族名がイバンになっている。
　4）区分は同じであるが，民族名がビダユになっている。
　5）区分は同じであるが，名称は「その他ブミプトラ」へ変更。
　6）2010年は半島部，サバ州，サラワク州の地域区分がなくなり，マレーシア全土を，①ブミプトラ（内訳：マレー人，その他のブミプトラ），②華人，③インド人，④その他の区分に変更した。
出所）人口センサス各年版より筆者作成。

もしくはどの程度まで公表されているかが，人口センサスの意義とその有用性を測る指標となる。

このように重要な意味をもっている民族について，図表 6-2 をもとに，その区分の変遷をみておきたい。

田村愛理（1991）は，1970 年と 1980 年の人口センサスにおける民族分類を検討した結果，マレーシア政府が用いる民族概念が「可変的である」ことを指摘している。一方，2010 年人口センサスでは，従来とは異なる民族分類を用いている。そこで，少し長期的な視点で民族分類の変化をみておこう。

図表 6-2 をみると，1970 年以降 2000 年にいたるまで，民族分類がそれぞれの人口センサスで異なってきていることがわかる。まず目をひくのは，ボルネオ島に位置するサバ州，サラワク州の民族分類の変更であろう。1980 年にはサバ州では「プリブミ」という先住民を総括する民族概念が採用され，それが 1991 年になると廃止されるなど，民族概念の迷走ぶりがわかる。

しかし，最も重要な点はブミプトラ概念の拡充であろう。マレー人ならびに先住民を包含する，「ブミプトラ＝大地の子供」という民族概念は，半島部では 1991 年の人口センサスから採用された。NEP が終了した 1990 年以降，マレー人を包含する「ブミプトラ」という民族集団で，統計の分類が大きく括られてきたことがわかる。さらに，2000 年人口センサスからは，この概念を半島部のみならずサバ州，サラワク州にも適用し，半島部とボルネオ島で区別して用いていた民族分類が全国的に統一された。つまり，政府は「マレー人」ではなく，マレー人を含むブミプトラという分類項目を，1991 年以降は強調していることになる。この変化の意味については，本章の「おわりに」であらためて検討する。

3）人口センサスの特徴――調査項目の比較

2010 年の調査は，7 月 6 日を人口センサスの基準日とし，7 月 6 日から 8 月 22 日に 3 つの連邦政府直轄領[2]，ならびに 13 州で実施された。調査方法は，調査員が⑴戸別訪問を行い，インタビューによって集める方法と，⑵調査票を個々の

2）マレーシアは連邦を構成する 13 州に加え，連邦政府が直轄領とするクアラルンプル（1974 年），ラブアン島（1982 年），連邦政府の主な行政機関を集結させたプトラジャヤ（2001 年）の 3 地域からなる。

住宅に配布して郵送してもらうか，もしくはウェブ上で回答する方法で実施された[3]。調査対象は，2010年に「国籍を持たない者を含め，マレーシアに6か月以上滞在した者か，滞在する予定の者すべて」とされた。この中には，「タイもしくはシンガポールとの国境付近での就業もしくは就学のために，マレーシア国内に日常の居住地を有する者」や，「外国人労働者とその家族」，また「常住の家を持たない者」，いわゆるホームレスなども含むとされた。

2010年人口センサスは，2017年2月現在においてさえ，すべてのデータが公表されていない。このため，本章では調査項目など基本情報を提示することができないので，1991年および2000年の調査における項目から「政府が」何を把握しようとしたかを示しておこう。

図表6-3は1991年と2000年の人口センサスの調査項目の一覧である。この表からNEP等の一連の開発計画の目標に関わる，民族別の(1)教育水準，(2)産業別および職種別の就業状態，(3)住宅状況などが把握できることが確認できる。

1991年以前の人口センサスにはあったが，それ以降なくなった主な調査項目としては，「日常的に使う言語」「婚姻に関する項目（初婚年齢，婚姻回数，婚姻期間）」がある。一方，サブ調査事項の数が極端に少なくなった項目は，「移動に関する項目」と「住宅に関する状況」の2つである。

移動に関する調査項目としては，「5年前の居住地」に関する項目は引き続き残っているものの，「マレーシア居住年数」「現在の居住地の居住年数」「以前の居住地」「移動の理由」といった項目が削除された。この変化をマレーシア固有の文脈で考えると，1990年までにNEPの進展に伴って，その目標のひとつであったマレー人の都市住民化は進んできており，政府のマレー人の人口移動への「関心」が後退したことを示唆している。

逆に，新規調査項目の中で目をひくのは，(1)外国で生まれた者を対象にしたマレーシアに「最初に到着した年」に関する項目，(2)高等教育を受けた者を対象にした「学位を取得した場所」「学問分野」に関する項目である。

(1)「外国で生まれた者」に関しては，1990年代以降から増加し始めた外国人労働者に関する情報の把握が目的であろう。この傾向は2010年人口センサスでさ

3) Department of Statistics, Malaysia (2011 : 117–119).

図表 6-3　マレーシアの人口センサスにおける調査項目の異同：1991 年と 2000 年

調査項目	2000	1991
(1) 人　口		
1-1．地理的分布の特徴に関する項目		
1．センサス調査地	×	○
2．通常の居住地（調査時）	○	○
1-2．地理的および社会的特性に関する項目		
1．性　別	○	○
2．年　齢	○	○
3．生年月日	○	○
4．婚姻の状態	○	○
5．民族（Ethnicity）	○	○
6．宗　教	○	○
7．市民権もしくは法的地位	○	○
1-3．出産・死亡に関する項目		
1，生存している子供の人数	○	×
2．同居している子供の人数	○	×
1-4．移動に関する項目		
1．出生地	○	○
2．5 年前の居住地	○	○
3．最初に到着した年[1)]	○	×
1-5．教育に関する項目		
1．識　字	○	×
2．就学年数	○	○
3．就学した学校のレベル	○	○
4．最終学歴	○	○
5．学問分野	○	×
6．学位を取得した場所[2)]	○	×

調査項目	2000	1991
(1) 人口（続き）		
1-6．経済活動に関する項目		
1．前の週の経済活動	○	○
2．前の週の就業時間数	○	○
4．職　業	○	○
5．産　業	○	○
6．就業上の地位[3)]	○	×

調査項目	2000	1991
(2) 世　帯		
世帯の特徴に関する項目		
1．世帯主との関係	○	○
2．世帯の人数	○	○
3．賃貸（家具付きが否か）	○	×
4．世帯の器具	○	○

調査項目	2000	1991
(3) 住　居		
1．住居の場所	○	○
2．住居の形態	○	○
3．外壁の材料の種類	○	○
4．所有形態	○	○
5．給水の種類	○	○
6．電気の有無	○	○
7．トイレの設備の種類	○	○
8．廃棄物の処理の施設	○	×
9．寝室の数	○	○

注 1）マレーシア国外で生まれたものが，最初にマレーシアに到着した年。
　2）学士，修士，博士号を指す。
　3）政府機関，民間企業，自営業を指す。
出所）1991 年と 2000 年の人口センサスにもとづき筆者作成。

らに強まっており，マレーシア国籍以外の居住者も対象としている。(2)の高等教育に関する項目もまた，マレーシア社会の変化を如実に示している。マレーシアでは1990年代に入り，独立以来，国立大学しか認めていなかった高等教育分野で，民間の高等教育機関の設立を認め，その数は急速に増加している。それに加え，海外の高等教育機関との連携によるツイン・プログラム（twin programme）が導入されたことで，学位取得方法も多様化した[4]。

以上のように調査項目が，マレー人社会の「国内の人口移動」から，「高等教育」「外国人労働者」へと変化したことから，政府の社会変動に対する関心がどこにあるのか，その一端をうかがうことができるだろう。

2　3つの主要民族の変化

2016年9月現在の時点で，公表されたデータは図表6-4のとおりである。これらの公表済みのデータから見えてくるマレーシアの人口動態とその特徴を整理しておこう。

1）東南アジアの中の「人口小規模国家」

まず，人口センサスの結果をみる前に，「はじめに」でふれたようにマレーシアが人口規模の面で，東南アジア諸国の中で「小規模な国」という大きな特徴をもっていることを示しておこう。

図表6-5は，横軸に国土面積（単位：千 km^2）を，縦軸に人口規模（単位：百万人）を示したものである。この図から東南アジアを構成する国々の多様性や，大陸部東南アジアと島嶼部東南アジアの違いなどを読み取ることができるが，最も注目すべき点はマレーシア，フィリピン，ベトナム3か国の人口規模の違いである。この3か国は国土面積（横軸）が30万 km^2 から33万 km^2 のほぼ同じクラスである。しかしながら，人口規模（縦軸）をみると，フィリピンは1億人超，ベトナムも9300万人と，両国はマレーシアの3.3倍から3.6倍にも達する。

4）マレーシアの民間高等教育の展開については，鳥居（2012）を参照。

図表 6-4　2010年人口センサスの公開済みデータリスト

テーマ	タイトル	公開時期
1. 人口分布と基本データ	Population Distribution and Basic Demographic Characteristics	2013年4月3日
2. 行政単位別人口分布	Population Distribution by Local Authority Areas and Mukims 2010	2013年4月3日
3. 教育と社会変動	Education and Social Characteristics of the Population 2010	2013年7月18日
4. 経済活動の特徴	Economic Characteristics of the Population 2010	2014年1月16日
5. 世帯の特徴	Characteristics of Household 2010	2014年1月29日
6. 国内の人口移動	Migration and Population Distribution 2010	2014年10月17日

出所）マレーシア統計局のホームページより筆者作成。

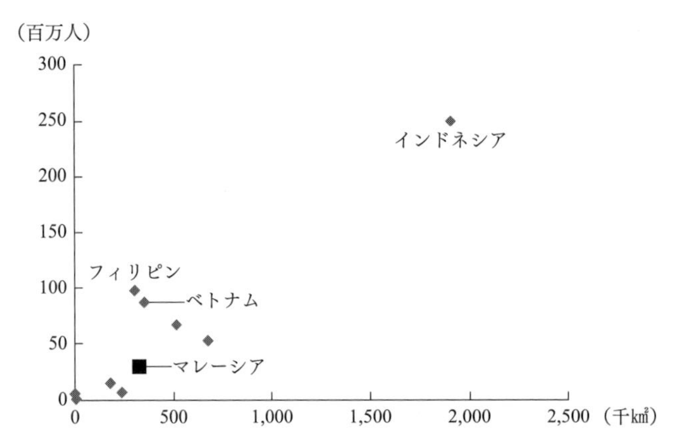

図表 6-5　東南アジア諸国の人口と国土面積（縦軸：人口，横軸：面積）

出所）アジア経済研究所『アジ研ワールド・トレンド』のホームページより筆者作成。

この特徴はマレーシア側の立場に立てば，労働力需要が国内で急速に高まったとき，ただちに「労働力の逼迫」という限界に直面することを意味する[5]。事実，英領マラヤにおけるスズ鉱山開発ラッシュの時期（1860年代後半以降）や天然ゴム栽培ブームの時期（1920年代），さらには1980年代後半に急速に外国企業が進出し，その結果持続的な経済成長を達成した時期（1986年から1997年）に，慢性

5）この小規模性はマハティール政権が1980年代の前半に，当時の発展途上国の中では珍しく，人口拡大政策，すなわち「7000万人人口構想」を提唱したことに端的に表れている。

的な労働力不足に陥り，「外世界」からの移民労働力の流入という事態を迎えた。これらのことを思い浮かべると，労働市場の限界を伴う人口規模の「小規模性」がよくわかる。

特に1970年代以降は，この小規模性の上に，労働市場が民族で分節化されてきたこともマレーシアの特徴である。すなわち，人口が小規模な上に，マレー人を優遇するという政策がもたらした問題である。労働力が足りないのではなく，労働力市場が民族によって分節化されているために，必要とされる労働力需要に市場が柔軟に対応できなかったという問題がそれである。

2010年センサスによれば，総人口は2830万人にまで達し，過去最高の水準を達成した。過去10年間の人口増加率は1.98％である。人口増加率は1991年人口センサスでは2.69％（1980年から1991年の平均値），2000年人口センサスでも2.64％（1991年から2000年の平均値）と，それぞれ報告されており，低下傾向が確認された。1980年人口センサスの人口増加率は（1971年から1980年の平均値）2.30％となっていたから，2001年から2010年の10年間が，独立以来最も低い水準であったことがわかる。緩やかではあるが，人口減少の局面にさしかかりつつあるといえる。

2）崩れてきた伝統的な民族構成

つぎに，民族構成比率をみると（図表6-6），マレー人を中心とするブミプトラが全体の67.4％（うちマレー人が54.6％），華人が24.6％，そしてインド人が7.3％で，マレー人が圧倒的に多いことを特徴とし，かつ「3つの主要民族」という社会の伝統的な構造には変化がない。

2010年人口センサス調査結果の特徴として，ブミプトラが1991年には総人口の60.6％を占めていたものが，今回の統計で67.4％と7割に近い水準にまで上昇したことである。その大きな要因は，ブミプトラの中の「その他ブミプトラ」の増加であることが確認できる。では，「その他ブミプトラ」の特徴は何か。性別でみると，男性168.7万人に対し，女性164.4万人とほぼ拮抗しているが，宗教別にみると，キリスト教徒が154.9万人（46.4％）と，イスラーム教徒の134.7万人を20万人近くも凌駕していた。

そもそも「その他ブミプトラ」とは，半島部の先住民を別にすると，大半はサ

図表 6-6　マレーシアの主要民族別人口構成の推移：1970〜2010 年

民族別	1970		1980		1991	
	千人	%	千人	%	千人	%
マレーシア全体	10,439	100.0	12,438	100.0	17,574	100.0
1. ブミプトラ	5,845	56.0	8,060	64.8	10,647	60.6
(1) マレー人	n. a.	n. a.	n. a.	n. a.	8,790	50.0
(2) その他ブミプトラ	n. a.	n. a.	n. a.	n. a.	1,856	10.6
2. 華　人	3,564	34.1	4,415	35.5	4,945	28.1
3. インド人	943	9.0	1,377	9.5	1,598	9.1
4. その他	87	0.8	94	0.8	603	3.4

民族別	2000		2010			
	千人	%	千人	%	対 2000 年増減	
マレーシア全体	21,890	100.0	26,013	100.0	4,123	18.90 %
1. ブミプトラ	14,248	65.1	17,524	67.4	3,276	23.0 %
(1) マレー人	11,680	53.4	14,192	54.6	2,512	21.5 %
(2) その他ブミプトラ	2,568	11.7	3,332	12.8	764	29.8 %
2. 華　人	5,692	26.0	6,393	24.6	701	12.3 %
3. インド人	1,680	7.7	1,908	7.3	228	13.6 %
4. その他	270	1.2	189	0.7	−81	−30 %

出所）人口センサスの各年版より筆者作成。

バ州とサラワク州の住民を意味する。実際に地域分布をみると，サバ州に 178.1 万人，サラワク州に 119.2 万人と，2 州のみで全国の 89.1 % を占めた。これらを総合すると，ブミプトラの相対的優位性は，半島部のイスラーム系マレー人の増加ではなく，半島部以外の住民，とくにキリスト教徒ブミプトラの増加によって，年々高くなってきているといえよう。

NEP というマレー人優位の政策が 1970 年代から一方的な展開にならなかったひとつの条件に，華人を中心とする非マレー人社会の存在がある。なかでも華人社会は 30 % 台という水準を超すことで，マレー人社会に対して一定の影響力を行使し，同時に，その規模がマレー人社会から一定の「配慮」を引き出す根拠にもなってきた。しかし，この華人社会の比重が低下している。

まず目をひくのが華人人口の比率の低下傾向である。すでに 1991 年の人口センサス時点で，華人人口はマレーシア国籍者の30%を割り（28.1%），当時の華人社会に衝撃が走った。その後も低下傾向が続き，2000年の人口センサスでも26.0%となり，2010年にいたっては4分の1の水準も割り，24.6%の水準にとどまった。これは，3割という比率を保持してきた華人社会の相対的地位の低下につながる。この比率低下の背景には，マレーシア全体の合計特殊出生率が2.3人であったのに対し，華人系は一段と低く，1.8人にまで低下したことが挙げられる。

もう1点は，もうひとつの「主要」民族であったインド人人口がすでにマレーシア国籍を有さない外国籍者に凌駕されたことである。この点を詳しくみてみよう。2010年人口センサスでは，「マレーシア国籍以外の民族分類」の調査項目（国籍）が，それまでのインドネシア，バングラデシュに加えて，ミャンマーやネパールなど新規の国籍を加え，27分類へと大幅に増えた。外国籍人口を実際の数でみると，2000年人口センサスでは，総人口の5.5%にあたる122.6万人だったものが，2010年の人口センサスでは8.2%に上昇し，その数も226.6万人へと増加している。その結果，外国籍人口は今回の人口センサスで初めて，マレーシア国籍のインド人（118.7万人）を超える規模になった。

外国籍人口の大幅な増加は，かつて「マレー人・華人・インド人」という3つの民族からなる多民族国家を標榜していたマレーシアが，その姿を大きく変えつつあることを示唆する。具体的には，非マレー系ブミプトラが相対的に大きくなった「ブミプトラ」優位のもとで，伝統的な民族集団であるマレー人の地位が低下し，多種多様の民族が集まった，いわば「るつぼ」のような多民族国家に変わりつつあることを示している。

3）人口減少と高齢化

年齢階層別人口構成をみると，2010年に15歳未満の人口が初めて3割の水準を割り，総人口の27.6%にまで低下した。一方，生産年齢人口（15〜64歳）も，2000年の62.8%から2010年の67.3%に4.5ポイント上昇したが，65歳以上の高齢人口はまだ総人口の5.1%にすぎない。また人口の中央値年齢は26.2歳と，前回よりも3.6歳ほど上昇した。これらの結果，人口のピラミッド構造は維持されつつ，緩やかに高齢化社会へ向かいつつあることがわかる[6]。

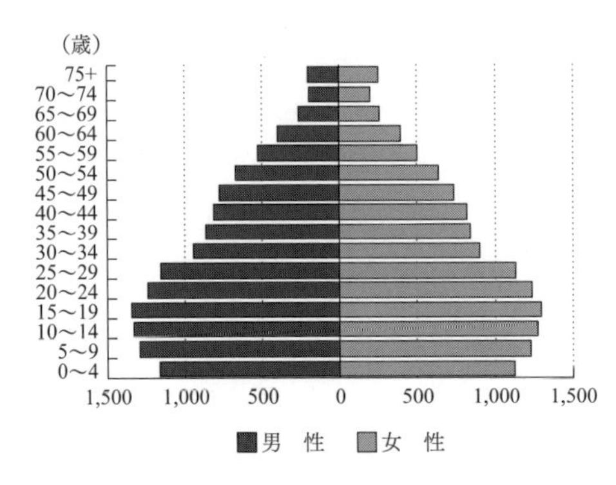

図表 6-7　マレーシア国籍の年齢階層別人口構成：2010 年（千人）

出所）Department of Statistics Malaysia（2010a）より筆者作成。

図表 6-7 は，2010 年現在のマレーシアの人口ピラミッドを示したものである。人口減少局面は，男女別にみたマレーシア国籍者の人口ピラミッドに如実に表れている。図表に示したとおり，男女ともに 15 歳から 19 歳（1994 年から 1999 年生まれ）をピークに減少している。

前述の民族別人口の動向においても，民族ごとの違いが顕著であったが，その中身をもう少し詳しくみてみよう。図表 6-8 に示したとおり，とくに華人社会では，先ほどふれた合計特殊出生率の低下に加え，男女ともに高齢者の比率が他の民族よりも高くなり，男性は 7.6 %（マレーシア国籍者は 5.0 %），女性は 8.0 %（同 5.6 %）に達している。

これらの結果，華人社会の人口ピラミッドは他の民族と大きく異なる。とくに生産年齢人口は，マレー人の 64.8 % よりも約 5 % 高い 70.1 % であるものの，15 歳未満の人口は，マレー人の場合には 30 % を占めているのに対し，華人の場合には 20 % と，約 10 ポイント近くも低くなっている。2010 年人口センサスで確認した華人社会の地位低下は今後もさらに進むことが予想され，その地位低下を懸念する声が華人社会に広がっている[7]。

次に，高齢者と経済格差の関係に目を転じてみよう。民族別経済格差の観点から注目すべき点は，高齢人口の居住地の変化である。マレーシアにおける高齢者問題は，民族による居住地分布の違いから顕著な特徴を示している。すでに 2000 年人口センサスの分析において，「都市部高齢者としての華人，農村部高齢者としてのマレー人」という民族別のコントラストが現れていた[8]。

6）2000 年代初めまでのマレーシアにおける高齢人口の実態と，政府による高齢者対策の推移については，Tengku Aizan Hamid and Nurizan Yahaya（2008）を参照。

7）「大馬華裔人口下滑敲警鐘」『亜州週刊』2011 年 8 月 21 日号。

8）Tengku Aisan Hamid and Asnarulkhadi Abu Samah（2006）の分析によれば，都市部における 75 歳以上人口は圧倒的に華人であり，その規模はマレー人の 2 倍，インド人の 4 倍であることなどがわかっている。他方，農村部での居住人口は圧倒的にマレー人が占め，華人

図表 6-8　高齢人口（65 歳以上）の民族別・男女別分布：2010 年

民族別	総計		男性		女性	
	人数	%	人数	%	人数	%
マレーシア国籍者	1,383,365	5.3	664,990	5.0	718,375	5.6
ブミプトラ	788,041	4.5	369,532	4.2	418,509	4.8
マレー人	651,837	4.6	302,150	4.2	349,687	5.0
その他のブミプトラ	136,204	4.1	67,382	4.0	68,822	4.2
華人	499,064	7.8	251,367	7.6	247,697	8.0
インド人	88,262	4.6	40,202	4.2	48,060	5.1

出所）Department of Statistics Malaysia（2011：15）より筆者作成。

2010 年人口センサスでは，65 歳以上の高齢人口のうち，64.4 % にあたる約 91.8 万人が都市部に居住している。そのうち華人が 47.8 % とほぼ半数を占めるのに対し，マレー人は 35.6 %（32.7 万人）を占めるにすぎない。他方，農村部では両者の関係は逆転し，高齢人口のうち 63.8 %（32.5 万人）をマレー人が占め，華人は 11.7 % を占めるのみである。確かに，2000 年人口センサスにおける高齢者の民族別居住地の特徴を維持しているものの，2010 年の人口センサスで注目すべきは，従来マレー人の高齢者が圧倒的に農村部に集中していたのが，農村部高齢者と都市部高齢者の人口がほぼ拮抗するところまできたことである。

3　もうひとつの「NEP の実績報告書」

1）マレーシアにとっての人口センサス

マレーシアにとって人口センサスがもつ別の意義は，調査結果のデータが 1971 年に始まる NEP の「もうひとつの実績報告書」を意味する点である。NEP はマレー人を中心とするブミプトラの社会・経済的な地位を，他の民族よりも相対的に引き上げることを大きな目的として，⑴貧困世帯の撲滅，⑵マレーシア社会の再編成を掲げて，1990 年まで実施された[9]。

の 5 倍，インド人の 10 倍にも及んだ。

9）NEP の概要については鳥居（2002）の整理を参照。

なかでも，後者の目標では，ブミプトラが就業する産業や職種を，伝統的な農業生産者から産業部門としては第2次産業，第3次産業へ，職種としては経営管理者などの専門職へとそれぞれ移動させ，その移動によって経済水準を引き上げることを政府は目論んでいた。その結果，こうした雇用構造の再編成目標の影響は，高等教育政策から労働政策までさまざまな分野に及んだ。1990年以降，数値目標自体はなくなったものもあるが，「マレー人社会の相対的な地位の引き上げ」という大きな目的は，NEPの後継計画である「国民開発政策（NDP : National Development Plan, 1991～2000)」，「国民ビジョン政策（NVP : National Vision Plan, 2001～2010)」という2つの長期開発政策にも引き継がれた。

これらの計画の目標達成状況は，『5か年開発計画書』と『5か年計画中間評価報告書（Mid-Term Review)』という2つの開発計画書によって，主として公表されてきた。しかし，人口センサスもまた，民族別の就業状態，職業の分布，教育水準といった，NEPの主要目標に関わる情報を含んでいる。また住宅の状況，耐久消費財の普及，人口移動に関わるデータなども提供する。したがって，10年ごとに実施される人口センサスの諸データ，とくにブミプトラに関する諸データは，政府が掲げた開発計画の目標達成度を測る指標にもなる。

別言すれば，1970年人口センサスはNEP実施以前のマレー人社会の実像であり，1991年人口センサスはNEP終了時のマレー人社会の実像を映し出している。したがって，これら2回に加え，1981年人口センサスを含めた3回の人口センサスの結果を詳細に分析すれば，NEP以降のマレー人を中心としたブミプトラ社会の変貌を明らかにすることも可能となる。

なかでも，NEPが終了する1990年まではマレー人の国内人口移動は政府の大きな関心事であった。他の国でも提示される人口移動統計は，マレーシアにおいては，農村に多く居住していたマレー人が，いつどのように「都市住民」になったのかを示す重要なデータソースである。

もう1点付け加えておくべきことは，NEPが1970年代においては，半島部の住民のみを対象とし，サバ州，サラワク州における「マレー人以外のブミプトラ」は対象としていなかったことである（鳥居2010 : 125)。そのため，1970年と1980年の人口センサスに収録されたサバ州，サラワク州のデータを精査することによって，マレーシア全体を対象としたNEP期，すなわち1981年以降の『5

か年開発計画書』との接続が可能になるのである。

2）国内人口移動と都市化

2010年の人口センサスから，過去10年間の人口移動の動向をみておこう。州別に動向をみると，人口が最も集中しているのはスランゴール州で，総人口の19％にあたる546万人を数え，これにジョホール州（335万人），サバ州（321万人）が続いている。1980年代半ばまでは，マレーシアでは地方開発を重視した均衡型発展を目指してきた。このため他の途上国と比較して，首都圏に人口が一極集中する傾向が押さえられていた。しかし，1980年代半ば以降，半島部の西側に工業地帯が集中したことによって，この傾向は大きく変化した（Saw Swee-Hock 2015：86–88）。クアラルンプル，プトラジャヤ（行政首都），スランゴール州，ジョホール州，ペナン州という西側の地域の人口を積み上げると，総人口の37.3％を占める。この傾向は直近の10年間でよりいっそう顕著になり，マレーシアにおける国内人口移動のパターンが，「農村から都市へ」ではなく，「都市から都市へ」と変化した。

では，首都圏を中心とする人口の民族別分布はどのようになったのであろうか。クアラルンプルでは，ブミプトラが総人口の45.9％に達し，この地の伝統的住民であった華人（43.2％）を超すまでになった。また，スランゴール州においても華人人口は28.6％と3割を切っている。

もう1点顕著な特徴が，外国生まれのマレーシア国籍を持たない人口，つまり「外国籍人口」の増加である。全体では225万4022人に達した。国籍別にみると，インドネシア出身者が圧倒的に多く，全体の47.7％（約107.4万人）を占め，次いでフィリピンが15.4％（約34.7万人），バングラデシュが4.6％，新興のミャンマーが3.4％，インドが2.7％となっている[10]。

居住分布をみると，インドネシア人の場合，二分化している特徴をもつ。すなわち，サバ州に41.5％　スランゴール州に16.5％となっている。他方，フィリピン人は圧倒的にサラワク州に分布しており，全体の94.2％が同州に居住している。最後に，新参者のミャンマー人の場合，スランゴール州に40％，クアラ

10）外国籍人口，もしくは外国人移民労働者の最近の実態とその対策については，ILO（2016），金子（2017）を参照。

ルンプルに 11 % となっている。前述した「民族のるつぼ」と化したマレーシアが，首都のクアラルンプルならびにそれを取り囲むスランゴール州をひとつの核とし，ボルネオ島というもうひとつの核と並立する状況が出現したことを意味する。

3）教育水準

マレー人の社会的・経済的地位向上のうえで重要な指標が教育であろう。そこで，この 10 年間のマレーシアの変化の中でも顕著な動きを示した教育水準の状況についてみておこう。

まず，6 年以上教育を受けた人口が占める割合は，マレーシア全体では 2000 年の 91.3 % から 93.5 % へと上昇した。上昇という点では，男性も女性も同じであるが，男性が 94.0 % から 95.8 % であったのに対し，女性は 88.5 % から 91.1 % へと 3 ポイント弱上昇し，教育歴の男女差がやや小さくなった。その一方で，都市部と地方での格差は依然として大きい。プトラジャヤ，クアラルンプルでは，男女ともに 90 % をはるかに超えているのに対し[11]，サバ州，サラワク州では，90 % 台の前半にとどまり，かつ男女差が全国よりも広がっている。

対照的に，女性が男性よりも高くなっているのは，中等・高等教育の場合である。15 歳以上の人口において，中等教育（初期中等教育修了試験［PMR］合格者）以上の学歴を有している人口は，マレーシア全体で 67.8 % と 10 年前から 8 ポイントも上昇している。この傾向はすべての民族に当てはまる。なかでもブミプトラは 61.0 % から 70.5 % へと大きく上昇している。その他，華人が 57.8 % から 61.8 % へ，インド人が 59.8 % から 66.6 % へ，それぞれ上昇した。

こうした全体的な上昇傾向の中で，顕著な変化は女性に生じた。女性で中等教育以上の学歴を有する人口は，マレーシア全体では 57.0 % から 68.9 % へと上昇し，男性全体の水準（66.8 %）を超えた。この傾向は他の民族にも当てはまり，とくにブミプトラでは，女性 71.3 % であるのに対し，男性 69.7 % となっている。

11）プトラジャヤでは，男性，女性がそれぞれ 99.4 %，98.9 % とほぼ 100 % に近い状態になっている。同様に，クアラルンプルでは 98.4 %，94.6 % となっている。これに対し，サバ州，サラワク州では 93.2 % と 84.8 %，サラワク州では男性が 92.2 % であるのに対し，女性は 84.8 % と全国で最も低い。

4）雇用と就業

教育面での変化は就業者への変化と密接に関連する。15歳から64歳までのマレーシア国籍を有する被用者の男女比率をみると，女性の比率が上がり，2000年の33.5％から2010年の37.7％へと上昇した。この間，被用者全体も810万人から1410万人へと大幅に増加したことを考えると，女性が被用者の中で大き

図表6-9　マレーシアの産業別業種別雇用人口の分布：民族別，2010年

順位	マレーシア国籍保有者			マレー人		
	業種	人数（人）	%	業種	人数（人）	%
第1位	製造業	1,676,175	16.6	製造業	849,680	16.3
第2位	卸売・小売業[1)]	1,618,887	16.0	卸売・小売業	696,765	13.4
第3位	農林水産業	1,100,953	10.9	行政職	549,998	10.6
第4位	建設業	874,992	8.7	農林水産業	511,139	9.8
第5位	行政職[2)]	723,594	7.2	教育	457,679	8.8
第6位	ホテル・サービス業[3)]	697,341	6.9	建設業	415,620	8.0
第7位	教育	680,150	6.7	ホテル・サービス業	374,309	7.2
第8位	輸送・倉庫	472,892	4.7	輸送・倉庫	237,000	4.6
	小計	7,844,984	77.6	小計	4,092,190	78.7
	総計	10,115,107	100.0	総計	5,201,699	100.0

順位	華人			インド人		
	業種	人数（人）	%	業種	人数（人）	%
第1位	卸売・小売業	626,714	21.8	製造業	171,186	21.6
第2位	製造業	523,876	18.3	卸売・小売業	123,344	15.6
第3位	建設業	289,236	10.1	建設業	62,260	7.9
第4位	ホテル・サービス業	212,748	7.4	輸送・倉庫	60,054	7.6
第5位	農林水産業	176,058	6.1	ホテル・サービス業	46,647	5.9
第6位	輸送・倉庫	128,323	4.5	教育	43,101	5.4
第7位	教育	114,764	4.0	農林水産業	42,161	5.3
第8位	金融・保険	94,823	3.3	行政職	31,234	3.9
	小計	2,166,542	75.5	小計	579,987	73.2
	総計	2,869,729	100.0	総計	791,869	100.0

注1）輸送機器補修業を含む。
　2）行政，軍，警察，消防など。
　3）レストランを含む。
出所）Department of Statistics Malaysia（2010a）より筆者作成。

な比重を占めていることがわかる。同じく，就業部門にも大きな変化がみられる。サービス・販売業従事者が約 220 万人と最大の就業部門となり，全体の 19.3％を占めた。

さて，図表 6-9 は，2010 年人口センサスをもとに，マレーシア全体の就業人口の特徴を民族別に整理したものである。マレーシア国籍保有者全体でみると，業種別で最大の雇用者を抱えるのは製造業（16.6％）で，以下 8 位までを示すと，卸売・小売業（16.0％），農林水産業（10.9％），建設業（8.7％），行政職（7.2％），ホテル・レストラン・サービス業（6.9％），教育（6.7％），輸送・倉庫（4.7％）の順となる。

一方，マレー人に限定すると，第 1 位の製造業，第 2 位の卸業・小売業の順位は変わらないが，マレーシア全体で第 5 位であった行政職が第 3 位に浮上し，第 7 位の教育も第 5 位に上昇している。次に華人の場合には，製造業と卸売・小売業の順位が逆転し，マレーシア全体で第 4 位の建設業が第 3 位に，第 6 位のホテル・レストラン・サービス業が第 4 位に，それぞれ上昇している。また，マレーシア全体では上位 8 位以内に登場しなかった金融・保険が入っている点も，大きな特徴であろう。最後に，インド人の場合には，製造業，卸売・小売業，建設業，輸送・倉庫の順位となり，マレーシア全体で第 3 位であった農林水産業が第 7 位に後退している点が，とくに目を惹く。

おわりに

このように，2010 年人口センサスが部分的にしか公表されていない現段階ではあるが，従来の「マレー人・華人・インド人」という 3 主要民族からなる「多民族国家」から，ボルネオ島の“キリスト教徒”ブミプトラ，さらには多種多様な外国籍人口を含む「新しい多民族社会」への道を歩みつつあることが確認された。そして，マレーシアで総人口の 30％台の人口規模を保ち，その存在を維持してきた華人社会が人口の減少により，いっそう地位を低下させることが予想される。

民族問題といった場合，重要な課題は，新経済政策（NEP）が指摘するように

「マレー人の相対的な地位の低さの解消」，あるいは「マレー人とその他の民族との社会的経済的格差の是正」を意味する。ところが，結論を先取りしていえば，政府はこの問題に対し「曖昧さ」で対応している。そのことを示すのが，人口センサスで知り得た結果を全面的に公開しようとしない，政府の態度である。

例えば，2010年人口センサスでは，民族間のさまざまな経済社会状況をかなり正確に読み取ることができる。NEPの重要な目標のひとつであった貧困削減問題，すなわち民族間の所得水準の格差を直接に示すデータこそないものの，民族間の就業分野や就業上の地位・就業部門に始まり，教育水準，また経済状況を示す代理指標となりうる「住宅所有状況」や「耐久消費財の普及」などの調査項目もある。これらの点は，NEPが実施されて以降の1980年，1991年，2000年の人口センサスにも同様な調査項目が存在し，同時に，一定程度の情報の公開性が確認できた。

しかしながら，過去の人口センサスの調査にはいくつか問題点があり，その結果，2010年人口センサスにおいても民族問題の実像が隠されている点を，最後に指摘しておきたい。

第1が，ブミプトラという民族概念の導入とその強調である。そもそも，ブミプトラという民族概念が明確な形で人口センサスに導入されたのは，1991年の人口センサス以降であった。ブミプトラ＝「大地の子供」，換言すれば，マレーシアにおける“正統なる住民”という概念は，「マレー人」と「その他の先住民」という2つの括りとなる。このうち「その他の先住民」は，具体的には，半島部におけるオランアスリやボルネオ島の先住民が含まれる。彼らは共に，その社会的経済的地位が劣位に置かれている民族集団である。加えて，ボルネオ島における先住民には，最近インドネシアからの移民が加わったため，彼らの社会的経済的地位は，統計的数字でみるといっそう悪くなっている。

つまり，ここ30年間に実現したマレー人の社会的経済的地位の向上ではなく，「先住民」を加えたブミプトラの社会的経済的地位の低下を強調することになる。

人口センサスの報告書の付属統計には，ブミプトラの下にその下位グループとして必ずマレー人に関する統計が公表されている。ところが，統計分析の本文やプレスリリースの中では，「ブミプトラ」という民族概念を使ってもっぱら分析がなされている。明らかに，過去の「マレー人優先政策」とは異なるアプローチを，国家統計局は採用したのである。

こうした統計上の処理は，NEP，国民開発政策，そして国民ビジョン政策が掲げてきた政策上の目標を説明するためにも実施されてきた。つまり，半島部のイスラーム系マレー人から，インドネシア移民労働者を含むマレーシア全体のブミプトラに民族概念を広げることで，政府は自らが遂行する政策課題が依然として完了していないことを主張する意図があると考えられる。

第 2 が，民族間格差という観点で人口センサスを分析するのであれば当然なされるべき作業，つまり「都市」と「農村」の間の民族別の統計データの公表がなされていないという点である。個票の調査項目をみれば，政府が「把握しうる」立場にあることは明白であるにもかかわらず，そのデータが公表されていない。ということは，政府が意図的に公表していないことを意味する。

マレーシアでは，1969 年 5 月 13 日事件以降「民族間の問題を煽る」行為を「扇動的行為」として犯罪行為と位置づけ，「扇動法」にその罰則規定を設けている。人口センサスの利用も，その結果いかんによっては，扇動法の対象となりうるわけで，民族に関わる調査項目は一貫して重要な項目であると同時に，センシティブな領域に属する。そのため，政府は人口センサスを通じて知り得たすべての情報を国民に対して公開するのではなく，場合によっては「曖昧さ」を残して発表する。それは，人口センサス調査そのものの限界ではなく，マレーシアが多民族社会であるがゆえに生じる人口センサスの問題なのである。

参考文献

【日本語】

金子奈央 2017「マレーシアの外国人――新たな共生への挑戦」『アジ研ワールド・トレンド』第 23 巻第 1 号，1 月：43–46 頁。

田村愛理 1991「誰がマレー人か――マレーシアの人口統計からみたマレー人概念の成立と国民国家（旧植民地国における近代化の分析）」『学習院大学調査研究報告』第 23 号，3 月：26–44 頁。

鳥居高 2002「マレーシア――経済成長と種族間平等の追求」末廣昭編『岩波講座　東南アジア史　第 9 巻 「開発」の時代と「模索」の時代』岩波書店，123–154 頁。

―――― 2010「マレーシアの開発計画に見る中心と周縁――新経済政策（NEP）期を中心に」加藤剛／長津一史編『開発の社会史――東南アジアに見るジェンダー・マイノリティ・境界の動態』風響社，109–144 頁。

——— 2012「マレーシアにおける高等教育改革——マレー人優位の体系からマレーシア国民の体系へ」『いすみあ』（明治大学大学院教養デザイン研究科紀要）第 4 号，3 月：205-229 頁。

【外国語】

Department of Statistics Malaysia (DSM). 2000. *General Report of the Population and Housing Census 2000*, Kuala Lumpur : DSM.

——— 2010a. *Economic Characteristics of the Population 2010*, Kuala Lumpur : DSM.

——— 2010b. *Education and Social Characteristics of the Population 2010*, Kuala Lumpur : DSM.

——— 2011. *Population Distribution and Basic Demographic Characteristics*, Kuala Lumpur : DSM.

International Labour Organization (ILO). 2016. *Review of Labour Migration Policy in Malaysia*, Geneva : ILO.

Jones, L. W. 1962. *Sarawak : Report on the Census of Population Taken on 15th June, 1960*, Kuching : Goverment Printing Office.

Saw Swee-Hock. 2015. *The Population of Malaysia (2nd Edition)*, Singapore : ISEAS.

Tengku Aizan Hamid and Asnarulkhadi Abu Samah. 2006. "Demography of Aging and Community Care of the Elderly in Malaysia Issues and Challenges" in Wong Yut Lin and Tey Nai Peng (eds.), *Our People Our Future-Malaysian Population in Perspective*, Kuala Lumpur : University Malaya.

Tengku Aizan Hamid and Nurizan Yahaya. 2008. "National Policy for the Elderly in Malaysia : Achievements and Challenges" in Lee Hock Guan (ed.), *Ageing in Southeast Asia and East Asia : Family, Social Protection and Policy Challenges*, Singapore : ISEAS.

コラム 7　シンガポールの人口センサス――民族構成と政府の言語政策

シンガポールへ足を踏み入れると，しばらくは快適だが，そのうちに「息苦しさ」を感じる。街のあちこちに，よくいえば政府の工夫，普通に捉えれば管理システムを感じるからだ。このお国柄を象徴しているのが，シンガポールの国勢調査である。この国の人口センサスを精査すると，まるで一軒一軒の家の中をのぞいているかのような印象を受ける。その中でも言語の使用状況に関する調査は，街中で聞こえてくるさまざまな言葉が，実際の生活の中でどのように変化してきたかを教えてくれる。

シンガポールの言語政策の起源は紙幣の国名表記に表れている。社会で最も通用する英語を1行目に，2行目には，「国語」であるマレー語，「公用語」である中国語（標準語，マンダリン），タミール語，そして，しばしば「シングリッシュ＝Singapore＋English の造語」と揶揄される「英語」である。しかし，その順番に注目する必要があろう（写真 c7-1 を参照)。「国語」としてのマレー語の地位を象徴的に示したのが，初代首相リー・クアンユー逝去（2015年3月23日）に関する翌日のリー・シェンロン首相の公式発表であった。彼は華人であり，実子であるものの，また，後述するような言語状況にもかかわらず，発表は英語ではなく，まずマレー語で行われた。

シンガポールの言語状況は，その成り立ちと独立後の教育政策にその理由をもとめることができる。イギリスの植民地統治の下で，自由貿易港とそれを支える港湾都市が発展することにより，「マレー人の海」に浮かぶ小島に，中国大陸の南部や南アジアから移民労働者が流れ込み，多民族社会を形成した。中国南部からの移住者は，広東語，客家語，潮州語，福建語などを使用した。一方，南アジアからの移住者の中には，タミール語の他，ヒンディー語やウルドゥー語を操る人もいた。

シンガポールは建国時から周囲の歴史的文脈とは切り離されていた。そのため，マレーシアやインドネシアとの歴史的な桎梏から，マレー語への特別な配慮が必要となり，独立憲法ではマレー語を「国語」と位置づけた。また，多民族国家に共通する言語の必要性から，第1言語として英語を，第2言語として各民族の言葉，マンダリンと呼ばれる標準中国語，タミール語を位置づけ，「2言語政策」を実施してきた。その後も政府が「マンダリンを話そう」(1979年～)，「英語を話そう」(1999年～）などのキャンペーンを推進した結果，シンガポールの言語状況は急速に変化を遂げた。

シンガポールの人口センサス調査は，イギリスによる植民地化が始まってまもなく開始されており，1871年からきっちり10年ごとに，1931年まで合計7回の「人口センサス調査」が実施された。英領植民地での定期的な人口動態把握は，インドやビルマ（ミャンマー）でも徹底しており，アジア諸国の歴史研究の基礎データとなっている。第二次世界大戦後は，1947年（第8回)，1957年（第9回)，1970年（第10回)，1980年（第11回)，1990年（第12回)，2000年（第13回)，2010年（第14回）と計7回実施され，2010年調査は第14回目の人口センサスに該当する。2010年人口センサスは，「登録人口センサス」に移行しており，全数調査ではなく，シンガポール在住民の行政データをベースにした人口統計であることに留意する必要がある。

写真 c7-1　四つの言語で書かれたシンガポールの紙幣（太枠内を参照）と，国内の掲示板

出所）http://www.singapore888.com/language/speak.html/（2017 年 4 月 5 日アクセス）

シンガポールの人口センサスは，10 年ごとの調査のあとに，「実施方法（行政レポート）」「人口構造・教育歴・家庭での使用言語」「家族と世帯」「経済活動」など，項目別に克明な分析レポートを刊行している。図表 c7-1 をみると，1990 年から 2010 年の間に 100 万人の人口増加があり，その変化は中国人系のシェアの低下（77.8 % から 74.1 % に低下）と外から来た移民の増加であったこと，合計特殊出生率が 1.83 人から 1.15 人へと大幅に低下していること，高齢人口の比率が 6.0 % から 9.0 % へ上昇していることなどが判明する。

同時に，人口構成に占める民族別の変化は，図表 c7-1 の中に示した「家庭での使用言語」の分布の変化からも把握できる。1990 年と 2010 年を比較すると，英語の使用人口（5 歳以上）は，全体の 19 % から 32 % に，中国語標準語の使用人口も 24 % から 36 % へと増加した。対照的に，使用人口の比率が低下したのが中国語地方語で，40 % から 14 % に激減している。マレー語とタミール語の比率はそれほど変化していない。

「家庭での使用言語」について，もう少し踏み込んだ分析をしてみよう。この項目に関して，1980 年調査では，「単一言語」による生活者は 76 % を占めた。この傾向は 1990 年（82 %），2000 年（82 %）の調査においても，同様に確認された。しかし，2010 年調査では劇的な変化がみられ，「2 言語使用者」が 61 %，「単一言語使用者」が 28 % とその地位が逆転した。また，「2 言語使用者」の中では。「英語と中国語標準語」が最も多く，約 40 % の人々がこれに該当することが判明した。

では，国全体の動きに対して華人世帯はどうだったのだろうか。1980 年と 1990 年の両センサスでは，「単一言語使用者」と「2 言語使用者」の割合は，全国と大きな違いはなく，80 % 対 20 % である。特筆すべき点は，1990 年代時点で「単一言語使用者」の 34 % が用いていたのが中国語（地方語）であったことだ。内訳をみると，福建語が 16 %，次いで潮州語と広東語が 7 % ずつ，海南語と客家語が各 2 % という状況であった。他方，「2 言語使用者」の増加は国全体よりも華人の間で早く進み，2010 年調査では，華人の 55 % が「英語と中国語標準語」で生活していることが判明した。

図表 c7-1 人口センサスからみたシンガポール社会の変容：1990～2010 年

番号	項　目	1990	2000	2010
1	人口動態			
*1-1	人口総数（千人）	2,735.9	3,273.4	3,771.7
*1-1-1	うち中国人系（%）	77.8	76.8	74.1
*1-1-2	うちマレー人系（%）	14.0	13.9	13.4
*1-1-3	うちインド人系（%）	7.1	7.9	9.2
*1-1-3	うちその他民族・人種（%）	1.1	1.4	3.3
*1-2	合計特殊出生率（人）	1.83	1.60	1.15
*1-3	年少人口　0～14 歳（%）	23.0	21.9	17.4
*1-4	生産年齢人口　15～64 歳（%）	71.0	70.9	73.7
*1-5	高齢人口　65 歳以上（%）	6.0	7.2	9.0
*1-6	平均寿命（歳）	75.3	78.0	81.7
2	婚姻関係（15 歳以上の人口）			
*2-1	未婚，単身（%）	35.9	30.5	32.2
*2-2	結婚（%）	56.6	61.9	59.4
*2-3	死別（%）	6.1	5.2	5.1
*2-4	離婚・別居（%）	1.3	2.5	3.3
3	家庭での使用言語（5 歳以上の人口）			
*3-1	英語（%）	18.8	23.0	32.3
*3-2	中国語（標準語）（%）	23.7	35.0	35.6
*3-3	中国語（地方語）（%）	39.6	23.8	14.3
*3-4	マレー語（%）	14.3	14.1	12.2
*3-5	タミール語（%）	2.9	3.2	3.3

注）ここでの人口は，永住と非永住に関係なくシンガポール在住者（residents in Singapore）を指す。
出所）Singapore Department Statistics, *Census of Population 2010, Statistical Release 2 : Demographic Characteristics, Education, Language and Religion*, Leow Bee Geok, *Census of Population 2000, Statistical Release 1 : Demographic Characteristics*, 2001 ほかより末廣昭・川上桃子作成。

さらに，2010 年調査から，「3 言語以上」という新たな選択肢が設けられており，シンガポール全体でも 6.5 %，華人でも 5.5 % がそのような状況になっていることがわかった。移民労働者の流入により，多民族社会としてスタートしたシンガポールは，その地理的環境とその後の経済政策の変遷に合わせ，言語政策を政府の強力な主導のもとで転換してきた。その政策的かつ人工的な結果が，2010 年人口センサスの「家庭での使用言語」には表れているのである。　（鳥居高・末廣昭）

第7章

インドネシア

――高齢化と人の移動のダイナミズム

増原綾子

はじめに

インドネシアは赤道を挟んで南北 1,000 km，東西 5,000 km に及ぶ広大な領域をもつ国家である。1万 7000 もの島々から成り，母語が異なる数多くの民族が暮らす。人口センサスが始まった 1961 年に 9700 万人を数えた人口は，半世紀の間に 2.5 倍以上に増加して，2015 年には 2 億 5518 万 2144 人となり，中国，インド，米国に次いで世界第 4 位の人口数を誇る（図表 7-1）。

年人口増加率は，1980 年の 2.37 % から 2010 年の 1.49 % へと 30 年間で下がったものの，今後もしばらくは人口ボーナスが続くものとみられている（第 1 章の図表 1-7，図表 1-9 も参照）。他方で，高齢者数は増加しつつあり，社会保障制度の整備を進めるためにも，高齢者の現状を把握するためのデータ収集は必須となった。また，国内外での人の移動も活発となり，政府は実態の把握に努めている。政府は人口センサスを重視しており，インドネシア社会の変化を捉えるための基本資料として，人口センサスのデータを大いに活用しようとしている。

図表 7-1　インドネシアの人口と人口増加率：1961～2010 年

年	人口（人）	増加率（%）
1961	97,000,000	2.15
1971	119,208,229	2.13
1980	147,490,298	2.37
1990	179,378,946	1.98
2000	205,132,458	1.40
2010	237,641,326	1.49

出所）BPS（2010a）より筆者作成。

本章では，高齢化と人の移動に注目して，

人口センサスから浮かび上がるインドネシア社会の変容について論じることにしたい。

1　インドネシアの人口センサス

1）人口センサス略史

インドネシアの人口センサスの始まりは植民地時代に遡る。1920年と1930年に植民地宗主国であったオランダが人口センサスを実施したが，1920年人口センサスはジャワ島のみ，1930年人口センサスはジャワ島とスマトラ島のみであった。1945年の独立後に初めて人口センサスが行われたのは1961年であり，以後，1971年，1980年，1990年，2000年，2010年と計6回行われている。ただし，1990年までの人口センサスはサンプル調査であり，2000年から全数調査となった。1976年からは中間時点の人口サーベイ（以下，中間サーベイ）も始まり，以来，1985年，1995年，2005年，2015年と計5回実施されている。これらはいずれもサンプル調査である[1]。

1961年人口センサスが実施される前年の1960年に，統計局（BPS：Biro Pusat Statistik）が設置された。以来，同局は人口センサスをはじめとする各種統計のほとんどを担い，1997年に統計庁（BPS：Badan Pusat Statistik）に改組された。また，統計局の設置に先立つ1958年に統計学専門高等学院が設立され，統計調査の専門家の養成も始まった。大学に相当する教育機関で，学費は全額，国家予算で賄われ，卒業後9年間は統計庁で働くことが義務づけられている。卒業生の多くが地方の統計庁事務所で調査の指導やデータ収集・解析の仕事に携わるという[2]。

2）人口センサスの実施体制

ここでは，最も直近に行われた人口センサスである2010年調査の実施体制について述べる。

1）1985年の中間サーベイでは12万5400世帯，1995年は20万6848世帯，2005年は26万7344世帯，2015年は65万2000世帯が調査された。

2）統計庁職員からの聞き取り調査（2015年8月10日）。

準備は2007年から始まり，ワークショップが開かれて人口センサスのスケジューリングや調査票の内容を検討する作業が開始された。2008年には県・市レベルの統計用地図や調査票の作成が始まり，2009年にはセンサス・ブロックの地図が完成，プレ調査が2回実施された。2010年1月から人口センサスの行われる5月まで，国民への周知のためにキャンペーンが行われ，3月から4月にかけては，2～3日間にわたる調査員（Pencacah）の訓練が行われた。調査員のリクルートは統計庁の県支部が行う。簡単な試験が行われ，主婦や大学生が調査員になることが多い。

人口センサス調査は，80～120の世帯から成る「センサス・ブロック」に基づいて行われ，1人の調査員が1～3のセンサス・ブロックを担当する。本調査では調査員が戸別訪問のうえ世帯住民と面接して調査票に回答を記入するが，プレ調査では調査員に監督官が同行し，質問と回答を一つ一つ確認しながら調査を実施する。本調査との重複を避けるために，プレ調査が終わった世帯にはステッカーが貼られる。

2010年5月1日から31日までの1か月間に本調査を実施したが[3]，遠隔地であるパプアと西パプアでは1～2か月前から調査を開始した。船乗りなど住所不定者については，5月15日24時から翌16日6時までの間で記録を取った（BPS 2012：x-xi, 9-12）。全国で53万3603人の調査員が動員され，監督官は16万1462人であった（ibid.：135）。

2010年人口センサスの予算は4兆4680億ルピア（約433億円）であった。予算の82％は調査員の訓練や調査の実施のために使われた。予算の5％ほどを使って国民への周知のためのポスターやステッカー，テーマソングがつくられ，テレビやラジオで広報が行われ，市場，モール，フードコート，保健所，駅，バスターミナルなどで，国民に人口センサスへの協力を呼びかけた（ibid.：12-13, 43-47）。国土が広く，島の数も多いインドネシアにあって，遠隔地の孤島や山間部など，調査がきわめて困難な場所も存在する。遠隔地での調査を行うにあたっ

3）人口センサスを諸外国と同様10月に行うことも検討されたが，予算の年度末（12月）にあまりに近いことを理由に，実施の前倒しが決まった。6月に行うという案も出たが，学校の休み期間中であるため人の移動が激しいことが懸念され，最終的に5月に行うこととなった（BPS 2012：9）。

ては，地元企業の支援を受けることもあるという[4]。

調査対象者は，インドネシアに居住するすべてのインドネシア人およびインドネシアに 6 か月以上滞在している（6 か月以下であってもインドネシアに居住する意思のある）外国人である。調査票の種類は，定住者向けの C1，遠隔地住民・スラム住民・海外滞在者・マンション住民等向けの C2，建物・世帯登録用の L1，非定住者（船員・ホームレス等）向けの L2 の 4 種類がある。C1 についてはインドネシア語以外に英語の調査票が，C2 についてはインドネシア語，英語の他に中国語，日本語，韓国語の調査票が用意された（ibid.：33–34）。

3）調査項目の特徴

図表 7–2 は，1961 年から 2010 年までの人口センサスの調査票にある調査項目を示したものである。この表から，時代ごとの人口センサスの特徴をみることができる。

1961 年の人口センサスは，基本的な 18 調査項目のみの最もシンプルな調査であった。1971 年人口センサスでは人の移動や住宅に関する調査項目が加わり，調査項目は 41 に拡大した。1980 年のセンサスではさらに 65 項目まで拡大し，言語・教育，労働，結婚・出産に関して，調査項目が幅広く追加された。1990 年の調査項目数は 1980 年とほぼ同じ 66 項目であった。1980 年と 1990 年のときは，スハルト体制下でインドネシア語教育による上からの国民統合と開発政策が推進された時代であった。この時代の調査票には，国民統合や開発の前提となる，国民のインドネシア語習得状況や就業状態に関する項目が盛り込まれており，それらを把握したいという政府の考えが強く表れていた。また，スハルト体制下にあっては家族計画も推進され，国連の指導のもと，乳児死亡率の低下や妊婦の出産・分娩時の死亡率の低下を目指していた。出産に関する調査項目の多さには，こうした政府の関心が如実に表れている。

2000 年人口センサスでは調査項目が 17 へと激減した。人口センサスが全数調査で実施されることになり，1997 年からの経済危機の影響で予算が少なかったこともあって，調査項目を絞る必要があったからである。1961 年人口センサス

4）統計庁職員からの聞き取り調査（2015 年 8 月 13 日）。

図表 7-2　インドネシアにおける人口センサスの調査項目：1961～2010 年

調査項目（大分類と小分類）	2010	2000	1990	1980	1971	1961
(1) 基本項目						
名　前	○	○	○	○	○	○
世帯主との関係	○	○	○	○	○	○
性　別	○	○	○	○	○	
生年月日	○	○	○	○	○	○
年　齢	○	○	○	○	○	○
出生地	○	○	○	○	○	○
宗　教	○	○	○	○	○	○
1 週間前の病気の有無と治療方法				○		
障碍の有無と種類	○			○		
国　籍	○	○	○	○	○	○
民　族	○	○				
婚姻状況	○	○	○	○	○	○
(2) 移　動						
5 年前の居住地	○	○	○	○		
他の州に居住した経験			○		○	
現在の居住地の直前に住んだ州			○	○	○	
現在住む州での居住期間			○	○	○	
(3) 言語と教育						
言語（インドネシア語・地方語・外国語）					○	○
母　語			○			
日常的に使う言語	○		○	○		
インドネシア語能力	○		○	○		
読み書き能力	○		○	○	○	○
現在の就学状況	○		○	○	○	○
受けた最も高いレベルの教育と最終学年			○	○		
最終学歴（卒業）	○	○	○	○	○	○
専攻・教育分野			○	○	○	
(4) 労働（10 歳以上）						
1 週間前の活動	○	○	○	○	○	○
1 週間前の仕事の有無					○	
1 週間のうちに最低 1 時間は仕事をした			○	○		
仕事はあるが，この 1 週間働いていない			○			
就業経験の有無			○	○	○	
この 1 週間の労働日数				○		
この 1 週間の一日当たりの労働時間，および 1 週間の総労働時間			○			
主な仕事の 1 週間の総労働時間			○	○		
職種（専門家・技術者・農民・公務員等）			○	○	○	○
産業（農業・鉱業・製造業・建設業等）	○	○	○	○	○	○
仕事における地位	○	○	○	○	○	○
副次的な仕事の有無			○	○		○
副次的な仕事の職種・産業			○	○		
この 1 週間の求職の有無			○	○		
求職していない理由			○	○		
この 1 年間の仕事の有無			○	○		
この 1 年間の仕事の分野			○	○		
農業で働いた経験					○	
農業の仕事での立場					○	

図表 7-2（続き） インドネシアにおける人口センサスの調査項目：1961～2010 年

調査項目（大分類と小分類）	2010	2000	1990	1980	1971	1961
(5) 結婚と出産						
初婚の時期（年・月）			○	○		
初婚年齢			○	○		
結婚の回数			○	○		
実母との同居			○			
実母の名前と番号			○			
出産経験の有無	○					
出産した子供の数	○	○	○	○	○	○
生存する実子の数	○	○	○	○	○	
生存する実子との同居・別居	○			○		
死亡した子供の数	○		○	○		
最後に産んだ子供の生年・月			○	○		
最後に産んだ子供の生存			○			
2009 年以降の出産の有無	○					
家族計画の経験の有無と方法				○		
実践中の家族計画の有無と方法				○		
(6) 死　亡						
2009 年以降の死亡者の人数・名前・性別・死亡年月・年齢	○					
10 歳以上の女性の死亡の有無と死亡時の妊娠・分娩・出産状況	○					

注）このほかに「住宅・居住環境」に関する質問が 29 項目あるが，紙幅の制約で割愛した。
出所）人口センサス各年版より筆者作成。

とほぼ同じく，ごく基本的な調査項目のみであった。しかし，2000 年人口センサスでは，1930 年以来調査されてこなかった民族（エスニシティ）を問う調査項目が，独立以降初めて入った。

スハルト体制期においては，SARA（Suku 民族，Agama 宗教，Ras 人種，Antargolongan 階層，の略語）についての話題は国民の分裂要因になるとして，それに関する報道や公での議論が厳しく制限されていた。しかし，1998 年にスハルト体制が崩壊したあと，各地で民族や宗教に絡んだ住民抗争が発生するようになった。また，民主化を促進するために，地方自治・地方分権制度も整備され，1999 年以降，州や県・市の新設も相次いだ。これらの事情から，地域社会における民族の状況を正確に把握する必要性が出てきた。2000 年人口センサスに民族的アイデンティティを問う調査項目が登場した背景には，このような政治情勢の変化があったことが指摘できるだろう（コラム 8 を参照）。

経済状況が良好であった 2010 年の人口センサスでは，調査項目が再び増え，合計で 40 項目となった。言語・教育および住宅に関連する調査項目が復活し，障碍，死亡，土地所有，携帯電話，インターネットアクセスに関する調査項目も新しく追加された。障碍については，2000年代半ば以降，政府が高齢化対策や社会保障制度の整備に乗り出したことが背景として指摘できる。土地所有については，民主化以降，土地所有権の問題が広く関心をもたれるようになったという背景が挙げられる。

中間サーベイの役割も述べておきたい。2005年の中間サーベイは，調査項目がきわめて少なかった2000年人口センサスで十分に質問することのできなかった調査項目，具体的には，移動，言語・教育，労働，結婚・出産，住宅についての調査項目が設定された。さらに，2005年中間サーベイでは，出産・死亡・移動などについての届出に関する14調査項目（A），60歳以上の高齢者を対象とした収入源や健康状態，余暇の活動について問う10調査項目（B）が，新たに追加された。前者Aからは，国民による役所への届出を調査することで，国家と国民との関係性を見定めようとする意図がうかがえる。また，後者Bについては，上述したように2000年代半ば以降始まった高齢化対策や社会保障制度の整備との関連で，高齢者の就業状況や収入源，健康問題に関する情報を収集する意図があったとみられる。

2015年中間サーベイでは，役所への届出に関する調査項目がなくなり，高齢者に関する調査項目も半減した。高齢者については，人口センサスとは別の社会経済統計に調査項目として入ったこともあって，中間サーベイからは削除されたと考えられる。2015年中間サーベイで新たに追加されたのは，温暖化などの気候変動とその対策への関心を問う12の調査項目である。「この5年間で気温の上昇を感じるか」「この5年間で季節外れの長雨が多くなったと感じるか」「気候変動について聞いたことがあるか」「気温上昇・季節外れの長雨・浄水不足は気候変動の影響であるとの認識をもっているか」「こうした事態に対処するために日常的にどういった取り組みを行っているか」など，国民の環境意識を調査し，さらにはそれへの関心を高めるような質問を行っている。乾季ですら大雨が降り，雨季には洪水が深刻化するようになったインドネシアで，国民に環境，特に異常気象の原因について考えることを促しているといえよう。

2　人口センサスからわかる社会の変容——高齢化と人の移動に注目して

1）全般的な人口動態の特徴

図表 7-3 は，1990 年，2000 年，2010 年の人口センサスの結果からみえる 20 年間のインドネシアの全般的な人口動態の特徴である。

年人口増加率は，1990 年の 1.98 % から 2000 年の 1.40 % へと下がり，2010 年に 1.49 % へと再び上がっているが，全体的な傾向としては低下している。初婚年齢は 20 年間であまり変化はみられず，20 代前半で結婚する女性が多いことを示している。初婚年齢はほぼ変わらないにもかかわらず，女性が一生のうちに産む子供の平均数（合計特殊出生率）は，1990 年の 3.33 人から 2010 年の 2.41 人へと大きく下がった。そして，合計特殊出生率の低下により，年少人口の割合は 36.5 % から 28.9 % に下がった。高齢人口の割合が 1990 年の 6.3 % から 2010 年の 7.6 % へと比較的緩やかな変化であったため，生産年齢人口（15 歳から 59 歳）

図表 7-3　人口センサスからみたインドネシア社会の変容：1990～2010 年

番号	項目	1990	2000	2010
1	年人口増加率（%）	1.98	1.40	1.49
2	合計特殊出生率（人）	3.3	2.34	2.41
3	初婚年齢（歳）	21.6	22.5	22.3
4	年少人口　0～14 歳（%）	36.5	30.7	28.9
5	生産年齢人口　15～59 歳（%）	57.2	62.1	63.5
6	高齢人口　60 歳以上（%）	6.3	7.2	7.6
7	都市人口比率（%）	30.9	42.1	49.8
8	5 年以内に移動した比率（%）	3.2	3.1	2.4
9	国民の平均教育歴（年）	n. a.	6.8	7.9
10	世帯当たり平均人数（人）	4.5	3.9	3.9
11	単独世帯比率（%）	n. a.	n. a.	n. a.
12	女性世帯主比率（%）	13.3	12.2	14.0

注 1）n. a. は該当するデータが不明を表す。
　2）2010 年の 60 歳以上の高齢者の単独世帯比率は 2.9 % である。
出所）1 から 8 の項目は人口センサス各年版，9 から 12 の項目は社会経済統計各年版より筆者作成。

の割合は，57.2％から2010年の63.5％へと上昇した。

大きく変化したのは都市人口比率である。1990年の30.9％から2010年の49.8％へと上がり，農村部から都市部への人口の移動をみてとることができる。5年以内の移動の比率は，1990年と2000年では3.2％，3.1％とほぼ同レベルだったが，2010年には2.4％へと下がっている。20年間で移動が激しくなったというよりは，出稼ぎなどの理由で農村部から都市部に移動した人々がそのまま都市部に住み着き，農村部に帰らない傾向にあると考えられる。

国民の平均教育歴は，2000年の6.8年から2010年の7.9年へと伸びた。世帯当たり平均人数には大きな変化がなく，両親と子供2人の家族4人が定着していることを窺わせる。女性世帯主の割合にもほとんど変化はみられず，他のアジア諸国と比べると低い。未婚の女性（この場合，女性が世帯主）が少ないことと，「男性が家長たるべきである」というイスラームの教えが背景にあるとみられる。

2）高齢化が進むインドネシア

インドネシアでは60歳以上が高齢者とされている。平均寿命は，1971年の45.7歳から2010年の70.7歳と40年間で飛躍的に伸びた（図表7-4参照）。背景には乳児死亡率の低下があるが，高齢人口の増加も要因のひとつであると思われる。高齢人口は，1971年の530万人（総人口の4.5％）から2010年の1804万人（7.6％）と増加しており，インドネシアは現在，高齢化社会の入口に立っているといえる。

2010年人口センサスでは，高齢者の男女比は，男性が830万人（46％），女性が974万人（54％）で，女性の方が8％ほど多い。また，770万人（42.7％）が都市部に居住し，1035万人（57.3％）が農村部に居住している。

高齢人口の割合が高いのはジャワ島とバリ島である。ジョクジャカルタ特別州は13.0％，東ジャワ州は10.4％，中ジャワ州は10.3％，バリ州は9.8％で，インドネシア全体の7.6％よりも割合が高い。これらの州では平均寿命も長く，それぞれ74.1歳，71.3歳，72.4歳，72.7歳であった。ジョクジャカルタ特別州，中ジャワ州，東ジャワ州は，出稼ぎ等で若者が州外に出ていくことで高齢化が進んでいると考えられる（本節第3項を参照）。

反対に，高齢者人口の割合が少ない州は，パプア州（1.9％），西パプア州（3.1

図表 7-4　高齢者（60 歳以上）の人口とその割合，平均寿命

年	高齢者人口（人）	人口に占める割合（%）	平均寿命（歳）
1971	5,306,874	4.5	45.7
1980	7,998,543	5.5	52.2
1990	11,277,557	6.3	59.8
2000	14,439,967	7.2	65.4
2010	18,043,712	7.6	70.7

出所）人口センサス各年版より筆者作成。

図表 7-5　働く高齢者の割合（%）

年	男　性	女　性
1980	62.8	24.2
1985	66.7	29.2
1990	67.6	29.8
1995	64.6	29.4
2000	80.3	50.9
2010	61.1	30.9

出所）人口センサス・中間サーベイ各年版より筆者作成。

%），リアウ諸島州（3.4 %），東カリマンタン州（4.0 %），リアウ州（4.1 %）である。これらの州は州外からの出稼ぎ移民が流入しており，多くが若者であると考えられる（後出の図表 7-8 の地図も参照）。しかし，高齢者が少ないからといって平均寿命が短いわけではなく，それぞれ 73.0 歳，71.8 歳，72.7 歳，72.3 歳，71.7 歳であった。

首都であるジャカルタ特別州は，高齢者の割合が低い（5.2 %）一方で，平均寿命は 74.7 歳と全国で最も長寿の州となっている。

図表 7-5 からも明らかなとおり，インドネシアでは働く高齢者の割合は比較的高い。1980 年から 2010 年まで一貫して 6 割以上の男性が働いており，女性もほぼ 3 割以上が働いていた。2000 年には，働く高齢者の男性，女性の割合が 8 割，5 割と跳ね上がった。1997 年のアジア通貨危機以降の経済不況の影響で，生活に困窮する高齢者が増えたことを示している。

表には示していないが，経済が回復した 2010 年においても，都市部に住む 70 代男性の 42.8 %，農村部に住む 70 代男性の 59.6 % が働いており，80 歳以上でも都市部の男性の 26.0 %，農村部の男性の 36.9 % が働いていた。男性・女性ともに都市部よりも農村部で働く高齢者の割合が多い。図表 7-6 の高齢者の主たる収入源を見てもわかるとおり，2005 年では男性の約 5 割，女性の約 2 割が生活のために仕事・事業に従事しており，2015 年になるとその割合は男性で 6 割以上，女性で 3 割以上と拡大している。

軍人と公務員には年金が国家から支給されているが，年金で生計が立てられて

図表 7-6　高齢者の主たる収入源：2005 年，2015 年

年	男　性	女　性
2005	1 位　仕事・事業（49.0 %）	1 位　子供・義理の子供（44.9 %）
	2 位　子供・義理の子供（26.4 %）	2 位　仕事・事業（21.1 %）
	3 位　年金（11.7 %）	3 位　配偶者（12.2 %）
	4 位　配偶者（2.8 %）	4 位　年金（6.3 %）
	5 位　親族（1.5 %）	5 位　親族（3.8 %）
	6 位　家族・親族以外の人（0.5 %）	6 位　家族・親族以外の人（0.6 %）
	7 位　預貯金（0.3 %）	7 位　預貯金（0.3 %）
	8 位　株の配当など（0.1 %）	8 位　株の配当など（0.1 %）
	無回答 7.6 %	無回答 10.7 %
2015	1 位　仕事・事業（62.7 %）	1 位　子供・義理の子供（41.8 %）
	2 位　子供・義理の子供（19.8 %）	2 位　仕事・事業（30.6 %）
	3 位　年金（9.1 %）	3 位　配偶者（13.1 %）
	4 位　配偶者（3.9 %）	4 位　年金（7.6 %）
	5 位　預貯金（1.1 %）	5 位　親族（2.1 %）
	6 位　親族（0.9 %）	6 位　預貯金（1.8 %）
	7 位　社会保障（0.4 %）	7 位　社会保障（0.4 %）
	8 位　家族・親族以外の人（0.16 %）	8 位　家族・親族以外の人（0.23 %）
	9 位　株の配当など（0.15 %）	9 位　株の配当など（0.23 %）
	無回答 1.8 %	無回答 2.2 %

出所）BPS（2005；2015）より筆者作成。

いるのは男性では 10 % 前後，女性では 7 % 前後にすぎない。2015 年には新たに「社会保障」の選択肢が入った。これには貧困層向けの公的扶助が含まれるものの，男女ともに 0.4 % と圧倒的に少ない。年金やその他の社会保障制度が不十分であり，子供や親族からの援助も限界があるなかで（2015 年は 2005 年より割合が減っている），多くの高齢者が働かざるをえない実態が浮き彫りとなっている。

高齢者が従事する仕事の職種は，農村部では男女ともに農業が約 8 割と圧倒的に多く，都市部でも男性の 45 %，女性の 35 % を農業が占めた。都市部では女性の仕事の 4 割が小売・ホテル・レストランである。

3）人の移動——1980年と2010年の比較から

インドネシアの人口分布は地域ごとに大きな偏りがある。主要5島，すなわちジャワ島，スマトラ島，カリマンタン島（南側の3分の2がインドネシア，北側の3分の1がマレーシアである。なお，マレーシアでは「ボルネオ島」と呼ばれる），スラウェシ島，ニューギニア島（西半分がインドネシア，東半分はパプアニューギニアである。インドネシア領は現在では「パプア」という地域名で呼ばれる）のうち，面積が6.8％しかないジャワ島にインドネシアの全人口の6割が集中する（後出の図表7-8も参照）。

1980年の人口センサスでは人口の61.9％がジャワ島に集中していた。2010年人口センサスでは57.5％に減少したものの，決して大きな変化ではない。西ジャワ州，中ジャワ州，東ジャワ州はインドネシアでもとくに人口が多い州で，1980年にはそれぞれ2745万人，2537万人，2919万人と，3州の人口規模はほぼ拮抗していた。しかし，2000年に西ジャワ州からバンテン州が独立し，2010年人口センサスでは西ジャワ州の人口は4305万人，バンテン州の人口は1063万人，合計で5368万人となり，3238万人の中ジャワ州，3748万人の東ジャワ州を大きく凌駕するようになった。

ジャワ島は人口密度も高く，2010年の人口密度は1 km^{2}当たり，西ジャワ州で1,217人，中ジャワ州で987人，東ジャワ州で784人，ジャカルタ特別州では1万4469人であり，世界的にみてもきわめて高い人口密度を誇る地域である。

ジャワ島以外の地域は，面積が広いものの人口は少ない。ジャワ島に次いで人口が多いのはスマトラ島で，2010年人口センサスでは5064万人，全人口の21.3％で，島の面積は国土全体の25.2％である。面積が全体の9.9％を占めるスラウェシ島は人口が1737万人（7.3％），面積が全体の28.5％を占めるカリマンタン島は人口が1379万人で，全人口の5.8％にすぎない。パプアにいたっては，面積は全体の21.8％を占めながらも，人口は359万人で全体の1.5％しかない。面積の広いパプアとカリマンタンは人口密度がきわめて低く，2010年では，パプア州で1 km^{2}当たり9人，中カリマンタン州で14人であった。主要5島のほかに小規模な数多くの島から成るヌサ・トゥンガラ地域とマルク地域については，人口はそれぞれ1307万人（5.5％），257万人（1.1％）で，面積は3.8％，4.1％であった。

人口の地域的偏りに対処するために，オランダ植民地時代から移民が奨励されてきた。この方針は，インドネシアとして独立してからは，ジャワ島からジャワ島外の地域（外島）への移民（Transmigrasi）政策として引き継がれた。スハルト政権下で，この政策はより積極的に実施されるようになり，1970年代以降，人口が多いジャワ島からスマトラ島，カリマンタン島，スラウェシ島などに，累計で150万世帯540万人が移住した（林田 2006：38–39）[5]。ただし，1985年の人口センサス中間サーベイでは，移動の理由を尋ねる調査項目があるが，「移民」「仕事」「教育」「その他」のうち「移民」が52万3490人（4.2％），「仕事」が413万7147人（32.9％），「教育」が98万3730人，「その他」が690万18人（55.1％），無回答が1万1178人（0.9％）であった。この数字をみる限り，政府の移民政策で移動する人よりも，仕事などの理由で自発的に移動する人の方が圧倒的に多かったことがわかる。

図表7–7は，生まれた州と現在の居住州が異なる「長期移動」について，1980年と2010年を比較して，特徴的な変化を示している州を抜粋して示したものである。カッコ内の数字は流入から流出を引いた差である。

インドネシア全体でみれば，1980年は人口の6.9％（約1000万人）が，2010年は人口の11.8％（約2800万人）が長期移動を経験している。

図表7–7に基づきながら長期的な人の移動の趨勢を，図表には示されていない5年以内の短期移動も併せて勘案しながら，地域ごとに論じてみよう。図表7–8も参考にされたい。

【スマトラ地域】北スマトラ州は1980年には流入超過（＋15万人）であったが，2010年には圧倒的な流出超過（－178万人）となった。同州の短期移動をみると，1980年にはすでに流出超過となっており（－8万人），2010年には流出超過が25万人と著しくなった。人口が多いものの目立った産業に乏しい同州では，流出傾向が顕著になったといえる。主な移住先はシンガポールに近いリアウ州・リアウ

5）林田によると，移民政策は現在でも行われているが，1998年のスハルト体制崩壊後のインドネシア各地の混乱で，この政策は量的にも質的にも変化を迫られたという。量的には大きく後退し，カリマンタン，スラウェシ，マルクといった地域での紛争を逃れてジャワ島に戻った避難民を再定住させたり帰還させたりする取り組みが移民事業の一環として行われるようになったという（林田 2006：41–44）。

図表 7-7 長期移動：1980 年，2010 年（人）

州　名	州人口		1980		2010	
			流　入	流出（差）	流　入	流出（差）
北スマトラ	1980 年	8,360,894	570,863	417,659 (+153,204)	521,847	2,298,140 (−1,776,293)
	2010 年	12,982,204				
リアウ／リアウ諸島	1980 年	2,168,535	356,272	86,540 (+269,732)	2,712,833	399,054 (+2,313,779)
	2010 年	7,217,530				
ランプン	1980 年	4,624,785	1,793,053	57,664 (+1,735,389)	1,463,929	713,809 (+750,120)
	2010 年	7,608,405				
ジャカルタ	1980 年	6,503,449	2,599,367	400,767 (+2,198,600)	4,077,515	3,000,081 (+1,077,434)
	2010 年	9,607,787				
西ジャワ／バンテン	1980 年	27,453,525	1,003,758	1,487,935 (−484,177)	7,992,021	3,067,331 (+4,924,690)
	2010 年	53,685,898				
中ジャワ	1980 年	25,372,889	350,724	3,227,892 (−2,877,168)	902,711	6,829,637 (−5,926,926)
	2010 年	32,382,657				
東ジャワ	1980 年	29,188,852	465,949	1,597,851 (−1,131,902)	925,510	3,864,218 (−2,938,708)
	2010 年	37,476,757				
東ヌサ・トゥンガラ	1980 年	2,737,166	42,416	47,534 (−5,118)	185,083	268,998 (−83,915)
	2010 年	4,683,827				
東カリマンタン	1980 年	1,218,016	296,963	34,059 (+262,904)	1,308,485	148,585 (+1,159,900)
	2010 年	3,553,143				
南スラウェシ／西スラウェシ	1980 年	6,062,212	118,984	511,725 (−392,741)	536,401	1,499,221 (−962,820)
	2010 年	9,193,427				
マルク／北マルク	1980 年	1,411,006	130,109	64,725 (+65,384)	230,846	274,793 (−43,947)
	2010 年	2,571,593				
パプア／西パプア	1980 年	1,173,875	96,079	15,559 (+80,520)	685,969	136,500 (+549,469)
	2010 年	3,593,803				

注）1980 年時点では，リアウ諸島州はリアウ州，バンテン州は西ジャワ州，西スラウェシ州は南スラウェシ州，北マルク州はマルク州，西パプア州はパプア州（当時の州名はイリアンジャヤ州）に含まれていた。1980 年の数字と比較するために，2010 年の数字は両州を足し合わせてある。

出所）DPS（2010d；2012）より筆者作成。

諸島州であり，2015 年中間サーベイの長期移動データによると，100 万人が北スマトラ州からリアウ州・リアウ諸島州に移動している。ジャカルタが移住先の 1 位であった 1980 年（15 万人）とは大きな変化である。

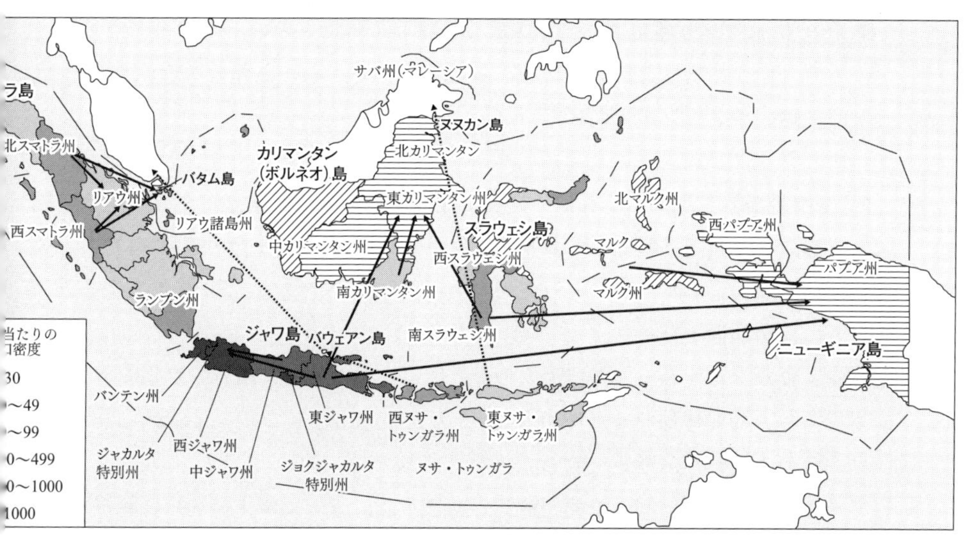

図表 7-8　人口密度と人の移動：2010 年

注）実線の矢印は国内の人の移動を，点線の矢印は国外への人の移動を表す。
出所）BPS（2010d：4）の地図を筆者加工。

そのリアウ州・リアウ諸島州は人口流入がきわだつようになった。長期移動では，1980 年から流入が多くなっていたが（+27 万人），2010 年になると 230 万人の流入超過になった。短期移動をみても，2010 年は 32 万人の流入超過であった。リアウ州は石油産業やアブラヤシ・プランテーションの開発によって，リアウ諸島州はバタム島での工業団地開発[6]で，北スマトラ州だけではなく，スマトラ島各地から出稼ぎの人を集めるようになった。1980 年にはジャカルタに出稼ぎに行っていたスマトラ島の人々は，その後は故郷により近いリアウ州・リアウ諸島州に出稼ぎに行く，あるいは移住するようになった[7]。この 2 州は，スマトラ地域の出稼ぎ先の中心地としての地位を確立したとみてよいだろう。

ランプン州は，1930 年代以降ジャワ島からの移民を数多く受け入れてきたが，人口流入の傾向は鈍化し（1980 年の＋174 万人から 2010 年の＋75 万人へ），短期移

6）1990 年代初頭に始まったリアウ諸島州のバタム島開発については宮本（2000a）を参照。
7）筆者がバタム島で話を聞いた人々の多くが北スマトラ州，西スマトラ州，リアウ州からの移住者であった。

動をみると，1980 年は 46 万人の流入超過であったものの，2010 年は流出超過（−6 万人）へと転じた。ジャワ島からの移民受け入れから州外への出稼ぎへと，人の移動のパターンが変化している。

【ジャワ地域】長期的にみれば一貫して流入が多いのはジャカルタ特別州である。ただし，その傾向は鈍化しており（1980 年の＋220 万人から 2010 年の＋108 万人へ），短期移動では，1980 年は 38 万人の流入超過であったのが，2010 年になると 24 万人の流出超過となった。

ジャカルタに代わって人口流入の受け皿になったのが，西ジャワ州とバンテン州である。長期移動では，1980 年は 48 万人の流出超過であったのが，2010 年には 500 万人近い流入超過となった。短期移動では，2010 年で 72 万人の流入超過である。スハルト体制下で開発政策が進められ，ジャカルタ特別州に隣接する西ジャワ州に工業団地や住宅地がつくられたことで，西ジャワ州（1999 年以降は西ジャワ州とバンテン州）に出稼ぎ人口が集まることとなった。

中ジャワ州と東ジャワ州はもともと人口の多い州で，農村からの出稼ぎによる人口流出が続いていたが，2010 年はその傾向がいっそう顕著になった（それぞれ −600 万人，−300 万人）。とくに人口の流出が激しい中ジャワ州の長期の移住先をみると（2015 年），西ジャワ州（158 万人），ジャカルタ特別州（136 万人），バンテン州（66 万人）に集中しており，合計 360 万人が流出している。他方で，中ジャワ州に次いで人口流出の多い東ジャワ州の場合，長期の移住先（2015 年）は，西ジャワ州に 44 万人，ジャカルタ特別州に 37 万人，東カリマンタン州に 36 万人，ランプン州に 35 万人であり，中ジャワ州より分散している。1980 年にはインドネシア各地から人が流れ込んでいたジャカルタ首都圏は，リアウ州／リアウ諸島州がスマトラ地域における，東カリマンタン州がインドネシア東部地域における，それぞれの出稼ぎの中心地になったことで，現在では，ジャワ地域における出稼ぎの中心地に転化しつつあると捉えることができる。

【インドネシア東部地域】ヌサ・トゥンガラ，カリマンタン，スラウェシ，マルク，パプアの各地域は，合わせて「インドネシア東部地域」と呼ばれる。大部分は辺境に位置し，人口が少なく，一部の地域を除いて貧しい住民が多い地域であ

図表 7-9　5年前に海外にいた人の現在の居住州：1980～2015年（人）

順　位	1980	1990	2000	2005	2015
第1位	ジャカルタ (6,218)	ジャカルタ (13,458)	東ヌサ・トゥンガラ (42,867)	東ジャワ (21,781)	東ジャワ (78,454)
第2位	ランプン (2,255)	西ジャワ (12,270)	ジャカルタ (9,919)	西ジャワ (15,870)	西ヌサ・トゥンガラ (62,937)
第3位	南スラウェシ (1,965)	東ジャワ (8,688)	東ジャワ (7,478)	中ジャワ (14,411)	西ジャワ (54,424)
第4位	マルク (1,892)	南スラウェシ (7,065)	中ジャワ (5,052)	南スラウェシ (12,166)	中ジャワ (45,631)
第5位	西ジャワ (1,712)	中ジャワ (5,097)	南スラウェシ (4,242)	東ヌサ・トゥンガラ (7,399)	南スラウェシ (18,291)
第6位	東ジャワ (1,402)	東カリマンタン (4,138)	西ヌサ・トゥンガラ (3,728)	東カリマンタン (4,588)	東ヌサ・トゥンガラ (13,956)

出所）Biro Pusat Statistik (1980 ; 1990), BPS (2000 ; 2005 ; 2015) より筆者作成。

る。図表 7-7 を見ると，東カリマンタン州とパプア州／西パプア州は人口流入超過となっているが（2010年でそれぞれ+116万人，+55万人），それ以外の地域は人口流出超過となっていることがわかる。

東カリマンタン州では石炭産業と石油産業が発展し，パプア州／西パプア州でも銅や金，その他のレア・アースを中心とした鉱物資源開発が推進され，他地域から出稼ぎ労働者を集めてきた。東カリマンタン州への出稼ぎとみられる短期移住者（2010年）は，主に東ジャワ州（3万5000人），南スラウェシ州（2万8000人），南カリマンタン州（1万3000人）から来ている者が多い。流入者の数は1980年も2010年もほぼ一定しており，東ジャワ州およびインドネシア東部地域からの出稼ぎの中心地となったといえる。

パプア州／西パプア州については，南スラウェシ州（1980年は1万人，2015年は2万人），マルク州（1980年は5,000人，2015年は1万5000人），東ジャワ州（1980年は4,000人，2015年は1万5000人），東南スラウェシ州（1980年は7,000人，2015年は3,000人）からの短期移住者が多く，東カリマンタン州に次いで，インドネシア東部地域からの出稼ぎを集めている。

流出超過となっている南スラウェシ州／西スラウェシ州（2010年で−96万人）やマルク州／北マルク州（2010年で−4万4000人）の場合，出稼ぎとみられる人口はその多くが東カリマンタンやパプアに流出している[8]。しかし，同じく流出超過の東ヌサ・トゥンガラ州（2010年で−8万4000人）については，主な移動先は東カリマンタンやパプアではない。

図表7-9は5年前に海外にいた人が現在どこの州に居住しているかについて上位6位までを示したものである。人口がきわめて少ない州であるにもかかわらず，西ヌサ・トゥンガラ州，東ヌサ・トゥンガラ州は，2000年以降この表に入るようになった。ヌサ・トゥンガラ地域は，出稼ぎ目的で海外に渡航する人が多い地域であることがしばしば指摘されるが，人口センサスでもその一端を垣間見ることができる。海外就労については次節でさらに議論したい。

3　人口センサスでは捉えきれない海外就労者

1）海外就労者数と海外就労者派遣政策の変遷

人口センサスは，基本的に国内の人口と海外の在外公館の人員を対象とした調査であり，就労目的で海外渡航する者については，一貫して調査の対象外である。そのため，海外渡航に関するデータは，人口センサスの結果を使う限り，前掲の図表7-9のような限定的なものしか示すことはできない。海外渡航者や海外就労者については，法務省／法務人権省の移民局，あるいは労働移住省が担当官庁である。インドネシアでは1980年代半ば以降，海外就労者（TKI : Tenaga Kerja Indonesia）が徐々に増えていったが，海外就労者のための法制度の整備や実態調査は長らく行われてこなかった。しかし，2000年代以降，滞在国での虐待や不法就労者の強制送還などの問題に国民の関心が高まり，2007年に海外就労者派遣保護庁（BNP2TKI : Badan Nasional Penempatan dan Perlindungan Tenaga Kerja Indonesia）が設置され，実態の把握に努めるようになった（奥島 2014 : 85）。

インドネシア人の海外就労は1970年代までは限られていたが，1980年代半ばから急速に拡大していった。背景には過剰労働力の問題があり，政府は1984年

8）人口流出は出稼ぎだけが理由ではない。マルク州／北マルク州では，2000年人口センサスで短期の流出が両州合わせて12万1261人となり，1990年の3万8899人（2.1％）から大幅に増え，人口の6.1％に達した。1999年に始まったキリスト教徒とイスラーム教徒との間の激しい紛争による避難民とみられる。

から始まった第4次5か年計画（1984～89年）で，海外就労を積極的に推進するようになった。就労目的で海外に渡航する人の数は，1979年から1984年までの5年間で9万6000人にすぎなかったが，1984年から1989年までの5年間に29万人へと3倍に増え，1994年までの5年間には，さらに46万6000人となった（宮本 2000b：70-72）。

1996年には51万7169人にまで増えるものの，2000年には43万5222人，2004年には38万690人へと減少した（IOM 2010：9）。2000年代半ば以降は再び増加に転じ，2007年には66万6746人となったが，その後，海外就労者の数にドラスティックな変化が起こる。図表7-10は，2008年，2011年，2015年における海外就労者の推移を，男女合計と女性のみに分けて整理したものである。2008年に74万8825人となってピークを迎えたあと，2011年に58万1081人，2015年には27万5736人と，わずか7年間で3分の1近くにまで減った。

大きく変化しているのは女性の渡航者数である。例えば，中東・アフリカ地域への女性渡航者は，2008年の30万4454人から2015年の2万9177人と10分の1以下になった。とりわけ，サウジアラビアへの渡航者数は，21万2596人から1万887人と20分の1以下になっている。マレーシアへの女性渡航者の数も，14万658人から3万9338人と3分の1以下になった。減った渡航者のほとんどが，主に家事労働者として働く女性就労者である。渡航先での女性家事労働者への虐待や人権侵害がインドネシア国内で大きな問題となり，その結果，インドネシア政府は，2009年と2011年にそれぞれマレーシア，中東諸国への渡航制限措置をとった（横本 2014：32）。それによって，就労目的の女性の海外渡航者数が大きく減ったのであった。

2014年10月に成立したジョコ・ウィドド政権は，海外におけるインドネシア人労働者の保護と待遇改善を掲げた。2014年から2015年にかけて，就労目的の海外渡航者の数は，42万9872人から27万5736人へと大きく減少したが，海外派遣の条件が厳しくなったからであるとみられる。各国への労働者派遣数が軒並み減少しているのに対して，台湾への女性労働者の派遣は，その数を維持している。家事労働者の賃金がシンガポールなどと比べて高いこと，労働条件についても他国と比べて良いことが指摘されている（同前：32）。渡航者数は減少しつつあるものの，現在もサウジアラビアでは150万人，マレーシアでは120万人，香

図表 7-10 海外就労者の推移：2008～2015年（人）

国・地域	2008		2011		2015	
	合　計	うち女性	合　計	うち女性	合　計	うち女性
アジア太平洋・米国	392,923	252,101	355,271	196,549	228,142	136,406
マレーシア	257,710	140,658	133,308	38,728	97,635	39,338
シンガポール	21,867	21,842	47,781	40,851	20,895	20,321
ブルネイ	4,967	1,773	10,805	3,643	9,993	3,016
香　港	30,207	30,195	50,283	49,122	15,322	15,118
台　湾	62,433	56,268	77,222	62,022	75,303	57,673
韓　国	13,546	603	11,390	401	5,501	223
日　本	333	185	2,508	107	468	179
マカオ	376	376	582	532	35	28
米　国	1,132	–	13,746	782	1,029	70
その他	352	201	7,646	361	1,961	440
中東・アフリカ	334,440	304,454	216,629	175,678	43,942	29,177
サウジアラビア	234,643	212,596	133,919	108,027	23,000	10,887
アラブ首長国連邦	38,200	34,525	40,070	35,643	7,619	7,049
クウェート	29,224	29,018	2,723	2,063	210	161
バーレーン	2,325	1,761	4,375	4,115	2,570	2,410
カタール	8,716	7,138	17,182	14,013	2,460	1,755
オマーン	8,314	8,235	7,292	6,872	6,766	6,656
ヨルダン	11,165	11,120	134	118	103	101
イエメン	196	–	59	11	–	–
アフリカ	–	–	737	45	2	–
その他	1,657	61	10,138	4,771	1,212	158
ヨーロッパ	1,325	31	9,181	1,254	3,652	1,188
イタリア	794	–	3,408	191	1,516	89
スペイン	286	–	1,484	51	268	21
オランダ	3	3	592	16	52	2
イギリス	10	7	491	101	24	6
ドイツ	32	–	299	25	194	24
その他	200	21	2,907	870	1,598	1,046
船　員	20,137	–	n. a.	n. a.	n. a.	n. a.
合　計	748,825	556,586	581,081	373,481	275,736	166,771

注）年次統計では船員数に関する記載は2010年以降なくなった。
出所）年次統計各年版より筆者作成。原データは海外就労者派遣保護庁（BNP2TKI）に基づいている。

港では20万人のインドネシア人が働いているという（*Koran Tempo*, 6 April 2016）。

2）不法就労者問題

海外への出稼ぎについては，政府の統計では明らかにならない不法就労者の問題がある。とくに海と陸の長い国境線で隣接するマレーシアには，1980年代よりインドネシアから不法就労者が数多く流入し，1981年時点で70万人，1990年で100万人ほどであったと言われている（宮本 2000b：77）。別の資料でも，1981年で10万人，1987年で100万人のインドネシア人不法就労者が，マレーシアにいたとの報告がある（Liow 2005：148）。経済危機が起こった1990年代末からカリマンタン（ボルネオ）島では，マレーシア領への就労目的と思われる非合法的な移動が大規模に起こった。マレーシアは，不法就労者によって治安が悪化したとの理由から，インドネシアへの強制送還を繰り返し行い，両国間の国民感情の悪化につながった。

海外就労者派遣保護庁は，世界で働くインドネシア人不法就労者数は130万人であり，毎年1万9000人が強制送還されていると発表した[9]。しかし，この数字はかなり少ない見積もりである。例えば，インドネシアのNGOであるMigrant Careは，450万人（うち7割が女性）のインドネシア人が海外で就労しており，そのうち250万人が不法就労であると報告している[10]。正確な数字は入手できないものの，数字に表れない海外不法就労者の数はきわめて大きいと思われる。

先に述べたヌサ・トゥンガラ地域からの海外出稼ぎに戻ろう。マントラは，1990年代末に西ヌサ・トゥンガラからマレーシアに渡航した不法就労者について貴重な調査を行っている（Mantra 1999）。彼の論文には，海外出稼ぎの理由として，経済的問題，斡旋業者の存在などが挙げられているものの，ヌサ・トゥンガラの人々がなぜ国内出稼ぎを選ばずに，海外出稼ぎの方を選択するのかについて，明確な説明はない[11]。しかしながら，違法な斡旋業者の手びきによる，ヌサ・トゥンガラからマレーシアへの不法出稼ぎルートについては，詳しい説明が

9）*Tempo*, 11 August 2016［https://nasional.tempo.co/read/news/2016/08/11/058795061/ntt-termasuk-pemasok-tki-ilegal-terbanyak-di-indonesia］（2016年8月14日アクセス）.

10）Migrant Care［http://migrantcare.net/profil/sejarah/］（2016年8月13日アクセス）.

11）1997年以降の経済危機で国内経済が停滞したことが理由のひとつとして挙げられるが，それはヌサ・トゥンガラに限ったことではない。

ある。西ヌサ・トゥンガラからマレーシアへの出稼ぎについては，東ジャワ州スラバヤ沖のバウェアン島からリアウ諸島州バタム島やその隣のビンタン島を経由して，マレー半島の南端から入国する「西廻りルート」があり，東ヌサ・トゥンガラからマレーシアへの出稼ぎについては，南スラウェシや東カリマンタンを経由して，北カリマンタンのヌヌカン島からマレーシアのサバ州に入る「東廻りルート」がある（ibid.：65–66. 図表 7–8 も参照）。

この東廻りルートについては，現在も東ヌサ・トゥンガラや東南スラウェシからの不法出稼ぎのために使われている。政府は取り締まりを厳しくし，強制送還も増加するなかで正規の海外派遣に申し込むよう奨励している。しかしながら，正規の海外派遣は役所での手続きが煩雑なうえ，時間も金もかかるため，斡旋業者を利用しての不法就労の道を選ぶ人は跡を絶たない。たとえ強制送還されたとしても，再び同じルートでの入国を試みる（*Tempo*, 24 January 2016：50–55）。

国家による保護の外に置かれた不法就労は，海外での人権侵害につながりやすい[12]。実際，北カリマンタンのヌヌカンには，病気や身体的障碍，記憶喪失などの精神疾患を抱えた不法就労者が強制送還され，故郷に帰れず，身寄りのないまま放置されている（ibid.：56–57）。

このような事態を少しでも改善するために，政府は国内外における人の移動を把握しようと，違法な斡旋業者の取締りを進めつつ，さまざまな統計調査を以前にも増して実施するようになった。しかし，実態の解明にはほど遠い現状にある。

参考文献

【日本語】

奥島美夏 2014「インドネシアの労働者送り出し政策と法――民主化改革下の移住労働者法運用と「人権」概念普及の課題」山田美和編『東アジアにおける移民労働者の法制度――送出国と受入国の共通基盤の構築に向けて』日本貿易振興機構アジア経済研究所。

林田秀樹 2006「インドネシアにおける移住政策と地方開発――1970 年代半ば以降の展開」『社会科学』（同志社大学）第 76 号，3 月：23–47 頁。

宮本謙介 2000a「「成長の三角地帯」とバタム島の労働市場」『經濟學研究』（北海道大学）第 50 巻第 1 号，6 月：20–35 頁。

――― 2000b「国際労働力移動の歴史的位相――サウジアラビア・マレーシア・シンガポー

12）*Tempo*, 11 August 2016［https://nasional.tempo.co/read/news/2016/08/11/058795061/ntt-termasuk-pemasok-tki-ilegal-terbanyak-di-indonesia］（2016 年 8 月 14 日アクセス）.

ルで就労するインドネシア人」『經濟學研究』第50巻第2号，9月：67-86頁。
横本真千子 2014「香港で働くインドネシア人女性家事労働者――渡航ネットワークからの考察」『經濟學研究』（北海道大学）第64巻第2号，12月：27-43頁。

【外国語】

Badan Pusat Statistik (BPS). 2000. *Sensus Penduduk 2000*, Jakarta : BPS. (2000年人口センサス)
——— 2010a. *Dokumentasi Komprehensif Sensus Penduduk 2010 Indonesia*, Jakarta : BPS. (2010年人口センサス包括文書)
——— 2010b. *Sensus Penduduk 2010 : Kewarganegaraan, Suku Bangsa, Agama, dan Bahasa Sehari-hari Penduduk Indonesia*, Jakarta : BPS. (2010年人口センサス：国籍・民族・宗教・日常語)
——— 2010c. *Sensus Penduduk 2010 : Migrasi Internal Penduduk Indonesia*, Jakarta : BPS. (2010年人口センサス：国内移動)
——— 2010d. *Sensus Penduduk 2010 : Pertumbuhan dan Persebaran Penduduk Indonesia*, Jakarta : BPS. (2010年人口センサス：人口成長と人口分布)
——— 2009. *Statistik Indonesia 2009*, Jakarta : BPS. (年次統計2009年)
——— 2010e. *Statistik Indonesia 2010*, Jakarta : BPS. (年次統計2010年)
——— 2012. *Statistik Indonesia 2012*, Jakarta : BPS. (年次統計2012年)
——— 2016. *Statistik Indonesia 2016*, Jakarta : BPS. (年次統計2016年)
——— 2005. *Survei Penduduk Antar Sensus 2005*, Jakarta : BPS. (センサス中間人口サーベイ2005年)
——— 2015. *Survei Penduduk Antar Sensus 2015*, Jakarta : BPS. (センサス中間人口サーベイ2015年)
Biro Pusat Statistik. 1971. *Sensus Penduduk 1971*, Jakarta : BPS. (1971年人口センサス)
——— 1980. *Sensus Penduduk 1980*, Jakarta : BPS. (1980年人口センサス)
——— 1990. *Sensus Penduduk 1990*, Jakarta : BPS. (1990年人口センサス)
——— 1985. *Survei Penduduk Antar Sensus 1985*, Jakarta : BPS. (センサス中間人口サーベイ1985年)
——— 1995. *Survei Penduduk Antar Sensus 1995*, Jakarta : BPS. (センサス中間人口サーベイ1995年)
International Organization for Migration (IOM). 2010. *Labour Migration from Indonesia : An Overview of Indonesian Migration to Selected Destinations in Asia and the Middle East*, Jakarta : International Organization for Migration Mission in Indonesia.
Liow, Joseph Chinyong. 2005. *The Politics of Indonesia-Malaysia Relations : One Kin, Two Nations*, London and New York : Routledge.
Mantra, Ida Bagoes. 1999. "Illegal Indonesian labour movement from Lombok to Malaysia", *Asia Pacific View Point*, Vol. 40, No. 1, April : 59-68.

【定期刊行物】

Koran Tempo
Tempo

コラム8　人口センサスにおける試行錯誤の民族分類

多民族国家であるインドネシアでは，オランダ植民地時代の1930年に行われた人口センサスで民族（インドネシア語でSuku Bangsaといい，「エスニシティ」「エスニック・グループ」とも訳されるが，ここでは「民族」と表記する）に関する調査が行われたあと，2000年までの70年間にわたり民族に関する統計調査は実施されず，人口センサスにも民族に関する質問は盛り込まれなかった。とくにスハルト政権下においては，民族は人種，宗教，階層とともに社会を分裂させかねない問題として，公の場で議論することがタブー視されていた。

しかし，1998年以降の民主化でこれらをタブー視する風潮は弱まり，政府は多民族の実態を把握する方向へと舵を切った。2000年人口センサスでは調査員が回答者に民族名を質問し，調査員やコーディネーターが該当する民族コードを記載するという方式をとった。両親の民族が異なる際には，父親の民族が充てられる場合が多く，本人が民族名を答えられない場合には，調査員が彼の父親，祖父，祖先の民族名を聞いて回答を得た（母系制社会の場合には母親や祖母など）。2010年の人口センサスでもこの方法が踏襲された（Ananta et al. 2015：19–23）。国家が「公定民族」を設定して，国民に自らの民族アイデンティティを同定させるという方法をとるのではなく，本人の自己認識を尊重し，自己アイデンティティに基づく民族の実態を明らかにしようとしている。

しかし，この方法をとると膨大な数の民族が出現することも明らかになり，それらを分類し，公表することの難しさも生じた。2000年人口センサスでは全国と30州それぞれで人口数の第1位から第8位までの民族の統計結果が公表された。図表c8–1の2000年人口センサスの数値は全国の統計結果を表示したものであるが，第9位以下の人口数の民族はすべて「その他」（約5600万人，28％）に含まれてしまい，その他の民族の構成や人口数を知りたい場合には，スリャデナタらが行ったように，全国と30州で公表されている第1位から第8位までの民族をそれぞれ集計して合計数を算出するか（Suryadinata et al. 2003：7–9），長津が行ったように，人口センサスの原データを使って算出する（長津 2012：44）しかない。また，2000年人口センサスでは，バタックやムラユのように広範に分布している民族は，居住する地域の名称が付されたサブカテゴリーに細分化されて人口数が分散し，インドネシアの主要な民族としてしばしば名前が上がるにもかかわらず，両民族は全国レベルでは第8位までに入らない（同前：42）という不自然な事態が生じた。

こうした問題に対する反省から，2010年人口センサスでは，民族分類に以下のような方法が導入された。民族を「文化的統一性をもった人間集団」と定義し，文化的統一性は一定の地域性を伴うとの考え方に基づいて，まず全国をスマトラ，ジャワとバリ，ヌサ・トゥンガラ，カリマンタン，スラウェシ，マルク，パプアの7つの地域に分け，すべての民族を当該民族の出身地である，あるいは主な居住地であるとみなされる地域に分類した。そのうえで，ある系列（rumpun，「株」）に属するすべての民族をひとつのグループとし（例えばバタック），系列が不明である場合には100万人を基準として，

図表 c8-1　1930年，2000年，2010年人口センサスの民族分類と民族の人口数・割合

1930年, 2000年人口センサスの民族分類	1930		2000		2010		2010年の民族分類とサブカテゴリー数
	人口数	割合（順位）	人口数	割合（順位）	人口数	割合（順位）	
ジャワ	27,808,623	47.02％（1）	83,752,853	41.65％（1）	95,217,022	40.22％（1）	ジャワ（7＋）
スンダ	8,594,834	14.53％（2）	30,978,404	15.40％（2）	36,701,670	15.50％（2）	スンダ（1）
マドゥラ	4,305,862	7.28％（3）	6,771,727	3.37％（3）	7,179,356	3.03％（5）	マドゥラ（1）
ミナンカバウ	1,988,648	3.36％（4）	5,475,145	2.72％（4）	6,462,713	2.73％（7）	ミナンカバウ（1）
ブギス	1,533,035	2.59％（5）	5,010,423	2.49％（6）	6,359,700	2.69％（8）	ブギス（1）
バタック	1,207,514	2.04％（6）	-	-	8,466,969	3.58％（3）	バタック（8）
バ　リ	1,111,659	1.88％（7）	-	-	3,946,416	1.67％（15）	バリ（3）
ブタウィ	980,863	1.66％（8）	5,041,688	2.51％（5）	6,807,968	2.88％（6）	ブタウィ（1）
ムラユ	953,397	1.61％（9）	-	-	5,365,399	2.27％（9）	ムラユ（9）
バンジャール	898,884	1.52％（10）	3,496,273	1.74％（8）	4,127,124	1.74％（13）	バンジャール（2）
アチェ	831,321	1.41％（11）	-	-	4,091,451	1.73％（14）	アチェ系民族（12）
パレンバン	770,917	1.30％（12）	-	-	5,119,581	2.16％（10）	南スマトラ系民族（29）
ササック	659,477	1.12％（13）	-	-	3,173,127	1.34％（16）	ササック（1）
ダヤク	651,391	1.10％（14）	-	-	3,009,494	1.27％（17）	ダヤク（268）
マカッサル	642,720	1.09％（15）	-	-	2,672,590	1.13％（20）	マカッサル（1）
トラジャ	557,590	0.94％（16）	-	-	-	-	-
バンテン	-	-	4,113,162	2.05％（7）	4,657,784	1.97％（11）	バンテン系民族（2）
-	-	-	-	-	1,877,514	0.79％（24）	チレボン（1）
-	-	-	-	-	1,251,494	0.53％（28）	ゴロンタロ（1）
-	-	-	-	-	1,237,177	0.52％（29）	ミナハサ（10）
-	-	-	-	-	1,041,925	0.44％（30）	ニアス（1）
-	-	-	-	-	1,415,547	0.60％（25）	ジャンビ系民族（6）
-	-	-	-	-	1,381,660	0.58％（26）	ランプン系民族（13）
-	-	-	-	-	2,204,472	0.93％（21）	その他のスマトラ系民族（34＋）
-	-	-	-	-	1,280,094	0.54％（27）	その他の西ヌサ・トゥンガラ系民族（6）
-	-	-	-	-	4,184,923	1.77％（12）	東ヌサ・トゥンガラ系民族（75＋）
-	-	-	-	-	1,968,620	0.83％（23）	その他のカリマンタン系民族（124＋）
-	-	-	-	-	7,634,262	3.22％（4）	その他のスラウェシ系民族（206＋）
-	-	-	-	-	2,203,415	0.93％（22）	マルク系民族（124＋）
-	-	-	-	-	2,693,630	1.14％（19）	パプア系民族（466＋）
華　人	1,233,000	2.03％	-	-	2,832,510	1.20％（18）	華人（3）
					162,772	0.07％（31）	海外出身のインドネシア国籍取得者（13）
その他	5,641,332	9.54％	56,452,563	28.07％	-	-	-
合　計	59,138,067	100.00％	201,092,238	100.00％	236,728,379	100.00％	合計　1430＋

注）1930年人口センサスでは華人は「外国系東洋人」として扱われ，土着の民族を示す表には入っていなかった。したがって，ここでは合計には含めず，順位も付けない。2010年人口センサスでサブカテゴリー数に＋が付いている場合には，その数以上の民族が含まれることを示している。また，2010年人口センサスの華人のサブカテゴリー（3）は「中国，中華人民共和国，台湾」であり，海外出身のインドネシア国籍取得者のサブカテゴリー（13）は「アメリカ，アラブ，オーストラリア，インド，イギリス，日本，韓国・朝鮮，マレーシア，パキスタン，フィリピン，シンガポール，タイ，オランダ」である。

出所）Suryadinata et al. (2003 : 12), BPS (2000 : 75), BPS (2010 : 23-28).

100 万人以上なら一つの独立したグループとみなし，100 万人以下の場合には地域ごとにひとまとめにした（BPS 2010：21-22）。

このような方法で分類され示されたのが，図表 c8-1 の 2010 年人口センサスの民族統計である。この新分類によってバタックとムラユという二つの大きな民族が「復活」することになり，また 100 万人以上の人口をもつ民族は一個の独立した民族として扱われるようになった。しかし，この分類法もいくつかの問題点が指摘されている。

最も問題であるのは，「その他の○○系民族」（○○には地域の名前が入る）というカテゴリーである。例えば，「その他のスラウェシ系民族」は全国レベルでジャワ，スンダ，バタックに次いで人口数が多い（第 4 位）ものの，このカテゴリー自体はジャワやスンダなどと同じ民族単位ではなく，スラウェシにある，ブギス，ミナハサ，ゴロンタロ，マカッサル以外の 206 以上の民族をまとめたカテゴリーにすぎない。この「その他の○○系民族」カテゴリーは全国レベルのみならず州レベルの民族分類でも使われており，もっと細分化したカテゴリーを設けないと，当該州の民族構成を把握することができない（Ananta et al. 2015：30-31）。

その他にも分類上の問題点は指摘されているが，2000 年以降進められるようになった，民族の実態についての人々の自己アイデンティティに基づく把握の意義は大きい。図表 c8-1 に掲げたデータからだけでも，地域ごとに民族的多様性の差異がいかに大きいものであるかがわかるだろう。約 300 万人の人口を有するダヤクが 268 のサブカテゴリーをもつということは，この民族の多様性を示している。他方で，約 3670 万人の人口規模を誇るスンダは「スンダ」カテゴリーただひとつしかない。このことは，統一されたスンダ・アイデンティティがあることを示している。背景には，森山が指摘するように，西ジャワ州政府によって行われてきたスンダ語教育やスンダ文化振興政策によるスンダ人アイデンティティの強化があるとみられる（森山 2012）。

人口センサスが孕む政治性も指摘することができる。州レベルでどの民族が多数派を占めているかは，センサスの分類方法によって大きく変化する。例えば，西カリマンタン州では 2000 年人口センサスにおいて上位 4 民族は「その他」「サンバス」「華人」「ジャワ」であり，第 1 位の「その他」が 3 割を占めていたが（Suryadinata et al. 2003：24），2010 年人口センサスで分類方法が変わり，「ダヤク」という民族カテゴリーがつくられた結果，西カリマンタン州ではダヤクが他を大きく引き離して第 1 位となり，州人口の約 5 割を占める民族であることが明らかとなった（BPS 2010）。民族人口の大きさはその政治的プレゼンスの大きさとして認識され，知事選挙など地方政治に重要な意味をもつ。ダヤク系のさまざまな人間集団が，人口センサスの結果を利用して政治的影響力を高めようとしてもおかしくはない。

人口センサスはその分類方法によって民族の「大きさ」をも変えるものである。2020 年人口センサスは，インドネシアにおける多民族社会のありようをどのように見せてくれるであろうか。

（増原綾子）

参考文献

長津一史 2012「コラム　インドネシアの2000年センサスと民族別人口」鏡味治也編著『民族大国　インドネシア――文化継承とアイデンティティ』木犀社，37-48頁。

森山幹弘 2012「アイデンティティの拠り所――受け継がれるスンダ語教科書からの考察」鏡味治也編著『民族大国インドネシア――文化継承とアイデンティティ』木犀社，49-78頁。

Ananta, Aris, Evi Nurvidya Arifin, M. Sairi Hasbullah, Nur Budi Handayani and Agus Pramono. 2015. *Demography of Indonesia's Ethnicity*, Singapore : Institute of Southeast Asian Studies.

Badan Pusat Statistik (BPS). 2000. *Sensus Penduduk 2000*, Jakarta : BPS.

———. 2010. *Sensus Penduduk 2010 : Kewarganegaraan, Suku Bangsa, Agama, dan Bahasa Sehari-hari Penduduk Indonesia*, Jakarta : BPS.

Suryadinata, Leo, Evi Nurvidya Arifin and Aris Ananta. 2003. *Indonesia's Population : Ethnicity and Religion in a Changing Political Landscape*, Singapore : Institute of Southeast Asian Studies.

第 8 章

フィリピン

——遠い少子高齢化と越境する労働者

鈴木有理佳

はじめに

フィリピンの人口は，2015 年の人口センサスによると 1 億人を超えた。東南アジアの中では出生率が高く，若年層が多い。そして，人口ピラミッドはほぼピラミッド型を維持している。人口という観点だけからみれば，豊富な人的資源を有するフィリピンの将来は非常に明るいといえるだろう。とはいえ，実際には豊富な人的資源を国内で十分に活用しきれず，海外に流出させている。家族をフィリピンに残して一時的に海外に働きに出て行く者（海外就労者）もいれば，渡航先で市民権を取得し，家族を呼び寄せて定住している者（移住者）もいる。また，国際結婚という形で移住してしまう例も多い。こうして今や，人口の約 1 割が海外にいると推定されている。ただし，彼らは本国への送金という形でフィリピン経済に大きく貢献している。

国内に一定期間常住していない海外在住者を人口センサスの対象に含めるかどうかは，その国の事情にもよるであろう。フィリピンでは，1990 年人口センサスを皮ぎりにして，海外就労者を調査対象に含めている。そのうえ，フィリピンには日本のような戸籍や住民登録制度がないため，人口を全国規模で一斉に把握する 5 年に一度の人口センサスは，重要な調査である。本章では，こうしたフィリピンの人口センサスについて紹介するとともに，そこから把握できる人口の特徴について述べる。

本章の構成は次のようになる。まず第1節では，人口センサスの概要と2010年人口センサスの実施方法について，フィリピン統計庁（PSA，旧国家統計局）の担当者に対して実施した聞き取り調査等も参照しながら紹介する。次に第2節では，過去の人口センサスの結果と比較しつつ，そこから把握できる人口の特徴を述べる。フィリピンの人口構成の変化は遅く，少子化・高齢化のペースも緩慢である。人口増加率は少しずつ低下しているとはいえ，国民の約8割がカトリック教徒であることから，有効な人口抑制策を実施できないでいる。続く第3節では，海外就労者について人口センサス以外の調査結果も参考にしつつ，職業や渡航先等の動向を探る。また，海外就労者の経済的役割は大きいために，彼らの正確な把握の重要性を当局が認識している一方で，その作業が実際には非常に難しく，調査把握に限界があることも指摘する。

1　フィリピンの人口センサス

1）人口センサスの歴史

フィリピンには戸籍制度や住民登録制度がない。存在するのは出生・婚姻・死亡に関する身分登録制度（civil registration）だけであり[1]，その登録でさえ，正しく実施されているとは限らない。そのため，フィリピンの人口を正確に把握しようとするならば，人口センサスに頼るしかないのである。フィリピンにとって人口センサスの役割はそれだけ大きい。とはいえ，人口センサスは莫大な費用と準備時間を要するため，そう頻繁に実施できるものではない。フィリピンでは1990年以降，原則として末尾に0と5のつく5年ごとに実施されており，最も直近の人口センサスは2015年である。それによれば，人口はついに1億人を超えた。

フィリピンにおける最初の本格的な人口センサスは，アメリカ統治下に入ってまもない1903年に実施された。実は，それ以前にも人口調査が試みられている。記録のある最古の統計は1570年のもので，それによれば当時の人口は推定50万

1）1930年に身分登録法（Act 3753）が制定された。

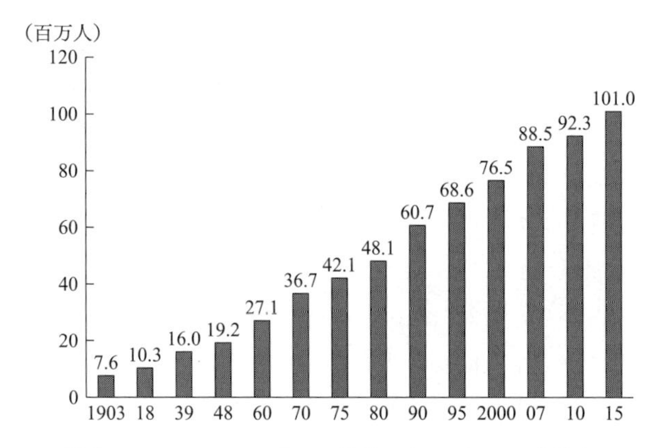

図表 8-1　フィリピン人口の推移と人口センサス実施年

注）2005 年は予算の都合で実施されず，代わりに 2007 年に行われた。
出所）人口センサスの 2000 年版，2010 年版，2015 年版より筆者作成。

人とされた[2]。次いで 1591 年にも推定 67 万人と記録されており，当時は宗主国のスペインが導入したエンコミエンダ制によって，人口把握がある程度可能であったようである。

ただし同制度の衰退に伴い，17 世紀以降は，カトリック教会を主体として人口把握が行われるようになった。カトリック教会が信者の出生・婚姻・死亡に関する身分を記録していたからである。それら記録によれば，フィリピンの人口は 1735 年に 84 万人，1799 年に 150 万人と推定されている。その後も調査が断続的に実施されたほか，時を経て，スペイン当局も 1877 年，1887 年，1896 年に自ら人口調査を試みている。それによれば，1877 年に 558 万人，1887 年に 598 万人，1896 年に 626 万人と推定されているものの，あくまでカトリック教会を通じての把握であったために，非キリスト教徒は含まれていないという欠陥がある。したがって，宗教や民族に関係なくフィリピン全人口の把握を試みた 1903 年の調査が，最初の本格的な人口センサスとなる。

1903 年以降のセンサス年と人口は図表 8-1 に示したとおりである。1903 年に約 764 万人であった人口は，1939 年には約 1600 万人となった。この 1939 年人口センサスの根拠法はコモンウェルス法第 170 号で，調査実施のためのセンサス

2）1960 年人口センサスの Enumeration Manual（Bureau of the Census and Statistics 1960：3）より。次段落も同 Manual より。

委員会が設置されている。同委員会はフィリピン独立後，新たに設置されたセンサス統計局に引き継がれた。独立後の最初の人口センサスは1948年で，人口は約1923万人と推定されている。

1960年人口センサスは国連の国際センサス・プログラム（World Census Programme）に即して実施された。最初の本格的な住宅センサスも，1960年に一緒に実施されている。ちなみに，住宅センサスはその後，10年ごとに実施されるようになった。

ところで，人口センサスには莫大な費用がかかると先に述べた。それがゆえに，予定どおり実施されないこともある。図表8-1をみればわかるが，末尾に5がつく2005年には実施されていない。単に財政上の都合であり，結局2007年になってから実施された。人口センサスの経費は統計当局の通常予算額，すなわち人口センサスを実施しない年度の予算額を上回ることが多く，人口センサス実施の有無はその時の予算の都合にも影響される。

2）調査項目の変遷

2010年の調査項目は次の点を参照ないし考慮したうえで，統計当局が独自に設定している[3]。すなわち，「2008年国連ガイドライン」，過去の人口センサスとの継続性，調査の容易性，それにデータ利用者による有用性の4点である。1960年以降の10年ごとの調査項目は図表8-2のようになる。本表は世帯員に関するもので，2010年の調査項目を基準に作成した。黒丸は全数調査，白丸はサンプル調査である。サンプル調査は2010年の場合，全世帯の20％をカバーしている。なお，同時に実施されている住宅・世帯に関する調査項目については，一部についてのみ後述する。

図表8-2においてまず指摘できるのは，「宗教」を1990年より調査項目に復活させたこと，「民族」を2000年から新たに調査に加えたこと，それに「障碍の有無」とその「種類」も1990年から新たに調査に加えたことである。いずれもセンシティブな内容ではあるが，政策的な見地から調査項目に含めている。これらの結果については，いずれも隠すことなく公表している。

3）以下，フィリピン国家統計局における筆者の聞き取り調査より（2014年11月25日）。

図表 8-2 フィリピン人口センサスの世帯員に関する調査項目一覧：1960～2010 年

調査事項	2010	2000	1990	1980	1970	1960
氏　名	●	●	●	●	●	●
世帯主との続柄	●	●	●	●	●	●
性　別	●	●	●	●	●	●
出生年月	●	●	●	●		
年　齢	●	●	●	●	●	●
出生登録の有無	●	●				
婚姻状態	●	●	●	●	●	●
宗　教	●	●	●		○	●
フィリピン国籍／二重国籍の有無	●	○	●			
国籍（citizenship）	●	○	●	○	●	●
民族（ethnicity）	●	●				
障碍の有無	●	●	●			
障碍の種類	●	●	●			
5 年前の居住地	●	●	●	○	○	
読み書きの可否	○	○	●	○	○	●
最終学歴	●	●	●	○	●	●
直近年の就学の有無	○	○	○	○	●	●
就学地	○	○	○	○		
海外就労者であるかどうか	●	●	●			
職　業	○	○	○	○	○	○
就業業種／産業	○	○	○	○	○	○
従業上の地位	○				○	○
従業地	○	○	○	○		
出生児数（15～49 歳の女性対象）	○	○	○	○	○	○
生存児数（15～49 歳の女性対象）	○	○	○	○	○	○
直近年の出生児数（15～49 歳の女性対象）	○	○	○	○		○
初婚年齢（15～49 歳の女性対象）	○	○	○	○	○	○

注）●：全数調査，○：サンプル調査。最後の 4 項目については，1980 年以前は既婚女性のみを対象としている。

出所）人口センサス各年版より筆者作成。

「出生登録の有無」についても2000年から調査項目に加えているが，これはどれだけ正しく出生登録がなされているかを確認するためである。前項で述べた身分登録の実施機関が，まさに統計当局だからでもある。

そして特筆されるのは「海外就労者であるかどうか」を1990年から調査対象に加えていることである。詳細は第3節で後述するが，彼らの経済的役割が大きくなってきたことが背景にある。

調査項目は調査年によってもさまざまである。図表8-2には示していないが，いずれの調査年においても，会話可能言語や母語について全数調査ないしサンプル調査で尋ねている。その背景には，フィリピンには地方言語が多く，必ずしもフィリピノ語（通称：タガログ語）が全国共通の言語でないことがある（本章のコラム9参照）。2010年人口センサスの場合は，住宅・世帯に関する調査のほうで家庭内使用言語を質問しているが，調査年によっては，世帯員それぞれにタガログ語会話と英会話の可否を聞いている。ちなみに，1960年と1970年はスペイン語会話の可否までも調査項目に入れており，1970年にスペイン語会話ができる人は約134万人で人口の3.6％，英会話ができる人は約1641万人で44.7％であった。その他，労働状況について詳細に聞いている年もある[4]。

住宅・世帯に関する調査では，全数調査で住宅の基本的構造[5]を，サンプル調査で燃料源や給水源，トイレ施設の有無，家電製品ないし耐久財の有無，それに住宅の所有形態・取得方法・資金源等までを広く調べている。家電製品ないし耐久財の有無については，2010年の調査でより詳細に分類されて13品目になった[6]。インターネット・アクセスの有無についても，2010年に初めて調査対象に加えている。

3）2010年人口センサスの実施体制

2010年人口センサスは，基準日時を5月1日午前0時1分に設定し，調査期間は同年5月17日から約1か月であった。調査対象者はフィリピンに過去1年

4）例えば，1960年，1970年，1990年のサンプル調査で詳しく聞いており，労働力調査を兼ねていたものと思われる。
5）建物の種類，屋根や外壁の素材，住宅の建築年や床面積など。
6）例えば，自動車（四輪車）と自動二輪車が初めて区別された。それまでは「motor vehicle」としてひとまとめであった。

以上住んでいるか，もしくは住む予定であるすべての国籍の住民である。日本やタイが3か月以上としているのに比べると，常住期間を長めに設定している。その影響もあって，人口センサスによって把握された外国人は約18万人と少ない[7]。またそのためか，人口センサスの調査票は英語版のみで，外国語では作成していない。その一方で，国内の多言語には対応しており，タガログ語を含めて国内の主要な7つの地方言語に調査項目を置き換えられるよう，調査員が地方言語別対応表を携えている。

フィリピンには海外就労者をはじめ，さまざまな理由で海外に滞在している人が多く，その家族が国内に残っている。調査時にフィリピン国内に常住していなくても，①出国から5年以内である者，もしくは，②船舶の乗組員など5年以内に帰国する予定と家族に認識されている場合には，調査対象者に含める。同様に，研修等で一時的に海外に滞在している場合でも，出国してから1年以内に帰国する予定である場合は世帯員に含まれる。このように，海外就労者まで広く調査対象にしているところが，フィリピンの人口センサスの特徴である。

次に，人口センサスを実施する組織体制をみておこう。中央から地方・州・市町の各レベルに責任者（国家統計局もしくはフィリピン統計庁の職員）を任命し，その責任者がレベルごとに調査全体の監督・調整を行う。その際，地方自治体の首長の協力も仰ぐ。

調査の実施部隊は戸別訪問を行う調査員（Enumerators，6万7570人）と，彼らを監督・支援するチーフ・スーパーバイザー（1万3629人）によって構成され，各市町に配置される。彼らは臨時雇用者で，そのほとんどは公立小学校の教員である。というのも，人口センサスのあり方について定めた1980年の法律で，調査員の資格要件がそのように規定されているからである。2010年人口センサスのように調査時期が5月なら，フィリピンではちょうど学年暦の最終月で休暇期間にあたるため，教員たちには余裕がある。しかし，調査時期が学年暦の始まる6月にかかったり，2015年センサスのように8月に実施されると，教員たちは学校の授業もあるため大忙しとなってしまう。

調査は，調査員が自分の調査区の地図を更新ないし作成するところから始まる。

7）総人口の約0.2％にあたる。統計当局の発表では国籍不明者約4万人を外国人に含めている。

これから訪問する建物や家屋を確認するためである。次に，そこに常住する世帯数や男女別人数などの基本的な情報を，事前に調べられるだけ調べてリスト化していく。この時点で，自分の調査区の世帯数と人口をおおよそ把握していることになる。その後，調査員は戸別訪問して聞き取り調査を実施する。ただし，山岳地帯や離島，紛争地域，さらには都市部のビレッジ（高級住宅街）や警備の厳しいコンドミニアムなどでは，調査に困難が伴うことが多い[8]。ビレッジやコンドミニアムでは管理事務所と調整し，場合によっては，調査票を住民に渡してもらうこともあるという。また炎天下のなか，同じところを何度も訪問することに嫌気がさし，とくに都市部の若い調査員は途中でやめてしまうこともあるらしい。

以上のような体制で人口センサスが実施される。調査項目の設計に始まり，プレテストやパイロット調査を経て本調査を行い，調査票を集計してすべての結果を公表するまで，全体で 5 年ほどかかる。統計当局にしてみれば，人口センサスが終了したら，休む暇もなくすぐ次の人口センサスの準備を始めることになるそうである。

2　遠い少子高齢化と高学歴な海外就労者

1）人口センサスとフィリピン社会

フィリピンの人口構成の変化は遅い。人口は 2015 年に約 1 億 98 万人で，年平均増加率は 2010 年から 2015 年の 5 年間で 1.72 % であった。図表 8-3 で示したように，増加率が 2 % を下回るようになったのは，2000 年代に入ってからのことである。人口の中央値年齢は 23 歳で若年層が多く，人口ピラミッドは「ピラミッド型」を維持している（本書の第 1 章の図表 1-5 を参照）。次項で述べるように，少子化・高齢化のペースが緩慢であることが，フィリピンの最大の特徴である。

家族形態についても，その変化はゆっくりである。世帯当たり平均人数は 2010 年に 4.6 人で，1990 年や 2000 年からわずかに減少した（図表 8-3）。とはい

8）フィリピン国家統計局における筆者の聞き取り調査より（2014 年 11 月 25 日）。

図表 8-3 人口センサスからみたフィリピン社会の変容：1990〜2010年

番号	項　目	1990	2000	2010
1	年人口増加率（%）	2.35	2.34	1.90
2	中央値年齢（歳）	19	21	23
3	年少人口　0〜14 歳（%）	39.5	37.0	33.4
4	生産年齢人口　15〜64 歳（%）	57.1	59.2	62.3
5	高齢人口　65 歳以上（%）	3.4	3.8	4.3
6	5 年以内に移動した比率（%）	6.2	4.3	3.4
7	世帯当たり平均人数（人）	5.3	5.0	4.6
8	単独世帯比率（%）	2.9	4.0	6.1
9	女性世帯主比率（%）	11.3	13.5	15.9
10	合計特殊出生率（人）	4.5	3.9	3.3
11	女性の初婚年齢（歳）	20.8	21.3	21.7
12	未婚率　女性 25〜29 歳（%）	27.3	28.5	30.9

注）初婚年齢は調査対象が女性のみ。
出所）人口センサス各年版より筆者作成。合計特殊出生率のみ United Nations, *World Population Prospects : The 2015 Revision* を参照。

え，「両親に子供 3 人」という平均的な家族像は，この 20 年間ほぼ変わっていない。他国で注目されている単独世帯の割合は 2010 年に 6.1 % と，1990 年の 2.9 % に比べて増加しているものの，その背景には 30〜49 歳の年齢階層における単独世帯の増加があり，必ずしも高齢者ではない。

フィリピンの人口センサスでは信仰する宗教も調査し，公表している。図表 8-4 は 1960 年と 2010 年の宗教別人口分布を，全国レベルのみならず，ルソン，ビサヤ，ミンダナオの 3 大地域別に示したものである[9]。2010 年はローマ・カトリック教徒が人口の 80.6 % と最大で，他にプロテスタントやフィリピン独立教会信者を合わせると，90 % 超がキリスト教徒であった。それに対してイスラーム教徒の割合は 5.6 % である。

この宗教別割合を 1960 年と比べると，ローマ・カトリック教徒が 1960 年の

9）ルソンはマニラ首都圏とコルディィリエラ地方，それに Region I から Region V までを含む。ビサヤは Region VI, Region VII, Region VIII，ミンダナオは Region IX から Region XIII とムスリム・ミンダナオ自治地域（ARMM）を含む。

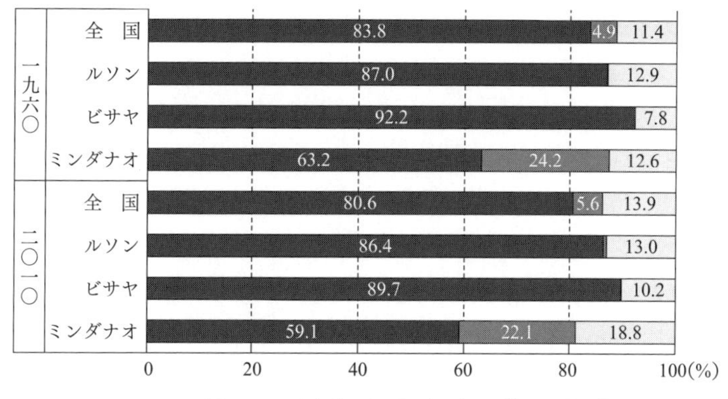

図表 8-4　地域別・宗教別人口割合：1960 年，2010 年

注）ルソンとビサヤのイスラーム教は 1％ 未満である。「その他」にはプロテスタントやフィリピン独立教会，仏教等を含む。
出所）人口センサス 1960 年版，2010 年版より筆者作成。

83.8％ からわずかに減少したのに対して，イスラーム教徒が 1960 年の 4.9％ からわずかに増加した。ただしこの間，プロテスタントやフィリピン独立教会信者が増えており，結果的にキリスト教徒が 90％ 超であることに変わりはない。すなわち，フィリピンではキリスト教徒とイスラーム教徒の双方が微増し，どちらか一方が極端に増減するような現象は観察されていない。

イスラーム教徒が比較的多いとされるフィリピン南部のミンダナオに限ってみると，過去 50 年間にイスラーム教徒の割合が 24.2％ から 22.1％ へとわずかに減少している。同様に，ローマ・カトリック教徒も 63.2％ から 59.1％ へと減少している。増加したのは，ここでもプロテスタントやフィリピン独立教会信者等であった。何かと注目されるイスラーム教徒だが，ミンダナオではその割合がわずかに減少したものの，全国レベルではわずかに増加しているというのが実情である。

このように，フィリピンの人口は宗教のバランスに偏りなく増加してきた。後述するように，ローマ・カトリック教は基本的に産児制限を認めない。したがって，フィリピンの人口増加は全国的な出生率の高さによってもたらされたと考えられる。そのため，人口構成の変化も非常に遅い。

2）まだ遠い少子高齢化

フィリピンの年齢階層別人口構成は図表 8–3 で示したとおりである。人口増加に伴い，生産年齢人口（15～64 歳）の割合も増え続けている。この経済活動に従事する人口割合が上昇し続けるという現象は，2040 年頃まで続くと予想されている。65 歳以上の高齢人口の割合も 2010 年に 4.3 % と少しずつ増えているが，他の東アジア諸国・地域と比べるとまだ低い。

女性の初婚年齢は 21.7 歳である（図表 8–3）。そして一人の女性が一生の間に産む子供の平均人数，すなわち合計特殊出生率は低下してきているものの，他のアジア諸国が人口置き換え水準である 2.1 人を大きく下回っているのに対して，フィリピンはまだ 3.3 人を維持している（図表 8–3）。フィリピンにおいて少子高齢化はまだ遠い先のことである。

ここで，フィリピンではなぜ出生率が下がらないのか考えてみたい。背景には大きく 3 つあると考えられる。

第一に，ローマ・カトリック教徒が 8 割強と多いことである。カトリックの教義は妊娠・出産を神による恩恵と捉え，先述のとおり人為的な避妊や中絶を認めていない。それが出生率の高さの根底にある[10]。

第二に，そのカトリック教会の強い影響を受け，フィリピンではこれまで有効かつ一貫した人口抑制策が実施されてこなかった[11]。実は，1960 年代末より「家族計画」という名のもとに出産管理が試みられてはいるが，政権によってその目的が変化した。産児制限を意図した時もあれば，妊産婦の健康に主眼をおく時，もしくは最近のようにリプロダクティブ・ヘルスの権利と促進のために出産管理を提唱する時もある[12]。そして，たとえ大統領自身が産児制限を強く意図してい

10）梶原（2006）を参照。

11）以下，Herrin（2002）を参照。

12）2012 年に足かけ 13 年，3 つの政権をまたぐ形でリプロダクティブ・ヘルス法（通称 RH 法，Republic Act No. 10354）が成立した。産児制限を念頭においているが，実際には基本的人権のひとつとして，女性自らのリプロダクティブ・ヘルスを守る権利の尊重を前面に打ち出した法律である。安全で効果的な避妊具や避妊薬のみならず，性教育や性感染症に関する情報など，性と生殖に関する包括的なサービスを公的な保健医療機関が提供することを法制化した。とりわけ，貧しい人々が無料でサービスを受けられるようなユニバーサル・アクセスを意図している。しかし，法律成立直後にその合憲性を問う訴訟が最高裁に提訴され，合憲判断が出たあとも実施面においてつまずいている。2016 年 6 月末に発足

たとしても，政権が必ずしも一枚岩ではなく，肝心の人口政策実施機関や保健当局がその目的を弱めてしまうこともあった。その結果，ほとんど強制性がなく，効果もない名ばかりの「家族計画」が続けられてきた。

そして第三に，所得水準の上昇が他のアジア諸国に比べて非常に遅いことがあげられよう。例えば1960年時点の一人当たり実質GDP（現地通貨建て，実質額）を100とした場合，2015年のフィリピンは249と，わずか2.5倍であるのに対し，インドネシアは664，マレーシア773，タイは1,012とそれぞれ大きく増加している[13]。ちなみに，同期間の日本は534，韓国にいたっては2,270である[14]。

また，フィリピンの家計調査による平均世帯支出額（実質額）について，1985年と2015年を比べてみても，30年間でわずか22％しか増加していない。このように経済成長や所得水準の上昇の遅さが生活環境の急激な変化をもたらさず，出生率の急低下を招かない理由になっているとも考えられる。フィリピン女性のライフスタイルをみても，図表8-3に示したように，初婚年齢は低いままで，女性未婚率（25～29歳）も3割程度で推移し，大きな変化はみられない。

人口構成には地域差が観察される。図表8-5に示したように，マニラ首都圏とその近隣の中部ルソンとカラバルソンに人口が集中していることがわかる[15]。実は過去50年間，この3地域に人口が集中してきた。これは経済活動が集中する地域とも重なる。

高齢人口比率はルソン北部のイロコス地方が2010年に6.0％，他にビサヤの各地方でも5％台であるなど，全国平均より若干高い。そして従属人口比率は，ルソンのミマロパ地方やビコール地方，ビサヤの東部ビサヤ地方，それにミンダナオのムスリム・ミンダナオ自治地域でそれぞれ70％を超えている。従属人口比率が高めのところは，生産年齢人口が他の地域に流出している可能性が考えられる。

したドゥテルテ政権は，RH法の確実な実施を社会経済アジェンダのひとつに掲げており，その取り組みが注目される。

13）統計の出所は世界銀行のWorld Development Indicators（2016年11月10日アクセス）。

14）一人当たりGNI（現地通貨建て，実質）でみても同様で，1960年に100とした場合に2015年のフィリピンは305，インドネシアは637，マレーシアは789，タイは937（2014年）である。さらに，日本が558，韓国が2,250であった。

15）これら3地域をあわせてメガ・マニラ（Mega Manila）ともいう。

図表 8-5　地域別の人口構造と世帯：2010 年

	全　国	ルソン							
		マニラ首都圏	コルディリェラ	イロコス	カガヤン・バレー	中部ルソン	カラバルソン	ミマロパ	ビコール
		NCR	CAR	Region I	Region II	Region III	Region IV-A	Region IV-B	Region V
人口分布（%）	100.0	12.8	1.8	5.1	3.5	11.0	13.7	3.0	5.9
年少人口比率（%）	33.4	29.1	31.8	31.5	31.7	31.8	32.2	37.1	37.9
生産年齢人口比率（%）	62.3	67.5	63.5	62.5	63.5	63.8	64.0	58.6	57.2
高齢人口比率（%）	4.3	3.4	4.7	6.0	4.8	4.4	3.8	4.3	4.9
従属人口比率（%）	60.5	48.1	57.4	60.0	57.5	56.8	56.2	70.6	74.9
世帯貧困率（%）	19.7	2.6	17.5	14.0	17.0	10.1	8.3	23.6	32.3
世帯当たり平均人数(人)	4.6	4.3	4.6	4.5	4.4	4.5	4.4	4.5	4.9
粗出生率（‰）	21.4	20.0	20.5	20.7	21.3	21.1	21.3	23.9	24.1

	ビサヤ			ミンダナオ					
	西部ビサヤ	中部ビサヤ	東部ビサヤ	サンボアンガ半島	北部ミンダナオ	ダバオ	ソクサージェン	カラガ	ムスリム・ミンダナオ自治地域
	Region VI	Region VII	Region VIII	Region IX	Region X	Region XI	Region XII	Region XIII	ARMM
人口分布（%）	7.7	7.4	4.4	3.7	4.7	4.8	4.5	2.6	3.5
年少人口比率（%）	32.0	33.0	36.6	35.8	35.0	33.3	35.4	35.7	42.8
生産年齢人口比率（%）	62.1	61.7	57.8	60.2	61.0	62.7	61.3	59.7	55.5
高齢人口比率（%）	5.9	5.3	5.5	4.0	4.0	4.0	3.3	4.6	1.6
従属人口比率（%）	61.2	62.0	73.0	66.1	63.9	59.5	63.1	67.4	80.1
世帯貧困率（%）	22.8	25.7	37.4	33.7	32.8	25.0	37.1	31.9	48.7
世帯当たり平均人数(人)	4.6	4.6	4.7	4.7	4.7	4.4	4.5	4.8	6.0
粗出生率（‰）	19.8	21.3	22.9	22.6	22.9	22.5	22.9	23.4	15.6

注）粗出生率は人口 1,000 人に占める 1 歳未満人口の割合。
出所）人口センサス 2010 年版より筆者作成。

家族形態については，その変化が緩慢であることをすでに指摘したが，地域別にみても，世帯貧困率の高低にかかわらず，世帯当たり平均人数や出生率に大きな違いはみられない（図表 8-5）。他国の例をなぞるなら，所得水準が高くなれば出生率が下がり，世帯当たり平均人数が減少する。確かに，フィリピンの市レベルの統計を詳細にみていくと，所得水準の高い人々が多く居住する一部の市では，出生率が低めになる傾向がある。ここに，所得水準の上昇が出生率の低下をもたらす兆しが観察される。とはいえ，これが全国レベルの現象になっていないことは，前述したとおりである。

世帯当たり平均人数に大きな違いがない点については，出生率の低下の遅さが背景にあるには違いないものの，とくに所得水準が高い都市部の世帯では，家事労働者（domestic helper）や親族等の同居人の存在がわずかに影響しているようである。例えば，フィリピンの人口センサスでは，「世帯主との続柄」において家事労働者かどうかが把握できる。全国に約48万人いる家事労働者のうち，約4割がマニラ首都圏に集中している。こうした同居人が存在するために，マニラ首都圏でも世帯当たりの平均人数が目立って減少していないと考えられる[16]。

なお，ムスリム・ミンダナオ自治地域のみ，出生率が低いわりに世帯当たりの平均人数が6.0人と大きく，従属人口比率も高い。同地域はイスラーム教徒が多くかつイスラーム武装勢力が活動している地域である。紛争が断続的に発生し，治安も悪く，国軍とイスラーム武装勢力との間で交戦があると，一般住民は避難生活を余儀なくされる。経済発展が遅れていて，貧困人口比率も高い。人口構成が他の地域と違うのも，こうした政治経済事情が影響しているのだと思われる。

フィリピンの人口は，今後も出生率が高いまま増え続けるのだろうか。もし経済成長が広く所得水準の向上につながり，生活環境が急激に変化するようなことがあれば，出生率が低下することもありえよう。2016年から開始した中等教育の2年間延長により，教育期間が長くなったぶんだけ女性の初婚年齢が高くなれば，出生率にも影響する可能性がある。現に，出生率は少しずつ下がってきている（図表8-3）。しかしながら，これまでのように経済成長が低所得層にまで浸透せず，彼らの所得水準が大きく改善しなければ，人口構成も今までどおりゆっくりと変化し続けることになるであろう。

16）マニラ首都圏に着目すると，世帯主からみた兄弟姉妹・甥・姪・その他親族などが同居する割合が，非マニラ首都圏に比べてわずかに高くなる傾向にある。一方で，非マニラ首都圏では子・孫と同居する割合が若干高い（人口センサス2010年版より）。

3 越境する労働者

1）海外就労者の様相

前述したように，フィリピンの人口センサスでは1990年より，世帯員に海外就労者がいるかどうかを調査している。調査時にフィリピン国内に常住していなくても，出国から5年以内である者，また船舶の乗組員も含めて5年以内に帰国する予定と家族に認識されている場合には，海外就労者としてみなされる。それによれば，2010年は約150万人（人口の1.6％）が海外就労者であった（図表8-6）。

とはいえ，海外就労者の完全な把握は難しい。居住を共にしている家族がフィリピン国内に残っている場合にのみ，把握できるからである。「フィリピン人口の約1割が海外に出稼ぎに行っている」という報道等を目にすることがあるが，これは労働契約終了後に帰国見込みの海外就労者に加えて，海外に常住している移住者も含む[17]。後者の移住者は人口センサスの調査対象外となっている。

なお，人口センサスによる海外就労者の調査は5年ごとだが，同じ統計当局が毎年実施している「在外フィリピン人調査（Survey on Overseas Filipinos）」もある。さらには，海外雇用庁（POEA）や在外フィリピン人委員会（CFO）も海外就労者に関する統計を作成している。それぞれ調査対象者の範囲や定義が違うため，図表8-6に示したように数値が一致しない。各種統計の特徴の違いは後述することにして，ここでは大まかに，人口センサスと在外フィリピン人調査は調査時に世帯ベースでのみ把握される不完全なストック統計，海外雇用庁の統計は当該年度の出国者を把握するフロー統計，そして在外フィリピン人委員会の統計はストック推計であるということだけ指摘しておこう。

本章では，人口センサスと在外フィリピン人調査を主に参照しながら，海外就労者の属性を概観する。フィリピンの海外就労者は2000年代になって急増し，在外フィリピン人調査によれば，2010年は200万人を超えている（図表8-6）。人口センサスより人数が多いのは，調査対象者の定義の違いによるものと考えら

17）1割という数字の根拠は在外フィリピン人委員会報告の統計による。

図表 8-6　海外就労者に関する各種統計：1990～2015 年（千人）

	国家統計局（NSO）		海外雇用庁（POEA）	在外フィリピン人委員会（CFO）			
	人口センサス	在外フィリピン人調査	出国者数	海外就労者	移住者	非正規	合　計
1990	417	-	446	-	-	-	-
1995	782	795	654	-	-	-	-
2000	992	978	842	2,991	2,552	1,840	7,383
2007	1,418	1,747	1,078	3,413	3,693	648	7,754
2010	1,505	2,043	1,471	4,324	4,424	705	9,453
2015	2,196	2,447	1,844	未公表			

注）比較のため人口センサス年のみ掲載。国家統計局は現在のフィリピン統計庁（PSA）。海外雇用庁の出国者数は船員等の海上職を含む。在外フィリピン人委員会の統計については，その定義により，Temporary を海外就労者，Permanent を移住者，Irregular を非正規と訳した。
出所）各機関の発表統計により筆者作成。

れる。男女別では，2010 年時点では男性のほうが多かったが，2015 年は女性のほうが多くなった。年齢階層別では，30 代半ばくらいまでは女性のほうが多いが，それ以上になると男性のほうが多くなる傾向にある。

図表 8-7 は男女別の職業分類別割合を示したものである。とくに男性のほうで，職業の分散化が進んでいることがわかる。男性は「技能工・設備や機械の運転・組立工」が多く，これには船員が多数含まれる。女性は「サービス・販売従事者」が多いが，こちらは家事労働者が大半を占める。女性の場合は 1990 年代初めから二十数年たっても，依然として家事労働者が多いことに変わりない。その他，男女とも「専門職」には医療従事者やエンジニアなどが含まれる。女性だと看護師が多く，男性ではエンジニアや技師が多い。

渡航先は男女ともアジアと中東が多いが，1990 年代初めに比べると中東行きが急増した。男性の場合はエンジニアや技能工等として中東に行くケースが多く，女性の場合は家事労働者としてアジア[18]や中東[19]のみならず，欧米諸国にも行っている。そして看護師などの医療従事者は中東に多い[20]。

18）香港，シンガポール，マレーシア行きが多い。
19）サウジアラビア，アラブ首長国連邦，クウェート，カタールをはじめとして，さまざまな国に分散している。

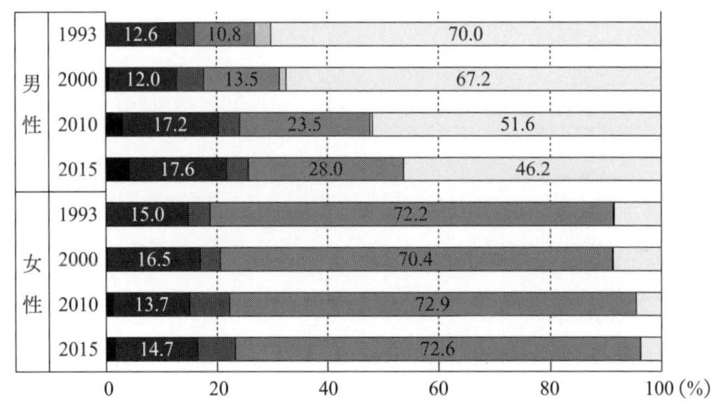

図表 8-7　海外就労者の職業分類別割合：1993～2015 年

出所）PSA（旧 NSO），*Survey on Overseas Filipinos* 各年版より筆者作成。

さらに人口センサスに基づいて海外就労者の出身地域別割合を示したものが図表 8-8 である。ルソン出身者が多く，2010 年時点で 70 % を占める。うち，マニラ首都圏，中部ルソン，カラバルソンの 3 地方（メガ・マニラ）で，全国の約 50 % に達する。男女別にみてもほぼ同じであるが，女性のほうが若干，地域的に分散しているようである。

最後に，海外就労者の最終学歴割合を示したものが図表 8-9 である。海外就労者のみならず，全国レベルの割合も比較のために掲載した。海外就労者の最終学歴は全国レベルのそれよりも高く，男女合わせた大卒の割合が 2010 年に 41.3 %，高卒の割合が 46.7 % であった。また，男女それぞれ似たような傾向にあるものの，女性の海外就労者の大卒割合のほうが男性よりも低い。全国レベルではその逆で，女性のほうが男性よりも大卒割合が若干高いにもかかわらずである。前述した海外就労者の職業分類とつき合わせてみると，男性の場合は学歴の高まりとともに職業が多様化している。それに対して，女性は学歴のある者でも，賃金が高ければサービス系の単純労働の分野に出て行っている可能性が高い。女性の場合は生活のためにやむなく海外に行くという事情があるものと考えられる。

20）とくにサウジアラビア行きが多い。

図表 8-8　海外就労者の出身地域別割合：1990～2010 年（%）

	全国（千人）	ルソン					ビサヤ		ミンダナオ
			マニラ首都圏	中部ルソン	カラバルソン／ミマロパ	イロコス		西部ビサヤ	
1990	417	82.7	26.2	15.9	18.3	14.1	11.2	6.5	6.1
1995	782	77.3	23.3	14.2	19.0	11.6	12.9	7.4	9.8
2000	992	68.1	16.7	13.7	17.9	9.5	16.8	8.3	15.1
2010	1,505	69.6	14.0	15.4	20.0	8.5	16.5	8.5	13.9
男　性	852	70.6	15.9	17.0	22.7	6.6	18.0	8.5	11.4
女　性	653	68.3	11.7	13.4	16.4	11.0	14.5	8.3	17.2

注）カラバルソン地方とミマロパ地方は 2002 年に分離した。それまでは南部タガログ地方として統一されていたため，2000 年までは両地方まとめた割合である。2010 年はカラバルソン地方のみ。
出所）人口センサス各年版より筆者作成。

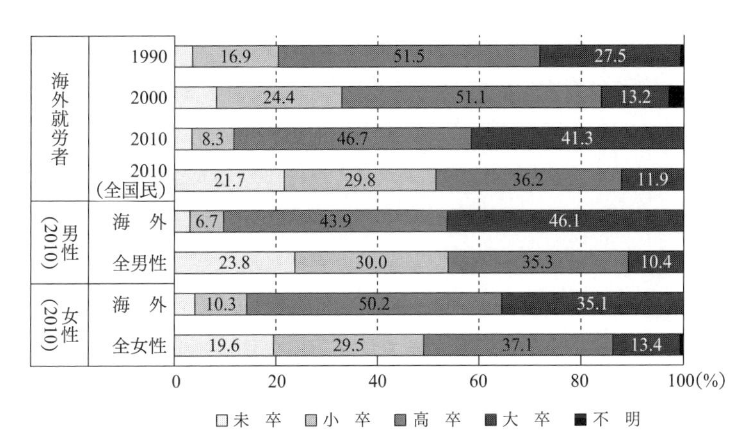

図表 8-9　海外就労者の最終学歴別割合：1990～2010 年

注）10 歳以上を対象にしている。
出所）人口センサス各年版より筆者作成。

2）海外就労者の経済的役割

フィリピンにとって越境する労働者，すなわち海外就労者の経済的役割は大きい。彼らからの送金が，フィリピン経済に大きく貢献しているからである。その金額は国内総生産（GDP）の約 1 割，もしくはそれ以上という見方もある[21]。海外からの送金の大きさは国民所得統計をみても明らかで，1991 年に国民総所得

図表 8-10　家計収入に占める海外からの送金割合：2012 年

	全世帯	第 1 五分位（下位 20 %）	第 2 五分位	第 3 五分位	第 4 五分位	第 5 五分位（上位 20 %）
送金がある世帯数の割合（%）	27.0	7.9	16.4	25.9	37.8	47.1
家計所得に占める送金の割合（%）	10.4	1.4	3.7	6.6	11.2	13.9

注）家計調査は 3 年に一度実施されている。直近のものは 2015 年だが，まだ公表されていない。
出所）PSA（旧 NSO), *Family Income and Expenditure Survey*, 2012 より筆者作成。

(GNI）が GDP を超えるようになってから，一貫して GNI のほうが大きい。2015 年は GNI が GDP の 1.2 倍であった。その乖離はほとんどが海外就労者からの送金による。したがって，フィリピン経済の姿は GDP をみるか，それとも GNI をみるかによっても違ってくる。フィリピン経済が近年好調を維持しているのは，海外からの送金が国内消費を通じて経済を押し上げているからでもある。

海外からの送金は貴重な外貨収入源としての役割もある。2015 年の送金額は約 243 億ドルで，その規模は商品輸出額の約半分に相当する。フィリピンが海外から受け入れる直接投資額（約 57 億ドル）よりはるかに大きい。また海外からの送金は，輸出と輸入の差である貿易赤字額を補っている。それによってフィリピンの経常収支は黒字となり，マクロ経済の安定性につながっている。

以上，マクロの視点からみてきたが，家計の面からもみてみよう。図表 8-10 は海外からの送金が家計に占める割合を，所得階層別に示したものである。フィリピン全世帯数の 27 % に海外からの送金があり，送金額の所得全体に占める割合は約 10 % である。また，所得階層が高いほど，その割合が大きくなる。上位 20 % 世帯では，その約半分の世帯で何らかの送金があり，送金額の所得に占める割合は約 14 % であった。彼らはちょうど中間・富裕層にあたり，まさに消費の旺盛な階層である。海外からの送金の役割がいかに大きいかがわかるだろう。

このように，フィリピンでは「労働者の輸出」が経済を支えているといっても過言ではない。そのため，統計当局も海外就労者を少しでも正確に把握することの重要性を強く認識している。

21）IMF は約 15 % と見積もっている。IMF, Country Report No. 13/102, "PHILIPPINES : 2013 Article IV Consultation", April 2013.

3）在外フィリピン人把握の難しさ

前述したように，フィリピンには現在，海外就労者や移住者などの在外フィリピン人の把握に努めている機関が複数ある。繰り返しになるが，人口センサスを実施するフィリピン統計庁（PSA，旧 NSO）に加え，海外雇用庁（POEA）と在外フィリピン人委員会（CFO）である。各機関が公表している人数は，図表 8-6 で示したとおりである。それぞれ統計収集の目的や定義，それに特徴が異なるため，見てのとおり数値には大きな違いがある。

人口センサスによる海外就労者の調査は 5 年ごとだが，同じ統計当局が行う在外フィリピン人調査は，毎年 10 月の労働力調査とともに実施されている。1982 年に労働力調査の一環として始まり，1991 年にほぼ現在の形になった。調査対象者は調査年の 4 月 1 日から 9 月 30 日の間に海外で働いている人である。また，調査時から遡って 5 年以内に出国したことを条件とする。この条件を満たせば，帰国の見通しのない長期移住者も含まれるようで，原則として移住者を含まない人口センサスとは若干定義が異なっているようだ。

図表 8-6 に示したように，同調査による 2010 年の在外フィリピン人は約 204 万人である。なお人口センサス同様，世帯をベースにした調査であるため，居住を共にしている家族がフィリピンに残っている場合にのみ把握される。そのため，これらの調査によって把握できる海外就労者は，全体の一部でしかないという限界が常にある。

労働雇用省傘下の海外雇用庁は，当該年度に雇用契約手続きが済んだ者や実際に出国した海外就労者数を公表している。いわゆるフローの統計である。それによれば，2010 年の出国者は 147 万人であった（図表 8-6）。同庁は海外に仕事を探す労働者の窓口となっており，渡航前の海外就労者がさまざまな手続きを同庁で実施するため，雇用契約締結済みか，もしくは出国手続き済みの労働者の把握が可能である。具体的には，職種別や渡航先別，あるいは新規雇用者／再雇用者別等に彼らを把握している[22]。

在外フィリピン人委員会は移住者も含めた全在外フィリピン人の人数を推計している。こちらはストックの統計である。同委員会は大統領府の管轄下にあり，

22）再雇用者には同一人物の重複がよくあるため，統計をまとめる担当部署はその精査に時間を取られる（POEA 統計担当者からの聞き取り調査，2016 年 8 月 9 日）。

海外に移住するフィリピン人が原則登録することになっている[23]。移住前の研修等も実施しており，同委員会は彼ら移住者と母国との間を取りもつ機能を有する。加えて，海外のフィリピン人コミュニティにも関与しており，比較的裕福な彼らが母国の発展に寄与するよう啓蒙活動も行っている。

統計はフィリピン政府当局や在外公館によって把握されている情報を主とし，そこに海外の統計当局や入国管理当局等によって把握されているものを副次的に活用して推計されている。図表 8-6 に示したとおり，2010 年末時点の海外就労者は約 432 万人と見積もられ，在外フィリピン人全体の約 46 % に相当する。同様に移住者は約 47 %，残りは労働契約によらない海外の労働者や不法滞在者等である。ちなみに，400 万人を超える海外就労者は，当時の労働力人口の約 1 割にあたる。この海外就労者に関しては人数を推計しているのみで，属性等については調査していない。

以上，各機関が公表している海外就労者統計の特徴をあらためてまとめるなら，統計当局が実施する人口センサスや在外フィリピン人調査は調査時に世帯ベースでのみ把握される不完全なストック統計，海外雇用庁の統計は当該年度の雇用契約締結者ないし出国者を把握するフロー統計，そして，在外フィリピン人委員会の統計はストック推計ということになる。海外就労者の経済的役割が大きいフィリピンでは，彼らを把握することの意味や重要性が増している。その一方で，彼らを正確に把握すること自体が難しく，フィリピン当局の模索が続いている。

おわりに

日本のような戸籍や住民登録制度のないフィリピンにとって，5 年に一度，全数調査を実施する人口センサスは，人口の全容を詳細に把握することのできる唯一の調査統計である。当然のことながら，その役割は大きい。

繰り返しになるが，フィリピンの人口構成の変化は遅い。ローマ・カトリックの影響もあって効果的な人口抑制策がこれまで実施されず，おまけに遅い経済発

23）登録開始は 1981 年。

展により所得水準の向上も緩やかであった。そのため出生率も高くて若年層が多く，少子高齢化にはほど遠い。生活環境の急激な変化がない限り，当分の間は生産年齢人口の割合が増加し，フィリピンにとって好条件が続くであろう。

とはいえ，実際には事はそう単純ではない。生産年齢人口が増え続けても，彼らを十分に吸収するだけの雇用がなければ，彼らの生活が成り立たないからである。国内に仕事がなければ，彼らは海外に職を求める。そして国内に仕事があっても，より良い収入を得る機会が海外にあれば越境する。こうした状況がフィリピンでは当たり前のように続いている。今や，労働力人口の約 1 割が海外で働いていると推定され，彼らの経済的役割が非常に大きいことは，第 3 節で述べたとおりである。

ただ，経済的役割が大きくなればなるほど，彼らの実態を把握する必要性も高まっている。フィリピンのどの地域から，どの程度の教育を受けた人が，どういう職業に就いてどこの国に行き，稼いだお金のいくらをフィリピンにいる家族に送金しているのか，そして残された家族はどのような生活をしているのかなどである。そこで人口センサスは，1990 年から海外就労者を調査対象に加えている。また，別の視点から海外就労者ないし移住者も含めた在外フィリピン人把握を試みる調査統計もある。そうした統計から浮かび上がってくるのは，海外就労者が比較的高学歴であること，職業に男女差があること，渡航先には国際情勢も反映されて中東行きが増加していることなどである。とはいうものの結局のところ，海外就労者の生活実態については，まだ見えない部分が多い。

今日において世界中のほぼどこにでも存在するフィリピン人労働者だが，いずれの調査においても正確な把握は難しい。こうした越境する人々の把握をどうするか。もはや一国の範囲を超えた大きな課題でもある。

参考文献

【日本語】

梶原弘和 2006「アジアの少子高齢化の現状と展望——人口と経済発展：韓国とフィリピンの比較」『アジア研究』Vol. 52, No. 2： 51–65 頁。
鈴木有理佳 2014「教義か，それとも強制か——フィリピンのリプロダクティブ・ヘルス法をめぐる議論」『Think Asia』autumn 2014 第 17 号，一般財団法人霞山会：10–13 頁。

【外国語】

Bangko Sentral ng Pilipinas, Balance of Payments [http://www.bsp.gov.ph/statistics/efs_bop2.asp].

Bureau of the Census and Statistics. 1960. "Enumeration Manual", 1960 Census of Population and Housing.

Commission on Filipino Oveseas. 2014. "CFO Compendium of Statistics on International Migration".

———— 2000, 2007, 2010. "Stock Estimates of Overseas Filipinos" [http://cfo.gov.ph/downloads/statistics/stock-estimates.html].

Herrin, Alejandro N. 2002. "Population Policy in the Philippines, 1969–2002", Discussion Paper Series No. 2002–08, Philippine Institute of Development Studies.

Philippine Statistics Authority (PSA, 旧 National Statistics Coordination Board : NSCB). 2011, 2015. *Philippine Statistical Yearbook.*

PSA (旧 National Statistics Office : NSO). 1960, 1970, 1980, 1990, 1995, 2000, 2007, 2010, 2015. *Census of Population and Housing.*

———— 1993, 1995, 2000, 2007, 2010, 2015. *Survey on Overseas Filipino.*

———— 2010a. "Enumerator's Manual", 2010 Census of Population and Housing.

———— 2010b. "Field Operations Manual", 2010 Census of Population and Housing.

———— 2012. *Family Income and Expenditure Survey.*

Philippine Overseas Employment Administration 2007, 2010, 2015. "Compendium of OFW Statistics" [http://www.poea.gov.ph/ofwstat/ofwstat.html].

コラム9　タガログ語は国民全体の母語にあらず

フィリピンの国語であるフィリピノ語は，タガログ語を基本とした言語である。それもあって一般的にはタガログ語として通っている。ただし，タガログ語はフィリピン全土で通じる国語かもしれないが，必ずしも国民全体の母語ではない。図表 c9-1 は人口センサスで調査した家庭内使用言語の割合を示したものである。タガログ語を家庭で使用している世帯の割合は 2010 年に 4 割弱であった。

フィリピンには詳細に分類していくと 100 以上の民族がいるが，言語もそれとほぼ同じである。その中で，タガログ語は主にマニラ首都圏とその周辺地域で使用されている地方言語のひとつにすぎない。今でこそ全世帯の 4 割弱で使用されているものの，1960 年代は約 2 割で，当時はセブアノ語を母語とする人たちのほうが多かった（図表 c9-1 を参照）。当時の人口分布をみても，セブアノ語を話す地域であるビサヤのほうが，マニラ首都圏やその周辺地域より若干多かったことが確認できる（図表 8-4 も参照）。

いずれにせよ，フィリピンではタガログ語以外を母語とする人たちのほうが実際には多い。そのため，フィリピンの教育現場では近年，「母語を基本とした多言語教育（MTB-MLE : Mother Tongue-Based Multilingual Education）」を徹底することになった。とくに小学校低学年レベルにおいて，その地方で主に使用されている言語で授業を行うというもので，普段家庭で使用しないタガログ語でいきなり授業をしても，子供たちが理解できずに学力が向上しないからである。そして高学年になるにつれ，タガログ語と英語（公用語）を徐々に導入していく。

ただその一方で，タガログ語と英語の早期習得を軽視するわけにもいかない。とりわけ英語が使用できることは，フィリピン人の最大の強みでもある。また，タガログ語に関しては，国語として位置づけられているために，その習得がより重要であることは言うまでもない。

学力向上のためには，子供たちが理解できる言語で教育をすることが最善である。しかし，タガログ語や英語の早期習得も大事である。英語が通用するフィリピンとして知られているが，その影には国民全体に共通した母語がないゆえの深い悩みを抱えている。

（鈴木有理佳）

図表 c9-1　フィリピンの母語もしくは家庭内使用言語の全世帯に占める割合：1960〜2010 年（%）

家庭内使用言語	1960	1970	1980	1990	2000	2010
タガログ	21.0	24.5	29.7	32.4	35.1	37.5
セブアノ／ビサヤ／ビニサヤ	24.1	24.1	24.2	24.6	22.5	22.9
イロカノ	11.7	11.3	10.3	9.6	8.7	8.1
イロンゴ／ヒリガイノン	10.4	10.2	9.2	8.7	7.0	6.6
ビコール	7.8	6.8	5.6	5.0	4.6	4.3
ワライ	5.5	4.8	4.0	3.3	2.7	2.8
カパンパンガン	3.2	3.3	2.8	2.7	2.7	2.5
パンガシナン	2.5	2.3	1.8	1.7	1.6	1.4
その他	13.8	12.7	12.4	12.1	15.1	13.8

注）上位 8 言語のみ。各年とも人口センサスのサンプル調査をもとに推定されたもの。
出所）人口センサス各年版より筆者作成。

第9章

ベトナム
——「若者の国」の現在と未来

坂 田 正 三

はじめに

ベトナムでは，1945年の独立宣言以降も，1975年まで続く二次にわたるインドシナ戦争により国家が分断されていた。そのため，南北統一後，公式に第1回人口センサスが実施されたのは，1979年であった。東アジア諸国の中では比較的遅い部類に入るといえよう。

ベトナムの人口センサスの実施体制にはふたつの特徴がある。

ひとつ目の特徴は，多くの国で人口センサスが下一桁0の年に実施されるのに対し，ベトナムでは下一桁9の年に実施される点である。これは，下一桁1の年のベトナム共産党全国大会（大会は下一桁1の年と6の年の5年ごとに開催）で策定される経済・社会発展10か年戦略に，人口センサスの結果を反映させるためである。

ふたつ目の特徴は，ベトナム国籍を有する者のみが調査対象となっている点である。調査対象は，2009年4月1日午前0時00分時点で，ベトナムに居住しているベトナム国籍保有者および合法的に海外に在住しているベトナム人である。そのため，用いられる調査票はベトナム語版のみである。人口センサスは原則的には，ベトナム国民の状況を把握し，国家の政策や計画の策定に反映させるための情報収集作業，と位置づけられているからである。

ベトナムでは，1986年の「ドイモイ」と呼ばれる経済自由化路線の採択以降，計画経済体制下の困窮から脱し経済成長が始まるが，1990年代は主に石油，石炭などの資源の輸出と食糧の増産が成長を支えていた。現在のような製造業が牽引する経済成長という構造は，2000年前後に始まったものである。1999年の新企業法公布，2000年の外国投資法改正，同年の米越通商協定発効などにより，2000年前後から労働集約型軽工業の民間・外資企業が急増したことが背景にある。2009年人口センサスの結果からは，このような経済構造の変化を可能にした，若年生産年齢人口の増加を確認することができる。また，特定地域への雇用機会の集中的な発生が，労働力人口移動の増加と都市化をもたらしたことも，明確にデータに現れている。

本章は，ドイモイ開始後の経済成長に呼応して起きた社会の急激な変化を，人口センサス結果を通して見ていくことを目的としている。とくに本章では，人口移動と都市化のデータを中心に分析していく。

1　ベトナムの人口センサス

1）ベトナムの人口センサスの歴史

旧北ベトナム（ベトナム民主共和国）では，1960年3月と1974年4月に人口センサスが実施された。一方，旧南ベトナム（ベトナム共和国）では，その1955年の建国から1975年の国家消滅までの間に，人口センサスは一度も実施されなかった（コラム12も参照）。第二次インドシナ戦争（いわゆるベトナム戦争）の末期，南ベトナム軍は徴兵にも苦労する状態であったといわれているが，それも国家の人口構成が正確に把握できていなかったことと，無関係ではないであろう。インドシナ戦争が1975年に終結し，翌1976年に南北ベトナムが統一され，ベトナム社会主義共和国が建国されると，新政府は国会選挙の選挙名簿作成のために，南部のすべての省で人口調査を実施している。

第1回人口センサスは，統一達成の3年後，1979年に実施された。南北統一直後から第1回人口センサスまでの時期は，人口センサスの実施主体である統計総局内の組織改革や各地方支局の設立，全国共通の地域，職業，産業などのコードの統一など，組織・制度整備が性急に進められていった時期であった。人口センサスは，1978年7月20日の政府決定183号（183-CP）により，1979年4月1日の実施が一旦は決定したものの，実施直前の3月に延期が決定され，同年7月15日にあらためて10月1日という新たな日程が決定し（首相決定253号：253-TTg），10月1日にやっと実施にこぎつけるという経緯をたどった（Tong Cuc Thong Ke 2006：139）。

1989年の第2回人口センサスから住宅調査（ただし都市部のみ）も加わり，基準日が10月1日から4月1日へと変更になった。5％のサンプル調査も実施された。1999年の第3回人口センサスからは国連人口基金（UNFPA，コラム1を参照）の資金・技術援助が入るなど，調査の内容と手法は国際的な基準を意識したものとなった[1]。第3回人口センサスでは，サンプル調査のサンプルサイズが3％に減らされる一方で，住宅調査は都市部だけでなく全国で実施され，全数調査の調査項目に宗教と移住に関する項目が加わった。

本章執筆時点で最新となる第4回人口センサスは，2009年4月1日～4月20日に実施された。

2）2009年人口センサスの実施体制

2009年人口センサスは，2007年8月の首相指示19号（19/2007/CT-TTg）の公布をもって正式にその準備が開始され，その後2008年半ばから，人口センサス実施に関連する政令が相次いで公布された[2]。2008年7月には，人口センサスの内容と計画投資省[3]，および関連省庁，地方各レベルの人民委員会の役割と，人口センサス中央指導委員会の設立を明記した首相決定94号（94/2008/QD-TTg）が公布される。さらに同年10月には，人口センサス中央指導委員会決定9号（09/QD-BCDTW）が公布され，各地方行政レベル（省，県，社）[4]の指導委員会の

1）ベトナム統計総局は1980年代末から，海外からの支援を得て国際標準に沿った統計の整備を始めた。1993年にはGDPの計算を旧東側ブロックの社会主義国が採用していたMPS（Material Product System）方式から国連の基準であるSNA（System of National Account）方式へ変更した。同様に，1993年には産業分類もMPSをベースとしたものからISIC（International Standard Industrial Classification）に変更している（Tong Cuc Thong Ke 2006）。そのため，ベトナムの統計は1990年代半ばのものから，徐々に国際比較が可能なものが増えている。

2）本項の内容は主に2009年人口センサス総括報告書（GSO 2010c）を参照した。

3）計画投資省は，統計総局を監督する官庁である。

設置が決定された。ベトナム共産党も同年10月に，党中央委員会指示27号(27-CT/CW）を公布し，各地方行政レベルの党組織における人口センサスの指導体制を定めた。

実態としては，これらの準備段階における政令が公布される以前から人口センサスの準備は始められていた。統計総局は2006年10月に，人口センサスデータのユーザーである各省庁，地方行政機関，国際機関を集めて「ユーザーワークショップ」を開催し，調査票の内容の検討を開始した。その後2007年初めから，国連人口基金の支援を得て人口センサスの実施と広報の具体的な計画を立案し，2008年初めには2冊の広報用小冊子も作成した。

準備段階では，3回の「プレテスト」と1回の「パイロットテスト」が実施された。プレテストは，2007年の第2四半期と第3四半期に小規模に実施され，その後全国の6市・省で大規模に実施された。毎回のテストの後にワークショップが開かれ，調査票の内容や対面調査の方法に修正が加えられ，調査区域（enumeration area）の範囲が決定された。そして，2008年9月，全国の4省48調査区域（各省12調査区域ずつ）で最後のパイロットテストが実施された。これらのテストの実施を経て，2008年10月から2009年1月にかけて，調査地図と世帯リストが作成された。

調査員のトレーニングは3段階で実施された。まず，中央レベルで8日間にわたり，省レベルの指導員と人口センサス指導委員会委員のトレーニングが実施され，次に彼らが，県レベルの指導員および人口センサス指導委員会委員に対し，6日間のトレーニングを行った。そして，県レベルの指導員が，実際に調査を行う調査員と社レベルの人口センサス指導委員会委員の双方に対するトレーニングを実施した。ここでは，全数調査のみの調査区域では4日間，サンプル調査も行う調査区域では8日間，それぞれトレーニングが実施された。

人口センサスの実施に際しては，全国に17万2000の調査区域が設けられ（平均人口100人程度の単位），ひとつの調査区域を1チーム5人で受け持つ体制がつくられた（山岳部・遠隔地では1チーム3人）[5]。山岳部・遠隔地では2つの調査区

4）ベトナムの行政単位は中央，省レベル，県レベル，社レベルという4層の構造になっている。2009年人口センサス時点で，社レベルの行政単位の数は1万1112単位，そのうち都市の数は1,991単位，農村の数は9,121単位であった（GSO various years）。

域に一人の「リーダー」が，その他の地域では4つの調査区域に一人のリーダーが配置され，さらに省，県ごとに「スーパーバイザー」が配置され，彼らが調査員の指導，サポートを行った。

調査方法は戸別訪問による対面調査であり（少数民族居住地域は通訳が付く場合もある），基本的には世帯主が回答者となっている。世帯主がいない場合は，家族の他の成員が回答することになっている。2009年人口センサスは調査員総数6万人を動員して行われた。調査員の資格は25〜50歳までのベトナム国民で，高校1年以上を修了した者である（山岳部・遠隔地は中学2年修了以上）。

人口センサスでは，2009年4月1日時点の状況を調査するが，住居と死亡に関する情報は，前年の旧正月元日（2008年2月7日）から2009年の3月31日の間の情報を収集する。2009年人口センサスの総予算は5020億ドン（約3000万ドル）であった。このうち政府予算は4800億ドン，国連人口基金による支援が220億ドンであった。人口センサスの実施にあたり，調査員やリーダー，指導員だけでなく，各行政単位の人口センサス指導委員会のメンバーなども含めると，総勢30万人が参加した（1999年人口センサスでは25万人であった）。調査期間は1999年人口センサス時の9日間から，2009年には20日間に延長された[6]。

3）調査項目の変化

図表9-1は1989年，1999年，2009年の3回の人口センサスの調査項目の変遷である（1979年調査の調査票は入手できなかった）。調査は全数調査部分とサンプル調査部分に分けられており，回を追うごとに調査項目の数は増加している。ただし，2009年人口センサスでは，全数調査は簡素化の方向に転じ，多くの調査項目がサンプル調査の方へ移行した。さらに，就労に関する定義を「過去12か月定常の経済活動」から国際基準に合わせて「過去7日間の経済活動」へと変更するなど，国連のガイドラインに沿うかたちで内容も修正している。また，障碍，

5）この調査区域が他のテーマ別のセンサスやサンプル調査の基本単位ともなる。統計総局が定期的に実施しているセンサスには，Rural, Agricultural and Fishery Census（下一桁1と6の年），Establishment Census（下一桁2と7の年）があり，サンプル調査にはVietnam Household Living Standard Survey（偶数年），Labor and Employment Survey（毎年），Enterprise Survey（毎年），Non-farm Individual Business Establishment Survey（毎年）などがある。

6）1999年人口センサスの実施体制と結果については，石塚（2004）を参照のこと。

図表 9-1　ベトナムの人口センサスの調査項目：1989〜2009 年

区分	項　目	2009	1999	1989
(1) 人口調査				
1	氏　名	●	●	●
2	世帯主との関係	●	●	●
3	性　別	●	●	●
4	生年月	●	●	●
5	年　齢	●		
6	民　族	●	●	●
7	宗　教	●	●	
8	現在（調査日の前夜）の居住地		●	
9	5 年前の居住地	○	●	●
10	5 年前の居住地の農村・都市区分	○	●	
11	障碍の有無	○		
12	現在就学中か退学済か未就学か	●	●	●
13	最終学歴	●	●	●
14	識字者か非識字者か	●	●	●
15	専門／技術系就学歴	○	●	●
16	専門／技術系就学分野		●	●
17	婚姻状況	○	●	●
18	過去 12 か月の就労状況		●	●
19	過去 7 日間の就労状況	○		
20	過去 12 か月の就労分野		●	●
21	過去 7 日間で就労していた場合の職種	○		
22	過去 7 日間失業していた場合，失業前の職種	○		
23	就業形態（家族労働／雇用労働）	○		
24	就労先・部門（国家／民間／外資／集合／個人）	○	●	●
25	就労先・名前	○	●	●
26	就労先・業務，生産品，サービス	○	●	●
27	非就労所得の有無	○		
28	30 日以内に戻る就業先の有無	○		
29	過去 30 日間，求職活動をしたか	○		
30	(しなかった場合）その理由	○		
31	過去 7 日間，適切な仕事があれば就労したか	○		
32	(しなかった場合）その理由	○		
(2) 出産・死亡調査				
1	出産した子・現在同居している子の数	○	○	○
2	出産した子・現在同居していない子の数	○	○	○
3	出産した子・死亡した子の数	○	○	○
4	最後の出産・年月	○	○	○
5	最後の出産・子の性別	○	○	○
6	最後の出産・子の生死		○	○
7	死亡者・名前	○	○	○
8	死亡者・性別	○	○	○
9	死亡者・死亡年月	○	○	○
10	死亡者・生年月		○	○
11	死亡者・死亡時年齢	○	○	
12	死亡原因	○		
13	妊娠・出産に関わる死亡か	○		

図表 9-1（続き） ベトナムの人口センサスの調査項目：1989～2009 年

区分	項　目	2009	1999	1989
(3) 住宅調査				
1	住居の有無	●	●	
2	家族以外の同居者の有無	●	●	
3	家屋の種類	●	●	●
4	部屋数	○		
5	住居面積	●	●	●
6	柱の素材	●		
7	屋根の素材	●		
8	外壁の素材	●		
9	住宅の所有権	○	●	●
10	建設年			●
11	居住開始年	●	●	
12	電気照明の有無		●	●
13	照明のエネルギー源	○		
14	調理の燃料	○		
15	飲料水源の種類	○	●	●
16	トイレの種類	○	●	●
17	テレビの有無	○	●	
18	ラジオの有無	○	●	
19	電話の有無	○		
20	パソコンの有無	○		
21	洗濯機の有無	○		
22	冷蔵庫の有無	○		
23	エアコンの有無	○		
24	オートバイの有無	○		

注）●：全数調査，○：サンプル調査。
出所）GSO（1990；2001；2010b）より筆者作成。

死因，妊産婦死亡，世帯で保有している家電製品等に関する新たな調査項目が加わった。

2009 年人口センサスで加えられた大きな変更点は，人為的な入力ミスを避けるため，調査データを調査員がキーボードで打ち込むのではなく，ICR（Intelligent Character Recognition）という技術を用いて調査票を直接スキャンする方式を採用したこと，そして，サンプル調査のサンプルサイズが 15％へと，大幅に増加したことであった。ちなみに，1989 年調査，1999 年調査のサンプルサイズは，それぞれ 5％と 3％であった。

書籍として刊行されている第 4 回調査の結果は，ベトナム統計総局のウェブサイトからダウンロードできる[7]。全数調査の結果は「Completed Report」（GSO 2010a），サンプル調査の結果と全数調査およびサンプル調査の分析結果は「Major Findings」(GSO 2010b) という報告書にそれぞれ収録されている。

2　都市化と人口移動

1)「若くて活気のある国」ベトナム

まず，主な2009年人口センサス結果を概説する。2009年4月1日時点のベトナムの人口総数は8578万9573人であった。ベトナムの人口規模は，東南アジアではインドネシア，フィリピンに次いで第3位であり，世界で13番目に人口の多い国である。1999～2009年の間に人口は967万人増加しており，この間の年平均人口増加率は1.2%であった。ただし，ベトナムの人口は増加傾向にあるものの，その増加率は徐々に減少しつつある (1979～89年，1989～99年の年平均人口増加率はそれぞれ2.1%，1.7%であった)。人口密度は259人/km^2と，こちらも東南アジアで3番目 (第一位は7,486人/km^2のシンガポール，第2位は307人/km^2のフィリピンである)，世界で16番目に高い。

図表9-2は，ベトナムの過去3回の人口センサスの主な結果である。人口動態に関するデータ，とくに合計特殊出生率の劇的な低下と高齢人口比率の上昇からは，ベトナムにも少子高齢化の兆しが見え始めていることがわかる。都市人口比率や世帯当たり平均人数，単独世帯比率などの変化は，都市化・近代化にともないベトナムの家族の暮らしが変化しつつあることをうかがわせる。

この表で最も顕著な変化を示しているのが，生産年齢人口比率の伸びである。経済自由化後のベトナムの経済発展は，若い生産年齢人口の存在により下支えされてきた。従属人口比率は，1989年の78.2%から2009年には46.3%まで低下している。すなわち，現在は生産年齢人口2人以上で従属人口1人を支えているということになる。2009年時点で人口の半数以上 (53.8%) は30歳未満である。「若くて活気のある国」として労働集約型の外資企業をひきつける魅力の源泉は，この人口構成にある。

人口学的にみれば，2000年代に入り生産年齢人口比率が増加したのは，ベト

---

7) http://www.gso.gov.vn

図表 9-2　人口センサスからみたベトナム社会の変容：1989～2009年

番号	項　目	1989	1999	2009
1	年人口増加率（%）	2.1	1.7	1.2
2	合計特殊出生率（人）	3.80	2.33	2.03
3	初婚年齢（歳）	24.4	25.4	26.2
4	年少人口　0～14歳（%）	39.2	33.1	25.0
5	生産年齢人口　15～64歳（%）	56.1	61.1	68.4
6	高齢人口　65歳以上（%）	4.7	5.8	6.6
7	都市人口比率（%）	19.4	23.7	29.6
8	5年以内に移動した比率（%）	2.5	1.9	3.0
9	学校教育を受けた人口の割合（%）	82.0	90.2	94.9
10	世帯当たり平均人数（人）	4.8	4.6	3.8
11	単独世帯比率（%）	5.0	4.2	7.3
12	パソコン保有世帯比率（%）	−	−	13.5

注1）「5年以内に移動した比率」は省をまたぐ移動のみ。
　2）「学校教育を受けたことがある人口の割合」は5歳以上の人口が対象。
出所）GSO（1990；2001；2010b）より筆者作成。

ナム戦争後のベビーブーム世代の多くが，1990年代から生産年齢に達し始めたことに加え，1990年代半ばからは急速な出生率の低下が始まったことが要因である。1979年には，5.07人であった合計特殊出生率は，1989年でもまだ3.80人と高い水準を維持していたが，1999年には2.33人へ，さらに2009年には2.03人まで低下している。ベトナムの人口ピラミッドは富士山型から釣鐘型を経ることなくその裾野が急速にしぼんでしまっている（第1章の人口ピラミッドを参照）。

出生率の低下は，1986年のドイモイ路線開始の成果と捉えられる。まずは，ベトナム軍のカンボジアからの撤兵を受け，1990年代初頭にそれまで制限されていた国際社会からの支援が再開されると，国際機関などの開発援助に支えられた政府の家族計画プログラムが大規模に実施された。次に，経済の自由化により，それまで国家丸抱えであった子供の教育にかかる負担を，個々の世帯が負うことになり，加えて，都市部を中心に教育のコストそのものも大きく上昇し，少子化に拍車をかけてきたものと考えられる。

また，出生率の低下は，労働市場の変化もその要因の一部となっている。農業の生産性向上により，家族労働に頼る農家世帯の労働需要が減る一方で，民間企業数の増加により，非農業部門の雇用労働者の数が増加している。つまり，子供を経済活動の担い手として期待する必要が薄れているのである。

2）ベトナムの人口移動の特徴

経済発展にともない農村部から都市部への人口移動が起こることは，多くの途上国が経験している現象である。人口移動は都市化を引き起こし，経済的な変化ばかりでなく，さまざまな社会的な変化をもたらす。世界銀行が2010年から，*Urban Development Series* という一連の報告書を刊行するなど，都市化問題は多くの国が直面する重要な開発課題として認識され始めている[8]。

過去3回の人口センサスのデータからも，ベトナムで移住者数が増加傾向にあることがはっきりと裏づけられる。省をまたぐ人口移動（inter-provincial migration）の推移をみると，1989年は約150万人，1999年は220万人，2009年は340万人へと増加している[9]。ベトナムのように労働力人口が豊富な若い国では，多数の若者が働き口を求めて都市部へ移動し，都市化を引き起こしていると思われがちである。しかし，人口センサスのデータを精査すると，人口移動の増加と都市化の進行は，必ずしも一体化した現象となっていないことがわかる。以下では，ベトナムの国内人口移動と都市化の関係についてみていくこととする。

まず，人口移動の歴史的な経緯をみていこう。ベトナムでは人口移動が増加し

8）ベトナムでも近年人口移動に対する関心の高まりを受けて，数多くの研究成果が発表されている。これまでの人口移動の研究は，2000年代初頭からベトナムで盛んになる貧困削減研究の一環として行われたものが多い。例えば，移住前後の比較という観点から，移住者の厚生向上や貧困削減の効果を評価したもの（Nguyen Anh Dang ed. 2001；de Brauw and Harigaya 2007；Niimi et al. 2009；United Nations 2010；Fukase 2014 など），移住者と移住せずに残った者との間の所得格差や，移住先の違いによる所得格差の問題を分析したもの（Phan and Coxhead 2010）などである。これらの研究は主に，1993年に開始され2002年以降2年に一度の割合で定期的に実施されている，全国レベルの大規模家計調査 VHLSS（Vietnam Household Living Standard Survey）の結果を分析したものである。一方，独自調査の結果を分析した研究者たちは，移住を所得向上が期待できるものと単純に評価してはいない。たとえば，Cu Chi Loi (2005）は，移住労働者の劣悪な労働環境を指摘し，Dinh et al. (2012）は，移住者家族の子女が教育などの面で不利益を被っている現状を明らかにしている。なお，ベトナムの都市化に関しては，世界銀行が2011年，*Vietnam Urbanization Review*（World Bank 2011）という報告書を刊行している。

9）移住者の定義は，「5年前の居住地が現在の居住地と異なる」者である。

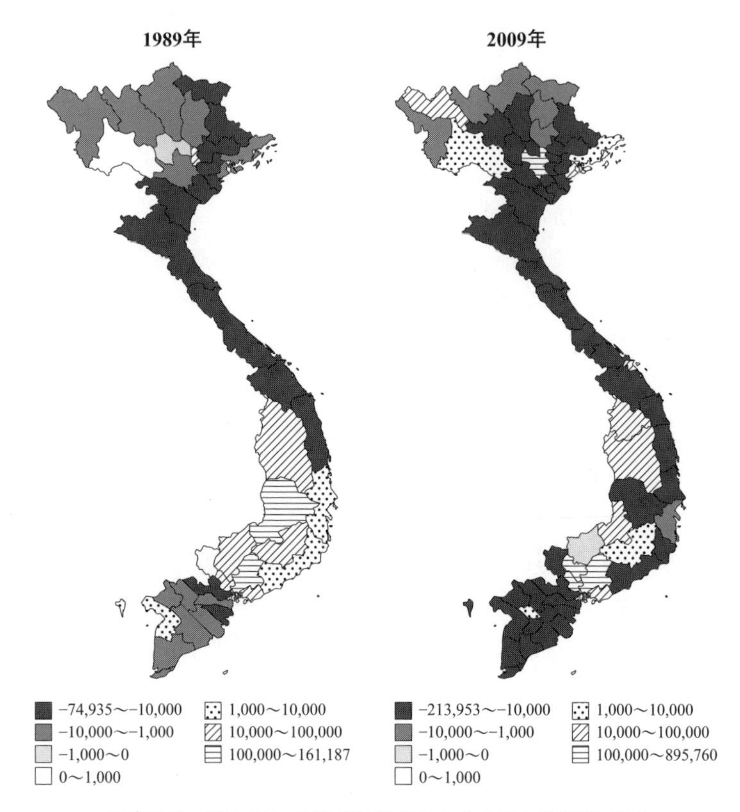

図表 9-3　1989 年と 2009 年の移住による人口の純増減（人）

出所）GSO（1990；2010a）より筆者作成。

ているだけではなく，主な移出先が時代とともに変化している。多くの農村人口が都市部に向かうのは，実は近年顕著になった現象である。図表 9-3 は 1989 年と 2009 年の省ごとの人口の移入者数をみたものである。1989 年は中部高原や中部沿岸地域に移住者が集中しているのに対し，2009 年のデータからは移住者がハノイ，ホーチミンおよびホーチミン周辺の省に向かっていることがわかる。

1989 年の人口移動が中部高原に向かっていたのは，ベトナムの移住政策の歴史と深い関係がある。まだベトナムが南北に分断されていた当時，北ベトナム政府が策定した第 1 次 5 か年計画（1961〜65 年）には，北部山岳地域の「新経済区」への移住計画が盛り込まれた。これがベトナムの大規模な移住の端緒となる。

南北統一（1976年）後は，中部高原地域も「新経済区」に指定され，北部山岳地域と合わせて年間60万人の移住が計画された。彼らには森林を切り開き，大規模な農業経営を行うことが期待された。ただし，この移住計画は成功したとはいえない。移住者の実数は公表されていないが，約束されていた移住先での農地や宅地の提供，インフラ建設が実現されなかったために，多くの移住者が帰還したと考えられている（Zhang et al. 2006 : 1072 ; 岩井 2011）。

1986年にドイモイによる経済自由化が開始されると，農業の集団化の解消により，多くの農村，とくに人口稠密な紅河デルタ地域の農村からの人口移出が増加し始めた。彼らがまず向かったのが旧「新経済区」である。彼ら（計画経済時代の「計画移民」との対比で「自由移民」と呼ばれる）は，政府の移住政策による支援を受けず，自らの意思で新たなフロンティアを求めて「新経済区」に移住した（Zhang et al. 2006 : 1074 ; Nguyen Anh Dang ed. 2001 : 16）。前掲図表9-3では，1989年当時，中部高原地域や中部沿岸地域への移入者が多かったが，これは主にこれらの地域に向かった自由移民たちの人数が増加したことが要因である。

2000年代に入ると，人口が沿岸部の工業地域あるいは都市部に向かい始める。急成長した輸出向けの労働集約型製造業企業が数多く設立されたのが，国内最大の輸出港サイゴン港の位置するホーチミン市とその周辺省であった。ハノイ市への移住者が多いのは，製造業企業の増加に加え，大学や行政機関の拡大が関係していると考えられる。

2000年代以降のベトナムの人口移動にはふたつの特徴がある。まず，遠隔地への移動ではなく，近隣省への移動が増加している点が挙げられる。これを移出者の側のデータからみてみよう。図表9-4は，1999年と2009年の各省からの移出者数と移出者あたりの平均移動距離を算出し，6つの地域ごとにまとめて示したものである[10]。移住者の移動距離は，各省の省都間の距離で近似したものであ

10）この分析では1989年のデータは用いなかった。それは1990年代に数次にわたり，大きな省の再編があったため（1990年代に省の数は40から61に増加している），1989年とその後の2回の人口センサス時点で，省ごとの移住者数や省都間の距離の比較が困難なためである。なお，1999年人口センサス以降も省の再編はあった（分割により新たに3つの省が生まれ，ハノイ市との併合により1つの省がなくなっている）。ただし，単純な分割，合併であったため，旧ハタイ省の省都と各省都との距離を除けば，移住者数と距離の計算は可能である。

図表 9-4　各地域からの移出者数と平均移動距離：1999 年，2009 年

地　域	移出者数（人）			平均移動距離（km）		
	1999	2009	増減（%）	1999	2009	増減（%）
北部山岳地域	239,659	338,420	41.2	655	610	-6.8
紅河デルタ地域	574,377	668,736	16.4	706	635	-10.0
中部沿岸地域	545,256	941,626	72.7	710	791	11.4
中部高原地域	77,102	157,085	103.7	481	397	-17.5
東南部地域	278,963	367,607	31.8	292	266	-8.8
メコンデルタ地域	395,714	922,314	133.1	165	178	7.4

注）平均移動距離は各省都間の距離のデータを用いて計算した。
出所）GSO（2001；2010a），Nha Xuat Ban Ban Do（2010）より筆者作成。

る。

ほとんどの省で移出者数は増加していたが，平均移動距離やその増減には地域的なばらつきがみられた。紅河デルタ地域と中部沿岸地域は対照的である。これらの地域では移出者数が多く移動距離も長いという共通の特徴をもつ。しかし，紅河デルタ地域で平均移動距離が 10 % 減少している一方で，中部沿岸地域ではその距離が 11 % 以上増加している。紅河デルタ地域で移動距離が短くなっているのは，この地域の工業化が進み，主な移出先が，中部高原や南部から近隣省へと移ったためである。対照的に，中部沿岸地域，とくにタインホア省やゲアン省からの平均移動距離は，もともと長い上にさらに増加する傾向にある[11]。これらの省では，ホーチミン市を含む東南部への移出者数が急増している[12]。同地域はまた，工業化が大きくは進んでおらず，短距離の移出先がさほど増えていない。

東南部からの移動距離も減少しているが，これも工業化により移住先が主に中部高原からホーチミン市や近隣省へと変化したためである。また，メコンデルタ地域の移出者数が倍以上に増加している点が目立つ。メコンデルタ地域はベトナム随一の農業地域であるが（コメ輸出の 95 % は同地域からである），農業の機械化

11）中部沿岸地域の中でも，とくにタインホア省とゲアン省は移出者の多い地域である。タインホア省は 1999 年，2009 年ともに，移出者数が全国で 1 位であった。ゲアン省の移出者数は 1999 年が 3 位（2 位はホーチミン市），2009 年は 2 位であった。

12）2009 年時点のタインホア省，ゲアン省からホーチミンおよび東側の隣接 3 省（ドンナイ省，ビンズオン省，バリア = ヴンタウ省）への移出者数は約 22 万人である。1999 年と比較すると，16 万人以上増加している。

と生産性向上のために，農業労働力の需要が減少し，余剰労働力が主に東南部へ向かっていることが，移住者数倍増の要因である[13]。

2000年代以降の人口移動のふたつ目の特徴は，農村から都市への移動のみならず，農村から農村への移動も大規模に起きているという点である。2009年人口センサスデータによれば，省をまたぐ移動に限れば，農村－都市移動が約150万人，農村－農村移動が約120万人であるが，省内の移動（intra-provincial migration）も含めれば，農村－都市移動が340万人，農村－農村移動が350万人とほぼ同数であった。

農村への移動が多い理由は，まず1980年代に比して減少しているとはいえ，まだ中部高原や北部山岳地域への移住が多いことが挙げられる。現在は農業経営者だけでなく，農業労働者として企業に雇用される移住者も多い。次に，外国資本が開発したものも含め，工業団地の造成が，行政区分でいえば「農村」にあたる地域で増加していることが指摘できる（新美2013）。さらに，1990年代から主に紅河デルタ地域で発展してきた，「専業村」と呼ばれる農村の小規模製造業の集積が，多くの労働者を吸収している（坂田2013；2017）。

歴史的にみれば，都市に向かう人口は増加しているとはいえ，人口移動の増加が都市化をもたらすという現象は，ハノイ市とホーチミン市の周辺といった一部地域でしか起きていない。人口移動はもっぱら農村から農村へ，あるいは一部の大都市およびその周辺に向かい，それ以外の地域では，人口移動が大規模に起こっていないか，あるいは移動が同じ省内で起こっているのである。

一方，都市化の進行は，農村から都市への人口移動が主たる要因ではない。全国レベルで見ると，2009年人口センサス時の人口移動による都市人口の純増分は約140万人であった。これは，1999～2009年の都市人口増加分（736万人）の19.1％の寄与にとどまっている。次節でみていくように，ベトナムの都市人口の増加を検討するうえでは，人口移動以外の要因を考慮する必要がある。

13）『農村・農業・水産業センサス』のデータによると，メコンデルタ地域の農林水産部門の従事者の数は，2001年の620万人から2011年には520万人へと，100万人も減少している（GSO 2007；2012）。

3）ベトナムで都市化は進んでいるのか？

次に，ベトナムの都市化についてみていくが，その前に，ベトナムの「都市」と「農村」の定義についてふれておこう。ベトナムでは，末端の行政単位である社レベルの単位で，都市（「坊（phuong)」，あるいは「市鎮（thi trang)」）か，農村（「社（xa)」）かに区別される。農村から都市へのステータスの変更は申請ベースで行われる。社人民委員会が申請し，それを省レベルの人民委員会が承認すれば，都市へと格上げになる。都市になるための基準の中には，わかりやすいもの（人口 4,000 人以上，人口密度 2,000 人/km^2，非農業労働者の割合 65 % 以上など）がある一方で，曖昧な基準（都市インフラが継続的に建設されること，インフラが都市管理規則に沿っていることなど）もある[14]。

写真やテレビの映像で紹介される道路を埋め尽くすバイクの印象から，ベトナムで都市化が急速に進んでいるという印象をもつ人も多いだろう。事実，20 年前と比較すれば，ベトナムで都市化が進んでいることはまちがいない。1989 年に 19.4 % であった都市人口比率は，1999 年には 23.7 %，2009 年には 29.6 % まで上昇している（前出図表 9-2 を参照。2015 年の推計では 34 % まで上昇している）。都市人口は 1999 年からの 10 年間で約 736 万人も増加している。しかし，他の東アジア諸国・地域と比べてみると，ベトナムの都市人口比率は決して高いとはいえない。国連の推計によれば，2014 年の東南アジア諸国とアジア全体の平均の都市人口比率は，それぞれ 44.5 % と 44.8 % であった[15]。

このようなイメージ（都市化が急速に進行しているという印象）と統計データ（近隣諸国と比べて低い都市人口比率）との間のギャップは，主に都市化が特定の地域に限定されていることに起因する。首都ハノイ市と最大の商業都市ホーチミン市，そしてその周辺省は人口が集中しているものの，それ以外の地域では著しい人口増加や集中が起こっていない。そのために，全国平均でみると都市人口比率は高くならないのである。

ここで，省レベルの人口データから，ハーフィンダール指標（Hartindhal Index）

14）都市の基準とその分類（第 1 類都市から第 5 類都市まで）は 1990 年に初めて決定された（閣僚会議決定 132 号：132/HDBT)。その後，2001 年（政府議定 72 号：72/2001/ND-CP）と 2009 年（政府議定 42 号：42/2009/ND-CP）に基準が改定されている。

15）United Nations, *World Urbanization Prospects : The 2014 Revision* [http://esa.un.org/unpd/wup/]（2016 年 8 月アクセス).

という指標で全国の人口の集中度を測ってみよう。ハーフィンダール指標とは，各構成単位が占める割合（ここでは各省の人口の割合）を2乗して足し挙げたものであり（$=\Sigma(S_p)^2$：S_pは省pの人口シェア），少数の省で人口の割合が高くなるとその値が大きくなる。ベトナムの2009年のハーフィンダール指標は0.130である。行政単位の数が異なるために単純比較はできないが，日本の2010年の都道府県を単位としたハーフィンダール指数が0.041であることからも，ベトナムの人口集中度が非常に高いことがわかる[16]。

人口が集中しているのは，主に北部の紅河デルタ地域と南部のホーチミン市周辺である。図表9-5はベトナムの2つの「メガリージョン」，すなわち，①東南部のホーチミン市およびその近隣の3省（ドンナイ省，ビンズオン省，バリア＝ヴンタウ省）と，②紅河デルタ地域のハノイ市から港町ハイフォン市にかけての6市・省（ハノイ市，ヴィンフック省，バクニン省，フンイェン省，ハイズオン省，ハイフォン市）の人口と都市人口比率の変化をみたものである。この2地域の2009年時点の人口は，東南部が4市・省で1208万人，紅河デルタ地域が6市・省で1314万人と，ほぼ同程度であった。この2地域の2009年の都市人口比率は東南部4市・省63.8％，紅河デルタ6市・省33.6％と大きな差がある。しかし，東南部4市・省の高い都市人口比率は，ホーチミン市の突出した都市人口比率（83.3％）によるところが大きく，ホーチミン市を除いた3省の都市人口比率は35.6％と，紅河デルタ6市・省とあまり大きな差はない。

ただし，2000年代の都市化の要因は，地域により大きく異なる。まず，ホーチミン市周辺の東南部4市・省では，人口増加により都市化が起こった。この地域では，1999年から2009年の10年間に人口が約355万人純増しているが，そのうち省外からの移出入による純増分は153万人あり，これは人口の純増分の43％にあたる。とくにビンズオン省は，人口増加77万人のうち47万人（61％）が，省外からの人口移動の純増分で占められている。

対照的に，紅河デルタ6市・省では，人口の増加はあまり大きくないにもかかわらず，都市人口比率だけが大きく増加している。人口の純増分166万人のうち人口移動の純増分は21万人（13％）にとどまる。しかも，人口増と移住者流入

16）日本のハーフィンダール指数は，総務省統計局の人口データ［http://www.e-stat.go.jp/SG1/estat/List.do?bid=000000090004&cycode=0］（2017年1月アクセス）より筆者が計算。

図表 9-5 2つのメガリージョンの人口と都市人口比率の変化：1999年，2009年

市・省	1999 人口	1999 都市人口比率(%)	2009 人口	2009 都市人口比率(%)	2009/1999 人口増加率(%)
全国	76,323,173	23.7	85,789,573	29.7	12.4
紅河デルタ6市・省					
ハノイ	2,672,125	57.6	6,451,909	41.0	27.5
(ハタイ)	2,386,772				
ヴィンフック	1,091,981	10.2	999,786	22.4	-8.4
バクニン	941,393	9.4	1,024,472	23.5	8.8
ハイズオン	1,649,780	13.8	1,705,059	19.0	3.4
ハイフォン	1,672,992	34.0	1,837,173	46.1	9.8
フンイェン	1,068,704	8.7	1,127,903	12.1	5.5
東南部4市・省					
ホーチミン	5,037,151	83.5	7,162,864	83.3	42.2
ビンズオン	716,424	32.6	1,481,550	29.9	106.8
ドンナイ	1,989,540	30.5	2,486,154	33.2	25.0
バリア＝ヴンタウ	800,572	41.6	996,682	49.9	24.5

注）ハタイ省は2008年ハノイ市に併合されている。
出所）GSO（2001；2010a）より筆者作成。

が起こっているのは主にハノイ市であり，ハノイ市を除いた5市・省に限れば，移出入者の数は純増ではなく，逆に約7万7000人の純減となる。これは，都市から農村にステータスを変更した行政単位が2000年代に入って増加したことを示している。ホーチミン市周辺が，人口移動による都市人口の「社会的増加」であるとすれば，紅河デルタでは，行政単位のステータスの変化による都市人口の増加，言うなれば「行政的増加」と呼ぶべき現象が，都市化の大きな要因となっているのである[17]。

17）ベトナムでは，1999〜2009年の10年間で，社レベルの行政単位は600単位増加している（地域差はあるものの，人口増加が起こると行政単位当たりの人口を一定の数に調整するため，社レベルの行政単位が分割されその数が増加する）。そのうち，農村にあたる行政単位（「社」）が153単位増加したのに対し，農村の都市への行政単位のステータスの変更，あるいは分割・合併をともなう都市行政単位の誕生などで増加した都市の行政単位（「坊」および「市鎮」）の数は，農村の増加数の3倍近い447単位にも上っている（GSO various

東南部4市・省は，ベトナム最大の商工業都市ホーチミン市の人口と富がスピルオーバーし，東に向かって工業団地や住宅地の造成が相次ぎ，そこへさらに他地域から人口が流入することで形成された。東南部4市・省に流入している移住者は若年層が多く，この地域の従属人口比率は33.8％と，全国平均の46.3％に比べると非常に低い。また，人的資本のレベルも高く，15歳以上人口の35％が高校卒業以上である（全国平均は25％）。さらに，この地域には富も集中し始めている。2009年のデータによると，人口の割合は全国の14.1％である。その一方，省レベルの公表データで，2009年に最も近い2007年の東南部4市・省が産出するGDPの割合は，全国の36.1％に達していた。

一方，紅河デルタ6市・省では，2000年代に入り工業団地や外資企業の進出により雇用が増えた。とはいえ，もともと人口稠密な地域であり，大規模な人口の移入の余地がない。その結果，人口規模が変わらないまま，多くの行政単位の区分が「農村」から「都市」に変わったことで都市化した。1999年には社レベルの行政単位数のうち都市にあたる行政単位数の割合は21.3％であった（1,208単位のうち257単位）。それが2009年には，31.8％（1,130単位のうち359単位）に上昇している。

近年，紅河デルタ地域では，都市インフラ整備や工業団地造成に関連した土地紛争が頻発している（詳しくはHue-Tam Ho Tai and Sidel eds. 2013を参照）。これは，すでに人口稠密な地域を都市化する場合，大規模な住民移転を伴い，その交渉にあたって党や地方行政機関による汚職が生まれることが，紛争のひとつの原因ではないかと考えられる。

4）ベトナムの未来への懸念

1990年代の出生率の低下は，従属人口比率の低下という，経済成長にはプラスに作用する効果をもたらした。しかし，出生率の低下は1990年代前半に突然始まったため，そのプラスの効果も遠くない将来突然終わることが予想される。本書の第1章（図表1-9）における国連の推計によると，ベトナムの「人口ボーナス期」の終了（生産年齢人口比率が最大となった翌年とする）は，2013年である。

---

years より計算)。

しかも，少子高齢化の兆しはすでに見え始めている。2009年の高齢化指数（aging index：15歳未満の年少人口に対する60歳以上の高齢人口の割合）は35.7％と，東南アジア諸国の平均（30％）を上回っている。さらに，2040年代以降は，ベトナム戦争後のベビーブーム世代の人口が高齢者層に入り始める一方で，生産年齢人口のほとんどを，出生率が低下した1990年代以降の世代が占めることになる。高齢者の福祉やケアを誰が担うのかという，まさに第1章で提示された問題が，ベトナムでも近い将来，深刻化することが予想されるのである。

従属人口比率が低い今のうちに，いかに次世代のための教育や社会保障制度をつくり上げていくことができるのか。この点が今後の課題となる。とくに高齢者向けの社会保障制度の未整備は深刻である。2007年に始まった現行の社会保険制度は，労働災害手当や妊娠出産手当なども含む，包括的な社会保障スキームであり，退職後の年金も含まれる。ところが，ベトナム商工会議所の報告書によれば，保険料を規定どおり支払っている企業は全体の半分にすぎず，その累計の未払い額は5億ドルを超えているという[18]。ILO（国際労働機関）は，このままいけば，2034年には社会保険基金が破綻すると警告している。

現行の社会保険料率は，被雇用者の税込給与の26％である（雇用者が18％，被雇用者が8％をそれぞれ負担）[19]。こうした社会保険料の高負担を嫌って，労働者と長期労働契約を結ばない企業や，そもそも企業として登録しない小規模の事業所も多い。そのため，2014年の社会保険法改正に伴って，2018年から年金支払い額を10％削減するという対策をとることが決定している。しかし，少子高齢化に備えて，企業・雇用の「フォーマル化」を進め，社会保険料の支払いを増やすことで社会保険の収支バランスを改善する必要があるだろう。

人口動態から見えるもうひとつの大きな懸念は，若年層の男女の人口比の不均衡である。図表9-6からわかるとおり，若年層，とくに1990年代半ば以降に生まれた若年世代で男性の比率が高くなっている。出生時の男女比は，2000年で女児100人に対し男児106人であったが，2014年の推計では100対112にまで

18）Vietnam Investment Reviews紙電子版2014年10月16日付［http://www.vir.com.vn/social-insurance-debts-cause-for-alarm.html］（2016年8月アクセス）。

19）実際には，社会保険料に加え，医療保険料4.5％（雇用者負担3％，被雇用者負担1.5％），失業保険料2％（雇用者と被雇用者が1％ずつ負担）も支払わなければならない。

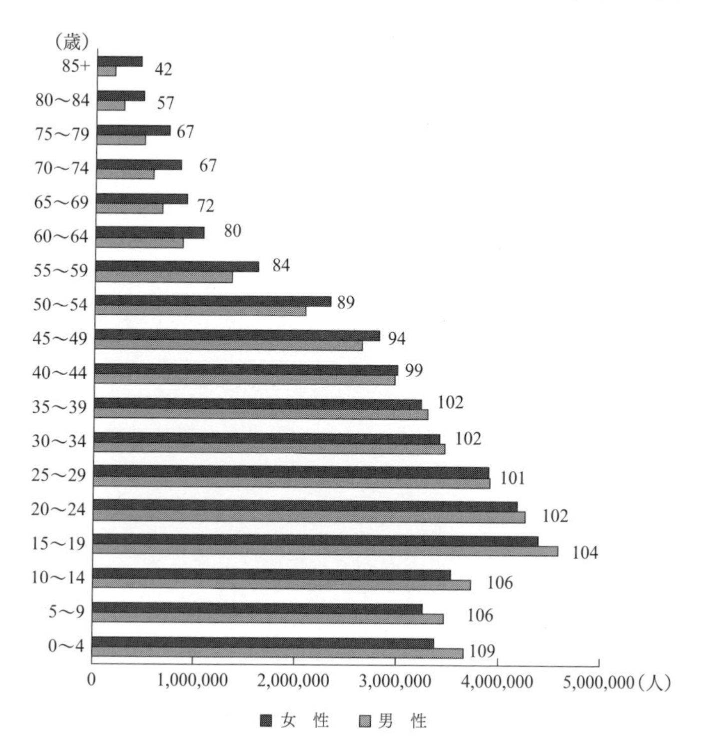

図表 9-6　ベトナムの年齢階層別人口の男女構成：2009年

注）図中数字は女性100に対する男性の数。
出所）GSO（2010a）より筆者作成。

差が拡大している。これは農村部と都市部に共通する傾向であった。労働傷病兵社会省と保健省の発表によれば，2050年には結婚できない男性が230万～430万人に達すると予想されている[20]。

こうした男児の比率の高さは，ベトナムの文化的・社会的背景もその一因であろうが，社会保障制度の未整備により，親が老後の暮らしを子供（伝統的には長男）に頼らざるをえないという経済的な事情も関係している。加えて，賃金の男女格差が大きいことも事実であり，「投資先」として男児の方が好まれるのかも

20）Viet Nam News 電子版 2015 年 10 月 1 日付［http://vietnamnews.vn/society/276472/gender-inequality-at-birth-poses-continuing-challenge.html#mPR4IYcTxXdYXQiw.97］（2016 年 8 月アクセス）。

しれない。ILO の発表によれば，2013 年時点で女性の労働者の平均賃金は男性の約 75 % の水準である[21]。また，公務員の定年退職年齢も，男性 60 歳，女性 55 歳と差がついたままである。

3　人口センサスの限界と必要性

1）常住戸籍制度がもたらす統計のゆがみ

ベトナムでは，統計総局によるさまざまなサンプル調査が定期的に実施されており，2000 年以降は，それらの調査データを用いた計量分析研究も数多く発表されている。各種の政策がこれらの研究結果をもとに策定され，とくに貧困削減では大きな成果をあげている。その一方で，統計総局が実施するサンプル調査の，サンプルの偏りから来る研究結果のゆがみも指摘されている。とりわけ大規模家計調査 VHLSS や労働力調査などでは，常住戸籍を故郷に置いたまま移住している世帯や労働者が調査を嫌って応じないため，調査対象から外れる傾向があることが指摘されている。

ベトナムには中国の「戸口」と同様の「ho khau」（漢字をあてるとこちらも「戸口」）という常住戸籍制度がある。これは計画経済時代に，経済計画策定のうえで人の移動も管理する必要があって出来た制度である。ベトナム国民は，常住戸籍の登録が義務づけられており，常住戸籍登録をしている地域以外では，原則的には，子弟の教育や社会保障へのアクセスが得られない。また，土地・住居の購入，銀行からの融資，就業などにも制限がある。

居住地の移動に伴い，一定の資格要件を満たせば，常住戸籍を移動できるようになったのは 1997 年からである[22]。徐々にその要件は緩和され，2006 年の居住法公布の際には，「一時居住」のカテゴリーも設けられた（下村ほか 2009；貴志 2011）。しかし，常住戸籍の移動手続きが煩雑である上に，住居の所有，つまり

21）ILO Country Office for Vietnam 2015 年 7 月レポート［http://www.ilo.org/wcmsp5/groups/public/---asia/---ro-bangkok/---ilo-hanoi/documents/publication/wcms_384763.pdf］（2016 年 8 月アクセス）。

22）1997 年公布された政府議定 51 号で常住戸籍移動のための要件が緩和された。

常住戸籍を移す前に移動先に住居がなければならないという，満たすことが困難な要件もある。そのため，居住地の移動後も，常住戸籍の移動を行わないケースも多い（Hardy 2001；Le Bach Duong et al. 2011）。とくに貧困層の間に常住戸籍を移動していない者が多く，彼らは政府の調査の対象となることを意図的に回避しているとみられている。そのため，VHLSS のデータを分析した貧困研究は，貧困の実態を過小評価しているという指摘もある（Pincus and Sender 2008）。

人口センサスの実施体制が国際水準に達し，データの精度が向上すれば，人口センサスのデータが，従来のサンプル調査の歪みをあぶり出す，あるいは補正する情報を与えてくれる可能性も生まれるであろう。ただし，そのためには，人口センサスと常住戸籍の情報の補完的な参照が可能な体制が必要であろう。現状では，常住戸籍の情報をベースとした人口や世帯に関する情報は一切公表されておらず，また，人口センサスにおいても常住戸籍に関する調査項目はない。

2）人口センサスから見えてこないもの――人口の移出入の増加

ベトナムの人口センサスの目的は，国内外のベトナム国民の厚生向上のために，経済・社会発展計画の基礎的情報を収集することにある。そのため，先述したとおり，調査対象はベトナム人に限られ，調査票もベトナム語のみで作成されている。調査項目や用語の定義，サンプリングの方法などは，国際機関の支援を得ながら国際水準に近づく一方で，ベトナムの人口センサスは，その目的自体にこのような「内向き」な側面を有している。

少なくとも，2009 年人口センサスの実施体制は，国内にいる外国人の実態を捉えることができていない。しかし，2000 年代に入り，外資企業の増加に伴い外国人の数は確実に増加している。不法滞在者も増加していることはまちがいなく，例えば，2014 年に全国規模で起きた反中国デモの一部が暴徒化し，中国企業や台湾企業が襲撃された際に，それらの企業で数千人単位の中国人労働者が不法滞在していることが明るみに出た。今後も，ベトナムに就労機会を求めてやってくる，近隣のラオス，カンボジア，中国からの移民労働者は増加することが予想される。

現状では，外国人の移出入は公安省による出入国管理で把握することになっているが，実態把握からはほど遠いのが現状である。したがって，将来的には，統計総局による人口センサスを通した把握も含めて，外国人居住者の実情の多面的な把握が必要となってくるであろう。

経済成長と経済・社会のグローバル化が進んだ現在，人口の動態や家族の形態，居住環境などに関するさまざまな調査の実施の必要性が高まっている。そして，その基礎的な情報の源となるのが人口センサスである。そのため，人口センサスが提供する情報の精度の向上の必要性も高まっているといえよう。

参考文献

【日本語】

石塚二葉 2004「ベトナム――人口センサスに見るドイモイの成果と新しい課題」『アジ研ワールド・トレンド』第 10 巻第 12 号，12 月：16–17 頁。

岩井美佐紀 2011「ベトナムにおける開拓移民政策から見た国家と社会の関係――1980 年代の南北人口移動の実態を中心に」寺本実編『現代ベトナムの国家と社会――人々と国の関係性が生み出す〈ドイモイ〉のダイナミズム』明石書店。

大泉啓一郎 2007『老いてゆくアジア――繁栄の構図が変わるとき』中公新書。

貴志功 2011「ベトナムの国内移住者に対する住民登録に関する法制の変容」成蹊大学アジア太平洋研究センター『アジア太平洋研究』第 36 号：121–137 頁。

坂田正三 2013「ベトナム紅河デルタ地域の「専業村」における労働市場――農村に集積するインフォーマルセクターとその雇用」坂田正三編『高度経済成長下のベトナム農業・農村の発展』日本貿易振興機構アジア経済研究所。

――――2017『ベトナムの「専業村」――経済発展と農村工業化のダイナミズム』日本貿易振興機構アジア経済研究所。

下村恭民／トラン・ヴァン・トゥ／ドン・マン・ホーン／吉田秀美 2009『ベトナムの労働移動に関する調査――投資環境の視点から』法政大学・早稲田大学共同調査報告［http://hgsem.i.hosei.ac.jp/event/pdfslvietnam_rep2.pdf］（2016 年 8 月アクセス）。

新美達也 2013「ベトナムの工業団地開発と農村非農業就労機会の増加」坂田正三編『高度経済成長下のベトナム農業・農村の発展』日本貿易振興機構アジア経済研究所。

【外国語】

de Brauw, Alan and Tomoko Harigaya. 2007. “Seasonal Migration and Improving Living Standards in Vietnam,” *American Journal of Agricultural Economics*, Vol. 89, Issue 2 : 430–447.

Cu Chi Loi. 2005. “Rural to Urban Migration in Vietnam” in Thanh, Ha Huy and Shozo Sakata (eds.), *Impact of Socio-economic Changes on the Livelihoods of People Living in Poverty in Vietnam*, Chiba : Institute of Developing Economies.

Dinh, Vu Trang Ngan, Jonathan Pincus and John Sender. 2012. “Migration, Employment and Child Welfare in Ho Chi Minh City and the Surrounding Provinces”, Fulbright Economics Teaching Program Working Paper No. 2, University of Economics Ho Chi Minh City.

Fukase, Emiko. 2014. “Job Opportunities in Foreign Firms and Internal Migration in Vietnam”, *Asian*

Economic Journal, Vol. 28, No. 3 : 279–299.

GSO (General Statistics Office) various years. *Statistical Yearbook of Vietnam*, Hanoi : Statistical Publishing House.

——— 1990. *Vietnam Population Census 1989 : Sample Results*, Hanoi : Statistical Publishing House.

——— 2001. *Vietnam Population Census 1999 : Sample Results*, Hanoi : Statistical Publishing House.

——— 2007. *Results of the 2006 Rural, Agricultural and Fishery Census : Volume 1*, Hanoi : Statistical Publishing House.

——— 2010a. *The 2009 Vietnam Population and Housing Census : Complete Results*, Hanoi : Statistical Publishing House.

——— 2010b. *The 2009 Vietnam Population and Housing Census : Major Findings*, Hanoi : Statistical Publishing House.

——— 2010c. *Review Report on the 1/4/2009 Population and Housing Census*, Hanoi : Statistical Publishing House.

——— 2012. *Results of the 2011 Rural, Agricultural and Fishery Census*, Hanoi : Statistical Publishing House.

Hardy, Andrew. 2001. "Rules and Resources : Negotiating the Household Registration System in Vietnam under Reform", *SOJOURN Journal of Social Issues in Southeast Asia* 16 (2) : 187–212.

Hue-Tam Ho Tai and Mark Sidel (eds.). 2013. *State, Society and the Market in Contemporary Vietnam : Property, Power and Values*, Abingdon : Routledge.

Le Bach Duong, Tran Giang Linh and Nguyen Thi Phuong Thao. 2011. Social Protection for Rural-urban Migrants in Vietnam : Current Situation, Challenges and Opportunities, Hanoi : Center for Social Protection [http://www.socialprotectionasia.org//Conf-program-pdf//8-SPA-Final-Paper-No-08.pdf] (2016年8月アクセス).

Nguyen Anh Dang (ed.). 2001. *Migration in Vietnam : Theoretical Approaches and Evidence from a Survey*, Hanoi : Transport Communication Publishing House.

Nha Xuat Ban Ban Do (地図出版社). 2010. *Tap Ban Do Hanh Chinh 63 Tinh, Thanh Pho Viet Nam* (ベトナム63省・市行政地図帳), Ha Noi : Nha Xuat Ban Ban Do.

Niimi, Yoko, Thai Hung Pham and Barry Reilly. 2009. "Determinants of Remittances : Recent Evidence Using Data on Internal Migrants in Vietnam", *Asian Economic Journal*, Vol. 23, No. 1 : 19–39.

Phan, Diep and Ian Coxhead. 2010. "Inter-provincial Migration and Inequality during Vietnam's Transition", *Journal of Development Economics*, Vol. 91, Issue 1 : 100–112.

Pincus, Jonathan, and John Sender. 2008. "Quantifying Poverty in Vietnam : Who Counts?", *Journal of Vietnamese Studies*, Vol. 3, Issue 1 : 108–150.

Tong Cuc Thong Ke (統計総局). 2006. *Lich Su Nganh Thong Ke Viet Nam* (ベトナム統計の歴史), Ha Noi : Nha Xuat Ban Thong Ke (統計出版社).

United Nations. 2010. *Internal Migration : Opportunities and Challenges for Socio-economic Development in Viet Nam*, Hanoi : United Nations Viet Nam.

World Bank. 2011. *Vietnam Urbanization Review : The Technical Assistance Report*, Hanoi : The World Bank Branch in Vietnam.

Zhang, Heather Xiaoquan, P. Mick Kelly, Catherine Locke, Alexandra Winkels and W. Neil Adger. 2006. "Migration in a Transitional Economy : Beyond the Planned and Spontaneous Dichotomy in Vietnam," *Geoforum*, No. 37 : 1066–1081.

コラム10　カンボジアの人口センサスとODA

人口センサスの概要

1953年に独立したカンボジアでは，初の人口センサスは1962年に実施された。人口センサス調査が示した当時のカンボジアの人口は570万人であった。その後しばらく人口センサスが実施されない状態が続いたが，さまざまな資料から，第二次インドシナ戦争（ベトナム戦争）が終結した1975年の人口は，大まかに700万人超と考えられていた。ポルポト政権時代（民主カンプチア）を経て，1979年に樹立されたヘン・サムリン政権時代の1980年に人口調査が実施され，この当時の人口が659万人と推計された。国土全体の正確な調査の実施が困難であったこともあり，あくまでも推計結果であるが，この調査結果は，ポルポト政権時代の大虐殺でいかに多くの人々が犠牲になったかを示すものとなった。

1991年のパリ協定の締結により長引く内戦が終結し，1993年に国連主導の総選挙が実施され，立憲君主国家としてのカンボジアが新たに誕生した。平和と安定を取り戻したカンボジアで第2回目の人口センサスが実施されたのは，1998年3月，第1回目から数えて36年ぶりのことであった。その間に，カンボジアの人口は1140万人へと増加していた。そして，第3回目の人口センサスは，予定どおり，10年後の2008年3月に実施された。

第2回目と第3回目の人口センサス結果は，図表c10-1のとおりである。

1998年人口センサスの結果には，1991年まで続いた内戦の影響が色濃く出ている。多くの成人男性が内戦で犠牲となったため，成人では女性の数が多く，内戦後のベビーブームもあり，子供の数も多くなっている。女性100人に対し男性は93人しかおらず，14歳以下人口は43％に達していた。また，内戦が教育の機会を奪ったために識字率も60％台と非常に低い。移動した人口の比率も高いが，このうちの14％は難民キャンプや避難地域からの帰還者である。

一方，2008年人口センサスの結果では，年少人口の割合が減り，それにともない従属人口比率も86％から61％へと大幅に減少した。成人識字率も上昇し，数の上でも質の面でも，労働集約型の製造業が発展する要素が整ったといえよう。このことが年平均9％を超える2000年代前半のカンボジアの高い経済成長の要因となった。

ODAに依存する人口センサス

人口センサスには膨大な費用がかかる。国土の全世帯を限なく調査をするためには，数多くの調査員を臨時に雇用せねばならず，小額とはいえ日当も支払われる。通常，日当は調査当日だけでなく，彼らへのトレーニング期間にも支払われる。人口センサス実施の1〜2年前には，広報のためのテレビ，ラジオのキャンペーンプログラムやポスターも作成する。実施に際しては，調査票を印刷するだけでなく，調査員に配布するキット（そろいのシャツや帽子，かばん，筆記用具など）も用意せねばならない。データの集計と結果の公表にも費用がかかる。多くの貧しい途上国にとって，人口センサスの

図表 c10-1　カンボジアの人口基本統計：1998 年, 2008 年

	項　目	1998	2008
1	人口総数（人）	11,437,656	13,395,682
2	男女比（女性＝100）	93.0	94.7
3	年少人口　0～14 歳（%）	42.8	33.7
4	生産年齢人口　15～64 歳（%）	53.7	62.0
5	高齢人口　65 歳以上（%）	3.5	4.3
6	従属人口比率（%）	86.2	61.2
7	都市人口比率（%）	15.7	19.5
8	5 年以内に移動した比率（%）	31.5	26.5
9	成人（15 歳以上）識字率（%）	67.3	77.6

出所）National Institute of Statistics（1999；2009）より筆者作成。

実施は大きな財政的負担となるのである。その結果，ドナー国・機関からの政府開発援助（ODA）による支援に頼ることになる。

内戦終結後はじめての第 2 回人口センサスは，国連人口基金（UNFPA，コラム 1 を参照）がほぼ丸抱えで実施した。総予算は 750 万ドルであった。計画省国家統計局（NIS）の中にセンサスオフィスを設置し，NIS の職員に対して，人口統計やデータ処理などの基礎知識の習得のための，海外研修を含めたトレーニングを実施した。さらに，予備調査や人口センサスを担当する調査員のトレーニングなども実施している。750 万ドルの総予算のうち，680 万ドルがこの事前準備のための費用であった。36 年間もの空白期間が存在し，人口センサス調査を経験した人が，NIS にも国民全体を見渡してもほぼいない状況から調査をスタートしたために，準備期間に莫大なコストがかかったのである。

2008 年 3 月 3 日に実施された第 3 回人口センサスの総予算は，694 万ドルであった。日本は主に国際協力機構（JICA）の無償資金協力などを通じて，総予算の約半分となる 318 万ドルを提供した。そして，UNFPA が 146 万ドル，ドイツが 155 万ドル，残りの 75 万ドルをカンボジア政府自身が支出した。ドイツは UNFPA への資金供与という間接的な支援であったから，実質的に 2008 年人口センサスは，日本と UNFPA の二つのドナーにより支えられていたということになる。

2008 年人口センサスの実施にあたり，JICA は準備段階の 2005 年 8 月から「カンボジア政府統計能力向上プロジェクト」という技術協力プロジェクトを立ち上げ，NIS に対する支援を開始した。日本の総務省統計局からも専門家が派遣され，人口センサスの準備段階から公表（21 種類，96 冊の報告書が刊行されている）まで，一貫した支援が行われた。

JICA の技術協力プロジェクトは，人口センサスが完了した後も，2011 年の経済センサス，2013 年の中間年人口調査，2014 年の中間年経済調査に対して，引き続き技術ならびに資金の支援を行っている。都合 10 年，3 フェーズに及ぶ同プロジェクトは 2015 年に終了した。次の 2018 年人口センサスまで，あと 3 年に迫った段階でのプロジェク

トの終了であった。「自助努力と統治能力の強化」を開発援助の目標のひとつに掲げるJICA としては，無償資金協力による支援をいつまでも続けるべきではないというスタンスであろう。

新聞報道によれば，当初政府は，2018 年の第 4 回人口センサスの総予算を，前回から大幅に増額し，1180 万ドルにするとしていた。これは，人口が増加したこと，調査と集計の正確性を増すために新たなシステムを導入することなどを理由とする。カンボジア政府はそのうちの 25 % を拠出することを約束していた。UNFPA が主たるパートナーとして技術と資金の支援を行う予定とのことであるが，UNFPA 以外の支援の有無については未発表である。

ところが，2016 年 9 月，フン・セン首相は突如，人口センサスの実施を 1 年先送りにし，予算規模も 800 万ドルまで縮小すると発表した。これは，2018 年に予定されている総選挙の影響で，人口センサスに回す人員と予算の不足が見込まれたためである。10 年に一度人口センサスを実施すると規定した統計法も改正するという。人口センサス調査の実施が政治の都合に翻弄され，さらに予算の縮小などが起こるとすれば，これまでの ODA による支援の成果が有効に生かされないという事態も危惧される。

（坂田正三）

参考資料

National Institute of Statistics. 1999. *General Population Census of Cambodia 1998 : Final Census Results*, Phnom Penh : National Institute of Statistics, Ministry of Planning.

———— 2009. *General Population Census of Cambodia 2008 : National Report on Final Census Results*, Phnom Penh : National Institute of Statistics, Ministry of Planning.

第10章

東ティモール，ブルネイ

——公用語，母語，そして民族問題

小林磨理恵

はじめに

東ティモール民主共和国（以下，東ティモール）は，2002年に独立を果たしたばかりの新しい国家で，インドネシア・バリ島の東，オーストラリアの北に位置する。総面積1万4900 km^{2}は，東京，埼玉，神奈川，千葉の合計面積に相当し，東南アジア諸国の中ではシンガポール，ブルネイ・ダルサラーム国（以下，ブルネイ）に次ぐ小面積である。

東ティモールは，1515年から4世紀にわたりポルトガルによる植民地支配を受け（第二次世界大戦期には日本軍が占領），1975年の独立宣言後にまもなくインドネシアに侵攻された歴史を有する。1999年まで続いたインドネシア占領期には，独立支持派とインドネシア併合派とが時に暴力を伴って激しく対立し，東ティモール社会に深い傷跡を残した。独立に際して，国連暫定統治機構や国連東ティモール支援団を中心とする国際機関の協力がなされている。独立後もたびたび政治混乱を招いたが，現在は落ち着きを取り戻している。

一方，ブルネイは，ボルネオ島の北部に位置し，三重県の面積に相当する総面積5,765 km^{2}を擁する，東南アジア域内で最小規模の国家である。1984年にイギリスから独立した際に公布された憲法に基づき立憲君主制が敷かれているが，実際には，国王＝スルタンに権力が集中している。豊富な石油と天然ガスの産出を背景に，一人当たりGDPは東南アジア域内でシンガポールに次ぐ高い数値を示す。

東ティモール，ブルネイの二国は，異なる植民地経験を有し，かつ現在の経済水準には大きな開きがある。一方で，ともに東南アジア域内で最小規模の島嶼国家であり，統計作成面をみれば，他国のように多種多様な統計調査が定期的に行われているという状況にはない。限られた統計の中で，5年あるいは10年に一度実施される「人口・住宅センサス」（以下，人口センサス）は，国家の統治や開発計画の策定のために，最も重要な統計調査となる。

本章では，東ティモール，ブルネイの政府が人口・社会の実態に関していかなる情報を必要としてきたかについて，人口センサスの調査項目を素材に検討するとともに，人口センサスを通じて明らかになった人口動態の特徴を概観する。その際，東ティモールは言語状況について，ブルネイは民族について，それぞれ詳しく検討する。東ティモールは，全土にわたって使用される共通言語が存在せず，「公用語」の浸透は国民国家の形成におけるひとつの大きな課題となっている。また，ブルネイは「マレー主義・イスラーム国教・王制擁護」を国是として「マレー民族」を国家の根幹に位置づけており，民族人口の把握は長い人口センサスの歴史においても常に重視されてきた。両国において言語，民族といった統治の要を，人口センサスにおいてどのように調査し，調査の結果をどのように発表してきたのかを，以下で考察したい。

1　東ティモール——国際支援下の統計行政の始動

1）人口センサス略史

東ティモールの人口調査の歴史はポルトガル統治期にさかのぼる。1937年にポルトガル領ティモールの中央統計局が発行した『経済・統計通報』には，男女別，県別，人種別，国籍別，婚姻状況別の人口統計が（Secção Central de Estatistica 1937），また1959年に発行された『統計季報』には，1950年の人口センサスの結果として，男女別，県別，人種別の人口統計が記載されている（Secção de Estatística e Informações 1959）。しかし，これらは主に徴税を目的としたものであり，包括的な人口調査は，インドネシア統治期に同国の一州として実施された1980

年人口センサスが最初である。インドネシア統治期には，1990年人口センサスとあわせて計2回実施されている。

独立後には計3回（2004年，2010年，2015年）の人口センサスが実施された。国連からは，コスト等の負担から10年おきに実施すべきだと指導されたが，独立以後5年ごとの実施を断行した。その最大の理由は，喫緊の課題であった開発政策の策定と遂行のために，人口動態にかかわる新しい情報を必要としたことにある。2020年に4回目の人口センサスを終えた後，10年おきの実施に変更する予定である。

2015年人口センサスの調査は7月11日深夜に開始し，同月25日に終了した[1]。約5,000名のスタッフが動員され，面談形式で調査が実施された。調査票は英語と公用語であるテトゥン語の2言語で作成され，各地域ないし民族の言語に翻訳する作業は，調査員各自の手に委ねられた。調査員のうち半数を大学生，もう半数を全県の地域住民から募集した背景には，調査票を各言語に翻訳できる人材を必要としたことがある。ここに東ティモール社会の多言語状況の一端を見て取れるだろう。人口センサス結果に現れた言語状況については，後に詳述する。

特筆すべきは，独立後の人口センサスを含む統計調査の背景にある国際協力の存在である。2015年人口センサスには，国連人口基金（UNFPA），国連ウィメン，ユニセフ，インドネシア中央統計庁，オーストラリア統計局が，技術と財政の両面で手厚い支援を行った。統計官の育成は，国連アジア太平洋統計研修所（SIAP）やインドネシアの統計学校が担っている。

2004年，2010年の人口センサスと比較して，2015年人口センサス実施時には政治混乱もなく，人々の間にも人口センサスが浸透していたため，特段の問題はなかったようである。これに対して2010年には，一部の県で特定の政治集団のメンバーが，政府に要求が認められない限り人口センサスへの参加をボイコットすると宣言した。そのほか，インドネシア統治期に定められた郡区や村落の境界線を，人口センサスの調査地図に採用したことに対して異議が呈され，当該地域の住民が人口センサスへの不参加を主張するといった混乱も生じている。人口センサスの歴史は，独立後の新たな国造りの根幹であるとともに，不安定な政治・

1）2015年人口センサスの実施体制については，2015年11月30日に東ティモール財務省統計局（GDS）において筆者が実施した聞き取り調査およびGDS（2015）による。

社会状況と常に隣り合わせであった。2015年人口センサスは，そこから脱した最初の人口センサスである。

2）調査項目の変遷と特徴

人口センサスの調査項目の内容は，その時々の社会状況を如実に表している。東ティモールの場合も例に漏れず，社会の特徴や開発の課題を探るような調査項目が数多く用意された。独立後の人口センサスの調査項目を一覧にしたものが図表10–1である。なお，この表では割愛した住宅調査にかかわる諸項目についても，以下で若干ふれる。

まず，過去3回の調査項目の変遷をみると，時系列の比較を目的とするため調査項目の大幅な見直しはなされていないが，いくつかの変更点がある。大きな追加項目は，2010年人口センサス以降の障碍に関する項目である。障碍の調査は他国に比して詳細である。障碍の種別（歩行，視覚，聴覚，知的・精神）ごとに障碍の有無と程度を問う。加えて，障碍の理由を9つの選択肢を設けて調査している。この選択肢に「紛争」が含まれることが，独立に至るまでの激しい紛争のさなかに，少なからざる人びとが障碍を抱えたことを示唆している。

また，2010年人口センサスでは死亡した家族に関する調査が追加された。死亡者の氏名，死亡時の年齢などに加え，死亡時の状況，わけてもその死因が出産に関係したかどうかが調査されている。妊産婦死亡の実態を把握する必要性が認識されていることが読み取れる。他方，表からは省いたが，2015年人口センサスでは農業に関する調査項目が加えられた。人口センサスとは別に農業統計が作成されていないことから，農業省が要望を挙げたものである。

次に，調査項目の特徴を，東南アジア諸国の人口センサスとの比較を交えて考察する。1つ目の大きな特徴には，言語に関する質問が多いことが挙げられる。母語だけでなく，その他の知っている言語・方言についても質問し，それぞれに38言語・方言の選択肢が用意された。また公用語であるテトゥン語とポルトガル語に加えて，インドネシア語，英語についても識字能力の有無とその程度を詳しく尋ねている。

2つ目の特徴は，出産に関する項目が多い点である。出産した場所（病院，民間の診療所，自宅など6ないし7つの選択肢），出産施設までの移動に要する時間と

図表 10-1 東ティモールの人口センサスの調査項目（抜粋）の比較：2004〜2015 年

調査項目	2015	2010	2004
(1) 世帯構成員の情報	全　員	全　員	全　員
氏名，世帯主との関係，性別，年齢	○	○	○
居住ステータス（世帯構成員／訪問客）	○	○	×
実の母親	母親の番号を指定		×
婚姻状況	6 分類	5 分類	5 分類
初婚年齢	記　述	×	×
宗　教	7 種類1)	7 種類	7 種類
母　語	38 種類	38 種類	コード記載なし
その他の知っている言語・方言	38 種類	×	×
障碍（歩行，視覚，聴覚，知的・精神）の有無	4 段階	4 段階	×
主な障碍の理由	9 分類	9 分類	×
(2) 移　動	全　員	全　員	全　員
出生地，以前の居住地	コード番号	コード番号	コード番号
この地での居住年	記　述	記　述	記　述
国　籍	22 分類	22 分類	×
(3) 父母との関係	全　員	全　員	全　員
実の母親，父親は生きているか	生存／死亡／不明	生存／死亡／不明	生存／死亡／不明
(4) 出生登録	5 歳以下	5 歳以下	
出生証明書を持っているか／出生登録をしたか	8 分類	8 分類	×
(5) 教　育	5 歳以上	5 歳以上	6 歳以上
テトゥン語，ポルトガル語，インドネシア語，英語の読み書き能力	5 分類2)	5 分類	5 分類
就学したことがあるか	4 分類	4 分類	×
最終の教育段階（初等前，初等，中等，大学など）	7 分類	7 分類	×
(6) 労　働	10 歳以上	10 歳以上	15 歳以上
先週の経済活動	13 分類	12 分類	6 分類
仕事の内容	記　述	記　述	記　述
就労先が提供するサービス・製品の種類	記　述	記　述	記　述
雇用セクター（政府，民間企業，自営農業など）	9 分類	9 分類	×
過去 12 か月間の経済活動	13 分類	12 分類	×
過去 12 か月間の副業	12 分類	12 分類	×
昨年の労働月数	3 分類	×	記　述
(7) 出　産	15 歳以上の女性	15 歳以上の女性	15 歳以上の女性
これまでに出産した子供の数（男／女）	○	○	○
この世帯で暮らす子供の数，他の場所で暮らす子供の数（男／女）	○	○	○
死亡した子供の数（男／女）	○	○	○

調査項目	2015	2010	2004
(7) 出産（続き）	15歳以上の女性	15歳以上の女性	15歳以上の女性
最近の出産の年月	○	○	○
最近の出産した子供の性別，最近出産した子供は生きているか	○	○	×
出産した場所（病院，民間の診療所，自宅など）	7分類	6分類	×
病院関係施設到着に要する時間，移動手段	○	×	×
出産の補助（医師，助産師，親戚など）	7分類	7分類	×
(8) 死亡した家族	全員 (6-8：15歳以上の女性)		×
死亡した家族の数，氏名，性別，死亡時の年齢	○	○	
死因は事故か暴力に関係しているか	はい・いいえ・不明	×	
死亡は妊娠中だったか，出産中だったか，出産後6週間以内か	はい・いいえ・不明	はい・いいえ・不明	
外国／他で暮らす家族			
氏名，世帯主との関係，性別，年齢	○	×	○
居住国／地	21分類	×	コードを指定
移住の理由	○	×	×

注1）①キリスト教徒（カトリック），②キリスト教徒（プロテスタント），③イスラーム教徒，④仏教徒，⑤ヒンドゥー教徒，⑥トラディショナル，⑦その他。
　2）①話せない・読めない・書けない，②話せるだけ，③読めるだけ，④話せる・読めるだけ，⑤話せる・読める・書ける。
出所）人口センサス各年版の調査票をもとに筆者作成。

移動手段，また出産の補助は誰が担ったかなどの調査項目は，非常に特徴的である。これらは，出産の状況と妊産婦死亡との関係を分析するためのものだと推察される。

3つ目の特徴は，孤児に対する質問である。孤児の実の母親および父親の生存状況が質問されている。この調査は他国では行われておらず，近年まで紛争を経験した東ティモールの国情を反映している。

その一方で，他国にあって東ティモールにない調査項目として，民族を挙げることができる。多民族社会を形成する東南アジアでは，タイ，カンボジア，東ティモールを除くすべての国が，人口センサスで各民族の数を把握している（小林 2015)。東ティモールが民族を調査しない理由は定かでないが，民族を統計的に把握することに伴う混乱を危惧して，国連が民族を問わないよう助言した可能性がある。ミャンマーでは，2014年人口センサスの実施に際し，国連から調査項目に民族を含めるべきではないと指摘されたが，民族を問う質問を設けている。

住宅に関する調査項目については，保健衛生にかかわる調査項目が多いことが特徴的であり，東ティモールが社会開発の途上にあることを物語る。例えば，2015 年人口センサスでは，利用するトイレのタイプを 9 種の選択肢を設けて詳細に調査した。また，そのトイレは個人所有か，他の世帯と共有しているか，あるいは公共のものであるかを尋ねる質問もある。東ティモールでは屋外排泄が衛生上の深刻な問題となっているため，日本の企業とユニセフとの協力によるトイレを設置する取り組みもなされている。トイレの普及の状況を継続的に調査することで，衛生の改善や社会開発の進展の度合いが明らかになるだろう。

次に，飲料水の取得方法は，開発途上国の人口センサスでは調査項目に必ず挙げられる項目のひとつである。開発途上国では安全な飲み水を確保できる環境は自明のものではないからである。東南アジア諸国ではシンガポール以外のすべての国で飲料水の入手にかかわる調査がなされているが，選択肢の内容には国により差異がある。東ティモールの人口センサスでは，井戸水，雨水，河川水など 11 の選択肢が用意されている。このように人口センサスは，単に人口動態の調査だけでなく，社会状況をつぶさに捉える調査であることがわかる。社会の現状を数値化する人口センサスが，今後の開発政策の策定に根拠を与えるからである。

3）人口動態の特徴

1990 年以降の人口動態の変遷を表したのが図表 10-2 である。2015 年人口センサスは 2016 年 8 月現在，速報しか公開されていない。そこで本項では，速報に含まれない人口動態の詳細については 2010 年人口センサスをもとに考察する。

まず，2015 年人口センサス速報で明らかにされた最新の人口動態についてみると，人口総数は 116 万 7242 人であった。インドネシア統治期の 1980 年人口センサス時（人口総数 55 万 5350 人）から 35 年間でおよそ倍増したことになる。2010～15 年の年人口増加率は 1.81 % であり，2004～10 年のそれと比較して，人口増加のペースは落ちている。1990～2001 年の年人口増加率が著しく低い背景には，紛争による犠牲と国外避難が要因として考えられるが，2001 年の人口統計は人口センサスによるものではないため[2]，前後の人口センサスとの比較には注意が必要である。次に，2015 年の世帯当たり平均人数をみると 5.7 人であり，

図表 10-2　東ティモールの人口動態の特徴：1990～2015 年

項　目	1990	2001	2004	2010	2015
人口総数	747,577	787,340	923,198	1,066,409	1,167,242
年人口増加率（%）	2.97	0.47	5.31	2.40	1.81
農村部人口（%）	*79.2*	*75.7*	74.1	70.4	71.9
都市部人口（%）	*20.8*	*24.3*	25.9	29.6	28.1
中央値年齢（歳）	*19.6*	*19.0*	18.3	18.8	*18.5*
年少人口　0～14 歳（%）	41.5	*48.6*	43.4	41.4	*42.4*
生産年齢人口　15～64 歳（%）	56.5	*46.3*	53.2	53.9	*52.0*
高齢人口　65 歳以上（%）	2.0	*5.2*	3.5	4.7	*5.6*
男女比（人）	*102*	*103*	103	104	102
世帯当たり平均人数（人）	*5.0*	n. a.	4.7	5.8	5.7
平均寿命（歳）	*50.46*	*61.5*	n. a.	59.48	n. a.
合計特殊出生率（人）[1]	2.18	n. a.	7.2	5.9	n. a.
乳児死亡率（1,000 人当たり）	*119*	n. a.	98	74	n. a.

注 1）2004 年と 2010 年は，2010 年人口センサスで報告された同居児法（own-children method）による出生率推計（NSD and UNFPA 2012a：23-24）。

出所）(1) イタリック以外は，東ティモールの人口センサスより筆者作成（2015 年は速報値）。イタリック値は次を参照。(2) 世帯当たり平均人数（1990 年）：Badan Pusat Statistik, *Statistik Indonesia 1990*, p. 45；(3) 農村部・都市部の人口比率（1990 年，2001 年は 2000 年で代替）は，United Nations, *World Urbanization Prospects : The 2014 Revision* より。(4) 中央値年齢（2015 年），年齢階層別人口（2000 年と 2015 年の年少人口，生産年齢人口，高齢人口），男女比（1990 年，2000 年），平均寿命（1990～95 年，2000～05 年），乳児死亡率（1990～95 年）は，いずれも United Nations, *World Population Prospects : The 2015 Revision* より。

依然として高い数値である。人口が最も集中しているのが首都のディリ県で，ディリ県の人口 25 万 2884 人は総人口の 21.67 % を占める。また，ディリ県の人口密度は全国の 78 人/km^{2}を大きく上回る 687 人/km^{2}である。

都市部・農村部別では，都市部人口が全体の 28.1 %，農村部人口は同 71.9 % である。2010 年よりやや農村部人口の比率が上昇している。女性 100 人に対する男性の数を示す男女比は 102 で，2010 年より低下した。男女比が最も高い県は首都のディリ県で，女性 100 人に対して男性 106 人である（2010 年は 113）。これは，多くの男性がディリ県に高等教育や雇用を求めて移住することに拠ってい

2）2004 年，2010 年，2015 年のデータは人口センサスによるが，2001 年のデータは National Statistics Directorate, Timor-Leste (2003) を引用している。本書を直接参照することはできなかった。

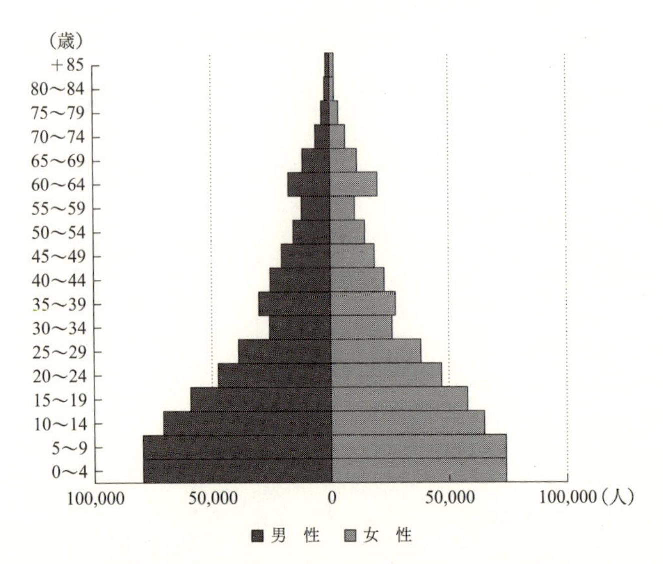

図表 10-3　東ティモールの人口ピラミッド：2010 年

出所）NSD and UNFPA（2011a）をもとに筆者作成。

る（GDS 2015：15）。

次に，2010 年人口センサスから詳しい人口動態をみよう。まず，年齢階層別人口構成からは，東ティモールが人口構成の面で非常に若い国であることがわかる（図表 10-3）。0～14 歳の年少人口が，じつに総人口の 41.4％を占める。中央値年齢は 18.8 歳である。また，1990 年時と比較して 65 歳以上の高齢人口の割合が増加した背景には，平均寿命が延びたことが影響している。

合計特殊出生率は 5.9 人である。つまり，女性は平均して約 6 人の子どもを出産する。2004 年人口センサス[3]の 7.2 人と比較すると低下したが，多産であることに変わりはない。とりわけ農村部の女性，また，識字能力の低い女性に多産の傾向がある。

一方で，1,000 人の出生に対して 1 歳未満の子どもの死亡数を示す乳児死亡率も 74 人と高い。2005～10 年の先進国の乳児死亡率の平均は 6 人，開発途上国は 46 人，後発開発途上国は 67 人で（United Nations 2015），東ティモールの乳児死亡

3）2004 年人口センサスには合計特殊出生率は 6.99 人と記載されている。ここには 2010 年人口センサス（NSD and UNFPA 2012a：24）に記載された数字を引用した。

率が深刻な状況にあることがわかる。

加えて，東ティモールは世界で最も妊産婦死亡率が高い国のひとつであり，乳児死亡と並んで妊産婦死亡は重大な社会問題である。出産数 10 万当たりの妊産婦の死亡数を示す妊産婦死亡率は 570 人である。世界保健機関（WHO）などによる 2010 年の妊産婦死亡率推計値は，先進国は 16 人，開発途上国は 240 人，後発開発途上国は 430 人で[4]（WHO et al. 2012：58），東ティモールの妊産婦死亡率の高さがより際立っている。

国籍別人口の割合をみると，東ティモール国籍者の人口は全体の 98.97 %，外国籍者は 1.03 % を占める。外国籍者で最も人口比が大きいのは，国境を接するインドネシアである。フィリピン，オーストラリアなど地理的に近接する国，あるいはポルトガルなど歴史的な関係をもつ国が外国籍者割合の上位に並ぶが，インドネシアに次いで大きい割合を占めるのは中国である。

最後に宗教別人口の割合は，カトリック教徒が人口全体の 96.90 %，プロテスタント教徒が 2.25 % を占め，キリスト教信仰に篤い国であることがわかる。人口全体の 0.34 % を占めるイスラーム教徒の多くは，インドネシアやパキスタンなどからの移民である可能性がある。

4）母語と識字能力

東ティモールの人口センサスでは母語人口の調査を行っている。面積は小規模であるにもかかわらず，回答選択肢には 38 もの言語および方言が設けられており，東ティモールが多言語国家であることが窺える。母語人口の分布を表したものが図表 10-4 である。ここでは全国，都市部，農村部に加え，人口規模の大きい 3 県についてまとめた。

まず指摘すべき点は，公用語のひとつであるテトゥン語は，相対的に最も多くの人々の母語であるが，その母語人口は，総人口の過半数に達していないことである。テトゥン語の二方言（テトゥン・プラサ方言，テトゥン・テリク方言）の母語人口を合計しても，総人口の 42 % を占めるにすぎない。すなわち 58 % の人々は，公用語であるテトゥン語を母語としないのである。地域によっても主要

4）国連の分類（more developed countries, less developed countries, least developed countries）による。東ティモールは後発開発途上国に分類されている。

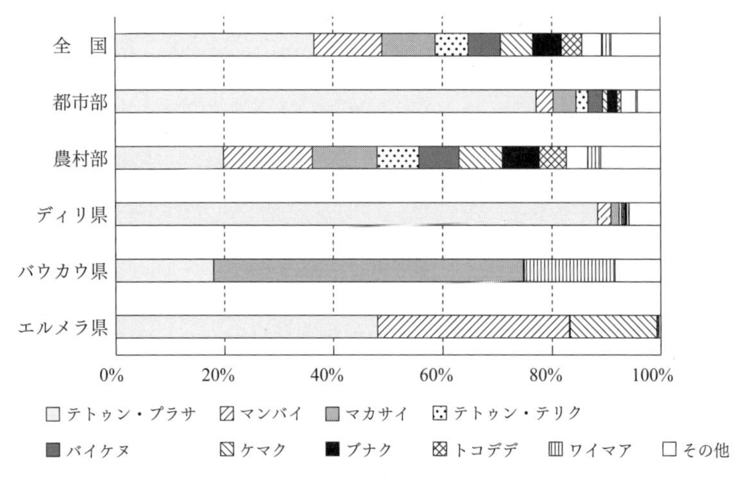

図表 10-4　東ティモールの母語人口の分布：2010 年

出所）NSD and UNFPA (2012a) をもとに筆者作成。

母語が異なっており，例えば，首都ディリ県では 88 % がテトゥン・プラサ方言を母語とするが，バウカウ県ではその比率は 18 % にとどまる。バウカウ県では人口の 57 % がマカサイ語，17 % がワイマア語を母語としている。多言語状況は都市部よりも農村部でより顕著である。

次に，テトゥン語，ポルトガル語，インドネシア語，英語の識字能力についてみてみよう。その前に，これら 4 言語の東ティモール社会における位置づけに関して説明を加えておきたい。

憲法上，テトゥン語とポルトガル語は「公用語」として，インドネシア語と英語は「使用言語」として規定されている。インドネシア統治期に浸透した学校教育ではインドネシア語が教えられたため，インドネシア統治期に教育を受けた人々は，インドネシア語を理解する。一方，対インドネシアの独立闘争の過程で，かつて宗主国であったポルトガルを中心とするポルトガル語圏の国々が独立を支持したことから，ポルトガル語の公用語化を支持する人々は，ポルトガル語はインドネシアからの脱植民地化の象徴，かつ現在も良好な関係を保つポルトガル語圏諸国との連帯の象徴だと主張する。もっとも，ポルトガル語はポルトガル統治期を経験した年配の政治指導者らの特権であり，その公用語化はインドネシア統

図表 10-5　5歳以上人口の4言語の読み，書き，会話能力：2010年（%）

	会話，読み，書き不可能	会話のみ可能	読みのみ可能	会話と読みのみ可能	会話，読み，書き可能
テトゥン語	12.7	30.5	2.4	1.0	53.4
ポルトガル語	49.5	4.1	20.9	1.9	23.6
インドネシア語	44.6	7.2	11.2	1.0	36.0
英　語	68.6	2.5	16.1	1.3	11.5

出所）NSD and UNFPA（2012c）をもとに筆者作成。

治期に教育を受けた若い世代に不利に働くとの反発もあった。しかし結局，独立の象徴としての地位を得たポルトガル語が，テトゥン語とともに公用語となり，公文書の言語や法廷言語として使用されるに至った（Simões 2015：388–389）。問題は，ポルトガル語を理解できる人々が少ないことである。人口センサスの識字能力に関する調査は，立法，司法，行政，教育の現場で使用される公用語がどの程度浸透しているかを確認する点で，重要な意味合いをもつ。

東ティモールの「識字率」は，これら4言語のいずれかの読み書き能力を有する人口の割合と定義されている（NSD and UNFPA 2012c：42–43）。10歳以上人口の「識字率」は59.8％である。「非識字者」の比率は，男女別では，男性は36.0％，女性は44.5％と，女性のほうが高い。また，都市部の「識字率」は83.9％である一方，農村部では49.3％にとどまり，都市部と農村部の間に大きな差が生じている。とくに農村部女性の「識字者」の割合は44.8％と半数に満たない。

低い「識字率」の背景には，とりわけ農村部においてテトゥン語など4言語が日常的に使用されていないことや，都市部と農村部の間で教育に差が生じていることがあるものと考えられる。ただし，この「識字率」に世代間格差が大きいことにも注目する必要がある。15～24歳人口の「識字率」は79.1％（男性80.0％，女性78.1％）で，15歳以上人口全体の「識字率」57.8％を大きく上回る。独立以後の若年層への教育の普及によるものと考えられよう。

4言語の「識字能力」度を示したのが図表10-5である。5歳以上人口の53.4％がテトゥン語の読み・書き・会話能力を有する。一方，テトゥン語をまったく解さない人口の割合は12.7％である。すなわち，87.3％の人々はテトゥン語について何らかの能力を有していることになる。テトゥン語の母語人口は42％

であることから，テトゥン語を母語としない人々が，教育や日常生活の中でテトゥン語能力を獲得していることが推察される。

テトゥン語に次いで多く使用されているのはインドネシア語で，36.0 % の人々が読み・書き・会話の 3 つが可能である。インドネシア語，ポルトガル語については，それぞれ 11.2 %，20.9 % の人々が，読むことだけは可能と回答した。一方で，テトゥン語は，30.5 % の人々が会話のみ可能であると回答している。もうひとつ注目される点は，2004 年人口センサスと比較して，テトゥン語，ポルトガル語，英語の識字状況が大きく改善している点である。他方，インドネシア語は若干の低下をみた。ポルトガル語が広く浸透し，実質的にも公用語の地位を確立したか否かは，2015 年人口センサス以後の調査結果を俟たねばならない。

2　ブルネイ——民族と国民の統計化

1）人口センサス略史

ブルネイの人口センサスは長い歴史をもつ。ブルネイが単独で人口センサスを実施したのは 1971 年が最初であるが，それ以前に英領海峡植民地の一部として 1921 年と 1931 年に，またサラワク（現マレーシア・サラワク州）と合同で 1947 年に，さらに北ボルネオ（現マレーシア・サバ州）およびサラワクと合同で 1960 年に，それぞれ人口センサスを実施している（Jones 1961）。1960 年人口センサスからは住宅センサスが追加された。2011 年人口センサスは，1971 年以降，5 回目の人口センサスに該当する。

人口センサスの法的根拠はブルネイ法第 78 章「センサス法」にある。また，人口センサスをはじめとする統計行政の中心を担うのは，首相府の管轄下にある経済企画開発局統計部である。同センサス法は，公衆に対し人口センサスのすべての質問に回答することを義務づけ，かつ得られた情報の秘密性を保証している。

2011 年人口センサスの調査は 2 段階に分けて実施された[5]。第 1 段階（2011 年 4 月 1 日〜5 月 15 日）では，各調査員が担当区域の住宅数と各世帯の世帯主およ

5）以下の情報は，2015 年 11 月 26 日，首相府経済企画開発局統計部における筆者の聞き取り調査による。

び世帯構成員の氏名を確認した。第2段階（6月20日〜7月3日）では，個人の詳細な情報について面談方式による聞き取り調査を行った。電話やオンラインでの回答方式は採用していない。

調査票は調査開始前に各世帯に配布され，世帯主は調査員の訪問時に回答できるよう準備しておくことが求められる。調査票に自ら記入することも可能である。その場合は，調査員が不備のない旨を確認したうえで回収する。10月8日から11月30日までの間に，センサスデータの網羅性や正確さなどの評価（2011年人口センサス評価調査）が実施された。こうした事後調査は初めてのことである。

筆者が実施した統計部における聞き取り調査の際に，調査担当者に調査実施に関して配慮した点や注意した事項等を尋ねたところ，複数の担当者が「収入」に関する質問は慎重さを要したと回答した。一方，民族や宗教など個人の属性に関わる質問については，問題ないとのことだった。2011年人口センサスで新たに追加された障碍に関する質問については，とくにメンタルヘルスに問題を抱えた人に対して注意を要したという。その他，訪問時の被調査者の不在や，調査世帯へのアクセスにボートを必要とする地域での調査は困難であったとも述べた。以上とは別に，Googleマップを使用することで，前回2001年の人口センサス時と比較して，訪問が格段に楽になったとのことである。

2016年8月現在，2011年人口センサスの最終結果として出版されているのは『人口動態の特徴』（Department of Statistics 2013），および『経済活動の特徴』（Department of Statistics 2014）の2つである。いずれも冊子体での販売のみで，ウェブサイト等での無料公開はなされていない。入手を希望する場合には，経済企画開発局統計部を直接訪問する必要がある。今後，『住居と世帯の特徴』，『地理分布と人の移動』，『教育』の3種類が出版される予定であるという[6]。

最終結果の一部が調査実施から約5年後も未公表であるなかで，新たに「2016年人口・住宅センサスアップデート」の調査準備が行われている[7]。聞き取りを行った統計官によれば，より最新の人口統計を作成するために，人口センサスの

6）同前，筆者の聞き取り調査による。

7）個人の情報，教育段階，雇用についての全数調査が2016年5〜9月，また同10〜11月に約5,000世帯を対象に労働力についてのサンプル調査が実施される［http://www.rtbnews.rtb.gov.bn/index.php?option=com_content&view=article&id=35710%3Apopulation-and-housing-census-updates-2016&Itemid=74］（2016年9月7日アクセス）。

実施を10年おきから5年おきに変更することが検討されているという。ただし，この2016年人口センサスは，一部がサンプル調査であることから，「中間センサス」の位置づけであると考えられる。以下，本節では上記の人口動態と経済活動に関する2つの公刊統計をもとに論じる。

2）調査項目の変遷と特徴

ブルネイが単独で実施した人口センサス調査，すなわち，第1回目の1971年から第5回目の2011年までの人口センサスの調査項目を一覧にしたのが，図表10-6である。一部の調査項目を割愛しているにもかかわらず[8]，図表10-6を見れば，ブルネイ人口センサスの調査項目数が非常に多いことが一目瞭然であろう。これは教育や賃金，ICT能力，レクリエーションなど，他国では人口センサスとは別に詳しく調査される質問が含まれているためである。

1971年人口センサス以降，一貫して調査されている項目は，宗教，民族，在留資格，国籍，出生地といった個人の属性に関わる項目である。2001年の人口センサス以降では，家庭内使用言語が問われるようになった。家庭内使用言語は，2001年センサスでは21にも上る選択肢を設けて詳細な調査がなされたが，2011年人口センサスでは，マレー語，英語，中国語，アラビア語，その他の言語の5つの選択肢による調査となっている。これら5つの選択肢は，読み書きのできる言語の選択肢と一致している。

1991年以降の人口センサスで質問されているブルネイのIDカードの色は，在留資格を示すものである。ブルネイに暮らす人々が所有するIDカードは，ブルネイ国民であれば黄色，永住市民は紫色，寄留者は緑色となっている。後述するように，在留資格によって給付される社会保障サービスが異なるため，在留資格はブルネイ社会では重要な意味をもつ。人口センサスの最終結果では，多くの統計が民族別，在留資格別に公表されている。

教育に関する質問は，特に教育機関の名称と国も尋ねている点で，他国の人口センサスに比して詳細である。2011年以降は，従来の「最終の教育段階」に加えて，最終の教育機関の名称と国も調査されるようになった。英語圏の大学への

8）人口に関する一部の調査項目，住宅，農業に関する全部の調査項目を割愛。

図表 10-6　ブルネイの人口センサスの調査項目（抜粋）の比較：1971～2011 年

調査項目	2011	2001	1991	1981	1971
(1) 個人の特徴	全　員				
氏名，性別，世帯主との関係，生年月日	○	○	○	○	○
年　齢	○	○	×	×	○
ブルネイ ID カードの番号と色	○	○	○	×	×
婚姻状況	4 分類	4 分類	4 分類	4 分類	3 分類
宗　教[1]	4 種類	4 種類	4 種類	4 種類	3 種類
民族（Race）[2]	4 分類	6 分類	記　述	記　述	4 分類
在留資格（ブルネイ国民，永住市民，寄留者，その他）	4 分類	4 分類	4 分類	4 分類	4 分類
国　籍	○	○	○	○	○
出生地	4 地区＋他国	ブルネイ＋他国	記　述	記　述	ブルネイ＋他国
最初の入国年	○	○	○	○	○
ブルネイ国内の通常の居住地	○	○	○	×	×
5 年前の居住地	○	○	○	×	×
(2) 識字能力と情報通信技術（ICT）能力	3 歳以上	3 歳以上	全　員	全　員	全　員
読み書き能力の有無	はい・いいえ	はい・いいえ	はい・いいえ	○	はい・いいえ
読み書きできる言語[3]	5 種類	5 種類	5 種類	4 種類	3 種類
家庭内使用言語[4]	5 種類	21 種類	×	×	×
コンピュータの使用方法を知っているか	はい・いいえ	はい・いいえ	×	×	×
インターネットの使用方法を知っているか	はい・いいえ	はい・いいえ	×	×	×
(3) 教　育	3 歳以上	3 歳以上	全　員	全　員	全　員
いずれかの教育機関に所属しているか／就学中か	6 分類	はい・いいえ	はい・いいえ	×	はい・いいえ
教育段階	7 段階	記　述	記　述	記　述	×
最終の教育段階	○	○	○	○	○
最終の教育機関の名称と国	○	×	×	×	×
(4) イスラーム宗教教育	3 歳以上のブルネイ国民，永住市民	×	×	×	×
宗教小学校に通ったことがあるか	4 分類				
教育段階　＊選択肢（Pre Class/Primary）	2 段階				
最終の教育段階 ＊選択肢（Passed Primary 6/Failed Primary 6/Up to Primary）	3 段階				
(5) 健　康	全　員	3 歳以上	×	×	×
過去 6 か月間に運動をしたか	はい・いいえ	はい・いいえ			
喫煙者であるか	3 分類	はい・いいえ			

図表 10-6（続き）　ブルネイの人口センサスの調査項目（抜粋）の比較：1971～2011 年

調査項目	2011	2001	1991	1981	1971
(6) 経済活動	15 歳以上				
現在の経済活動[5]	3 分類	6 分類	3 分類	記　述	3 分類
職業は何か	記　述	記　述	記　述	記　述	記　述
職業上の地位（雇用主など）	4 分類	4 分類	4 分類	×	4 分類
部局／会社／雇用主の名称	○	○	○	○	○
就労先が提供するサービス・製品の種類	記　述	記　述	記述＊Industry	記述＊Industry	記述＊Industry
月収額，過去 12 か月間に受け取ったボーナスの金額	○	○	○	○	×
過去 12 か月間の副業の有無。有の場合，副業は何か，副業からの月収額。	○	○	×	×	×
他の月収額，その収入源	○	○	×	×	×
(7) 障　碍	全　員	×	×	全　員	×
障碍の有無	はい・いいえ			○	
障碍の種別[6]	6 分類			記　述	
(8) 女性の出産	結婚暦のある女性				×
初婚年齢	×[7]	○	○	○	
出産した子供の数	○	○	○	○	
現在も生きている子供の数	○	○	○	×	
最近出産した子供は現在も生きているか	はい・いいえ	はい・いいえ	はい・いいえ	×	

注 1）1991～2011 年（イスラーム教，キリスト教，仏教，その他）；1981 年（イスラーム教，キリスト教，バハイ，仏教）；1971 年（イスラーム教，キリスト教，バハイ）。
2）2011 年（①ブルネイ・マレー（ブルネイ，トゥトン，ブライト，クダヤン，ドゥスン，ビサヤ，ムルット），②その他先住民，③華人，④その他［記述］）；2001 年（①マレー，②ドゥスン，③ムルット，④その他先住民，⑤華人，⑥その他［記述］）；1971 年（①マレー，②華人，③先住民，④その他［記述］）。
3）1991～2011 年（マレー語，英語，中国語，アラビア語，その他）；1981 年（マレー語，英語，中国語，その他，“なし”）；1971 年（マレー語，中国語，英語）。
4）2011 年（マレー語，英語，中国語，アラビア語，その他）；2001 年（ブルネイ・マレー語，標準マレー語，カンポン・アイール［ブランディ］，クダヤン語，ブライト語，トゥトン語，ドゥスン語，ムルット［ルン・バワン］語，ビサヤ語，イバン語，プナン語，客家語，福建語，広東語，海南語，潮州語，福州語，中国標準語［マンダリン］，アラビア語，英語，その他）。
5）2011 年（就労中，求職中，就労も求職もしていない）；2001 年（就労中，求職中，主婦，学生，退職後，その他）；1991 年（就労中，求職中，その他）；1971 年（就労中，失業中，その他）。
6）視覚，聴覚，言語，身体，精神，その他。
7）全員に対する質問項目へ。
出所）人口センサス各年版の調査票をもとに筆者作成。

留学者が多いことから，留学の実態を調査することが目的なのかもしれない。さらに，2011 年には「イスラーム宗教教育」に関する調査項目が新設された。3 歳以上のブルネイ国民，永住市民を対象として，宗教小学校に通った経験の有無，現在の教育段階，最終の教育段階について尋ねている。

また，情報通信技術（ICT）能力について詳しく調査している点も特徴的である。2001年人口センサス以降では，コンピュータやインターネットの使用状況，コンピュータの所有とインターネット接続の有無について質問している。とくに2011年の調査では，コンピュータの所有に関して，デスクトップ，ラップトップ，タブレットの各所有台数を調査している。こうしたIC機器が広く使用されるようになった証左といえよう。

これら教育やICT能力に関する調査は2016年8月現在未公刊であり，結果の公表が俟たれるところである。

3）人口動態の特徴

ブルネイの人口動態の特徴をみよう（図表10-7）。2011年の人口総数は39万3372人であった。1981年からの30年間でおよそ2倍に増加している。2001～11年の年人口増加率は1.7％で，過去の人口センサス時と比較して人口増加のペースが落ちていることがわかる。また，ブルネイの首都であり最大都市でもあるバンダルスリブガワンが位置するブルネイ・ムアラ地区に，人口がとりわけ集中している。ブルネイ・ムアラ地区は，ブルネイ国内の全4地区のうち面積は最も小さいが，人口総数の71.6％が居住している。人口密度の全国平均は68人/km^{2}である一方，ブルネイ・ムアラ地区では490人/km^{2}と，抜きん出て高い。

次に，2011年の年齢階層別人口をまとめたのが図表10-8である。人口総数のうち15～64歳の「生産年齢人口」が全体の71.2％を，0～14歳の「年少人口」が25.3％を，それぞれ占める。2001年時と比較して，生産年齢人口と高齢人口の割合が上昇し，年少人口の割合が低下している。一方，ブルネイ国民と永住市民のみの年齢階層別人口構成は，総人口のそれとは異なる形状を示す。すなわち，ブルネイ国民・永住市民については年少人口の割合が拡大し，裾野はしぼんでいるものの，富士山型に近い形となる。これは生産年齢人口に占める国外からの移民労働者の比率が大きいことを示している（総人口と国民・永住市民人口の差をみよ）。

この点は「中央値年齢」の違いからも確認できる。具体的には，総人口の中央値年齢が27.6歳のところ，ブルネイ国民・永住市民のそれは24.6歳，寄留者・その他の場合には33.5歳となっている。もっとも，ブルネイ国民・永住市民の

図表 10-7 ブルネイの人口動態の特徴：1971～2011 年

項　目	1971	1981	1991	2001	2011
(1) 人口動態の基本情報					
人口総数	136,256	192,832	260,482	332,844	393,372
年人口増加率（%）	4.4	3.5	3.0	2.5	1.7
農村部人口（%）	36.37	*40.10*	*34.20*	28.29	*24.50*
都市部人口（%）	63.63	*59.90*	*65.80*	71.71	*75.50*
年少人口　0～14 歳（%）	*43.1*	*38.3*	34.5	30.3	25.3
生産年齢人口　15～64 歳（%）	*53.1*	*58.5*	62.8	66.9	71.2
高齢人口　65 歳以上（%）	*3.8*	*3.2*	2.7	2.8	3.5
男女比（人）	115	115	112	103	107
世帯当たり平均人数（人）	n. a.	n. a.	5.8	6.0	n. a.
平均寿命（歳）	*67.8*	*70.9*	*73.5*	*75.7*	77.1
合計特殊出生率（人）	*5.87*	*3.92*	3.10	2.15	1.90
乳幼児死亡率（1,000 人当たり）	*31.0*	*20.0*	*13.0*	*8.0*	8.3
(2) 在留資格					
ブルネイ国民（%）	67.0	66.2	65.7	64.8	71.6
永住市民（%）	15.6	10.5	7.2	8.6	6.6
寄留者・その他（%）	17.4	23.3	27.1	26.6	21.8
(3) 民族構成					
マレー人（%）	65.5	65.2	66.9	66.7	65.7
華人（%）	23.4	20.5	15.6	11.1	10.3
その他（%）	11.1	14.3	17.5	22.1	24.0

出所）(1) イタリック以外は，ブルネイの人口センサスより筆者作成。イタリック値は次を参照。(2) 農村部・都市部の人口比率（1981 年は 1980 年，1991 年は 1990 年，2011 年は 2010 年で代替）は，United Nations, *World Urbanization Prospects : The 2014 Revision* より。(3) 年齢階層別人口（1970 年と 1980 年の年少人口，生産年齢人口，高齢人口），平均寿命（1971 年は 1970～75 年，1981 年は 1980～85 年，1991 年は 1990～95 年，2001 年は 2000～05 年の数字で代替），合計特殊出生率（1970～75 年，1980～85 年），乳幼児死亡率（1970～75 年，1980～85 年，1990～95 年，2000～05 年）は，いずれも United Nations, *World Population Prospects : The 2015 Revision* より。

中央値年齢は 2001 年人口センサス時の 20.5 歳から上昇しており，生産年齢人口の増加の背景には，出生率の低下など国内の要因も無視できない。なお，2011 年人口センサスでは人口総数の 21.8 % に相当する 8 万 5920 人[9]が「寄留者・そ

9)「外国出身の寄留者・その他」は計 8 万 1049 人とされている（Department of Statistics 2013：68）。

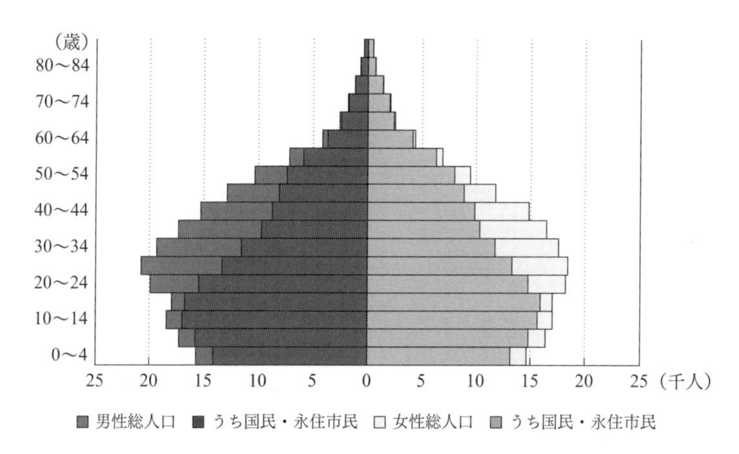

図表 10-8　総人口とブルネイ国民・永住市民の年齢階層別人口：2011 年

出所）Department of Statistics (2013) をもとに筆者作成。

の他」であった。

寄留者・その他について男女比を計算すると，男性 63 %，女性 37 % である。総人口にみる男女比は女性 100 人に対して男性 107 人であるので，寄留者・その他，つまり移民に占める男性の比率が高いことがわかる。さらに，寄留者・その他のうち外国籍者のみを取り出すと，全体の 39.2 % がインドネシア国籍者であった。次いでマレーシア国籍者が 18.9 %，フィリピン国籍者が 18.1 %，また南アジア諸国[10]からの移民が 14.8 % で，以上で全体の 9 割を占める。男女別にみても，男女ともにインドネシア国籍者が最も多く（順に全体の 34.6 %，45.6 %），次いで男性では南アジア諸国の国籍者（21.9 %）が，女性ではフィリピン国籍者（23.5 %）が多い。

こうした外国籍者は，ブルネイにおいてどのような職業に就いているのだろうか。寄留者・その他の産業別就業者数の割合をみると，外国籍の男性の 36.5 % が建設業，女性の 56.2 % が「世帯に雇われて家事労働に従事する者[11]」，つまり家事ヘルパーとして就労している。建設業従事者はブルネイ全国で 1 万 9377 人となっており，うち寄留者・その他の建設業従事者は 1 万 5977 人である。したがって，建設業全従事者の 82.5 % を外国人労働者が占めていることが判明した。

10）インド，パキスタン，スリランカ，バングラデシュ，ネパール。
11）原文では Activities of Households as Employers とされている。

同様に，ブルネイ全国の家事ヘルパー 1 万 6188 人のうち，寄留者・その他は 1 万 5977 人であるので，家事ヘルパーのほとんども外国籍労働者である。ブルネイでは公用語のマレー語とともに英語が広く使用されているので，英語を話すフィリピン人女性が家事ヘルパーとしてブルネイに移住している可能性がある。

4）民族人口の特徴と「無国籍問題」

ブルネイには在留資格として，ブルネイ国民，永住市民，寄留者の 3 種類があり，その人口比率の変遷は，前出の図表 10-7 に示しておいたとおりである。ところで，この「ブルネイ国民」は，「マレー民族」と深く結びついた概念である。ブルネイ法第 15 章「ブルネイ国籍法」（1961 年制定，1984 年，2002 年改訂）第 4 条では，「国民」[12]を「マレー民族」に属する者と規定し，さらに，マレー民族を 7 つの先住民族（ブライト，ビサヤ，ブルネイ，ドゥスン，クダヤン，ムルット，トゥトン）に限定している。また，マレー民族以外の「その他先住民」として，同法附則 1 に 15 の先住民族を挙げている。この「その他先住民」がブルネイ国籍を取得する際には，両親がともにブルネイ国内で出生していることが要件とされる。

ブルネイは血統主義を採用しているため，国籍法上で規定されたマレー民族やその他先住民以外の民族に生まれた者が「ブルネイ国籍」を取得するには大きな困難が伴う。実際，国籍別人口から，人口総数の 3.33 % に相当する 1 万 3116 人が無国籍状態にあることが判明した。これは，国籍別人口比の上位 5 位に位置づけられる人口規模である。その大部分は「華人」であるとされており（Maxwell 2001；Kershaw 2010），彼らは 2〜3 世代前からブルネイに居住していたとしても，ブルネイ国籍を取得せずに永住権を得て生活している。永住市民には，パスポートが発行されないほか，ブルネイ国民が享受する経済的特権（無料で教育や医療サービスが受けられる等）も得られない。「国民」ないし「マレー民族」であるか否かで，待遇に大きな差異が生じるのである。

1971〜2011 年の民族別人口比率は前出の図表 10-7 において示したとおりである。マレー人の人口比率はほぼ変化なく推移している一方で，華人の人口比率が

12）条文中では正確には「国王陛下の臣民」とされている。

40年間で23.4％から10.3％まで低下したことがわかる。

他方で，各年で民族を問う質問の仕方が異なっている点に注意する必要がある[13]。2011年人口センサスでは，①ブルネイ・マレー（ブルネイ，トゥトン，ブライト，クダヤン，ドゥスン，ビサヤ，ムルット），②その他先住民，③華人，④その他の計10種類の選択肢を設けた。それに対して，2001年では，①マレー，②ドゥスン，③ムルット，④その他先住民，⑤華人，⑥その他の6種類，1971年ではさらに少なくなり，①マレー，②華人，③先住民，④その他の4種類のみであった。1991年，1981年の調査では記述方式をとった。

これら1971年人口センサス以降の調査は，基本的に先述の国籍法の民族分類に則っている。2011年人口センサスで民族の選択肢のうち，1つ目の「ブルネイ・マレー」の7民族は，国籍法で規定された「マレー民族」に一致し，他国から流入した「マレー民族」を含まない。これに対して，2001年人口センサスの定義では，マレー民族にはブルネイ・マレー，および他国籍のマレーが該当するとされている。また，1971年人口センサスの「マレー民族」の定義は，「マレー，クダヤン，ビサヤ，ドゥスン，ムルットを含む。またオラン・ブルネイ，ブライト，トゥトンと自称する人びとも含む」としており（Bahagian Ekonomi dan Perangkaan 1973：34），「マレー」以外は国籍法で規定された7つのマレー民族に一致する。すなわち，ここでの「マレー」は他国出身のマレー人を念頭においたものと考えられる。このように，2011年と2001年以前の「マレー民族」の含意は，他国から流入したマレー民族を含むか否かという点において異なる可能性があるので，人口の増減を時系列的に比較する際には注意を要するだろう。

1971年以降の人口センサスは，1961年に制定された国籍法の民族分類を基本としていた。このことから，1960年以前の人口センサスでは異なる民族分類を採用していたことが予想される。実際，1960年人口センサスでは，国籍法上で「マレー民族化」したクダヤン等6つの民族は「その他先住民」に含まれ，マレー民族として扱われていなかった。1971年人口センサスで初めて「その他先

13）各年版の人口センサスでは，マレー人，華人，その他の3分類より細かく分類した民族別人口を掲載している。例えば，1971年人口センサスでは，マレー人，その他先住民，華人，インド人（インド，パキスタン，スリランカ，マレーシア，シンガポール出身のすべてのインド系），その他の5分類で民族別人口を公表している。

住民」の一部がマレー民族に定義されることにより，1971年のその他先住民の人口は，1960年と比して著しく減少している。詳しくは，1906～91年の人口調査の歴史のなかで民族分類が変化したことにより，民族人口の増減に矛盾が生じた点を指摘したMaxwell（2001）を参照されたい。

最後に，民族人口と宗教人口の関係をみておこう。ブルネイはイスラーム教を国教としており，イスラーム教徒が全人口の78.8％を占める。民族別の宗教人口比をみると，「ブルネイ・マレー」のうち，ブルネイ，トゥトン，ブライト，クダヤンの4民族は，すべてがイスラーム教徒である。それに対し，ドゥスン，ビサヤ，ムルットの3民族に占めるイスラーム教徒の割合は48.9％にとどまり，キリスト教徒が13.1％，その他が36.7％を占める。このように，ブルネイの「マレー民族」には非イスラーム教徒が包含されている。しかしその一方で，マレーシア連邦憲法における「マレー民族」は，イスラームとマレーの文化を実践し，マレー語を話し，マレー民族を祖先とする人々であると定義される。マレーシアにおいては，「ブルネイ・マレー」のドゥスン，ビサヤ，ムルットは，イスラーム教に改宗し，マレー語を第一言語として使用しない限り，「マレー民族」として分類されないのである（Abdullah 2016：84-85）[14]。

民族人口の統計を扱う際には，それぞれの国がその統計を作成した時点において，各民族をどのように定義しているかという点に十分な注意を払う必要があるだろう。ブルネイの例が示すように，人口センサスにおける民族人口の調査は，各民族の数的規模のみならず，時としてそれぞれの国が，各民族をどのように認識し，かつ各民族に対していかなる態度をとっているのかを示す場合もあるからである。

参考文献

【日本語】

小林磨理恵 2015「東南アジア人口センサス調査（質問）項目一覧」[http://www.ide.go.jp/Japanese/Library/Event_report/pdf/20150917_census.pdf]（2016年10月16日アクセス）。

14）ただし，ブミプトラとしては分類される（Abdullah 2016）。

【外国語】

Abdullah, Mohd Shahrol Amira bin. 2016. "Being 'Malay' in Modern Brunei" in Ooi Keat Gin (ed.), *Brunei : History, Islam, Society and Contemporary Issues*, Abingdon, Oxon : Routledge : 81–99.

Bahagian Ekonomi dan Perangkaan, Brunei. 1973. *Report on the Census of Population 1971*, Bandar Seri Begawan : Bahagian Ekonomi dan Perangkaan.

Bahagian Perangkaan, Negara Brunei Darussalam. 1981. *Summary Tables of the Brunei Population Census 1981*, [Bandar Seri Begawan] : Bahagian Perangkaan.

——— 1993a. *Report on the 1991 Population Census*, [Bandar Seri Begawan] : Bahagian Perangkaan.

——— 1993b. *Summary Tables of the Population Census*, [Bandar Seri Begawan] : Bahagian Perangkaan.

Biro Pusat Statistik (BPS), Indonesia. 1992. *Population of Timor Timur : Results of the 1990 Population Census*, Jakarta : BPS.

Department of Economic Planning and Development, Brunei Darussalam. 2011. *Population and Housing Census Report 2011 : Census Questionnaire*, Bandar Seri Begawan : Department of Economic Planning and Development.

Department of Statistics, Brunei Darussalam. 2005. *Report on the 2001 Population Census*, [Bandar Seri Begawan] : Department of Statistics.

——— 2013. *Population and Housing Census Report 2011 : Demographic Characteristics*, Bandar Seri Begawan : Department of Statistics.

——— 2014. *Population and Housing Census Report 2011 : Economic Activity Characteristics*, Bandar Seri Begawan : Department of Statistics.

General Directorate of Statistics (GDS), Timor-Leste. 2015. *Population and Housing Census 2015 : Preliminary Results*, Dili : Government of Timor-Leste.

Jones, L. W. 1961. *Brunei : Report on the Census of Population Taken on 10th August, 1960*, Kuching : Government Printing Office, Sarawak.

Kershaw, Roger. 2010. "Ethnic Minorities in Late Twentieth Century Brunei : A Survey of Errors and Imbalances in Foreign Analysis", *Borneo Research Bulletin*, 41 : 250–275.

Maxwell, Allen R. 2001. "Malay Polysemy and Political Power : Census Categories, Ethnicity, and Citizenship in Brunei Darussalam", *South East Asia Research*, 9 (2) : 173–212.

National Statistics Directorate (NSD), Timor-Leste. 2003. *Timor-Leste Survei Suco Nian : Resultado save no aktualijadu,* Dili : NSD.

——— 2006. *Census of Population and Housing 2004 : Atlas*, Dili : NSD.

——— 2010. *Timor-Leste Demographic and Health Survey 2009–10*, Dili : NSD.

——— and United Nations Population Fund (UNFPA). 2011a. *Population and Housing Census of Timor-Leste, 2010 : Volume 2 Population Distribution by Administrative Areas*, Dili : NSD, UNFPA.

——— and UNFPA. 2011b. *Population and Housing Census of Timor-Leste, 2010 : Volume 3 Social and Economic Characteristics*, Dili : NSD, UNFPA.

——— and UNFPA. 2012a. *Population and Housing Census of Timor-Leste, 2010 : Volume 5 Analytical Report on Fertility and Nuptiality*, Dili : NSD, UNFPA.

——— and UNFPA. 2012b. *Population and Housing Census of Timor-Leste, 2010 : Volume 6*

Analytical Report on Mortality, Dili : NSD, UNFPA.

——— and UNFPA. 2012c. *Population and Housing Census of Timor-Leste, 2010 : Volume 9 Analytical Report on Education*, Dili : NSD, UNFPA.

Secção Central de Estatistica, Portuguese Timor. 1937. *Boletim Económico e Estatístico, Ano 1 no.2*, Dilly : Imprensa Nacional.

Secção de Estatística e Informações, Portugues Timor. 1959. *Boletim Trimestral de Estatística, Ano 4 no. 3*, Dili : Secção de Estatística e Informações.

Simões, Fernando Dias. 2015. "Law and Language in Timor-Leste : Bridging the Divide", *Contemporary Southeast Asia*, 37 (3) : 381–405.

United Nations (UN), Department of Economic and Social Affairs, Population Division. 2015. *World Population Prospects : The 2015 Revision, DVD Edition*. New York : UN.

WHO, UNICEF, UNFPA, World Bank. 2012. *Trends in Maternal Mortality 1990 to 2010 : WHO, UNICEF, UNFPA and the World Bank Estimates*, Geneva : WHO.

コラム11　ミャンマー――31年ぶりの人口・世帯センサス

2014年3月末，ミャンマーでは1983年から途絶えていた「ミャンマー人口・世帯センサス」が行われた。この31年間の変化を2つのセンサスの結果から追ってみることにしよう。

図表c11-1に示したように，人口は約3412万人から約5028万人に増加した。年人口増加率は1.26％である。当局は1.8％から2％の増加率を見込んで毎年の統計を作成してきたが，それを大きく下回り，人口センサス前まで政府や国連機関が使ってきた推定人口6000万人よりもずっと少ないことが判明した。合計特殊出生率が1983年の4.73人から2014年には2.26人になっており，推計値はこの急減を見誤ったものと思われる。なお，両年の人口センサスとも，治安上の理由で調査ができなかったカチン，カレン等の少数民族諸州の一部地域の推計人口を120万ほど含むので，厳密な意味での全数調査ではない。

女性人口を100とした男性人口，すなわち性比は93.0と，前回の1983年人口センサスの98.6よりも大幅に低下し，ASEAN諸国の中では最低である。出生時性比は102から105と男性が多いが，40歳代で90，60歳代で80と性比が減少する，すなわち，男性の死亡率が女性のそれよりも高いのがその要因である，とセンサスの報告書は分析する。女性を世帯主とする世帯比率が増加した一因でもある。

都市部の人口増加率が1.84％と農村部の1.04％を上回り，その結果として都市人口比率は24.8％から29.6％に上昇した。それでも東アジア諸国の中ではカンボジアに次いで低い。この都市化に伴い，農業人口も変化した。1983年には農林水産業従事者は全就業者の64.6％だったが，2014年には52.4％に減っている。都市人口比率の上昇よりも農業人口の減少幅が大きいのは，農村部でも脱農化（de-agrarianisation）が進んでいるからである。

世帯の規模，すなわち世帯当たり平均人数は，5.19人から4.41人に減少した。都市部では5.17人から4.54人であるが，農村部では5.20人から4.35人と減少幅が大きく，都市部の世帯規模よりも小さくなってしまった。世帯数が増加する要因は，子供が結婚すると別に家を建てて世帯を構える，「オークェ」という慣習にある。ここで子供の数が多く親が長生きする傾向がある場合，世帯数は爆発的に増える。しかし，別居した子供世帯の出生率が下がると，世帯数ほどには人口は増加しない。世帯規模は小さくなるのである。これに農村部からの人口流出が加わって，上記のような結果となったものと思われる。

生産年齢人口（15～64歳）の対総人口比率は57.5％から65.6％に増加した。生産年齢人口100人が年少者（15歳未満）と高齢者（65歳以上）を何人支えているかを示す従属人口比率は73.9％から52.5％に減少し，本格的人口ボーナス期を迎えている。ただし老年化指数が倍増していることも見逃してはならない。

生産年齢人口に占める労働力人口も，1983年の57.2％から2014年には67.0％に増えた。社会主義経済から市場経済へと移り変わるなかで，労働市場への参加率が増えた

図表 c11-1　人口センサスにみるミャンマー社会の変容：1983 年，2014 年

番号	項　目	1983	2014
1	人口総数（万人）	3,412	5,028
2	合計特殊出生率（人）	4.73	2.26
3	男女比（%）	98.6	93.0
4	都市人口比率（%）	24.8	29.6
5	世帯当たり平均人数（人）	5.19	4.41
6	年少人口　0～14 歳（%）	38.6	28.6
7	生産年齢人口　15～64 歳（%）	57.5	65.6
8	高齢人口　65 歳以上（%）	3.9	5.8
9	老年化指数	10.2	20.1
10	15～64 歳労働力化率（%）	57.2	67.0
11	10～14 歳労働力化率（%）	10.8	12.1
12	農林水産業就業人口（%）	64.6	52.4
13	識字率（5 歳以上）（%）	76.6	88.8
14	高卒以上人口（%）	5.1	10.2
15	教育歴なし（5 歳以上）（%）	48.4	20.2
16	単独世帯比率（%）	0.8	4.6
17	女性世帯主比率（%）	16.0	23.7
18	仏教徒人口比率（%）	89.4	89.8
19	ビルマ民族人口比率（%）	68.9	（未公表）

出所）それぞれの人口センサス結果より筆者作成。

ものと考えられる。だがここで気になるのが，10 歳から 14 歳の年少人口の労働力率である。1983 年の 10.8 % から 2014 年の 12.1 % にわずかに増加した。農村部では収穫労働や家畜の世話，あるいは他家での家事手伝いといった児童労働が依然として多く，都市部では小規模な家内工場や飲食店での児童労働が増加していることを反映している。

早期の就業は教育歴とも関連する。5 歳以上で就学歴のない者は，48.4 % から 20.2 % に減少したが，2014 年時点で 25 歳以上の総人口のうち，教育を受けたことのない者の構成比が都市部では 7 % であるのに対し，農村部では 20 % に上る。また，小学校以下（5 年制）の教育しか受けていない者が，都市部で 30 %，農村部に至っては 52 % におよぶ。高卒以上の人口比は 31 年の間に倍増したが，それでも 1 割ほどしかいない。

こうした低い教育レベルに対し，僧院教育の普及もあって，識字率は高い水準を保ってきた。だが，ASEAN 諸国の経済発展に追いつくためには，高識字率程度では不十分である。まずは基礎教育の義務化，そして，中高等教育の充実が急務であろう。

ここまでに言及した人口センサスの主要データは，2015 年 5 月 29 日に公表された数

字による。宗教別人口に関する調査結果が発表されたのは，それより 1 年以上後の 2016 年 7 月 21 日である。これには激化している深刻な宗教対立が影を落としている。バングラデシュとの国境地帯に住むイスラーム教徒のロヒンギャ 100 万人以上は，治安上の理由からそもそも 2014 年人口センサスの対象とはならず，過激な反ムスリム運動を主導する仏教徒のナショナリスト団体は，イスラーム教徒人口の増大は国家の「大問題」であると，人口センサスの実施時から唱えていた。社会の「安定」のために宗教人口の公表は遅れ，かつムスリムの人口は低く見積もられている可能性が高い。

ところが，宗教別人口と同時に公表されるものと思われていた，そして，1983 年人口センサスでは公表されていた民族別人口が未だに発表されていない。ミャンマー国軍と少数民族軍との和平協議の行方が不透明であり，これに参加しないグループとは未だに戦闘が続いていることがその要因であるといわれている。ジェームス・スコットが言うように，人口センサスとは，国家が国民を恣意的に分類し，単純化し，見えやすくする行為，あるいは国民を作り出す行為である。国家の支配に同意しない人々がさまざまな方法で人口センサスに抵抗するのは，いわば当然の行為であるともいえよう。

（髙橋昭雄）

参考文献

髙橋昭雄 2016「体制転換とミャンマー農村の社会経済変容」永井浩／田辺寿夫／根本敬編著『アウンサンスーチー「政権」のミャンマー——民主化の行方と新たな発展モデル』明石書店：111-147 頁。

Department of Population, Ministry of Immigration and Population. 2015. *The 2014 Myanmar Population and Housing Census*. Nay Pyi Taw.

Immigration and Manpower Department, Ministry of Home and Religious Affairs. 1986. *Burma 1983 Population Census*. Yangon.

Scott. J. C. 1998. *Seeing Like a State : How Certain Schemes to Improve the Human Condition Have Failed*. New Haven : Yale University Press.

終　章
東アジアの社会大変動と日本

大泉啓一郎

はじめに

本書では，各国の人口センサスの特徴を考察するとともに，人口センサスの結果から東アジアの国・地域の社会変動の特徴を明らかにすることに注力した。これまでの人口センサス研究の多くが，経済社会環境の変化が人口動態に及ぼす影響を分析することを主眼にしていたことを考えると，本書は，その方向を大きく転換させた点で画期的な取り組みといえる。その成果は各章で示したとおりであるが，それは本書へとつながる共同研究の開始当初に，各執筆者が予想していたよりも豊富なものであった。

本書で示したように，少子化・高齢化の進展，メガ都市・メガリージョンへの移住（人口移動）の加速，世帯規模の縮小，外国人労働者の増加などは東アジアに共通した現象であり，比較分析が有効であることがわかった。わが国は，人口動態とそれに伴う社会構造の変化において，東アジアの未来を先取りしているようにいわれることが多いが，東アジアで起こっていることと比較することで，日本の特徴を相対化することも可能である。

そこでこの終章では，日本の人口動態・社会変動を，国勢調査を中心に考察するとともに，これまで議論されてきた東アジアの現状を踏まえながら，日本の社会変動の変化について確認する。構成は以下のとおりである。第 1 節では，各章と同様に日本の国勢調査について概観する。第 2 節以降は社会変動について検討し，第 2 節では人口構成の変化と少子高齢化，第 3 節では人口移動と都市化，第 4 節では世帯構造の変化と国際人口移動を順次考察し，最後に「おわりに」で，人口センサス研究の可能性について述べる。

1　日本の国勢調査

日本の人口センサスは「国勢調査」と呼ばれる。

1902 年に「国勢調査に関する法律」が制定されたが，その後の日露戦争や第一次世界大戦の影響を受けて実施は遅れた。1920 年（大正 9 年）に開始されて以来，西暦の末尾が 0 となる年に全数調査を，5 となる年に簡易調査を実施してきた。2010 年に実施された国勢調査（全数調査）は 19 回目であり，2015 年の国勢調査（簡易調査）は 20 回目に相当する。

戦後の日本の国勢調査は，1947 年に制定された「統計法」に基づいて実施されている[1]。対象地域は，歯舞諸島，色丹島，国後島，択捉島と島根県隠岐郡隠岐の島町にある竹島を除いた全国である。

国勢調査は，調査の年の 10 月 1 日午前 0 時を調査時点とし，外国人を含めて国内に常住している者をすべて対象とする。常住地は，当該住居に 3 か月以上住んでいるか，住むことになっている場所とする。また，そのような住居のない者は，調査時点の場所を常住地とする。

国勢調査は総務省の管轄下で実施され，その組織体制は都道府県→市町村→指導員→調査員という流れになっている。なお，指導員と調査員は総務大臣が任命する非常勤の国家公務員である。2010 年の国勢調査は，600 億円の予算を投じ，指導員は約 10 万人，調査員は約 70 万人を動員して実施された。調査票を世帯ごとに配布し，直接取集するか郵送で回収する。調査票は日本語を含め 28 の言語で準備された。また，東京都の一部では，インターネットによる回答も導入された。調査ができなかった世帯については，調査員がその近隣の者に質問すること

1）統計法は 2007 年に改正されている。国勢調査は，そのほか「国政調査令」（昭和 55 年），「国勢調査施行細則」（昭和 55 年），「国勢調査の調査区の設定の基準等に関する省令」に基づいている。

により補っている[2]。

国勢調査の結果は，選挙区の確定，議員定数の基準，地方交付税交付金の算定などの根拠として使用される。また国民の生活設計，企業の事業計画，学術研究機関の実証研究などにも広く用いられている。

わが国には，国勢調査の結果以外にも，人口動態の資料としては「本籍人口」，「住民基本台帳人口」がある。また，総務省統計局は，国勢調査の結果を利用して，これに毎月の出生数，死亡数，国際人口移動数を加えて『人口推計』を作成，発表している。

日本の国勢調査における調査項目は，他の調査が充実していることもあって，それほど多くない（図表終-1）。ちなみに，2010 年国勢調査の調査項目は，①氏名，②男女の別，③出生年月，④世帯主との続柄，⑤配偶の関係，⑥国籍，⑦現住居での居住期間，⑧5 年前の住居の所在地，⑨在学，卒業など教育の状況，⑩就業状態，⑪所属の事業所の名称および事業の種類，⑫仕事の種類，⑬従業上の地位，⑭従業地または通学地，⑮利用交通手段，⑯世帯の種類，⑰世帯人員，⑱住居の種類，⑲住宅の床面積，⑳住宅の建て方の 20 項目であった。2015 年の簡易調査の調査項目は，これら 20 項目から⑨在学，卒業などの教育の状況，⑮利用交通手段，⑲住宅の床面積の 3 つを除いた 17 項目であった。

なお，日本の国勢調査では，東アジアの人口センサスではよくみられる宗教，民族，家庭における使用言語などの調査項目はない。

2015 年の国勢調査（簡易調査）は，インターネットの活用が大々的に試行されたことを特徴とする。事前に「インターネット回答の利用案内」を配布し，国勢調査員は，インターネットによる回答のなかった世帯に対しては，調査票を配布し，世帯が調査票に記入したうえで，調査員への提出または郵送による提出のいずれかを選択する方法を採用した。インターネットによる回答率は 1972 万件で，全体の 36.9 % となった（スマートフォンが 12.7 %）。滋賀県が 47.5 % と最も高く，富山県，岐阜県，静岡県なども 40 % を超えた。他方，東京都は 27.1 % と低かった。

2）この場合，「氏名」，「男女の別」および「世帯員の数」の 3 項目に限られる。

図表終-1　国勢調査における調査項目の変遷：1980〜2015 年

調査項目	2015	2010	2005	2000	1995	1990	1985	1980
氏　名	○	○	○	○	○	○	○	○
男女の別	○	○	○	○	○	○	○	○
出生年月	○	○	○	○	○	○	○	○
世帯主との続柄	○	○	○	○	○	○	○	○
配偶の関係	○	○	○	○	○	○	○	○
国　籍	○	○	○	○	○	○	○	○
現住居での居住期間	○	○		○				○
5 年前の住所の所在地	○	○		○		○		○
在学，卒業など教育の状況		○		○		○		○
就業状態	○	○	○	○	○	○	○	○
就業時間			○	○				
所属の事業所の名称および事業の種類	○	○	○	○	○	○	○	○
仕事の種類	○	○	○	○	○	○	○	○
従業上の地位	○	○	○	○	○	○	○	○
従業地または通学地	○	○	○	○	○	○	○	○
利用交通手段		○		○		○		○
通勤時間または通学時間						○		
世帯の種類	○	○	○	○	○	○	○	○
世帯人員	○	○	○	○	○	○	○	○
家計の収入の種類				○		○		○
住居の種類	○	○	○	○	○	○	○	○
居住室数					○	○	○	○
居住室の畳数							○	○
住宅の床面積		○	○	○	○	○		
住宅の建て方	○	○	○	○	○	○	○	

出所）総務省統計局資料より筆者作成。

2　人口構造の変化と少子高齢化

1）過去 20 年間の人口構造の変化

最初に，過去 20 年間の人口構造の基本的特徴とその変化を，1990 年，2000 年，2010 年の国勢調査（全数調査）の結果から概観しておきたい。なお，図表終-2 で取り上げた項目は，いずれも東アジアの他の国・地域の人口構造の変化と比較するために，共通のものに統一してある。

1990 年と 2010 年を比較して，印象的な動きを示した項目を拾い上げると，次のとおりであった。まず，人口増加率は 0.5 % から 0.1 % へと一段と低下し，合計特殊出生率も 1.54 人から 1.39 人へと低下した。年少人口（0〜14 歳）の比率は，18.2 % から 13.2 % へと 5 ポイントも低下し，逆に高齢人口（65 歳以上）の比率は，12.1 % から 23.0 % へと 10 ポイント以上も上昇している。家族構造の変化も著しく，初婚年齢は 27.2 歳から 29.7 歳へと 2.5 歳も伸長した。世帯当たり平均人数は 3.0 人から 2.42 人へと，さらに縮小している。また，未婚の若者や独居の高齢者の増加を反映して，単独世帯の比率は 20.6 % から 32.4 % へと大きく上昇した。

人の移動を示す「5 年以内に移動した比率」は，1990 年の 25.3 % から 2010 年には 22.8 % へと低下したが，2000 年の 28.1 % に比べると，その低下の幅が大きい。このことは，日本では 1990 年代に人の移動が活発化し，2000 年代に入るとやや沈静化したことを示唆している。

以下では，日本の人口構成の特徴を，人口減少社会への移行，人口置き換え水準を大きく下回る低水準の出生率，世界で最も高い水準にある高齢人口比率（超高齢社会）に分けて，順次紹介していくことにしたい。

2）人口減少社会へ

わが国の国勢調査も，国連の枠組みを基本として行われてきたが，それ以前にも自ら人口調査を行っている。たとえば，大がかりなものとしては，1871 年（明治 4 年）に制定された「戸籍法」に基づいて 1872 年に実施された人口調査がある。これによる日本の人口は 3311 万人であった（後に 3481 万人に修正）（日本

図表終-2　人口センサスからみた日本社会の変容：1990～2010年

番号	項　目	1990	2000	2010
1	年人口増加率（%）	0.5	0.3	0.1
2	合計特殊出生率（人）	1.54	1.36	1.39
3	初婚年齢（歳）	27.2	27.9	29.7
4	年少人口　0～14歳（%）	18.2	14.6	13.2
5	生産年齢人口　15～64歳（%）	69.7	68.1	63.8
6	高齢人口　65歳以上（%）	12.1	17.4	23.0
7	都市人口比率（%）	64.7	65.2	67.3
8	5年以内に移動した比率（%）	25.3	28.1	22.8
9	世帯当たり平均人数（人）	2.99	2.67	2.42
10	単独世帯比率（%）	20.6	27.6	32.4

注）都市人口比率は人口集中地区人口が人口全体に占める比率。
出所）国勢調査より筆者作成。

人口学会編 2002：104)。

第1回の国勢調査（1920年）時点の人口は5596万人であった（図表終-3)。前述の人口調査を比較すると，約50年間に日本の人口は2000万人ほど増加したことになる。その後も人口は増え続け，第11回国勢調査（1970年）で1億人の大台を超えた。明治初期からの100年間で人口は約3倍に増加した。

しかし，1980年代以降に人口増加率は低下にむかい，第20回国勢調査（2015年）では1億2711万人と，2010年（第19回調査）の1億2806万人に比べて95万人減少した。これは国勢調査を実施して以来，初めての減少であった。国勢調査は外国人も含むが，日本人だけに限定すると減少幅は139万人となる。5年ごとの国勢調査では初めての減少であるが，国勢調査をもとに作成している総務省統計局『人口推計』によれば，日本の人口は2008年の1億2810万人をピークに減少に向かっている。

今後も人口は減少する見込みであり，国立社会保障・人口問題研究所の『日本の将来推計人口』（平成24年1月推計：出生中位・死亡中位）によれば，2030年に日本の人口は1億1662万人，2060年には8674万人に減少する（国立社会保障・人口問題研究所 2012)。

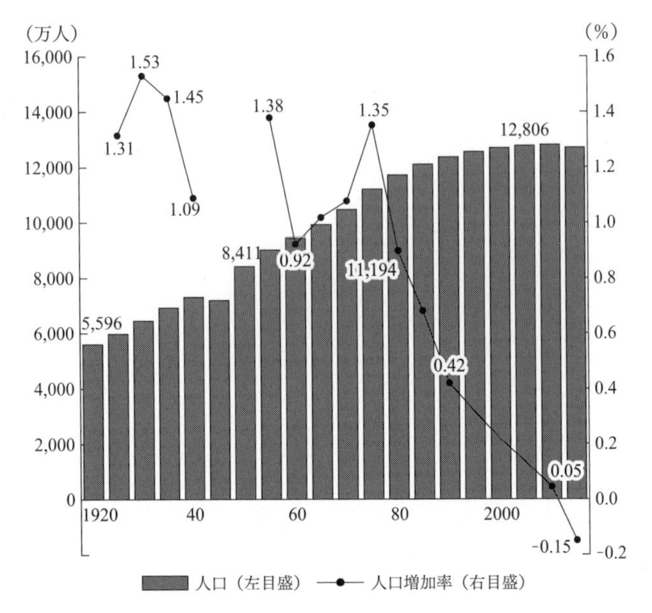

図表終-3　日本の人口の推移：1920～2015 年

注）1945 年は沖縄県を含まないので前後の増加率を算出していない。
出所）国勢調査より筆者作成。

3）少子化

このような人口減少は低い出生率が主因である。

日本の少子化が，東アジアで最も進んできたことは周知のとおりである。2015 年の合計特殊出生率は 1.46 人と低水準にあり，出生数も 2015 年に 100 万人を下回った。

図表終-4 は，日本の合計特殊出生率の推移をみたものである。図表にはないが，戦前の合計特殊出生率は，1925 年に 5.1 人，1930 年に 4.7 人，1940 年に 4.1 人と高水準にあった。戦後も 1947～49 年の合計特殊出生率は 4.0 人を超えていた。この 3 年間のベビーブーム世代は「団塊の世代」と呼ばれる。

この高い出生率と人口急増の社会への影響が議論され，日本でも避妊を含めた家族計画が実施された。1954 年に「日本家族計画連盟」，「日本家族計画普及会」が発足し，避妊具・薬品の販売，教育用機材の開発・普及，関連分野の指導員の養成に力を入れてきた。出生率は，図表終-4 が示すように，1950 年代後半には

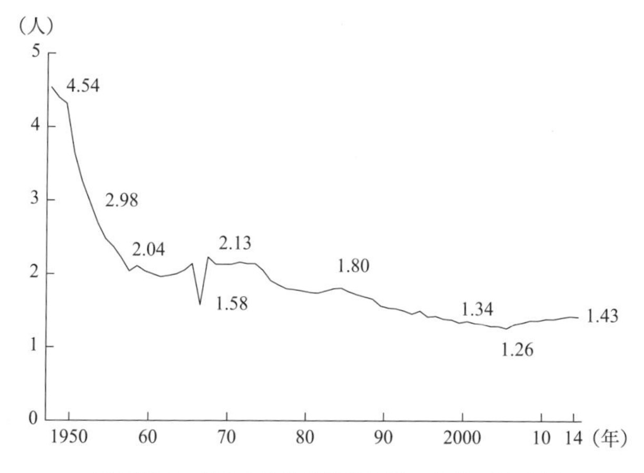

図表終-4　日本の合計特殊出生率：1947〜2014 年

出所）厚生労働省（2015）より筆者作成。

落ち着きを見せた。その後は，丙午年（ひのえどし）の 1966 年を除き，1970 年代前半までは 2.0 人前後で推移した。1970 年代後半以降に再び低下傾向を強め，1990 年には 1.57 人と丙午年の水準を下回った（これは当時「1.57 ショック」と呼ばれた)。このような低水準の出生率は「少子化」と呼ばれるようになった。近年わずかに上昇傾向にあるものの，出生率は 1.4 人前後と低水準にある。

序章や第 1 章で述べたように，出生率の低下や低水準の出生率は，日本特有のものではない。韓国，台湾，シンガポール，香港の合計特殊出生率は日本よりも低く，これらの国・地域でも少子化対策（出生率の引き上げ）が議論されている。その他の国でも出生率の低下が急速である点を踏まえると，わが国が出生率を引き上げるためには，欧米先進諸国の経験に目を向けるだけでなく，東アジアでなぜ出生率が同じように急速に低下し，かつ低水準にとどまり続けるのか，その原因を分析する必要があるだろう。

たとえば，東アジアでは結婚が子供を持つ前提条件になっていることを考えれば，出生率の低下の原因のひとつとして，結婚行動の変化（未婚化・晩婚化）に目を向けるべきであろう。厚生労働省『人口動態統計』によれば，日本の女性の初婚年齢は，1975 年の 24.7 歳から 2010 年には 29.7 歳に上昇した。他方，男性のそれは同期間に 27.0 歳から 31.1 歳に伸びている[3]。50 歳時の未婚率（生涯未婚

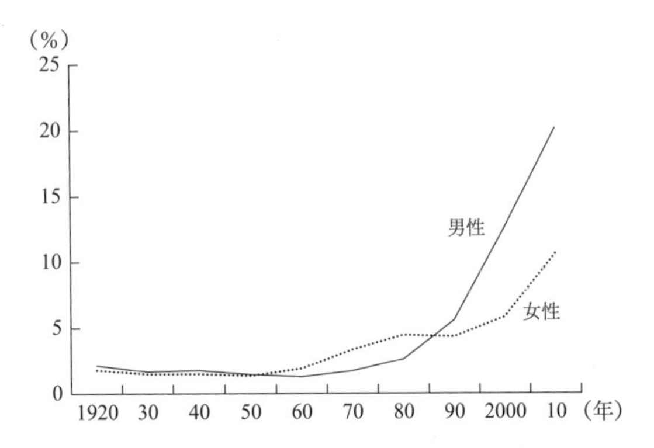

図表終-5　50 歳時の未婚割合（生涯未婚率）：1920～2010 年

出所）厚生労働省（2015）より筆者作成。

率と呼ばれる）は，女性については 1970 年の 3.3 % から 2000 年に 7.3 %，2010 年には 10.6 % と急上昇している。男性の生涯未婚率の上昇スピードはさらに速く，同期間に 1.7 % から 12.6 %，20.1 % となった（図表終-5）。

さらに，2015 年の国勢調査の結果では，2015 年の女性の未婚率は 25～29 歳が 61.0 %，30～34 歳が 33.7 % と高い。他方，男性も同様で 25～29 歳が 72.5 %，30～34 歳が 46.5 %，35～39 歳が 34.5 % と，女性よりも 10 ポイント以上も高い。

日本と同様に，結婚が子供を持つことの前提条件である東アジアでは，結婚行動と出生率の低下の関係は比較研究の対象となろう。また，東アジアにおいても，正規・非正規雇用など労働環境の違いが結婚を遅らせているという報告があり，これについての国際比較も今後の課題になると考える。

同様に，子供を持つことの直接費用や機会費用の上昇が結婚行動に与える影響についても，検討すべきであろう。とくに東アジアの国・地域においては，学歴社会が急速に浸透していることも軽視すべきではない。たとえば，大学・専門学校の就学率は，2013 年では日本が 62.4 % であるのに対して，韓国は 97.1 %，タイは 51.4 %，インドネシアは 31.3 % である。他方で，多くの東アジアの国・地域における家計での可処分所得がそれほど高くないことを考慮すると，子供を育

3）日本の国勢調査は 1980 年以降，結婚年数を調査項目から外している。

てる直接コストの影響は日本以上かもしれない。さらに，女性の社会参加と出生率の関係も重要である。東アジアのいずれの国・地域でも，女性の高学歴化，労働市場への参加率の上昇がみられ，子育てのコスト上昇がそうした行動とどう関係しているのかも分析する必要がある。

2010 年に内閣府が『少子化社会に関する国際意識調査』を実施した（内閣府 2011)。これは，少子化の背景を「自立」「結婚」「子育て」の観点から，韓国，アメリカ，フランス，スウェーデンの 4 か国と比較した意識調査である。このような調査を将来は東アジアを対象に実施すべきだろう。

4）高齢化

次に高齢化の問題に目を転じよう。

高齢人口は 2010 年の 2925 万人から 2015 年に 3342 万人に増加し，高齢化率は 23.0 % から 26.7 % に上昇した。これは世界で最も高い水準であり，いまや国民の 4 分の 1 が 65 歳以上の人口である。国立社会保障・人口問題研究所の『日本の将来推計人口』によれば，高齢化率は 2030 年に 31.6 %，2060 年には 39.9 % に上昇する（国立社会保障・人口問題研究所 2012)。

このような高齢化率の上昇は出生率の低下に加え，平均寿命の伸長に影響を受けたものである。日本の平均寿命は，1960 年に男性が 65.3 歳，女性が 70.2 歳であったが，2014 年にはそれぞれ 80.5 歳，86.8 歳と大幅に伸長した。現時点で女性の平均寿命は世界第 1 位，男性は第 3 位である。65 歳時の平均余命でみると，1960 年の男性が 11.6 歳，女性が 14.1 歳であったのに対し，2014 年には男性が 19.9 歳，女性が 24.2 歳にそれぞれ伸びた。

さて，日本の高齢化率は 2015 年が 26.7 % と，世界最高水準にあることは前述のとおりであるが，日本の高齢者は，過去の同年齢の人々や他の国の高齢者と比較して，相対的に健康である点に注意したい。「過去の高齢者に比べて，健康度の高い新しい高齢者が存在することになるが，このことは高齢者は 65 歳以上という高齢者の定義すらも変えることを視野にいれなければならない」という指摘がある（鈴木 2012：56)[4]。

4）平均余命などからみると，2010 年の 65 歳は 1980 年の 60 歳に該当することから，高齢者の定義を 65 歳から 75 歳に引き上げた方が実態を表しているという指摘もある（加藤

このようななか，わが国では平均寿命とともに，健康寿命という考え方を重視するようになっていることにも注意したい。健康寿命とは日常生活に制約のない寿命を指し，平均寿命と健康寿命との差が「不健康な期間」を意味する。そして，この差を縮小することが医療費や介護費を抑制することにつながる。ちなみに，2010 年の男性の平均寿命が 79.55 歳に対して健康寿命は 70.42 歳であり，その差は 9.13 年であった。一方，女性の平均寿命は 86.3 歳，健康寿命は 73.62 歳で，その差は 12.68 歳であった[5]。このように高齢者の年齢だけでなく健康状態に注目することこそが，今後東アジアの高齢化を考えるうえでも重要な視点となる。

日本と同様に，東アジアの国・地域の高齢化を比較する場合でも，高齢者の実態については，もっと慎重になるべきであろう。その際には，日常生活動作（ADL : activity of daily living）にも目配りした比較調査が重要となる。そして，第 1 章で述べたように，ある国の中の地域間の所得格差が広がるなかで，地方・農村における高齢者の健康状態や生活環境については，よりいっそう注意を払うべきである。

3　人口移動とメガリージョン

1）人口移動

国勢調査では，5 年前の常住地と現在の常住地が異なる場合を「移動した」と定義する。

移動の区分は，国内外を分けたうえで，国内は①自市区町村内，②自市内他区，③県内他市区町村，④他県に分類している。2010 年の国勢調査では，5 年前と現在の常住地が異なる割合は 22.8 % で，国内が 22.3 %，国外が 0.5 % であり，国内の移動が圧倒的に多い。国内では①自市区町村内が 10.0 % と最も多く，以下④他県（5.7 %），③県内他市区町村（5.1 %），②自市内他区（1.5 %）の順であっ

2016：19–20）。

5）厚生科学審議会地域保健健康増進栄養部会・次期国民健康づくり運動プラン策定専門委員会「健康日本 21（第 2 次）の推進に関する参考資料」［http://www.mhlw.go.jp/bunya/kenkou/dl/kenkounippon21_02.pdf］（2016 年 9 月 30 日アクセス）。

図表終-6　県別・大都市圏別人口の推移：1990〜2015 年（千人）

	1990	2000	2010	2015	増減 1990〜2010	増減 2010〜15
東京都	11,856	12,064	13,159	13,514	1,304	354
神奈川県	7,980	8,490	9,048	9,127	1,068	79
大阪府	8,735	8,805	8,865	8,839	131	-26
愛知県	6,691	7,043	7,411	7,484	720	73
埼玉県	6,405	6,938	7,195	7,261	789	67
東京圏	31,797	33,418	35,619	36,126	3,822	508
中京圏	10,550	11,008	11,346	11,332	797	-14
関西圏	20,414	20,856	20,903	20,728	489	-175
全　国	123,611	126,926	128,057	127,110	4,446	-947

出所）総務省統計局『国勢調査結果』より筆者作成。

た。

5 年前と現在の常住地が異なる移動人口を年齢層別にみると，30〜34 歳が 50.8 % と最も多く，以下 25〜29 歳が 49.6 %，35〜39 歳が 38.6 % という順になっている。20〜29 歳では，④他県からの転入が最も多いが，他県からの転入の比率は年齢とともに低下し，自市区町村内，自市内他区が増える傾向にある。

この移動人口の割合を都道府県別にみると，東京都が 27.5 % と最も高く，次いで沖縄県が 27.5 %，北海道が 26.4 % と高い。これらの移動人口は，各地域の人口増減に影響を及ぼしている。1990 年と 2010 年の国勢調査の結果を比べると，最も人口が増加したのは，東京都の 130 万人で，以下，神奈川県（107 万人），埼玉県（79 万人），愛知県（72 万人），千葉県（66 万人）の順になっている。とくに東京圏（東京都と周辺 3 県）の人口増加が著しい。他方，人口減少が大きかったのは秋田県の 14 万人で，以下北海道（14 万人），長崎県（14 万人），山口県（12 万人），青森県（11 万人）の順であった（図表終-6）。

最も直近に実施された 2015 年の簡易調査では，2010 年から人口が増加した都道府県は 8 都県であり，最も人口が増加したのは東京都の 35 万人，以下神奈川県（8 万人），愛知県（7 万人），埼玉県，千葉県の順になっている。なお，大阪府が 2015 年調査では人口減少に転じた。

2）メガリージョンへの人口移動

人口移動による都市化の加速について，本書では，従来の都市という枠組みではなく，メガリージョンという概念を取り入れた。これは，各国の都市の定義（多くは行政区分）による分析では，都市化の現状を十分に把握しきれないこと，またいずれの国も都市間の格差が大きく，メガ都市と他の都市を区分して評価すべきことなどに配慮したものである。

そこで，日本のメガリージョンへの人口移動について「3 大都市圏」，つまり東京圏（東京都，神奈川県，埼玉県，千葉県），中京圏（愛知県，岐阜県，三重県），関西圏（大阪府，京都府，滋賀県，兵庫県，奈良県，和歌山県）の 3 つを対象に，人口動態を整理してみたい。

2015 年における東京圏の人口は 3613 万人，中京圏は 1133 万人，関西圏は 2073 万人で，合計した人口は全国の 53.6 % を占める。この 3 大メガリージョンの人口比率は 1945 年の 34.6 % から一貫して上昇傾向を示してきた。

ただし，2010 年から 2015 年に人口増加をみたのは，図表終–6 が示すように，東京圏だけであった（+51 万人）。東京圏の人口比率は，1970 年の 23.0 % から 1990 年に 25.7 %，2000 年に 26.3 %，2010 年に 27.8 %，そして，2015 年には 28.4 % と一貫して上昇してきた。国立社会保障・人口問題研究所の『日本の地域別将来推計人口（平成 25 年 3 月推計）』によれば，東京圏の人口比率は，2020 年に 28.8 %，2040 年には 30.1 % にまで上昇する。

このような「東京一極集中」の動向に対して，2014 年 5 月に日本創成会議・人口減少問題検討分科会は，『ストップ少子化・地方元気戦略』というレポートを発表した（日本創成会議 2015）。これは人口移動の「東京一極集中」が及ぼすリスクを提示したものである。ここでいう「東京」とは，前述の東京都，神奈川県，埼玉県，千葉県の東京圏を指し，この東京メガリージョンへの一極集中に歯止めをかけることができなければ，「地方は消滅する」とした[6]。

しかし，首都圏に向けた一極集中的な人口移動は，日本特有の問題ではなく，東アジア全体で起こっている現象である。その原因の究明と影響の分析，対策の議論も比較対照が可能である。ただし，東アジアの間では，地域消滅という方向

6）ここでいう「地方は消滅する」の定義は，20〜39 歳の若年女性の人口が，2010 年から 2040 年までに半減することを指している。

に向かっている国と，第1章で述べたように，高齢者が増加する地方・農村部を国内に抱える国の2種類があり，両者の間では経済社会に与える影響が異なる点には注意したい。

日本の国勢調査のユニークな点は，日中の人口移動，通勤通学を調査項目に加えている点である。常住地と通勤通学地が県を越える割合は，埼玉県が17.0％，千葉県が15.7％，奈良県が15.7％，神奈川県が14.2％と高い。また，夜間に対する昼間の人口比率をみると，東京都が118.4％と100％を超え，逆に埼玉県は88.6％，千葉県は89.5％と100％を下回った。つまりメガリージョン内では，埼玉県や千葉県から東京都に通勤通学する人が多いことがわかる。東アジアのメガリージョンの実態を明らかにするためには，国連が勧告する「5年以内の国内の移動」だけではなく，日本のように日中の人口移動についても，将来は調査すべき項目に加えるべきだろう[7]。

4　世帯構造の変化と国際人口移動

1）世帯構造の変化

2010年の国勢調査（全数調査）では一般世帯数は5184万世帯であり，調査開始以来初めて5000万世帯を超えた。さらに，2015年の国勢調査（簡易調査）では5188万世帯に増加した。人口が減少するなかで世帯数が増えていることは，世帯当たりの平均人数が減少したことを意味する。

世帯規模は1960年には4.14人の水準にあったが，1990年に2.99人となり，2010年には2.42人にさらに減少した。2015年には2.39人となり，そのうち東京都は1.99人と，初めて2人を下回った。

7）たとえばタイの場合，バンコク都心のオフィスや学校には，ノンタブリー県，パトゥムターニー県，アユタヤー県などのバンコク周辺県に一戸建てやコンドミニアムを所有する多数の人々が，通勤もしくは通学する。その一方で，子供を有名小・中学校・高校や塾に通わせたいために，自宅はあくまでバンコクに置き，チョンブリー県，チャチュンサオ県，ラヨーン県などの工場に自家用車で遠距離通勤するか，あるいは週末以外は勤務地の近くに仮の部屋を借りる両親も多い。バンコク・メガリージョン内の県別にみた日中人口と夜間人口の比較は，興味深い研究対象となりえる。

世帯人員が減少すれば反比例的に世帯数は増加するが，なかでも単独世帯の数は，1990 年の 939 万世帯から 2000 年に 1291 万世帯，2010 年には 1678 万世帯へと急増した。その結果，単独世帯の比率は同期間に 20.6 % から 27.6 %，32.4 % に上昇している。2015 年には単独世帯は 1842 万世帯に増加し，その比率は 34.5 % に達した。他方，4 人世帯は，世帯数では 1990 年の 879 万世帯から 2010 年には 746 万世帯に減少し，比率は同期間に 21.6 % から 14.4 % に低下している。

日本の単独世帯の増加は，高齢者の一人暮らしの増加と強く関係している。65 歳以上の単独世帯は 1990 年の 162 万世帯から 2000 年に 303 万世帯，2010 年に 479 万世帯，そして 2015 年には 563 万世帯と増加傾向にある。現在では単独世帯全体の 33.4 % が高齢者ということになる。

このことを 65 歳以上の人口のうち何人が単独世帯であるかという割合でみると，2000 年の 13.8 % から 2010 年に 16.4 %，2015 年には 17.7 % と上昇傾向にある。2015 年の実態を男女別にみると男性が 192 万人であるのに対し，女性は 400 万人と男性の倍以上の規模を有する。

日本の国勢調査は，老人ホームなどに居住する「社会施設の入所者」，「病院・診療所の入院数」についても調査している。その数はそれぞれ，2000 年が 49 万人，53 万人であり，2010 年に 120 万人，45 万人，2015 年には 157 万人，41 万人になった。

今後，高齢化が進む東アジアでは，わが国の国勢調査のように，社会施設の入所者や病院・診療所の入院数についても，調査すべきであろう。これらは，高齢者の生活状況を示す重要な情報を提供してくれる。また，東アジアの高齢社会の実態を具体的かつ多面的に把握するためには，高齢者の常住地（都市部か農村部か）や建物（一戸建てか集合住宅か）に関する情報の収集も今後は重要になろう。

各章でみたように，単独世帯の比率は過去 20 年の間に一貫して増加している。ただし，日本と違って東アジアの国・地域では，高齢者の単独世帯の急増よりも，メガ都市・メガリージョンへ移住した若年層の一人暮らしの増加が，単独世帯の増加要因である場合が多い。したがって，単独世帯の数や比率の推移だけでなく，それが若年層なのか高齢者なのかを区別することは，社会変動を考えるうえで重要な視点となる。

2）国際間人口移動

次に，国際間人口移動に目を向けてみよう。外国人の滞在に厳格な措置をとる日本でも，在住する外国人は年々増えている。国勢調査によれば，日本在留外国人は1990年の87万人から2000年に131万人，2010年には165万人に増加し，2015年には175万人に達した。

2015年の内訳は，男性が80万7000人（2010年：74万2300万人），女性が94万5000人（同90万6000人）であった。国籍別にみると，第1位が中国国籍の51万1000人（同46万人）であり，第2位が韓国・朝鮮国籍で37万7000人（同42万3000人）であった。この2つを合わせると，在留外国人全体の50％を超える。次いで，フィリピン国籍が17万2000人（同14万6000人），ブラジル国籍が12万6000人（同15万3000人）の順になっている。2010年と2015年を比較すると，フィリピン国籍がブラジル国籍を上回り，ブラジル国籍は数を減らしたという特徴がある。

2010年国勢調査における在留外国人を年齢別にみると，25〜29歳が21万1779人と最も多く，次いで20〜24歳が19万3294人，30〜34歳が19万1837人の順となっており，この20〜34歳の年齢階層が全体の36.2％を占める。外国人を含む世帯数は109万3139世帯を数え，そのなかで単独世帯は47万209世帯で43.0％と多かった。

さらに，外国人就業者を職業別にみると「生産工程従事者」が約3割を占める。国籍別では，ブラジル国籍が製造業に多く，アメリカ国籍は英語教師など教育・学習支援業が多いといった特徴がある。

ただし，国勢調査が在留外国人の実態を十分に把握しているとは到底いえない。というのも，法務省入国管理局『在留外国人統計』のデータと大きく食い違うからである。この点は，移民労働者を多数抱える香港，韓国，タイ，マレーシアなどと共通する問題といえるだろう。

実際，『在留外国人統計』による日本在留外国人数は，2010年が213万人であり，国勢調査のそれと50万人近い乖離が存在した。ちなみに，同統計では2014年は248万人に増加している。外国人労働者に対する規制緩和が議論されるなか，今後在留外国人が増加することは避けられず，そして，在留外国人の実態調査の要求が高まることを考えれば，国勢調査の調査項目も見直す必要があるだろう。

他方，今後は国内の在留外国人だけでなく，海外在留の日本人の動向の把握も重要となる。フィリピンではこの点を重視し，人口センサスの調査項目に含めているのは，第 8 章でみたとおりであった。日本人の海外在留は，外務省領事局『海外在留邦人数調査統計』によって，公式的には把握されている[8]。

これによれば，海外在留日本人は 1970 年の 27 万人から 2000 年には 81 万人，2015 年には 132 万人にまで増加している。最も多い在留先は，アメリカで 42 万人，次いで中国の 13 万人，オーストラリアの 9 万人の順になっている。ただし，これらは在外公館（大使館，領事館）への「在留届」を基礎としたものであり，在留届を出さない人や短期滞在者は含まれておらず，実際の海外在留日本人の人数は公式統計よりはるかに多い。

おわりに――人口センサス研究の発展に向けて

本書でみてきたように，社会変動に注目すると，日本と東アジアの国・地域の間には，数多くの共通点を確認することができる。したがって，人口センサスを用いた比較研究は今後さらなる展開が期待される。

最後に，人口センサスを用いた東アジアの分析の可能性について述べておきたい。人口センサスを用いた研究の利点のひとつは，年齢階層別のパフォーマンスが評価できることである。人口増減そのものではなく，年少人口の減少やその比率の低下という「少子化」，高齢人口の増加やその比率の上昇による「高齢化」の評価は，人口センサスによって可能になった。また，人口ボーナス論も各国の人口センサスを整理した生産年齢人口比率のデータの収集によって可能となった分析といえよう。

今後の分析においては，年齢階層別人口の量だけでなく，質にも目配りした分

8）各年 10 月 1 日時点の実態をまとめたものである。在留 3 か月以上を対象に，「永住者」と「長期滞在者」に区分して集計している。「永住者」とは，「在留国などより永住権を認められており，生活の本拠を我が国から海外に移した邦人」であり，2015 年 10 月時点で，45 万 7000 人で全体の 34.7 % を占めた。

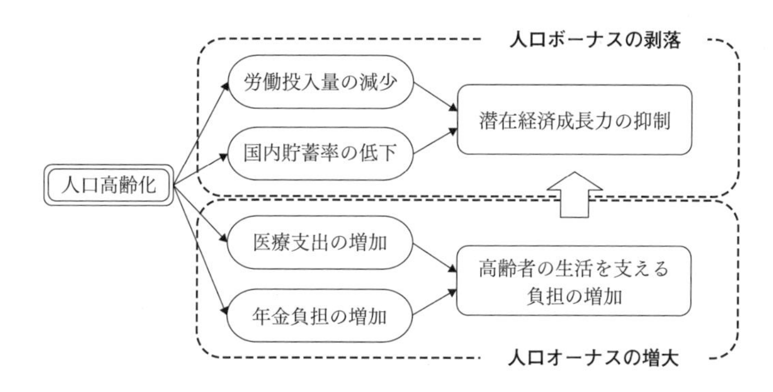

図表終-7　人口高齢期における人口ボーナスと人口オーナス

出所）筆者作成。

析が必要となろう。この点についても人口センサスは，「職業」，「最終学歴」，「生活状況」などの豊富なデータを提供してくれる。

この観点から人口ボーナスと人口オーナスについて述べたい。人口ボーナスについてはすでに述べたとおりである（第1章を参照）。これに対して，人口オーナスは，人口ボーナスの喪失過程として捉える向きが多い（小峰編 2007）。

しかし，人口オーナスを人口ボーナスの後に到来するネガティブなプロセスとして捉えると，少子高齢化が経済成長に及ぼす影響について議論の的がぼやけてしまう。人口オーナスは本来，生産年齢人口比率の低下ではなく，従属人口比率の上昇の問題として捉えるべきだからである。

図表終-7は，ポスト人口ボーナス時代において経済成長を抑制する要因を図式化したものである。上段の2つは，人口高齢化の進展により，人口ボーナスのメカニズムが反転し，「人口ボーナスが剥落する」プロセスを示している。つまり，労働投入量の減少と国内貯蓄率の低下の2つが，経済成長を抑制するように作用することを示している。

一方，高齢社会には図表の下段の2つに示したように，経済成長を抑制する金銭的要因として，高齢者の生活を支える年金や医療費用の増加がある。これは上段の「人口ボーナスの剥落」とは直接的には関係がない経済面での負担の増大である。そして，この負担の多寡は，社会保障制度のあり方によって異なる。

一言でいえば，人口ボーナスは年齢階層別の構成変化を労働力の供給面からポジティブに評価したものであり，人口オーナスは経済的な負担面からネガティブに評価したものである。現在，わが国で高齢社会対策として進められている高齢者の雇用促進策は，労働力の供給面の拡大を意図したもので，その点では人口ボーナス延長に寄与するかもしれない。ただし，高齢化による経済的負担の軽減に直接結びつくわけではない。もちろん，高齢者の雇用が拡大すれば，年金給付などの負担を軽減する余地は拡大する。しかしながら，実質的な経済的負担の抑制（人口オーナスの抑制）には，「選択と集中」を通じた年金や医療サービスなどの給付対象者の選別，あるいは開始年の引き上げ，給付水準の引き下げを含めた見直しをするよりほかにない。

人口ボーナスや人口オーナスの議論を深めるにあたっては，その主体となる年齢階層別人口の労働力の供給能力や経済的な負担能力を見直して，「高齢者」や「生産年齢人口」の定義を変更することも必要となるだろう（コラム 2 を参照)。すでに述べたように，高齢者の健康状態（健康寿命）はこの 20 年で格段に改善してきた。同時に，各国・地域において，高齢者の健康状態や生活環境も異なる。ちなみに，中国とタイでは高齢者を行政面や憲法で 60 歳以上と定義している。以上の点を考慮するならば，東アジアの人口動態をみるときに，画一的な基準や欧米での議論をそのまま適用することには，慎重な態度をとるべきであろう。

東アジアでは，急速な経済成長（圧縮された経済社会発展といってもいい）を遂げたため，年齢階層別に，その最終学歴や職業の分布が大きく異なる。たとえば，若年層では大卒以上が支配的であるのに対し，65 歳以上の高齢者では小・中学校卒が圧倒的である。若年層では IT などの技術職，専門職などが増加しているのに対し，高齢人口では農業や非熟練の職業が依然として多い。この点を念頭におけば，年齢階層別の違いを無視した経済政策は，決して有効でないことがわかる。

吉川（2016）は，少子高齢化や人口減少のなかで経済を持続的に成長させるためには，イノベーションが必要であるという議論を展開した。一般論としては正しい。しかし，イノベーションは若い世代が多い社会で生み出しやすい。高齢化が進んだわが国，そして将来高齢化が日本以上に速いスピードで進む東アジアでイノベーションを促進するには，従来の議論や仮定とは違った政策と制度枠組みが必要となる。その点を検討し，今後の政策や制度を設計するうえでも，人口センサス（国勢調査）は最も基本的で重要な情報を提供する源泉である。

序章でも述べたように，人口センサスはさまざまな政策課題に対応し，あるいは政策課題に挑戦するうえで，他に類のない「データの宝庫」である。同時に，さまざまな関心から，そしてさまざまな手法を使って利用すべき第一級の資料であることを，あらためて強調しておきたい。

参考文献

加藤久和 2016『8000 万人社会の衝撃――地方消滅から日本消滅へ』祥伝社新書。
厚生労働省 2015『人口動態統計』。
国立社会保障・人口問題研究所 2012『日本の将来推計人口』。
―――― 2013『日本の地域別将来推計人口』。
―――― 2016『人口統計資料（2016)』。
小峰隆夫編 2007『老いるアジア』日本経済新聞社。
鈴木隆雄 2012『中高齢社会の基礎知識』講談社現代新書。
総務省統計局 2011『平成 22 年国勢調査結果』。
―――― 2016『平成 27 年国勢調査結果』。
内閣府 2011『少子化に関する国際意識調査報告書』。
日本人口学会編 2002『人口大事典』培風館。
日本創成会議 2015『ストップ少子化・地方元気戦略』[http://www.policycouncil.jp/pdf/prop03/prop03.pdf]（2016 年 10 月 3 日アクセス）。
法務省入国管理局 2016『在留外国人統計』。
吉川洋 2016『人口と日本経済』中公新書。

コラム 12　東アジア人口センサス·コレクション紹介——アジア経済研究所図書館から

アジア経済研究所は，1963 年に統計調査を専門とする部署が設置されて以降，人口センサスを含めた統計資料の収集に集中的に取り組んできた。かつては秘匿性が高く，その多くが非売品であった途上国の統計資料を，相手機関との信頼関係に基づいた資料交換によって収集を重ね，貴重なコレクションを構築してきた。そして，1998 年に統計資料に関する業務が，アジア経済研究所図書館（以下，アジ研図書館）へと引き継がれた後も，統計資料の収集に重点を置いている。

ここで先に，国立情報学研究所が提供する総合目録データシステム，NACSIS-CAT の情報から，大学図書館を中心とした国内機関における東アジアの人口センサス資料の所蔵状況をみてみよう。

例えば，中国の人口センサス資料は，日本国内でも比較的多くの大学・研究所図書館が所蔵している。1982 年人口センサスの報告書『中国 1982 年人口普查資料』は，国内で 45 館が所蔵しており，続く 1990 年や 2000 年人口センサスの報告書を所蔵する図書館の数も，それぞれ 40 館以上にのぼる。その一方で，2008 年に 3 回目の人口センサスを実施したカンボジアの場合，最終報告書の所蔵が確認できる機関はわずか 3 館である。このほかミャンマーについては，2014 年に 31 年ぶりの人口センサスが実施されたが（コラム 11 を参照），その前の 1983 年人口センサスの報告書を所蔵しているのは 8 館である。

このように，センサスの歴史や収集の難易度が国ごとに異なるなかで，アジ研図書館では東アジア各国・地域の人口センサス資料を継続的に収集してきた。以下，中華圏，ベトナム，フィリピンの三国・地域について，資料の収集・所蔵状況を紹介しよう。

中華圏

先述のとおり，中華圏，特に中国の人口センサス資料は，日本国内でも多くの図書館が所蔵しており，アジ研図書館も一大コレクションを形成する機関のひとつである。中国で初めてセンサス結果が公開された 1982 年の第 3 回人口センサスでは，29 から成る当時の省・市・自治区のうち，24 省の省別報告書をアジ研図書館は複製で所蔵している。また，それ以降の全数調査・中間調査（もしくはサンプル調査）の結果報告書も，省・市・自治区別に網羅的に収集してきた。一方，台湾の場合は，第 1 回人口センサスが始まる 1956 年から直近の 2010 年に至るまで，継続的にその報告書を所蔵している（一部欠号あり）。このほか，香港に関しても，1966 年に行われた中間センサス（戦後初の人口センサスは 1961 年に実施）以降，全数調査・中間調査を含めてすべて所蔵している。

ベトナム

ベトナムでは南北統一後初となる人口センサスが 1979 年に行われ，その報告書『Dân số Việt Nam, 1-10-1979』を，アジ研図書館では複製資料で所蔵している。この人口セ

図表 c12-1　アジア経済研究所図書館における東アジア各国・地域の人口センサス資料所蔵一覧

国・地域名	所蔵年	備　考
中　国	1982, (1987), 1990, (1995), 2000, (2005), 2010	いずれの年も省・市・自治区別報告書あり。
台　湾	1956, 1966, (1975), 1980, 1990, (1995), 2000, 2010	1980 年以前は省・市別報告書，1990 年以降は市・県別報告書あり。
香　港	(1966), 1971, (1976), 1981, (1986), 1991, (1996), 2001, (2006), 2011	1996～2011 年は Main Report なし。
マカオ	1970, 1991, 2001, 2011	
韓　国	1930, 1955, 1960, 1966, 1970, 1975, 1980, 1985, 1990, 1995, 2000, 2005, 2010	1955～2010 年は市・道別報告書あり。
モンゴル	2000, 2010	
タ　イ	1919, 1929, 1937, 1947, 1960, 1970, 1980, 1990, 2000, 2010	1919～47 年の人口センサス結果は *Statistical Year Book of the Kingdom of Siam* (Department of Commerce and Statistics, Ministry of Finance) または *Statistical Year Book Thailand* (Central Service of Statistics) の中で報告されている（末廣 1999）。 1960～2010 年は地域・県別報告書あり。
ミャンマー	1973, 1983	1973 年は概況報告のみ。 1983 年は州別報告書あり。
ラオス	1995, 2005, 2015	1995～2005 年は県別報告書（ラオ語）あり。
ベトナム	1979, 1989, (1994), 1999, 2009	
カンボジア	1962, 1998, (2004), 2008, (2013)	2008 年は市・州別報告書あり。
インドネシア	1961, 1971, (1976), 1980, (1985), 1990, (1995), 2000, (2005)	1971 年，1980～2005 年は州別報告書あり。
マレーシア	1947, 1957, 1970, 1980, 1991, 2000, 2010	1957～1991 年は州別報告書あり。
フィリピン	1903, 1918, 1939, 1948, 1960, 1970, 1975, 1980, 1990, 1995, 2000, 2007, 2010	1970～2010 年は州別報告書あり。
シンガポール	1947, 1957, 1968, 1970, 1980, 1990, 2000, 2010	1968 年は都市開発計画に伴う再居住区域のみの人口センサス報告書。
ブルネイ	1960, 1971, 1981, 1991	1981 年は要約表のみ。
インド	1871-72, 1881, 1891, 1901, 1911, 1921, 1931, 1941, 1951, 1961, 1971, 1981, 1991, 2001, 2011	インドのセンサス資料は 1 回の人口センサスにおける刊行点数が不定期かつ膨大であるため，該当年のセンサス資料を一部でも所蔵している場合には，所蔵範囲内に含めている。イギリス領時代のミャンマーの人口センサス結果も，ここに含まれている場合がある（村井 2015）。

注）カッコ内の年は「中間調査」もしくは「サンプル調査」の年を指す。
出所）アジア経済研究所図書館の所蔵にもとづき筆者作成。

ンサスは，1986 年にベトナムがドイモイ政策に突入する前に実施された，最初で最後の本格的な人口調査であった。ベトナム語・ロシア語・英語という 3 か国語併記のこの報告書には，省別人口をはじめ，農業従事者別人口，民族グループ別人口，学歴別人口などが収録されている。次の 1989 年に行われた人口センサスについても，アジ研図書館では 6 巻セットから成る報告書をコレクションしている。報告書では人口のほか，教育や労働などのトピックごとに，ベトナム語・英語の 2 か国語併記で人口分布データを得ることができる。また，これ以降も，アジ研図書館ではベトナムの人口センサス資料を，最新の第 4 回にあたる 2009 年人口センサスまで収集してきた。このほか，1979 年以前に，南ベトナムの農村地域 16 省で実施された人口調査の報告書『Điều tra gia đình vùng thôn quê năm 1971 : tại 16 tỉnh ở Việt Nam』をはじめ，サイゴンでの人口調査『Enquête démographique à Saigon en 1962』や，『Enquêtes démographiques au Vietnam en 1958』など，南北統一以前の人口構造の実態を知る足がかりとなる資料を，いくつか所蔵している。

フィリピン

フィリピンの人口センサスに関しては，アジ研研究者の協力により非常に厚みのあるコレクションを構築している。アメリカ植民地期の 1903 年に行われたフィリピン初の本格的な人口センサスでは，スペイン語の報告書『Censo de las Islas Filipinas : tomado bajo la dirección de la Comisión Filipina en 1903』が作成された。アジ研図書館では，この 1903 年から 2010 年までのすべての人口センサスについて，途切れることなく資料を所蔵し続けている。このうち，1903～48 年の各人口センサス報告書には，人口だけでなく農業センサスや経済センサスなど，他の基本的な統計調査の結果もまとめられている。また，アジ研図書館では，1970～2010 年人口センサスの各年における州別報告書も所蔵しており，どの年も何十冊という膨大なコレクションを誇る。さらに，2000 年人口センサスから 2010 年人口センサスまでは，いずれも 100 冊以上にのぼるボリュームから成り，アジ研図書館のフィリピン統計コーナーで圧倒的な存在感を示している。

以上，アジ研図書館が所蔵する人口センサス資料の一部を紹介してきた。図表 c12-1 に中国からインドまで，東アジア各国・地域の人口センサス資料のアジ研図書館の所蔵状況についてまとめたので，合わせて参照していただければ幸いである。（土佐美菜実）

参考文献

末廣昭 1999『タイ統計制度発達史序論——国家統計局，人口センサス，国民所得』Discussion Paper No. D99-6，一橋大学経済研究所，12 月。

東川繁 2010「統計資料の構築——他のコレクションとの相違点」『アジ研ワールド・トレンド』第 16 巻第 3 号，3 月：16-17 頁。

村井友子 2015「アジ研図書館の宝「開発途上国人口センサス・コレクション」紹介」『アジ研ワールド・トレンド』第 21 巻第 8 号，8 月：44-46 頁。

あとがき

本書は，人口センサス（国勢調査）からアジアの社会変動を観察したものである。そして，人口センサスも社会変動に合わせて変化（進化）していることを示そうとした本である。

あまり知られていないが，「東アジア統計局長会議」という集まりがある。東アジアの統計機関の実務者が集まり，各種統計の実施状況や統計機関が直面している諸問題について意見を交換する会議で，1980年から続いている。この会議で，「2010年人口センサス」に関連して報告された問題は次のようなものであった。

第1に，急増する外国人労働者をどう把握するか。「2010年人口センサス」で，タイではカンボジア，ラオス，ミャンマー（CLM）からの移民労働者が180万人を超え，香港ではインドネシア，フィリピンから来る外国籍家事ヘルパーの数が29万人に達していることが判明した。日本でも「2015年国勢調査」では，在留外国人の数は175万人を数えた。合法滞在者に限ったとしても，その数は近年増加の一途をたどっており，実態把握が求められているのである。

第2に，その逆に海外に就労目的で出て行く人々の把握も重要である。ただし，従来の人口センサスでは，国内に居住しない彼ら・彼女らをつかまえることができない。それでも，フィリピンの「2010年人口センサス」では海外への出稼ぎの把握を調査項目にいれ，人口総数1億人のうち，海外就労者の数が150万人に達していることを示した。インドネシア人の海外就労者も，サウジアラビア向けが150万人，マレーシア向けが120万人と報告されている。

このような人の移動のグローバル化に対処するため，本書でみたように，日本の28種類の言語を筆頭に，多くの国では多数の言語による調査票を用意している。

そもそも人口センサス調査は，国民国家が誕生する中で，領土内に住む国民の人数とその実態を把握するために導入された。具体的には，ある国の決められた時期の人口総数を正確に把握し，人口構造の変化を追跡し，兵役義務者，納税者，義務教育を受けさせる該当者などの数を確定することを目的としていた。ところが現在は，国連が提唱する勧告に従い，人口センサスは，3か月（もしくは6か月）当該国に滞在している人々すべてを調査の対象とする。つまり，人口センサスの対象は，当初の政策目的の範囲を超えて，グローバル化の影響を映し出そうと変化（進化）しているのである。私たちの共同研究が人口センサスを取り上げた第一の理由はここにある。

もっとも，社会変動が人口センサスの実施を困難にさせている点もある。たとえば，都市部では単独世帯が増えており，調査員が面談しようとして居住地を訪れても，なかなか本人がつかまらないという問題がある。これは，晩婚・未婚・非婚や地方から都市への労働力の移動によって，若者の単独世帯が増えていることが影響している。また，コンドミニアムやマンションではセキュリティを理由に，調査員が敷地内への立入を拒否されるケースが増えているという問題がある。これは都市化の進展と生活様式の変化を反映したものといえよう。その結果，全数調査としての「人口センサス方式」ではなく，既存の行政データ（マイナンバーカードの情報など）を利用した「登録センサス方式」への転換が，政府の側で議論されるようになっている。香港，韓国，タイ，日本は，すでにそうした段階を迎えつつある。

人口センサスを取り上げた第二の理由は，同調査が提供する情報が，人口動態の基本的な指標，例えば，人口増加率，出生率と死亡率，年齢階層別の人口構造，家族成員のサイズなどに限定されていない点である。もちろん，以上のような指標から，日本をはじめ東アジアの多くの国・地域で，すでに少子化と高齢化が進んでいることが判明した。

じつは，人口センサスはこれに加えて，人口の国内移動を前提とした都市化の進展，労働市場と就業構造の変化，教育制度の変化（学歴の向上），住居構造・生活環境の変化などに関する，包括的かつ基本的なデータを提供する。したがって，東アジアの人口構造の変化だけでなく，社会構造の変化に強い関心をもつ私たちにとっては，人口センサスは格好の情報源になると考えたのである。

人口センサスを取り上げた第三の理由は，同調査が国籍別人口の分布だけではなく，民族・人種別人口の分布，宗教別人口の分布，あるいは家庭で日常使用している言語別人口の分布に関する情報も提供してくれるからである。もちろん，政治的な理由でこれらの項目を調査から外す国は少なくない。あるいは，マレーシアのように，調査段階では対象を克明に民族・人種別に区分しながら，発表段階で調査の結果をあいまいにすることもある。

こうした理由から，東アジアの人口センサスの実施体制と調査項目の変遷を調べれば，当該国・地域が直面している政治・社会問題が何であるかを知る手がかりともなる。本書がそれぞれの国・地域について，人口センサスの調査項目の変遷を丁寧に取り上げたのは，政府の政治的あるいは政策的関心がどこにあるのかを確認するための作業でもあった。

さて，本書の編者のひとりである末廣は，2005 年から科学研究費を使って，東アジアの社会保障制度と企業福祉，人々の生活保障の仕組み（所得・医療・雇用の保障など）に関する共同研究を続けていた。そして，2013 年の科学研究費の最終年度あたりから，東アジアに経済成長戦略ではなく，福祉社会戦略を要請するようになった「社会構造の変化」そのものを正面から取り上げる共同研究ができないものかと，考え始めていた。

一方，もうひとりの編者である大泉は，10 年以上前からアジアの人口動態と経済社会の関係に関心をもち続けてきた。2007 年にはその成果のひとつとして，『老いてゆくアジア』（中公新書）を刊行したが，その記述の多くはタイ，中国，韓国に限定されたものであった。それをできればアジア全体に広げたいと思っていたのだが，ひとりではどうしようもなかった。

そうした中で，鳥居高氏（明治大学）と澤田ゆかり氏（東京外国語大学）の双方から，人口センサスの比較研究をやってはどうかというアイディアを頂戴した。両名とも，末廣のアジア経済研究所時代の同僚であった。鳥居氏は，マレーシアのブミプトラ政策の実施と人口センサスにおける民族・人種別調査の結果発表の相互関係に関心があり，澤田氏は，香港の社会保障制度を研究する中で気づいたユニークなテーマ，すなわち，香港と中国大陸を「越境する」若いカップル（子どもの将来を思って香港で出産）と，「越境する」高齢者（コストの安い大陸の老人施設に行く）の動きに注目していた。

以上の四名が事実上の発起人となり，共同研究チームが生まれた。私たちの中には人口学を専門とする研究者はひとりもいない。むしろ，私たちの共同研究の大きな特徴は，対象とする国・地域の言語を習得した地域研究者が中心となって，共同研究を進めてきたことにある。

そのこともあって，人口センサスの実施体制に関する記述，あるいは，人口センサスの結果から浮き彫りにされる社会変動の実態に関する記述は，とても具体的で生き生きとしている。いずれの議論も当該国・地域の事情に精通し，言葉を巧みに操れるからこその成果であり，各人のパーソナリティを反映したユニークな記録となった。「人口構造の変化」にとどまらず，東アジアが経験している「社会大変動」のダイナミックな実態の一端をお伝えすることができたとすれば，私たちの共同研究の大きな目的は，達成されたことになる。

本書は，文部科学省科学研究費基盤研究（B）「人口センサスからみた東アジア 8 カ国・地域の社会大変動の比較と今後の展望」（課題番号 26283002，研究代表者末廣昭，2014～2016 年度）の研究成果の一部である。共同研究を遂行するにあたっては，各国・地域の統計局のみなさんに大変お世話になった。一人一人の名前を記すことはできないが，すべての人々のご協力に心よりお礼を申し上げたい。同時に，日本の国勢調査の仕組みについて報告していただいた総務省統計局の佐藤朋彦氏，2017 年 1 月 21 日の学習院大学・国際ワークショップで報告をしていただいた，タイ国家統計局の Sureerat Santipaporn 氏，フィリピン国家統計局の Minerva Eloisa Equivitas 氏，ベトナム南部社会科学院長の Le Thanh Sang 氏のそれぞれにも，感謝申し上げたい。

また，研究会の過程で各国・地域のデータ整理や人口ピラミッドの作図に協力していただいた福本由美子氏，研究会の運営や出版助成の申請を担当していただいた藤山緑氏にも，この場を借りて謝意を表したい。

本書は日本学術振興会平成 29 年度科学研究費補助金・研究成果公開促進費「学術図書」の出版助成を受けた。今回の出版に，企画段階から全面的に協力していただいた名古屋大学出版会の橘宗吾氏，原稿ひとつひとつについて，じつに懇切丁寧なコメントを加えていただいた山口真幸氏のお二人には，大変お世話になった。心よりありがとうと申し上げたい。

2017 年 6 月 30 日

末廣昭・大泉啓一郎

図表一覧

索　引

頁数のあとの n は脚注を示す。「東アジアの——」の項目には各国のデータも含む。

略　号

ア　行

カ　行

サ　行

タ　行

ナ　行

ハ　行

マ　行

ラ　行

執筆者紹介（執筆順）

末廣　昭（すえひろ あきら）（編者，奥付参照）　序章，第1章，第5章，コラム1，コラム2，コラム6，コラム7

大泉啓一郎（おおいずみ けいいちろう）（編者，奥付参照）　第1章，終章，コラム3

木崎　翠（きざき みどり）（横浜国立大学教授）　第2章

澤田ゆかり（さわだ ゆかり）（東京外国語大学教授）　第3章

川上桃子（かわかみ ももこ）（日本貿易振興機構アジア経済研究所研究員）　コラム4

金　炫成（キム ヒョンソン）（中京大学教授）　第4章，コラム5

鳥居　高（とりい たかし）（明治大学教授）　第6章，コラム7

増原綾子（ますはら あやこ）（亜細亜大学准教授）　第7章，コラム8

鈴木有理佳（すずき ゆりか）（日本貿易振興機構アジア経済研究所主任研究員）　第8章，コラム9

坂田正三（さかた しょうぞう）（日本貿易振興機構アジア経済研究所研究員）　第9章，コラム10

小林磨理恵（こばやし まりえ）（日本貿易振興機構アジア経済研究所図書館司書）　第10章

髙橋昭雄（たかはし あきお）（東京大学教授）　コラム11

土佐美菜実（とさ みなみ）（日本貿易振興機構アジア経済研究所図書館司書）　コラム12

《編者略歴》

末廣　昭（すえひろ あきら）

1951年　鳥取県に生まれる
1974年　東京大学経済学部卒業
1976年　東京大学大学院経済学研究科修了
2010年　「東南アジア地域研究」の功績により紫綬褒章
東京大学社会科学研究所所長などを経て
現　在　学習院大学国際社会科学部長，博士（経済学）
主　著　Capital Accumulation in Thailand, 1855-1985（Tokyo : Centre for East Asian Cultural Studies, 1989, 日経・経済図書文化賞，大平正芳記念賞）
『タイ　開発と民主主義』（岩波書店，1993年）
『キャッチアップ型工業化論』（名古屋大学出版会，2000年，アジア・太平洋賞大賞）
『進化する多国籍企業』（岩波書店，2003年）
『ファミリービジネス論』（名古屋大学出版会，2006年，樫山純三賞）
『タイ　中進国の模索』（岩波書店，2009年）
『新興アジア経済論』（岩波書店，2014年）ほか

大泉啓一郎（おおいずみ けいいちろう）

1963年　大阪府に生まれる
1986年　京都府立大学農学部卒業
1988年　京都大学大学院農学研究科修士課程修了
現　在　日本総合研究所上席主任研究員，博士（地域研究）
主　著　『老いてゆくアジア』（中央公論新社，2007年，発展途上国研究奨励賞）
『消費するアジア』（中央公論新社，2011年）

東アジアの社会大変動

2017年9月20日　初版第1刷発行

定価はカバーに
表示しています

編　者　末　廣　　昭
　　　　大　泉　啓一郎

発行者　金　山　弥　平

発行所　一般財団法人　名古屋大学出版会
〒464-0814　名古屋市千種区不老町1 名古屋大学構内
電話(052)781-5027 / FAX(052)781-0697

印刷・製本　亜細亜印刷㈱　ISBN978-4-8158-0884-6